Research on the History of
Marxist Philosophy

本书受国家社科基金社团活动资助出版

马克思主义哲学史研究

（2020）

中国马克思主义哲学史学会 编

郝立新　魏小萍　主编

人民出版社

编者的话

改革开放以来,我国马克思主义哲学史研究取得突出成就和重大发展,一大批有广泛而深远影响力的研究成果和研究人才涌现出来;在诸如马克思哲学变革的实质、马克思主义哲学重要理论观点、马克思主义哲学史重要人物及著作的地位、马克思主义哲学发展中的重大事件的性质、马克思主义哲学发展的经验和规律等的认识方面取得重大进展,并在较大范围内和程度上取得共识。我们的许多研究成果对中国特色社会主义建设实践发挥了积极影响,为广大干部群众的社会生活和实践提供了哲学智能,为领导决策提供了学术资源,我们的一些成果还具有一定的国际影响,在一些马克思主义重大理论问题上获得话语权。

中国马克思主义哲学学会是在 1979 年初发起成立的全国性学术组织,40余年来它团结起愈来愈多的从事马克思主义哲学研究,特别是马克思主义哲学史研究的学者,精心策划马克思主义哲学史研究主题、交流马克思主义哲学史研究成果和经验,在组织和交流中推进马克思主义哲学史研究的发展,促进从事马克思主义哲学史研究的青年学者的成长。中国马克思主义哲学史学会较好地发挥了马克思主义哲学史研究组织者、推动者的作用。中国马克思主义哲学史学会通过组织建设(包括学会本身的建设和研究分会的建设)广泛团结全国在高校、党校、科研院所、理论宣传等部门工作的、从事马克思主义哲学和马克思主义哲学史研究的学者;通过举办学术年会、专题会议等各种形式的学术活动,推动马克思主义哲学史研究发展,提高马克思主义哲学史研究水平;通过编发工作简报、开发网站和微信公众号为学者们提供信息交流平台;通过开展各种形式的交流合作扩大学会影响和改善学会工作条件。总之,学会工作在大家的共同努力下得到了良好的开展。

推进我国马克思主义哲学史的研究和教育工作,学会当然有许多工作可做、要做,通过多种形式发挥作用。这些形式有的已经贯彻到学会工作中,取得了实效、积累了经验。《马克思主义哲学史研究》是由中国马克思主义哲学史学会组编的一本年度马克思主义哲学史研究文集。这件事2015年底在学会会长办公会上提出并形成决议,在2016年度第一次常务理事会上列入学会年度工作计划。

《马克思主义哲学史研究》每年出版一卷,每卷选择学会会员前一年公开发表的优秀论文。《马克思主义哲学史研究》不设固定栏目,每一卷所设栏目根据年度马克思主义哲学史研究的实际确定,但主要还是马克思主义哲学史综合研究、马克思主义经典作家哲学思想研究、马克思主义中国化哲学问题研究、国外马克思主义哲学研究等几个部分。每一卷有一篇年度马克思主义哲学史研究综述。

从以往各卷次的编辑过程看,各栏目稿件的数量和质量不断得到大幅度的提高,虽然马克思主义经典作家哲学思想研究栏目稿件数量始终占据优势,但马克思主义哲学史综合研究、马克思主义哲学中国化哲学问题研究的稿件也不断有大幅度的增长。这表明马克思主义哲学史研究者越来越关注当代中国的现实问题,注重将马克思主义哲学的理论研究与现实问题相结合。编辑中也遇到作者分布的平衡问题。这个问题的出现与著作的承载量有关,更与作者文章长短有关。现状是我们的作者的文章一般都偏长,多数在1.2万至1.8万字之间,个别文章在2万字以上。长文过多限制了入选文章的数量,也凸显内容与单位作者分布的不平衡。有鉴于此,自2020年卷次的编辑起进行改版,根据该年度马克思主义哲学界热点话题,采取论文摘编的形式,选取论文100篇左右,基本上涵盖中国马克思主义哲学史学会全部常务理事和部分理事在2020年已发表文章。

《马克思主义哲学史研究》的编辑实行主编制。会长为主编,各副会长为轮值执行主编。执行主编具体负责论文的收集和按出版要求的编辑,负责年度研究综述作者的安排。执行主编可以邀请 1—2 位适当人选协助做编辑工作。每一卷在提交出版社前交主编审阅、定稿。2020 年卷次由中国马克思主义哲学史学会会长、中国人民大学哲学院郝立新教授，副会长兼法人代表、中国社会科学院哲学研究所魏小萍研究员担任主编。学会副秘书长、中国社会科学院哲学研究所杨洪源副研究员具体完成了入选论文的辑录、编排、初审工作。在主编审定之后，他进一步完成了文字的全部摘编工作。

《马克思主义哲学史研究》的编辑出版是学会建设的一项持续性的工作，是大家共同的事业，希望得到学会广大会员的关心和支持。学会也将投入精力和适当财力把它办好。借此机会，我们向给予《马克思主义哲学史研究》出版以大力支持的人民出版社表达诚挚的谢意！向人民出版社马列编辑一部的诸位编辑表示衷心的感谢！

目　　录

二、纪念列宁诞辰 150 周年

三、马克思主义哲学史综合研究

四、马克思主义哲学经典著作研究

五、马克思主义哲学基础理论研究

六、马克思主义哲学中国化研究

七、国外马克思主义哲学研究

附　　录

一、纪念恩格斯诞辰 200 周年

恩格斯与马克思主义理论的整体性

郝立新 *

恩格斯是马克思主义的创立者之一。然而长期以来，在一部分人那里，恩格斯的贡献遭到不同程度的忽视甚至曲解。自从命运使马克思和恩格斯相遇之后，这两位战友毕生共同工作的主要任务和成就就是创立和发展了马克思主义。要了解恩格斯的思想就必须了解马克思的思想，同样，要了解马克思的思想也必须了解恩格斯的思想。研究恩格斯不仅是为了更深入地了解马克思的思想，更重要的是为了从整体上把握马克思和恩格斯共同创立的马克思主义理论，或者说，为了更好地理解马克思主义理论的整体性。

恩格斯早期思想的独特发展轨迹

在马克思主义的产生过程中，恩格斯和马克思各自以不同的方式达到世界观上的一致。一方面，相同的大的时代背景对他们的思想产生的影响具有共同性；另一方面，他们的具体生活环境和人生经历又致使他们的思想发展轨迹带有不同的鲜明的特点。恩格斯同马克思一样，曾一度是黑格尔哲学的信奉者。他虽然在总体上以黑格尔历史哲学为基础，但又反对黑格尔哲学中的

* 郝立新，中国人民大学马克思主义学院、哲学院教授，中国人民大学 21 世纪中国马克思主义研究协同创新中心、习近平新时代中国特色社会主义思想研究院研究员。

保守方面,而欣赏其"深邃的非静止的辩证法"①。与黑格尔把君主政体视为历史发展的极限的观点不同,恩格斯把历史比作螺旋式上升并且越升越快的发展过程,并明确揭露了黑格尔哲学的内在矛盾。

恩格斯和马克思虽然都是通过费尔巴哈思想这一中间环节转变到唯物主义立场上来的,但他们在这种转变的过程中又都带有各自的特点。由于恩格斯同资本主义社会现实,特别是英国社会现实的接触比马克思更为直接,而受黑格尔哲学的熏陶又没有马克思那么深,所以他比较容易摆脱黑格尔思辨哲学的束缚,而不像马克思那样经历了艰难而痛苦的理论批判过程。费尔巴哈的唯物主义思想帮助恩格斯摆脱黑格尔的思辨唯心主义。在费尔巴哈的影响下,恩格斯进一步产生了对黑格尔哲学思辨特点的反感。

费尔巴哈对马克思和恩格斯的影响程度有所不同。马克思在《1844年经济学哲学手稿》中侧重于理论的批判和论证,较多地显示出受到费尔巴哈人本主义思想的影响。恩格斯虽然也在一定程度上对资本主义现实施以道德的批判,但更侧重于对现实社会,特别是经济生活的直接分析,而较少使用费尔巴哈的概念、术语来论证人的本质和历史发展。恩格斯通过亲身参加社会实践并进行深入的理论批判,突破和超越了费尔巴哈。当马克思通过研究资产阶级政治发展的历史和理论以及古典政治经济学,批判黑格尔哲学,解剖市民社会,逐渐超越费尔巴哈,接近唯物史观时,恩格斯则通过亲自考察英国的机器大工业和无产阶级状况,克服了黑格尔思辨哲学,也逐渐超越费尔巴哈的旧唯物主义,并达到与马克思相同的见解。

恩格斯与马克思合作对新思想形成的整体性推进

马克思主义的形成与发展是一个整体性推进的过程。这就是说,从思想史的角度看,马克思主义在创立过程中,其内在的理论组成部分并非独立发展的,而是相互联系、相互促进的。用这一整体性的视角来看马克思主义理论的形成,就不难发现恩格斯的理论研究成果的重要贡献。

① 《马克思恩格斯全集》第41卷,人民出版社1982年版,第215页。

1844 年秋,马克思恩格斯在巴黎会面并开始了他们伟大的合作。这种合作的基础,是他们通过对以往的哲学、政治经济学和社会主义学说的批判以及在这些领域的独创性探索,所达到的对主要社会历史问题认识的一致性。他们通过各自独特的道路逐渐找到了社会历史发展的支撑点,即社会的物质经济生活。从某种意义上说,恩格斯不仅在政治经济学的研究上,而且在唯物史观的形成史上,都对马克思产生了积极影响。当马克思恩格斯继续向着正确的方向前进,历史发展的轮廓和规律越来越清楚,彻底清算包括费尔巴哈旧唯物主义在内的唯心史观、全面阐发历史唯物主义的基本原理的任务迅速地摆到他们面前。在合作一年多之后,他们就实现了在人类历史观领域中具有划时代意义的哥白尼式的倒转。在《德意志意识形态》中,他们不仅批判了黑格尔的唯心主义,而且清算了费尔巴哈的旧唯物主义,并全面阐述了唯物史观。与此同时,马克思恩格斯还对当时德国流行的"真正的社会主义"进行了批判,指出这种社会主义观在社会主义运动的现实性、哲学依据和实现途径等问题上的荒谬,为创立科学社会主义理论准备了基础。

马克思恩格斯合写的《共产党宣言》的公开发表,宣示了马克思主义的诞生。在此之前,恩格斯为共产主义者同盟第一次代表大会草拟了《共产主义信条草案》,继而又对这个草案进行补充和完善,形成了《共产主义原理》,从而为《共产党宣言》的写作提供了重要参考和理论准备。《宣言》确立了科学社会主义的基本原则。它科学地揭示了人类社会发展规律,特别是资本主义社会发展的内在矛盾,论证了资本主义必然灭亡、社会主义必然胜利的历史趋势,阐明了实现社会主义和共产主义的现实道路和依靠力量。它摒弃了空想社会主义仅仅诉诸道德情感的空洞说教,彻底与其划清了界限。《宣言》第一次集中而透彻地阐述了马克思恩格斯共同创立的崭新的世界观,宣示了社会历史观的伟大变革和科学社会主义理论的诞生。

恩格斯对马克思主义理论的整体性建构所作的贡献

马克思主义理论是由其哲学基础、政治经济学思想和科学社会主义学说组成的整体,是"完整的世界观"。它是对包括自然界、人类社会和人的思维在内的整个现实世界的整体认识和科学把握,是对世界发展特别是人类社会发展的内在规律、资本主义社会特别是其生产方式的本质和规律,以及社会主义运动的规律的全面而深刻的揭示。从马克思主义创立者的经典著作中,我们看到的往往不是单一地或孤立地去阐释某一个学说,而是综合地运用哲学、政治经济学和科学社会主义理论去回答和解决特定的理论和现实问题。简言之,马克思主义的哲学、政治经济学和科学社会主义理论是有机联系、水乳交融地存在于这些著作之中的。

恩格斯在自己所写的多部著作中对马克思主义理论各个组成部分之间的内在联系进行了详细的阐释和论证。这既体现在他对马克思主义理论某一方面基本原理的系统阐释上,也体现在他对马克思主义理论重要组成部分之间的联系的深入说明上。

首先,对历史唯物主义基本原理进行了详尽的阐述。这一阐述主要包括以下四个方面:一是阐释关于社会历史发展基础的原理。社会历史发展的基础是物质生产及其方式。二是阐释关于社会历史发展规律的原理。历史唯物主义是以承认社会历史发展具有内在规律为前提的,认为历史进程总是受内在的一般规律支配的。但是与此同时,它又主张社会历史不同于自然历史,社会规律有别于自然规律。三是阐释关于社会历史发展动力,特别是历史创造者的原理。四是阐释关于政治上层建筑和意识形态的原理,即说明国家和法律的现实基础与意识形态的特点,特别是意识形态的相对独立性。

其次,对唯物辩证法和辩证唯物的自然观的创立作出了特殊的贡献。在《反杜林论》中,恩格斯详细论述了如何"把自觉的辩证法从德国唯心主义哲学中拯救出来并运用于唯物主义的自然观和历史观"[1],以及辩证唯物主义自然观的力学基础和创立过程,并系统阐释了唯物辩证法的基本观点。在《自然辩证法》手稿中,恩格斯对自然界和自然科学的辩证法问题作了深入研究,在批判地继承黑格尔辩证法合理因素的基础上,揭示了唯物辩证法

---

[1] 《马克思恩格斯文集》第9卷,人民出版社2009年版,第11页。

的基本规律。

再次,对马克思主义理论体系进行了精辟的阐释。无论是在《反杜林论》中,还是在《社会主义从空想到科学的发展》中,我们都会看到,恩格斯在阐释科学社会主义基本原理时,总强调它是建立在唯物史观和剩余价值理论的基础之上的。

在新的历史条件下对马克思主义理论的重要补充和完善

马克思逝世后,恩格斯继续推进由他们共同开创的事业。这不仅表现在他花费大量精力整理马克思遗留下的尚未出版的《资本论》手稿,使《资本论》第二卷和第三卷得以问世,而且表现在他根据新的情况和新的研究成果,对马克思主义理论作了重要的补充和完善,创造性地捍卫和发展了马克思主义。

恩格斯晚年对历史唯物主义给予了极大的关注,并做了大量的理论工作。恩格斯一贯反对把马克思主义理论视为某种机械的教条或刻板的公式,因而绝不能把那种所谓的"教条主义形而上学体系"的责任归于恩格斯。他在《社会主义从空想到科学的发展》的1892年英文版《导言》中指出:"本书所捍卫的是我们称之为'历史唯物主义'的东西。"①这种捍卫不仅存在于马克思给予过高度评价的这本小册子里,而且存在于马克思逝世后恩格斯所写的一系列著作、文章和书信中。他在捍卫历史唯物主义的同时,进一步丰富和发展了马克思主义特别是历史唯物主义和科学社会主义。马克思主义不是教义,而是方法。这是恩格斯晚年在书信中表达的最重要的观点之一,主要针对当时法国和德国一部分青年中流行的滥用马克思主义的词句、把马克思主义教条化的倾向。1895年,即他生命的最后一年,恩格斯在致桑巴特的信中特别强调马克思主义是一种方法。

补充和完善马克思主义理论特别是历史唯物主义的内容,是恩格斯晚年的重要工作。马克思主义是随着实践发展和研究深入而不断完善和发展的。

---

① 《马克思恩格斯文集》第3卷,人民出版社2009年版,第502页。

第一,弥补以往理论研究的缺憾。第二,根据新的史料推出新的研究成果,填补了一些领域的空白。第三,为了纠正"青年们有时过分看重经济方面"的片面性,恩格斯对一些他和马克思在以往的理论表达中有所忽略或阐述不充分的原理进行了拓展性或补充性的说明和论证,从而丰富和发展了历史辩证法的思想。第四,深刻揭示社会主义运动的辩证性质。

原载于《马克思主义与现实》2020 年第 6 期

恩格斯的资本批判及其当代价值

聂锦芳*

2020年11月28日是恩格斯诞辰200周年纪念日。在这个特殊的年份，依据恩格斯的著述，重新梳理他对资本时代"疾苦和病症"的批判与对人的解放之路的探索，进而重估其思想当代价值，就成为对他最好的纪念。

通过亲身观察为资本时代"画像"

恩格斯出生于当时尚未统一的德意志最大的公国——普鲁士著名的工业城市巴门（现德国伍珀塔尔市）的一个富商之家，钟鸣鼎食的家境使他从小受到了良好的教育。青年恩格斯不同于父辈之处还在于，他对家族财富的积累和产业的壮大无所挂心，却细致地观察和思考了故乡整体的社会状况。给他印象最深刻的是，虽然生活在同一片土地上，但不同社会阶层的生活处境却极为悬殊。一方面，包括自己家人在内的资产者心安理得地过着舒适而富裕的生活，而这样的人只占社会群体的极少数；另一方面，绝大多数"下层等级……普遍处于可怕的贫困境地"。① 人本主义教育和普遍之爱的情怀，使他对现实产生了疑问、怀疑，觉得这样的社会是不公正的。

---

* 聂锦芳，北京大学哲学系教授，博士生导师。
① 《马克思恩格斯全集》第2卷，人民出版社2005年版，第44页。

恩格斯在其早期名著《英国工人阶级状况》中,对英国工人阶级的生活状况从"身体、智力和道德"诸方面作了极为细致的描述,更从精神层面揭示了无产者的境遇。恩格斯认为,资本时代"工人阶级处境悲惨的原因不应当到这些小的弊病中去寻找,而应当到资本主义制度本身中去寻找"。① 恩格斯所从事的纺织业生产和商品贸易为他思考这一问题提供了现实样本和新的思路,即资本制度的建立基于现代工业的发展,而工业生产由传统到现代的嬗变有赖于工厂制度的确立和完善。至于工厂制度,则是由生产工具的改进和变革促成的。恩格斯是世界上最早梳理现代工业发展进程的思想家之一。在多部著述中,他极其详尽地清点了具有指标性意义的机器发明及其对纺织业的重要影响,以及由此所确立的工厂制度和生产方式的特征。恩格斯将工厂制度与机器发明和生产发展紧密关联起来考察的思路,为以历史唯物主义方式探究资本起源奠定了科学的理论基础。

参与完成对资本逻辑和结构的体系化建构

资本批判的复杂性在于,它不仅要解释资本时代的"疾苦和病症"、厘清资本制度形成的历史环节和现实机制,还需要从理论上勾画和建构起资本作为一种独特的社会力量"布展"的逻辑和"抽象—具体"体系。这是最为艰难的思想创造。也正因为如此,《资本论》的写作成为马克思毕生最重要的工作。遗憾的是,尽管完成了《资本论》大部分初稿,并于 1867 年出版了第一卷,但直到 1883 年去世,马克思也没有完成第二、三卷的定稿工作,这也就意味着他对资本逻辑和体系结构的揭示并未完整地呈现出来,而这一工作是由恩格斯来完成的。《资本论》第二、三卷分别于 1885 年、1894 年正式出版时,作者虽然仍单独署着马克思的名字,但就实际情形看,恩格斯并不只是一个单纯的原始手稿笔迹的辨认者和成型章节的编排者,即解决的"只是技术性的"问题;更公允和客观的说法应该是:他也是这两卷所关涉的思想内容和理论体系的阐释者和建构者。

---

① 《马克思恩格斯文集》第 1 卷,人民出版社 2009 年版,第 368 页。

根据《马克思恩格斯全集历史考证版》(以下简称 MEGA)第二部分"《资本论》及其准备材料"提供的文献,有关第二卷的手稿有 19 份,包括 MEGA 第 4 卷第 1 册中的 1 份手稿、同卷第 3 册中的 6 份手稿(其中 3 份专门属于第二卷的内容,另外 3 份既关涉第二卷也关涉第三卷)、第 11 卷中的 10 份手稿和同卷"学术资料"中刊发的 2 条札记。总之,"留下的文稿很多,多半带有片断性质",即使其中存在一些经过校订的文稿,大多数也变得陈旧了。有的理论部分作了详细的论述,但是在文字上没有经过推敲,而另一些同样重要的部分则只是作了一些提示。马克思搜集了用作例解的事实材料,但几乎没有分类,更谈不上系统的加工整理了。有些章的结尾,往往只写下几个不连贯的句子,而且阐述得还不完整。至于第三卷,MEGA 第二部分刊出的手稿有 17 份,包括第 4 卷第 2 册中的 1 份手稿、同卷第 3 册中的 10 份手稿(其中 7 份专门属于第三卷的内容,另外 3 份既关涉第二卷也关涉第三卷)、第 14 卷中的 6 份手稿。而在这些庞杂的材料中,只有一个贯通全卷内容的初稿,而且极不完整。

很显然,面对马克思手稿这样的状况,要完成《资本论》的整理和付印工作,确实不是一件容易的事情。为此,恩格斯披沙炼金,首先将马克思大量的手稿围绕第二、三卷的内容和主题进行归类、编号,接着对所选手稿进行字迹辨认和誊抄,最后进入艰难的编辑程序。可以说,《资本论》这部巨著最终由恩格斯整理完成,这是资本批判史上划时代的重大事件。可以设想,如果缺少对第二卷和第三卷所涉及内容的探究,马克思的资本批判既不可能建构起作为"一个艺术整体"的关于资本逻辑及其体系结构的理论大厦,更难以准确地体现和反映 19 世纪中叶至 20 世纪初资本社会的变迁并进而给予深刻的透视。

探索超越资本的依靠力量和实践方式

恩格斯的资本批判并不是纯粹的理论建构,更需要将其转化为变革资本社会的实践。而拯救资本弊端、变革资本社会的方式只能基于"资产阶级社会本身孕育着的新社会因素",特别是依赖无产阶级自我解放和自我超越的社会运动。

有这样的追求和愿望,并不意味着超越资本是一件轻而易举的事,相反,它充满艰难和坎坷。为此,马克思恩格斯特别重视无产阶级革命实践的方式问题。他们超越一般人道主义和自由主义的深刻之处在于,基于对无产阶级改变自身命运、变革资本社会历史经验的总结,认为这种人性的解放不是生命个体的短期行为,而是一场漫长的社会运动。恩格斯仍从生产方式着手来进行分析。机器大生产把工人聚集在一个厂房里共同劳动,使他们拥挤在城市里,这种特有的劳动和生活的条件也迅速地推动了工人阶级意识的发展。

恩格斯还详尽地追溯了无产者反抗资产阶级的历史过程。鉴于19世纪70年代后资本主义生产方式和各国政治局势的新变化,恩格斯晚年认为不能再用1848年欧洲革命那样的方式来进行社会改造。1894年1月,意大利社会党人、改良主义者朱泽培·卡内帕请求恩格斯在即将出版的《新纪元》周刊上题词,"用几句话来概括未来新时代的精神"。恩格斯经过认真思索,为了与"伟大的佛罗伦萨人"——但丁曾用"一些人统治,另一些人受苦难"来表述的旧纪元相对照,特别选择1848年他与马克思合著的《共产党宣言》中的一段话来回复:"代替那存在着阶级和阶级对立的资产阶级旧社会的,将是这样一个联合体,在那里,每个人的自由发展是一切人的自由发展的条件。"[①]由此看来,这是恩格斯毕生所进行的资本批判和对人的解放之路探索始终如一的目标和方向。

恩格斯资本批判的当代价值

恩格斯晚年对20世纪的发展充满期待。恩格斯去世后,资本主义在20世纪发生了很多变化。比如,在所有制形式上,过去单纯的私人占有出现了社会化趋向。特别是"二战"后,为了缓解国内外尖锐的矛盾,很多资本主义国家生产资料的国有化比例提高,国有经济获得发展,致使资本制度具有了混合经济的特点。股份制在各经济部门普遍实行,成为资本主义主要的经济组织形式。股权分散,内部职工参股,外部资本社会化,持股法人化。经济运行一

---

① 《马克思恩格斯选集》第4卷,人民出版社2012年版,第647页。

定程度上也克服了混乱、无序和彼此隔离的状态,法治化程度加强,既强调经济自由和市场竞争,保障企业和个人作为市场主体的权利,又尽可能谋求个人利益与社会利益的一致。在分配方式上,施行社会保障制度,如最低工资法、利润分享制等,有的国家甚至实施"从摇篮到坟墓"的一系列福利政策,提高中下层收入者的生活水平,缩小贫富差距。

在某种意义上,这些状况可以看作是恩格斯当年亲身感受资本时代的"疾苦和病症"、清理资本形成的历史过程和现实运动、对资本逻辑和结构的全面性揭示以及探索超越资本的实践方式等工作所产生的深远的效应。

更为重要的是,资本主义的上述发展并没有从根本上动摇和改变其基础和本质,在这方面更彰显出恩格斯当年所进行的资本批判的卓越。从长时间段看,资本积累及其矛盾演进在表面上出现缓解、稳定乃至短暂的"繁荣"的背后,非均衡性发展一直是资本主义无法消除的弊端和特点。不同时期经济的波动性变化使资本的发展始终处于"测不准"的状态;发达国家之间、发达国家与发展中国家之间发展的越来越扩大的差距则是资本空间"布展"最明显的标志。这种情况虽然一方面表明资本主义仍具有适应生产社会化趋势而不断调整自身发展的能力,但另一方面更意味着资本主义经济方式的性质并未根本改变,资本社会的不稳定性始终存在,"繁荣"之后危机总会加深。

更为复杂的问题是,如何看待"无产者"内涵的变化,特别是在当代资本社会极端贫困日益减少、生活水准普遍提高的情况下,"无产阶级"是否已经消失?无产阶级是与资本社会相伴而生的,并且承担着变革这种社会制度的使命。因此,只要资本仍然是塑造世界的重要力量和方式,无产阶级就不会消失,革命之路依然艰难而漫长。在此意义上,马克思恩格斯的资本批判依然是不可超越的!

原载于《哲学研究》2020 年第 12 期

恩格斯对马克思主义哲学的贡献及其当代价值

杨金海*

尽管恩格斯十分谦逊地称马克思是这一科学理论的创立者,自己只是"第二小提琴手",但实际上,恩格斯对马克思主义的创立和发展作出了巨大贡献。在马克思主义哲学领域,恩格斯不仅与马克思一起创立和发展了唯物史观,还对辩证唯物主义进行了深入系统的研究,提出了一系列具有独创性的哲学观点,特别是对马克思主义哲学的体系化、大众化作出了特殊重要的贡献。今天,认真回顾总结恩格斯的这些哲学贡献对于我们在新时代学习和运用马克思主义科学理论具有十分重要的意义。

恩格斯对唯物史观创立与发展所作的贡献

恩格斯把两大发现即唯物史观和剩余价值学说的发现归功于马克思。但实际上,恩格斯对唯物史观的创立和发展也作出了十分重大的贡献。这至少表现在三个方面。

其一,关于社会结构及其内在关系的发现,亦即关于社会的经济、政治和文化三者之间辩证关系的发现。马克思在 19 世纪 40 年代初通过研究德国的

---

* 杨金海,清华大学马克思主义学院教授,习近平新时代中国特色社会主义思想研究院研究员。

农民问题及其引发的社会各个利益集团的矛盾,认识到物质利益决定社会的政治法律关系。随后,通过在克罗兹纳赫的研究,包括研究欧洲各主要国家历史上的所有制关系、社会等级结构以及国家和法的关系等,基本弄清了欧洲历史上特别是近代欧洲各国的社会结构演变,初步发现了社会的经济关系决定政治关系以及法律观念等,为发现唯物史观奠定了基础。尔后,马克思完成了从唯心主义到唯物主义、从革命民主主义到共产主义的思想转变。与此同时,恩格斯通过考察和研究英国工业革命以及工人阶级状况,发现了现代社会中经济革命所发挥的重要作用。正是因为恩格斯和马克思从不同角度同时发现了唯物史观中具有决定意义的东西,即社会的经济结构决定政治结构和思想观念等,所以,在1844年夏天马克思和恩格斯再次会面时决定合作,共同研究社会发展问题,创立科学的社会历史理论,用于指导和推动国际共产主义运动,并由此建立了两个人之间的伟大友谊。

其二,关于社会运动基本规律的发现,亦即关于社会基本矛盾运动、社会发展形态等的发现。在恩格斯的影响下,马克思进一步从哲学研究进入到了经济学研究,从哲学批判、政治批判、法的观念等思想批判深入到对资本主义的经济制度、社会制度的批判。恩格斯也在马克思的影响下,进一步深入研究社会历史问题,力图在批判旧理论中发现新理论,在批判旧世界中发现新世界。随着马克思和恩格斯研究的逐步深入,于1844年9—11月,两人开始合作撰写了《神圣家族》,该书于次年春出版。在这本书当中,他们批判了青年黑格尔派所谓"自我意识"决定历史的唯心主义观点,揭示了社会历史发展的基本规律,并首次公布了唯物史观的这些基本观点。为进一步清算青年黑格尔派和费尔巴哈的思想影响,阐明自己的新哲学观点,1845—1846年,马克思和恩格斯又合作撰写了《德意志意识形态》一书,系统阐述了历史唯物主义的基本原理。1848年2月,马克思和恩格斯合作撰写的《共产党宣言》发表,这是全世界无产阶级政党的第一个纲领性文件,标志着马克思主义的诞生,也标志着唯物史观的问世。

其三,对唯物史观的丰富和发展。1848年欧洲革命失败之后,马克思集中力量研究政治经济学,恩格斯则在更广泛的哲学和社会历史领域进行探索,特别是在晚年对唯物史观作了多方面的研究。这至少包括以下几个方面:一是对东方社会发展道路的研究,深化了对历史发展规律特殊性和多样性的认识。二是通过对古代社会的研究提出了新的社会发展理论,特别是撰写了《家庭、私有制和国家的起源》一书,明确提出了"两种生产"(即物质生产和人口生产)理论。三是在晚年关于历史唯物主义的书信中,提出了社会发展的合力论思想、经济决定作用与意识形态反作用的辩证关系思想等等。这些研究深化了对历史规律的认识,极大丰富和发展了历史唯物主义。

恩格斯对马克思主义哲学体系化、大众化的贡献

尽管恩格斯和马克思创立新的哲学体系主要是从发现唯物史观开始的,但他们的思想转变则首先是从唯心主义转变为唯物主义开始的,没有这样一个转变,就不可能发现社会发展的客观规律。同时,马克思和恩格斯又吸收了黑格尔的辩证法。马克思明确说自己是黑格尔的学生,但又特别强调自己的辩证法与黑格尔不同,是唯物主义性质的辩证法。马克思也曾经打算写一部专门阐述新的辩证法的著作,但由于种种原因,没有能够实现自己的夙愿。值得欣慰的是,马克思没有实现的那个夙愿,恩格斯很好地完成了,这就是系统阐述了唯物辩证法,填补了马克思主义哲学发展的空白。

恩格斯在《反杜林论》《自然辩证法》《费尔巴哈论》等著作中对唯物辩证法做了系统研究,提出了一系列原创性观点。例如他首次提出了哲学的基本问题及其意义;首次提出了世界的物质统一性原理;首次以自然科学史和自然科学新材料为依据提出了唯物辩证法的三大基本规律,即对立统一规律、否定之否定规律、量变质变规律;首次提出了真理的绝对性和相对性的关系;首次提出了生态保护思想;首次提出了"劳动创造人本身"的思想等。

恩格斯还运用唯物辩证法的这些基本观点,分析了很多科学认识问题。他首次提出了自然科学家要掌握唯物主义辩证法这个思想武器,学会理论思维,避免落入神灵世界的自然科学陷阱;首次提出了客观辩证法与主观辩证法的关系;首次提出了唯物主义要随着自然科学的发展而不断改变自己的形式;等等。

不仅如此,恩格斯还进一步把辩证唯物主义与历史唯物主义的一系列观

点整合起来,对马克思主义哲学体系化、大众化作出了特殊重要的贡献。一是把马克思主义自然观、认识论、实践观和历史观统一起来,从而建构起比较完整的马克思主义哲学体系。二是对马克思主义三个来源和三个组成部分做了深入研究和系统阐述,特别是讲清了马克思主义与德国古典哲学的关系。三是强调学习马克思主义哲学是掌握马克思主义理论特别是科学社会主义理论的基础。四是强调要学好马克思主义哲学必须注意学习哲学史。五是主张要科学评价前人的哲学思想,包括康德、黑格尔、费尔巴哈等这些哲学家的思想。六是主张马克思主义哲学是开放的、不断发展的理论,反对把马克思主义理论教条化。七是主张把哲学从哲学家的书斋中解放出来,变成人民群众认识和改造世界的强大思想武器。

恩格斯对马克思主义哲学的体系化、大众化所作出的贡献是巨大的。这些工作不仅有助于人们学习和掌握这一科学理论,而且在完善这一理论的过程中,恩格斯所提出的一系列新的思想观点极大丰富和发展了马克思主义哲学。恩格斯对马克思主义哲学的体系化只把他和马克思长期研究的、分散在不同著作中的哲学思想成果的系统化、逻辑化、科学化,而不是像康德、黑格尔、杜林等所做的那样人为地构造体系。这种体系化是完全必要的,也是合理的。只有使之体系化,才能展示马克思主义哲学中基本理论和基本观点之间的内在逻辑联系,才能使之成为科学理论,也才能被人们系统学习和掌握。恩格斯整理的哲学体系是以实践为基础的,是不断发展的、开放的体系,不同于黑格尔等旧哲学家所主观设定的、封闭的体系。所以,恩格斯所建构的哲学体系没有也不会把马克思主义哲学变成僵死的教条,而只会更利于人们学习掌握,并在实践中不断丰富和发展。

恩格斯哲学贡献的当代意义

第一,有助于深入认识马克思和恩格斯思想的一致性,回应所谓的"马恩对立论",加深对马克思主义哲学总体性的研究。近些年来,国内外学术界有一种观点,就是认为马克思和恩格斯的思想是对立的;特别是在哲学方面,以为马克思的哲学是唯物史观,辩证唯物主义是恩格斯杜撰的,具有旧哲学机械唯物论的性质,因而不属于马克思主义哲学。这种观点是完全错误的。深入研究马克思主义哲学的创立和发展史就不难发现,尽管马克思没有给我们留下专门的唯物辩证法著作,但他是坚持唯物主义和辩证法观点的。而且马克思与恩格斯经常交流思想,马克思对恩格斯的这些观点是完全赞同的。

第二,有助于我们深入学习和运用辩证唯物主义基本观点。恩格斯一再强调,要学会从实际出发来分析问题和解决问题,学会辩证思维,注意用全面的、运动的、发展变化的、历史的观点看问题。特别是在当前国内外形势十分复杂的情况下,只有自觉运用辩证唯物论,才能站得高,看得远。掌握了辩证唯物主义这个看家本领,我们才能始终坚持马克思主义的立场、观点和方法,分析问题,创新理论,指导实践。

第三,有助于我们深入学习和实践历史唯物主义基本原理。在新时代,我们要开创我国经济社会发展的新格局,就要学习和实践其经济、政治、文化等基本思想。例如:要坚持社会基本矛盾运动原理,大力解放和发展社会生产力,自觉调整生产关系和上层建筑,以适应经济社会发展的要求,让中国特色社会主义更加符合规律地向前发展;坚持人民主体的思想,做到发展为了人民,发展依靠人民,发展成果由人民共享,充分展示社会主义制度的优越性;坚持思想文化与经济社会相互作用的思想,大力发展社会主义先进文化,不断提高人民思想觉悟、道德水平、文明素养,不断铸就中华文化新辉煌。

第四,有助于我们深入学习和实践当代中国马克思主义、21世纪马克思主义。恩格斯晚年曾多次指出,马克思主义"是发展着的理论"。习近平新时代中国特色社会主义思想就是21世纪的马克思主义,是马克思主义中国化的最新理论成果。学习马克思和恩格斯的思想,要善于联系当代中国和世界发展的实际,与学习当代中国特色社会主义理论紧密结合起来。这样,我们就能够深入理解党的创新理论与前人思想既一脉相承而又与时俱进的关系,从而更加自觉地把握和运用新思想,更好地推动新的实践。

原载于《理论视野》2020年第12期

论恩格斯对唯物史观的杰出贡献

张　新*

恩格斯不仅在创立和系统阐述唯物史观方面作出了突出的贡献,尤其是在晚年对唯物史观的丰富和发展更是他的独特贡献。本文力求通过实事求是地揭示恩格斯在唯物史观的创立、丰富完善过程中发挥的重要作用,特别是晚年的独特贡献,彰显他在马克思主义发展史上的崇高地位,以纪念这位伟大革命导师诞辰 200 周年。

在创立唯物史观过程中的突出贡献

与费尔巴哈不同,马克思和恩格斯向唯物主义的转变不是简单地接受 18 世纪法国唯物主义的自然观,而是集中体现在历史观的转变上,这使他们得以创立唯物史观,实现了哲学史上的革命性变革。恩格斯发表在《德法年鉴》上的《政治经济学批判大纲》《英国状况——评托马斯·卡莱尔的〈过去和现在〉》不仅标志着他彻底完成了从唯心主义到唯物主义、从革命民主主义向共产主义的根本转变,而且初步体现出唯物史观的萌芽。这时恩格斯已经初步认识到经济是社会发展过程中一种起决定作用的力量,是现代阶级对立产生

＊　张新,新疆大学马克思主义学院教授、博士生导师,中国人民大学马克思主义学院教授、博士生导师。

的基础。

他通过对资本主义经济结构及资本和劳动关系的剖析,指出在资本主义竞争规律中孕育着革命的规律,在资本主义的发展过程中产生着社会主义胜利的必然性。恩格斯批判了卡莱尔的神学历史观和唯心史观,指出历史的本质只是人的活动,历史是由人创造的,而绝非上帝的创造。特别重要的是,恩格斯初步认识到人民群众创造历史的作用。这些观点不仅表明他与马克思的世界观和政治立场达到了完全的一致,而且也对马克思的思想产生了重大影响和启发,为他们共同创立唯物史观奠定了基础。正是在《政治经济学批判大纲》的启发下,马克思开始了政治经济学的研究,进而和恩格斯一道创立了唯物史观。

1845 年 2 月,《神圣家族》在法兰克福出版。在这部著作中,他们通过对青年黑格尔派及黑格尔思辨唯心主义的清算,阐述了正在形成中的唯物史观的基本原则,明确指出,只有物质生产才是历史的真正发源地。物质资料的生产方式对社会历史的发展起着决定性的作用,而精神、观念却植根于物质的经济事实之中,是由社会生活决定的。他们指出,历史活动是群众的事业,人民群众是历史的真正主体,是历史的创造者。这些基本原则与唯心史观划清了界限。

在发表于 1845 年的《英国工人阶级状况》中,恩格斯通过对英国产业革命前后历史状况的分析考察,深刻地揭示了生产力的发展对社会历史发展的巨大推动作用和基础性作用。这表达了恩格斯关于生产力发展对社会关系决定作用和对世界历史推动作用的基本看法,也是他唯物史观思想发展过程中非常重要的一个环节。创作于 1845 年底至 1846 年 4 月的《德意志意识形态》标志着唯物史观的创立。《德意志意识形态》中阐述的历史唯物主义观点,标志着马克思和恩格斯第一个伟大科学发现的基本完成,因而也标志着他们对社会历史的认识实现了质的飞跃。这一伟大发现,不仅使他们超越了历史上的一切思想家,而且为创立完整的马克思主义科学理论体系奠定了牢固的哲学基础。以上事实充分说明,恩格斯对唯物史观的创立作出了杰出和独特的贡献,是马克思主义哲学革命的共同完成者。否定或贬低恩格斯在创立唯物史观过程中作用的观点是没有根据的。

对唯物史观的丰富和发展

唯物史观创立后,马克思和恩格斯继续推进其进一步深化和发展。马克思所做的工作主要是通过将其运用于政治经济学的研究,使唯物史观得到验证,使其从假设成为被科学证明了的原理,恩格斯所做的工作则主要是对唯物史观的进一步系统化和完善化,这主要体现在《反杜林论》和《自然辩证法》等著作中。

在《反杜林论》中,恩格斯明确阐述了马克思主义理论体系的内在结构及其相互关系,提出由于唯物史观和剩余价值学说两大科学发现,使社会主义从空想变成了科学,从而科学揭示出唯物史观在马克思主义科学理论体系中的地位。他还全面阐述了马克思主义哲学体系及其内在结构,指出马克思主义哲学是关于自然、社会、思维一般规律的科学,揭示了唯物辩证的自然观与唯物辩证的历史观的内在统一。恩格斯运用唯物史观,具体揭示资本主义社会生产力和生产关系的矛盾运动及其具体表现,深刻论证了资本主义被社会主义取代的历史必然性,也对唯物史观在政治经济学这门具体科学的运用中进行了验证。

恩格斯指出,社会基本矛盾在资本主义社会的集中体现就是生产的社会化和生产资料私人占有之间的矛盾,这是资本主义社会无法克服的固有矛盾,也是经济危机发生的根源。资本主义的经济危机不仅充分暴露了生产力与生产关系的矛盾,而且也说明资本主义生产关系已成为生产力进一步发展的桎梏。这种矛盾发展到顶点,就必然导致现存制度的根本性变革,资本主义社会的各种矛盾只有通过无产阶级革命才能得到彻底解决。在后来整理出版《资本论》第二、三卷的过程中,恩格斯运用唯物史观分析资本主义从自由竞争阶段向垄断阶段发展的新变化,深刻揭示出资本主义社会基本矛盾表现形式的新特点,进一步验证和深化了唯物史观。

恩格斯在揭露和批判杜林唯心史观的过程中还系统阐述了唯物史观关于政治与经济的辩证关系,阐述了唯物史观关于道德与法、平等观、宗教、哲学等观念上层建筑对经济基础的依赖关系,从而全面揭示了唯物史观的基本原理。

在《自然辩证法》中,恩格斯不仅着重阐述了唯物辩证的自然观,而且也阐述了唯物史观的一些基本原理。恩格斯科学地揭示出人类社会是自然界长期发展的产物,同样也是客观世界的组成部分,都遵循唯物辩证法的基本规律,人类社会的发展同自然界一样是一个自然历史过程。恩格斯深刻论证了自然界是人类实践改造的对象,但人类在改造自然时必须尊重自然,必须遵循自然规律。人类在改造自然界的实践中形成的生产力,是人类社会发展的基础和最根本的推动力。这样恩格斯就深刻揭示出辩证唯物主义和历史唯物主义的内在一致性。马克思主义哲学就是唯物辩证的历史观和唯物辩证的自然观的统一,将二者割裂开来甚至对立起来,就否定了马克思主义哲学的内在统一性。因此,恩格斯恰恰是以唯物史观为依据、以科学实践观为基础研究自然观的,因而恩格斯的自然观与费尔巴哈具有本质的区别。

晚年对唯物史观的创新发展

马克思逝世后,恩格斯在单独指导国际共产主义运动的同时,在理论上也继续进行艰辛探索,对马克思主义,特别是唯物史观作出了创造性的发展。应当说,恩格斯对唯物史观的贡献,最突出地体现在他晚年的研究当中。

第一,明确用"历史唯物主义"来表述唯物史观。恩格斯将唯物史观科学表述为"历史唯物主义",并且揭示了历史唯物主义的基本观点。恩格斯的相关论述中不难看出,他是在相同的含义上使用这两个概念的。恩格斯之所以将唯物史观表述为历史唯物主义,最根本的目的是实现唯物史观的体系化,他在晚年对此进行了不懈的努力。

第二,阐述两种生产理论,揭示史前社会发展规律。依据"两种生产"的理论,恩格斯深入阐述了唯物史观关于原始社会史的基本观点,揭示了家庭、私有制发生和发展的历史规律,阐述了在私有制基础上形成的阶级对抗,分析了作为阶级统治工具的国家的起源和本质,指出了私有制、阶级和国家的历史性质,科学地论证和深化了社会主义必然代替资本主义的历史必然性。

第三,深刻揭示上层建筑对经济基础的反作用。晚年恩格斯对唯物史观的另一个重大贡献,就是在他的书信中全面地论证上层建筑、特别是意识形态的相对独立性和对经济基础能动的反作用。针对巴尔特之流污蔑唯物史观否定意识形态的作用和独立性的谬论,恩格斯深刻揭示出社会意识形态的相对独立性的具体表现形式:一是它的发展与社会经济发展水平具有不平衡性和不同步性;二是各种社会意识形态之间的相互作用、相互制约以及相互影响;三是社会意识对经济和社会发展有着能动的反作用。

第四,提出历史发展的根本动力和合力的观点。恩格斯阐述了社会历史发展是多种因素综合作用的结果的重要思想。他指出,社会历史的发展受多种因素影响,是各种因素交互作用的极其复杂的过程。因此决不能只看到某种或某几种因素的作用。在上述观点的基础上,恩格斯进一步提出了历史发展的根本动力和合力的观点。恩格斯的"合力论"深刻揭示出社会发展是多种动力综合作用的结果,虽然起最终决定作用的是经济力量,但决不能忽视人的主观能动作用。社会发展是客观规律和主体能动选择的结果,否定社会发展的客观规律和经济的最终决定作用是历史唯心主义,而否定人的意志和主体能动作用就是机械决定论。

第五,对历史唯物主义基本原理的系统阐释和科学理论体系的构建。在《路德维希·费尔巴哈和德国古典哲学的终结》这一恩格斯最后的哲学著作中,他从揭示社会历史规律与自然界规律的异同和如何发现社会历史发展的客观规律的方法论入手,全面系统阐述了唯物史观的基本原理,构建了历史唯物主义的理论体系。

第六,突出强调了唯物史观的世界观方法论意义。恩格斯严肃批评了当时"青年派"在观察历史事变时错误的方法论。他们按照自己的主观目的任意解释马克思主义,把唯物史观当成套语、抽象公式和灵丹妙药随意搬用。恩格斯强调指出:他们只是用历史唯物主义的套语来把自己相当贫乏的历史知识尽快构成体系,就自认为用不着进一步研究,问题已经解决了。这样做的结果,严重地败坏了马克思主义,特别是唯物史观的声誉。要把唯物史观当作研究工作的指南,以及认识历史本质的根本方法,就必须重新研究全部历史,必须详细研究各种社会形态的存在条件,然后设法从这些条件中找出相应的观点。

原载于《山东大学学报(哲学社会科学版)》2020 年第 4 期

《自然辩证法》中的意识形态思想解读

吕世荣　章冠博*

恩格斯的《自然辩证法》是马克思主义自然观和科学观的"比较连贯的阐述",体现了马克思主义与非马克思主义在自然科学领域"论战"中的不同观点,深刻揭示了当时自然科学研究和运用过程中存在的意识形态问题,厘清了自然科学与意识形态、哲学的关系,从而推动了辩证唯物主义世界观方法论在自然科学领域的确立和发展。

自然科学研究中唯心主义世界观的兴起及其根源

近代自然科学的兴起和发展以冲破中世纪神学世界观的统治为重要前提,而且由于自然科学的研究对象和性质,自然科学家常常被认为是自发地倾向唯物主义的。然而,这实际上是错误的,唯物主义世界观和自然观并没有在19世纪自然科学研究中得以完全确立和贯彻,各种各样的唯心主义思潮依然非常活跃,为众多科学家所青睐和运用,唯心主义在自然科学研究中的兴起首先表现为现代唯灵论的流行。此外,唯心主义还与当时自然科学研究的不同领域相结合,形成了形形色色的唯心主义思潮。各种各样唯心主义思潮的盛

---

* 吕世荣,河南大学哲学与公共管理学院教授、博士生导师,河南大学哲学研究中心研究员;章冠博,河南大学马克思主义学院博士研究生。

行不仅对自然科学的研究和发展产生了很大的负面影响和阻碍作用,也对马克思主义哲学在自然科学中的传播产生了极大的阻碍作用。

在《自然辩证法》中,恩格斯不仅系统描绘了唯心主义世界观在自然科学研究领域的各种表现及危害,而且全面揭示出唯心主义在自然科学研究领域盛行的深层次根源。唯心主义世界观在自然科学研究领域的兴起,首先是由于中世纪宗教和神学世界观的思想残余并未得以彻底清除。近代自然科学是伴随资本主义的兴起而逐步从中世纪宗教和神学中解放出来获得独立地位的,然而由于资产阶级思想解放的不彻底性以及思想惯性束缚,旧有的关于世界和自然的认知并未被彻底清除,甚至发挥着广泛而持久的影响。其次,被近代自然科学广泛推崇和应用的经验主义方法是唯心主义世界观盛行的直接原因。但是,以经验主义为基础的研究方法有其适用的范围,对经验主义的过度推崇和依赖,其结果必然是形形色色的唯心主义的出现。恩格斯认为,之所以如此,一方面是因为经验主义与神秘主义"两极相联"。正是理论思维的缺乏和对经验的过分推崇,使得华莱士、克鲁克斯等著名自然科学家沉溺于各种江湖术士所呈现的"高级的"现象,并以确证这些现象为己任。

自然科学研究中的两种思维方式及其关系

在近代自然科学发展进程中,形而上学思维方式的确立有其必然性。在自然科学刚从中世纪神学枷锁中解放出来的时候,自然科学研究的体水平不高,成果还不足以说明各种自然现象及事物之间的联系、变化和发展,自然科学研究的主要任务是搜集材料。伴随知识和材料的积累,自然科学已经完成了经验自然科学发展阶段向理论自然科学发展阶段的转变,自然科学研究已经不再局限于事物的认知和材料的搜集,而更加注重各种材料和知识之间联系的建立,形而上学的思维方式已经愈发不能适应自然科学发展的阶段性特征和任务。

批判自然科学中的形而上学和推动唯物辩证法在自然科学中的确立,是恩格斯着手写作《自然辩证法》的重要任务。为此,恩格斯在系统梳理近代自然科学发展演化过程中,科学论述了形而上学思维和辩证思维的关系,阐明了形而上学思维的局限性,论证了辩证思维是自然科学最重要的思维形式。首先,辩证思维和形而上学思维是两种完全不同的思维形式:辩证思维强调在普遍联系、运动中考察事物,认为事物之间存在着关系并表现为普遍联系,要求将它们看作是产生和发展着的东西;形而上学思维则与之相反,隔断事物之间的普遍联系,把事物看作是永恒不变和静止的,对事物进行孤立考察和研究。其次,形而上学思维形式也有其适用范围和阶段,在现代自然科学发生和发展过程中发挥了重要作用。作为初级的思维方法和认识方法,形而上学思维尽管有其存在的必要性,却也只能在认识发展的特定阶段成为占据主导地位的思维形式,只能在一定认识范围内发挥作用,超越了特定历史阶段和范围,就将成为科学认识形成的重要阻碍。最后,辩证思维是自然科学最重要的思维形式,必须实现从形而上学思维向辩证思维的复归。

自然科学研究成果运用中的资产阶级意识形态性质及其批判

资本主义制度确立带来的生产力的巨大解放和发展,不仅为自然科学的发展提供了新的材料和工具,更提出了进行相关自然科学研究的需要,极大地推动了近代自然科学的发展。自然科学研究成果的运用并未局限在社会生产领域,同样被用来影响和左右社会的思想上层建筑。自然科学研究的成果被资产阶级思想家加以歪曲利用来影响社会的政治、道德、哲学等思想和认知,极力为资本主义制度辩护,则显现出鲜明的资产阶级意识形态性质。

当资本主义生产方式确立以后,资产阶级不仅将科学技术视为自身攫取更多利润的有力工具,更是直接歪曲利用自然科学的最新研究成果来为资本主义制度及其扩张服务。恩格斯在写作《自然辩证法》中着重予以关注和批判的社会达尔文主义便是资产阶级歪曲利用自然科学最新研究成果来为自身统治服务和辩护的典型代表。在社会达尔文主义看来,在一个社会里必然存在互相适应关系,各种方式的适应都离不开生存斗争,其结果必然是"强者"消灭"弱者",统治集团、剥削阶级等乃是"适应能力最高者",资本主义社会是体现生存斗争普遍法则的最好的社会。将生物学领域的进化理论运用到人类社会,并将其视为人类社会发展的普遍规律,既不符合进化论创立者达尔文的思想,也无法反映人类社会发展现状和历史,而是歪曲利用自然科学的最新成果来粉饰资产阶级的统治思想。在《自然辩证法》中,恩格斯对社会达尔文主义进行全面系统的批判,揭示出以"生存斗争"概括人类社会历史发展的内在局限和错误。首先,生存斗争不仅不适用于人类社会,即便是在自然界,也只能在一定范围内和特定阶段内发挥作用。其次,达尔文在创立进化论时尽管借鉴了霍布斯的学说、资产阶级经济学的竞争学说以及马尔萨斯的人口理论,却不能由此将生物学领域的研究成果视为这些资产阶级思想的有力论证和论据。

理论思维/哲学与自然科学的关系

"哲学的支配"与"理论思维形式的支配"具有同等的地位,凸显出恩格斯所理解的哲学内涵,即突出强调哲学是一种理论思维。在《自然辩证法》中,恩格斯不仅完成了对支配当时自然科学研究和运用的各种"蹩脚的时髦哲学"的批判和清理,而且还深刻阐述了理论思维与自然科学的关系,强调了哲学对自然科学研究和运用的重要作用。在恩格斯看来,自然科学与哲学并非是两个截然独立的领域,而是存在"相辅相成"的关系。这种"相辅相成"的关系,一方面表现为有关自然领域的重要认识、观点往往产生于哲学领域,哲学还承担着为自然科学提供科学认识方法、思维方法的重任。另一方面,这种"相辅相成"的关系表现为自然科学从"细节"上确证理论思维/哲学关于自然、思维等的一般认识,并且自然科学的发展也推动着新的思维形式的出现和确立。

在恩格斯看来,人类的思维能力并不是先天具有的能力,而是在后天实践中逐步发展和培养的,而人类关于思维的认识也不是一成不变的。伴随近代自然科学的发展,自然科学的成果日益向人们描绘出一幅自然界运动和发展的辩证图景,形而上学的自然观已经显得漏洞百出,辩证唯物主义自然观应运而生。与这种发展相同步,自然科学也从"经验自然科学"过渡到"理论自然科学"阶段,要求形而上思维必须向辩证思维复归,否则就会被"置于完全无援境地"。无论是自然观的更替,抑或是自然科学的发展,都确证了辩证法的正确性和重要性,要求在自然科学研究和运用领域确立唯物辩证法。恩格斯指出,从形而上学向辩证思维的复归当然可以通过自然科学本身力量来实现,这样的过程将会是一个"旷日持久的、步履艰难的过程",并将遭遇额外的阻力。更好的方式是学习哲学、研究辩证法的历史。如果说学习希腊哲学和德国古典哲学对于现代自然科学"格外有益",能够大大缩短从形而上学思维向辩证思维复归的过程,那么,学习马克思主义哲学对于现代自然科学就"格外必要",其可以直接推动辩证思维在自然科学中的确立和运用。

恩格斯关于自然科学研究和运用的意识
形态批判思想的当代意义

首先,恩格斯关于自然科学研究和运用的意识形态批判思想,提供了评判围绕科学技术和意识形态问题产生的各种学说和争论的科学坐标,有助于澄清一系列理论是非。在《自然辩证法》中,恩格斯对当时自然科学研究和运用过程中各种错误思潮和倾向的批判,无疑提供了认识和处理科学技术与意识形态关系问题的正确思路:必须将科学技术本身与科学技术研究者、使用者区分开来。其次,恩格斯关于自然科学研究和运用的意识形态批判思想,提供了认识自然科学和哲学关系的基本框架,有助于推动自然科学的健康发展。自然科学与哲学之间的关系问题不啻为人类社会历史进程中重大的理论和实践问题,不仅深刻地影响着两者的发展,而且也同样深刻影响着人类社会的发展。将哲学排除在外、过分强调自身的独立性,自然科学的发展不仅无法解决人类社会发展的诸多问题,甚至会带来诸多新的问题,如科学中的方法危机、生态环境问题、社会伦理危机等。自然科学越是发展,自然科学研究者和研究成果使用者越是要学习哲学,尤其是要学习马克思主义哲学,自觉地将唯物辩证法作为认识自然、改造自然的世界观、价值观和方法论。

原载于《学习与探索》2020年第8期

恩格斯辩证唯物主义哲学体系论纲

宫敬才*

在比较语境中,聚焦于马克思恩格斯哲学思想之间区别者批评多于分析,恩格斯哲学思想作为相对独立的研究对象问题并未受重视;聚焦于马克思恩格斯哲学思想一致者情绪化应战和辩护多于分析,恩格斯哲学思想作为相对独立的研究对象问题同样未受重视。讨论情势表明,第二个逻辑层面的问题已基本解决,马克思哲学和恩格斯哲学之间有区别的事实被确定下来。现在需要做的工作是在第一个逻辑层面把恩格斯哲学作为相对独立的研究对象,以文献实证形式回答如下问题:恩格斯哲学到底是什么? 其主要构成因素是什么? 具有什么特点? 是否成体系? 内在逻辑是否一致? 理论渊源是什么? 把这些问题搞清楚和说明白,马克思哲学与恩格斯哲学之间的关系问题将一目了然。

形成过程

恩格斯辩证唯物主义哲学体系的形成经历了漫长的过程,粗略说是 42 年的时间(1844—1886 年)。这一过程可划分为三个阶段。在第一阶段,1844 年 1 月初至 2 月初恩格斯写作了《十八世纪》一文。该文主旨是研究英国工

＊ 宫敬才,河北大学哲学与社会学学院教授。

业革命出现的前提条件、经济与社会本质及其社会历史性后果。这篇论文可以说是《英国工人阶级状况》一书写作的预先操练。从恩格斯做法及其结论可捕捉到如下信息:第一,恩格斯哲学立场是唯物主义,其前提是"牛顿的学说和洛克的学说";第二,恩格斯得出唯物主义结论的主要依据是自然科学知识,他自己列举的例证证明了这一点;第三,恩格斯做法表明,他特别关注 18 世纪以来的自然科学研究进展及其成果,着眼点有两个,一是这种研究进展及其成果对哲学的影响,二是这种研究进展及其成果对社会经济历史如工业革命的影响。三个方面的信息预示了未来哲学思想发展的轨迹,恩格斯后来的哲学思想演化过程确实与对自然科学研究进展及其成果的关注、跟踪和唯物主义地提炼概括紧密相连。

在第二阶段,1959 年,马克思出版了《政治经济学批判》(第一分册),方法论历史唯物主义最经典的概括性表述出现于其《序言》中。由于是生命历程中黄金时段 15 年研究的成果,马克思特别重视这一著作,但资产阶级学术界以沉默冷对。在这种情况下马克思嘱托恩格斯为其写书评。恩格斯连写三篇,第一篇从德国政治经济学历史角度评论,第二篇从哲学方法论角度评论,第三篇从政治经济学理论角度评论。第三篇未得发表,手稿也没有找到。对恩格斯辩证唯物主义哲学体系来说,这两篇书评中的哲学思想极为重要,虽然此时还没有来得及展开、论证和体系化连结:第一,对马克思《序言》中的哲学思想拔高到另一个层面。第二,指出马克思哲学的黑格尔哲学思想渊源,认为其合理内核是辩证法但需要加工改造,马克思是唯一适合担当这项工作的人。第三,提出构建辩证唯物主义哲学体系的设想。第四,提出对恩格斯辩证唯物主义哲学体系来说重要到生命攸关程度的知识分类原则。第五,提出理论叙述和研究的方法论原则。五个方面的内容皆以哲学命题形式出现,只具有洞见性质,还没有来得及详加论证,但它们是恩格斯构建辩证唯物主义哲学体系第二阶段的主要成果,是这一体系的理论前提和出发点。

在第三阶段,恩格斯 1873 年 5 月 30 日致信马克思,这是恩格斯写作《自然辩证法》手稿的开始。到马克思逝世的 1883 年,主要思路和资料已梳理完成,只是由于整理和出版马克思《资本论》第二、三卷才未能最终写成和出版。1876 年出于捍卫马克思主义的理论和实践需要,恩格斯开始系统、连续地批判杜林,系列论文结集出版的书名是《反杜林论》。1886 年,恩格斯在百忙之中偷闲写作了《路德维希·费尔巴哈和德国古典哲学的终结》。三部著作标志着恩格斯构建辩证唯物主义哲学体系任务的基本完成,第一、二阶段提出的辩证唯物主义哲学体系构建设想、一系列哲学命题和基本思路在这里得以展开、论证和连结,一个与马克思经济哲学等领域性哲学相比有重大区别的哲学体系出现了,后人(主要是列宁)为其冠名为马克思主义哲学。

基本内容

哲学分析框架就是哲学基本问题。哲学分析框架是提出任何哲学思想的认知前提,也是理论叙述意义和理论逻辑意义的出发点。恩格斯对哲学分析框架问题的回答思路极为清晰,这样的问题指称两项内容,一是本体论,二是认识论。两项内容都具有一般哲学性质,具有七个方面的特点:第一,空间特点,存在更准确说是物质外在于人和独立自在于人;第二,时间特点,物质先在于人,人是物质演化的结果;第三,存在特点,物质具有大全和无限性质,是真正的无限性存在;第四,关系特点,物质决定意识,相反的认知是错误的;第五,认识论特点,物质可以被认识,不可知论缺乏事实根据;第六,哲学形态特点,这种哲学分析框架以物质为中心而不是以人为中心;第七,适用范围特点,这种哲学分析框架具有普适性质,适用于对自然界的认知,也适用于对社会历史的认知。

恩格斯是严格意义的反映论观点坚持者。既然作为哲学本体的现实世界包括自然界和社会历史,那么,对二者的反映形成自然观和历史观是顺理成章的事情。恩格斯认为,唯物主义自然观就是按照自然界本来的样子认识自然界。基于此说,有关自然界辩证运动规律的揭示,只是对自然界辩证运动性质的反映,绝非人之力量强加于自然界形成的结果。这样的揭示就是自然辩证法,恩格斯花费 10 年功夫尚未写就的《自然辩证法》所要完成的就是这一任务。关于历史观,恩格斯主要秉持马克思《政治经济学批判》(第一分册)《序言》表述出来的方法论历史唯物主义观点,其独特之处在于严格区分自然界和社会历史,主张用唯物主义哲学改造"关于社会的科学"。

理解恩格斯辩证唯物主义哲学体系的关键是注意其知识分类思想。知识分类思想伴随恩格斯的整个哲思之旅,哲学思想演化过程的三个阶段都有所表现。第一阶段表现出来的是特别关注自然科学研究进展及其成果,得出哲学结论的主要依据是自然科学知识。第二阶段中明确提出知识分类原则,"凡不是自然科学的科学都是历史科学"的命题可为典型例证。第三阶段把如上命题变为哲学实践行动,表现出来的是精致且系统的知识分类图谱,由六个方面的内容组成:第一,设定哲学本体,其叫法是"外部世界""现实世界";第二,"外部世界""现实世界"指称的内容有二,一是自然界,二是社会历史,此外无它;第三,认识活动中的人对"外部世界""现实世界"进行反映,得到的结果是有关外在世界的经验;第四,人对反映外在世界的经验进行提炼概括,得到的结果是内在经验,这种经验是思维形式和思维规律,即形式逻辑和辩证法;第五,外在经验和内在经验的理论表现形式有三,即自然科学、历史科学和哲学,有时恩格斯认为理论表现形式有四,即有关无机物的科学、有关有机物的科学、历史科学和哲学;第六,概括性的知识分类是经验(实证)科学和哲学。

思想资源

尽管恩格斯辩证唯物主义哲学有不足之处,但它确成体系。考虑到如下事实,更使我们惊叹不已。恩格斯中学肄业,没有受过像马克思那样的学术训练,特别是哲学训练。成一家之言的辩证唯物主义哲学体系与这样的经历相比,我们不得不说恩格斯是哲学天才。对比形成的特定情势促使我们不得不探讨和回答如下问题:恩格斯在构建辩证唯物主义哲学体系时依凭的思想资源是什么? 笔者认为,这样的思想资源有三个:18 世纪以来的自然科学研究进展及其成果;英法德三国的唯物主义哲学;黑格尔哲学特别是《逻辑学》中的辩证法思想。

恩格斯从年轻时代起就特别关注自然科学的研究进展及其成果,始终如一地从中提炼概括唯物主义哲学结论。恩格斯的辩证唯物主义哲学体系主要以自然科学研究进展及其成果为事实依据。恩格斯的哲学运思方式集中体现为:承认自然界的客观存在是基本前提,揭示其辩证性质是首要任务,任务的完成以提炼概括出其特征和规律为标志。做到这一切的前提是找到事实依据,恩格斯为我们列举的事实依据是五大自然科学学科。这样的做法及其哲学结果表明,自然科学研究进展及其成果是恩格斯构建辩证唯物主义哲学体系基本且主要的思想资源之一。

恩格斯辩证唯物主义哲学体系中的唯物主义部分有直接的思想来源,这就是英国、法国和德国近代以来的唯物主义哲学。这样的思想来源会发挥作用,具体表现是思维方式、知识分类方法、哲学本体设定、关注重点和哲学研究目的等方面。放大视野地看,当我们习惯性地说马克思主义哲学的理论来源是德国古典哲学时,既笼统不当,又失之片面。说英法两国唯物主义哲学是马克思主义哲学的理论来源之一,名正言顺,恩格斯哲学思想形成过程及其体系性存在能够证明这一点。

从 1859 年为马克思《政治经济学批判》(第一分册)写书评开始,恩格斯就在马克思主义哲学理论来源意义上涉及和处理黑格尔哲学问题,一直到生命途程的终结没有变化和转向,只是内容逐渐地丰满起来。检视恩格斯代表性哲学文献《自然辩证法》《反杜林论》《路德维希？费尔巴哈和德国古典哲学的终结》马上就能发现,辩证唯物主义哲学体系中的辩证法内容与黑格尔哲学之间具有直接、密切和本质性联系。基于此作出如下结论不能被认为是唐突之举:黑格尔哲学特别是《逻辑学》中的辩证法思想是恩格斯辩证唯物主义哲学体系基本和重要的理论来源。

原载于《现代哲学》第 2020 年第 1 期

青年恩格斯对英国工人运动的社会历史性解读及其理论意义

唐正东*

在《英国工人阶级状况》中,恩格斯对英国工人运动的解读绝不是一种中立的客观描述,而是在社会历史观的维度上对这一问题的深刻理解。能否把握住这一点,直接关系到能否深刻领会科学社会主义理论与唯物史观的本质关联性。国外学界的一些学者在解读恩格斯的工人运动观时,总是喜欢把它描述为一种中立的实证研究。鉴于此,本文试图对青年恩格斯在英国工人运动问题上的社会历史性解读视域作一番梳理,以强调唯物史观的科学方法论对于恩格斯社会主义思想的发展来说具有重要的指导作用。

工人的贫困:英国工人运动的前提条件

马克思恩格斯在《共产党宣言》中谈到共产党人在理论上的特点时指出,"在理论方面,他们胜过其余无产阶级群众的地方在于他们了解无产阶级运动的条件、进程和一般结果。"①青年恩格斯在《英国工人阶级状况》中也是从这三个方面来推进和深化对英国工人运动的理论解读的。对他来说,工人阶

---

* 唐正东,南京大学哲学系教授,博士生导师。
① 《马克思恩格斯文集》第2卷,人民出版社2009年版,第44页。

级的贫困是包括英国工人运动在内的当代一切社会运动的基础和出发点,因为它是现实存在着的社会灾难的最直接表现。当然,他也不是一到英国就能达到这种理解水平的。在刚到英国的一段时间内,恩格斯虽然把研究对象转向了工人或无产者的贫困,并努力把它与英国可能发生的革命联系起来,但实际上他还无法理解工人贫困的真正原因。此时的青年恩格斯是从工人因为挨饿所以才会起来革命的角度来理解英国革命的可能性的。他暂时还无法准确地把握基于物质利益的英国社会革命所具有的历史观意义,因而他在德国时所形成的基于自由精神的原则而展开的现实批判思路暂时还不能被新的解读思路所取代。在 1842 年 12 月—1843 年 6 月间所写的《各个政党的立场》《英国工人阶级状况》《伦敦来信》等文章中,这种工人因挨饿而必然起来革命的解读思路得到了延续。

《国民经济学批判大纲》是恩格斯扭转上述解读思路的开始。在这篇文章中,他不再只是从经济现象的角度来阐述工人挨饿与工人革命之间的关联性,而是开始从社会关系甚至是社会历史过程的角度来阐述竞争关系条件下工人因生产过剩而挨饿的必然性以及由此而来的消灭私有制的必要性。在此基础上,他还对这种私有制竞争关系与基于科学进步的人类不断增长的生产能力之间的对立与矛盾进行了剖析。这一崭新的解读视角为恩格斯从社会历史观的角度深刻地解读英国工人阶级的贫困现象提供了重要的方法论支撑,由此也开启了他在这一问题的解读上较为快速地向唯物史观方向发展的历程。

在《英国状况——评托马斯·卡莱尔的〈过去和现在〉》(1843 年伦敦版)一文中,恩格斯针对卡莱尔所描述的英国社会充满了财富却还有很多人饿死,英国工人走上街头进行反抗的时候,明明知道有敌人却不知道谁是敌人等现象。针对根治这种社会祸害的办法,恩格斯强调了必须从历史发展过程的角度来找到答案。在他看来,我们必须把历史的内容交还给历史,从人类进步的角度来把握历史的内涵与意义。在接下来的《英国状况——十八世纪》一文中,恩格斯又把这种在工人贫困问题上的社会历史性解读思路向前推进了一步。在对英国工人贫困问题的社会历史性本质作出解读之后,恩格斯对英国工人阶级的贫困现状进行了具体的分析。他是从身体状况及精神状况这两个方面来展开论述的。就前者而言,恩格斯从生活资料的缺乏、污浊的空气、污染的水源、糟糕的住宅及饮食、无助的医疗条件等几个方面,对工人阶级的生存状况进行了描述。在此基础上,恩格斯对这种贫困现状的深层内涵作出了解读。他首先从"社会谋杀"的层面对上述事实进行剖析。其次,恩格斯还对这种社会谋杀的资产阶级意识形态性进行了阐述。

通过从本质、现状、深层内涵等三个层面对英国工人贫困的问题进行深刻的剖析,恩格斯对英国工人运动的这一前提条件有了全新的把握。这为他进一步解读英国工人运动的发展进程及一般结果提供了很好的理论基础。

英国工人运动的发展进程

恩格斯在《英国工人阶级状况》中是很强调政治维度上的工人运动的重要性的,他明确地指出了英国工人阶级应当起来反抗资产阶级的统治。但同时必须指出的是,恩格斯用了更多的篇幅来加以阐述的,恰恰是英国工人运动的发展史,而且还是与工业发展的线索结合在一起的。这说明他所关心的不仅仅是政治斗争本身,而且还是政治斗争的历史前提、发展规律以及当下最合适的表现形式等社会历史观层面上的内容。当时英国理论界的一些空想社会主义者虽然能够提出批判私有制的观点但却提不出工人运动的思路,从而在理论层面上达不到共产主义的水平,其原因之一就在于他们不具备唯物主义的社会历史性解读思路。

在当时的英国理论界,很少有人会把工人的偷窃行为当成对资产阶级的反抗形式来看待。此时的恩格斯正是因为从工业发展及相应的市民社会变革的角度来谈论工人运动问题,所以,他才会把工人的偷窃当作一种阶级反抗行为来看待。对他来说,这种偷窃与其说只是非法地获得了某种东西,还不如说是体现了对当时的市民社会关系的一种反抗。随着工业革命的展开以及英国工人对现存社会制度的认识的加深,他们很快就发现这种以个人形式来实施的反抗行为是没有实质意义的。于是,英国工人运动在反抗主体上从个人形式转向了阶级形式,在反抗对象上从一般性的私有财产转向了生产这些私有财产的生产工具即机器。

在恩格斯看来,随着工业生产力的发展,英国的工人运动也发展到了第三个阶段,即通过工人阶级的联合来推翻资产阶级政权的阶段。他指出,英国1824年通过的允许工人自由结社的法令使工人阶级拥有了通过工会来展开罢工等反抗斗争的机会和权力。他看到的是工人罢工对于消灭资本主义竞争关系来说所具有的意义。由于这种竞争关系的消除绝非是可以通过一次罢工就能完成的,因此,恩格斯在此处把英国工人的罢工斗争称为消灭竞争的第一次尝试。不仅如此,恩格斯还看到了由工会所组织的英国工人罢工不仅具有把分散的、处于竞争关系中的工人联合起来的功能,而且它还能使工人运动有可能不断地走向自觉的状态。

那么,这种自觉状态的内容又是什么呢?恩格斯从两个维度来展开对这一问题的分析。首先,这种"自觉"是指工人阶级具有明确的无产阶级阶级意识,即工人阶级的政治自觉。其次,这种"自觉"指的是英国工人阶级对无产阶级革命的历史必然性有一种清晰的认识。在对工人运动的研究中,指出工人阶级要革命这是一回事,而阐明工人阶级革命的历史必然性又是另一回事。当他说工人阶级在宪章运动的旗帜下并通过宪章运动与社会主义的结合而达到自觉状态的时候,他显然也希望工人阶级能够清晰地掌握无产阶级革命的这种历史观依据。恩格斯并没有认为达到这一点是很容易的。他除了指出真正的无产阶级社会主义的实现要有一个历史发展过程之外,还提出了"政党"的思路。

英国工人运动的结果

英国工人运动想要达到什么样的结果?在《英国工人阶级状况》中,由于恩格斯是从社会历史过程的角度来理解英国工人运动的前提及内涵的,因此,他在对这种工人运动的结果的理解上显然不可能像缺乏社会历史观视域的英国空想社会主义者(如约翰·勃雷等)那样,只是笼统地提出废除私有制度的观点。恩格斯指出,工人运动的一般结果既包括无产阶级推翻现存的社会权力和私有制度,又包括实现消灭了阶级对立的共产主义。并且,这两个结果是随着工人运动的不断发展而先后表现出来的,也就是说,是随着现实社会历史的发展过程而不断表现出来的。在工人运动的结果问题上的这种极其丰富的思想,使恩格斯超越了同时代的其他思想家而走在科学社会主义理论探索的最前列。

首先,恩格斯指出,就当下英国社会历史发展的现状来看,要想让工人运动采用和平的方式已经彻底不可能了。虽然工人运动的最终结果是实现超越资产阶级与无产阶级之间阶级对立的共产主义,但只要现实社会中还存在着这种阶级对立,那么,工人运动的任务就必须是无产阶级推翻资产阶级统治的斗争和战争。对英国工人运动的这种分阶段解读,充分凸显了恩格斯社会历史性解读思路的深刻之处。对他来说,工人运动的理论基础并非存在于人的头脑中的某种意志或观念,所以,它不可能只有一种一劳永逸的结果。正是因为它的理论基础存在于现实社会历史的发展过程之中,所以,后者发展到什么程度,它所能实现的结果也就会有什么样的具体内涵。

其次,在恩格斯看来,就英国工人运动甚至整个工人运动在未来发展阶段所要实现的结果而言,它肯定要比推翻资产阶级的统治更进一步,因为作为工人运动指导思想的共产主义所要实现的理想,不仅仅是工人自己的事业,而且还是全人类的事业。恩格斯在这一问题上的思想深刻性表现在他敏锐地看到了即使是在和平的工人运动已经不可能的当下条件下,也要尽量让工人阶级知道他们通过激烈的工人运动所要解决的社会问题背后的社会历史根源以及未来的发展方向。

原载于《哲学研究》2020 年第 10 期

恩格斯晚年唯物史观方法论思想研究

侯衍社*

所谓恩格斯晚年,是指 1883 年马克思去世之后到恩格斯去世之前的 12 年时间。这段时期,世界经济政治形势和无产阶级革命形势出现了许多新情况,凸显了唯物史观特别是其方法论的极端重要性。恩格斯在此时代背景下,自觉地承担起时代重任,对于唯物史观的方法论思想进行了突出强调和重点阐发,阐明了唯物史观是历史唯物论和历史辩证法的有机统一,历史观、认识论和方法论的有机统一,阐明其作为伟大认识工具和行动指南的科学性,这些方法论思想不仅在当时发挥了十分重要的作用,而且在今天也具有重要指导意义。

唯物史观中历史唯物论和历史辩证法的辩证统一

唯物史观是马克思恩格斯在批判形形色色的唯心史观过程中创立的,是科学认识社会历史问题的根本观点和根本方法唯物史观作为历史唯物论和历史辩证法的有机统一,为人们科学认识社会历史提供了根本的方法论基础。恩格斯晚年,针对社会发展的新情况,十分强调历史唯物论和历史辩证法的有机统一。一方面,他始终坚持社会历史观上的唯物主义原则,强调客观物质因

* 侯衍社,中国人民大学马克思主义学院教授、博士生导师。

素在社会历史发展中的决定性作用。另一方面,他突出强调了社会历史的辩证法,强调了主体因素和上层建筑因素在社会历史发展中的重要作用,他强调,要正确把握唯物史观,根本的思想方法是把握唯物主义的历史观点与辩证法相结合。

坚持历史唯物论是坚持唯物史观的前提和基础。恩格斯始终如一地坚持了历史唯物论的原则立场,在其晚年依然如此。在《费尔巴哈论》中,恩格斯不仅批判了黑格尔的唯心主义体系,而且揭露了费尔巴哈在社会历史领域的唯心主义错误,还通过分析人的意志因素作用透析了社会历史的内在必然性和规律性。如果说历史唯物论是唯物史观的前提和基础,那么历史辩证法则是唯物史观的灵魂。恩格斯晚年特别强调了唯物史观的"辩证法"方面,鲜明体现了历史唯物论和历史辩证法的有机统一思想。在《费尔巴哈论》中,恩格斯批判了费尔巴哈陷入半截子唯物主义的重要根源就是不懂得历史辩证法,用形而上学思维方式和方法研究具有辩证特性的社会历史,从而陷入了唯心主义的泥沼。

社会基本矛盾运动中经济基础和上层建筑之间的辩证关系

唯物史观是辩证决定论而绝不是见物不见人的"经济决定论"和机械决定论。19世纪末期,欧洲无产阶级队伍迅猛发展,马克思主义影响不断扩大,引起了资产阶级及其代言人的恼怒和恐怖。以巴尔特为代表的一些资产阶级学者歪曲并攻击唯物史观,以恩斯特为代表的一些青年大学生误解和曲解唯物史观,还有所谓的"多因素论"不了解唯物史观的实质。以上观点的共同特点是指责唯物史观重物轻人,贬低思想、精神和上层建筑的作用。这些错误论调在理论和实践方面都引起了十分消极的影响。恩格斯在晚年一系列书信和论著中,出于指导无产阶级革命运动和批驳错误观点需要,比较系统地阐明了经济基础和上层建筑的辩证关系,丰富和发展了社会基本矛盾理论。

第一,经济基础的决定作用是在"归根到底"的意义上讲的。从"归根到底"的意义上理解经济因素的决定作用,表明了经济因素在社会生成中的始基性、在社会发展中的基础性、对其他因素决定作用的非直接性,表明了经济因素的决定作用是从社会发展的总体上、总过程、总趋势来讲的。因此，"归根到底"的论断，一方面强调了经济因素的最终决定作用，另一方面也给了主体、精神、政治、哲学等其他因素很大的作用空间，即在并非"归根到底"的意义上，这些因素可以发挥很大作用，甚至是一定条件下的主导作用。

第二，在"非归根到底"意义上经济基础与上层建筑之间是相互作用的关系。恩格斯在给布洛赫的信中具体阐发了"多因素相互作用"的思想。承认经济、政治、文化多种因素之间的相互作用，在唯物史观这里是基本的理论观点。但决不能由此走向另一个极端，走向否认经济因素决定作用的折中主义。正是鉴于此，恩格斯晚年经常一方面耐心细致地阐释经济基础和上层建筑之间的辩证关系和相互作用，另一方面又语重心长地强调经济因素的最终决定作用，始终在社会历史问题上坚持了唯物主义与辩证法的有机统一。

第三，上层建筑对经济基础发挥能动反作用的途径和方式。上层建筑与经济基础之间不仅存在着相互作用关系，而且还能动地反作用于经济基础，从而在社会发展中发挥着重要的反作用，这突出表现在国家权力等政治上层建筑的直接能动作用和思想上层建筑的反作用。恩格斯具体分析了国家权力对于经济发展的三种反作用：第一种是沿着相同方向发挥着积极推动作用，第二种是沿着相反方向发挥着消极阻碍作用，在第三种情况下它阻止经济发展沿着某些方向走，却给它规定另外的走向，在第二第三种情况下显然会给经济发展带来巨大损害。恩格斯进一步考察了法的情况，分析了法律制度的能动反作用，并进一步按照历史发展逻辑探讨了思想上层建筑的特点及其对经济基础的独特反作用。

历史事件"表面动机"和"根本动因"之间的辩证关系

恩格斯晚年结合无产阶级革命运动和理论斗争需要，特别是针对所谓唯物史观"见物不见人"的无端指责，阐述了历史主体和客体关系及其相互作用理论，阐明了历史事件"表面动机"和"根本动因"之间的辩证关系，进一步揭示了历史之谜。

恩格斯在给博尔吉乌斯的信中专门谈到了拿破仑这个"伟大人物"，借以说明历史发展的主体能动性和客观规律性、个体偶然性和历史必然性之间的关系。恩格斯还进一步阐释了"经济轴线"规律:我们所研究的领域越远离经济,越接近纯粹抽象的意识形态,就越会发现它在自己发展中表现为偶然现象,其曲线就越曲折。如果画出曲线的中轴线,就会发现,所考察时期愈长,考察范围愈广,这个轴线就愈是接近经济发展的轴线,就愈是同后者平行而进。正是由于一些抽象意识形态具有相对独立性和远离经济基础的特点,加之历代统治阶级欺骗宣传等原因,使得人们对于历史事件的"最终动因"这一历史难题始终难求真谛,历史真相始终被遮蔽。

恩格斯对此历史难题进行了精辟分析,展示了对历史本质的深刻洞见。他结合对广大群众和伟大人物历史作用的辩证分析,对于历史事件的"表面动机"和"最终动因"进行了探幽入微的阐释。恩格斯论述了科学认识历史事件真相和历史本质的若干重要关系的基本观点:第一,要正确看待一般行为动机和最终动因的关系,从一般行为动机背后揭示出最深层次的动因;第二,要正确看待历史人物动机和普通群众动机之间的关系,要重点探究使最广大群众行动起来的动机;第三,要正确看待一般历史事件和重大历史事件之间的关系,要重点探究具有持久性并引起重大历史变迁的行动;第四,要正确分析促使广大群众及其领袖行动起来的头脑中的动因,包括科学分析影响广大群众及其领袖人物行动起来的各种观念和理论。

无产阶级革命的战略目标与斗争策略的相互统一

19 世纪末期,面对世界新形势和无产阶级队伍迅速发展的新局面。恩格斯对于革命前景十分乐观,但对于新形势新任务的判断十分冷静、理智。他在坚持无产阶级革命战略目标和根本原则基础上,对于革命斗争的策略思想做了新阐释,提出了一系列新见解,完美地诠释了无产阶级革命战略目标与斗争策略相统一的思想,为新形势下无产阶级政党制定正确斗争策略提供了方法论原则。

第一,进入垄断阶段后,资产阶级实行统治的条件和方式有了很大变化,政治欺骗性进一步强化,国家机器镇压功能也大大增强,无产阶级进行武装斗争的危险性和代价越来越大。恩格斯明确断言,如果无产阶级贸然走上街头,开展街垒巷战,必然遭到资产阶级强大国家机器的残酷镇压,必会造成革命队伍的巨大流血牺牲,这正是资产阶级国家求之不得的事情。因此,新的形势意味着必须认真反思武装斗争形式的适用范围和利弊得失,在世界无产阶级革命的总体条件成熟以前,不能贸然开展武装斗争。

第二,鉴于新情况新任务,充分肯定了议会斗争这一新型斗争形式的积极作用。德国无产阶级力量是随着德国工业迅猛发展而迅速持续地发展起来的,德国社会民主党利用议会斗争取得的选票迅猛增长,以惊人成就展现在全世界面前。恩格斯对此详细分析了使用普选权在检阅自身力量、加强胜利信心、增加对手恐惧、宣传教育群众、争取支持力量等方面的诸多好处,认为德国社会民主党人通过使用普选权得到了千百倍的好处,成为世界各国工人的榜样。

第三,始终没有放弃武装斗争方式,强调革命权的极端重要性。在实现无产阶级革命根本目标的斗争方式问题上,恩格斯始终倚重于武装斗争形式,认为无产阶级最后必须通过一次总决战,一次"决定性的战斗",才能彻底推翻资产阶级统治,建立无产阶级政权,为此各国无产阶级政党必须长期积极积蓄力量。恩格斯尽管充分肯定了开展议会斗争的历史合理性,但他始终高度重视革命权,强调革命权是唯一的真正"历史权利"。

原载于《哲学研究》2020 年第 10 期

恩格斯自然观的实践唯物主义
性质及其当代意义

马拥军[*]

只要一谈到恩格斯的自然观,各种各样的奇谈怪论就冒出来了。无论是赞成者还是反对者,都把恩格斯当成传统"辩证唯物主义哲学"的创始人,似乎恩格斯从来没有说过"哲学终结""自然哲学的终结"或唯物史观是"新的世界观"这样的话。我们可以有把握地说,恩格斯是一位被阅读最少而又被误读、被冤枉最多的思想家。考虑到恩格斯的自然观仍然具有重要的现实意义,在这位思想家诞辰 200 周年之际,有必要把他的自然观放回到马克思主义发展史的视野中,完整准确地重读他的原文,擦掉泼在他身上的污水。

实践唯物主义视野中的恩格斯自然观

所有误读恩格斯的人实际上也都误读了马克思。在他们更早合著的《神圣家族》中,恩格斯明确指出"历史不过是追求着自己目的的人的活动而已"。这一句话曾被很多人误以为是马克思的话,它表明,历史就是实践,历史唯物主义就是实践唯物主义。

其一,马克思恩格斯谈的"实践的唯物主义者"并不是指哲学家,而是指

* 马拥军,复旦大学马克思主义学院教授,博士生导师。

"共产主义者"。这就意味着,脱离"共产主义"去讨论"实践的唯物主义",注定是离题万里。讨论恩格斯的自然观同样如此。恩格斯强调的并不是自然观的普遍意义,而是历史观的普遍意义。相对于唯物史观而言,辩证唯物的自然观只具有从属意义,但是要说明历史观就离不开辩证法。辩证法不仅适用于人类社会的历史发展,而且适用于自然界的历史发展。在这个意义上,我们当然可以把历史唯物主义称为"辩证的唯物主义"或"现代唯物主义",但这种辩证的唯物主义作为世界观即"实践的唯物主义",与单纯作为自然观的唯物主义是两码事。

其二,实践唯物主义本身意味着旧哲学即"作为哲学的哲学"的终结,意味着新世界观本身超越了理论科学、实践科学和制作科学的分离和对立,进入了实践即"感性的人的活动"的领域,进入了历史领域。恩格斯的自然观本身就是历史的自然观而不是自然主义的自然观,就此而言,恩格斯自然观中的自然界与自然主义历史观中的自然界毫无共同之处;相反,恩格斯坚决反对自然主义历史观。

其三,与传统辩证唯物主义哲学不同,实践唯物主义既不是从物质出发,也不是从意识出发,而是从活动出发的。与人们通常的理解不同,恩格斯之所以说马克思的现代唯物主义"已经根本不再是哲学,而只是世界观"[1],表明它不仅把知识论世界观的基本问题即思维与存在的关系问题,而且把情感论世界观的基本问题即情感和存在的关系问题、把意志论世界观的基本问题即意志与存在的关系问题,都奠定在"历史"或"实践"的基础上。只有把恩格斯的自然观放到这一背景中,才能准确地界定它与实践唯物主义的关系。脱离科学社会主义,脱离实践,脱离历史,都会导致对恩格斯自然观的错误定位,误把与宗教或美学世界观、伦理学世界观并列的唯物辩证的自然观当成马克思主义的一般世界观。

恩格斯自然观的实践唯物主义性质

恩格斯自然观是以自然科学为基础的自然观。在恩格斯看来,近代自然

---

[1] 《马克思恩格斯文集》第9卷,人民出版社2009年版,第146页。

科学的发展不仅体现了实践发展的要求，而且以实践发展到能够出现"真实的思维"为前提条件。解决思维与存在的关系问题，无论是思维与存在何者第一性的问题，还是思维与存在有无同一性的问题，都不能脱离实践。因此，对恩格斯自然观的误解，不仅在于把它同科学社会主义、实践唯物主义或历史唯物主义割裂开来，而且在于没有正确理解自然科学的实践性质和时代特点，没有理解"真实的思维"对实践活动的依赖，从而误把理论与实践的关系混同于思维与存在的关系。这突出地表现在所谓"自在自然"与"人化自然"的对立、把人的活动从自然界的"自因"中排除出去等错误做法中。

其一，恩格斯自然观的出发点是感性的、现实的自然界，而不是对自然界的抽象，因此他突出的是自然界的对象性、现实性、感性性质，而不是客观性或作为"自在之物"的性质、不是自在的自然界。在谈到马克思主义世界观的"唯物主义性质"时，恩格斯并不是从所谓的"物质本体论"，而是从认识论和方法论的角度入手。恩格斯讨论的，不是传统意义上的主观认识客观、意识认识物质或人类认识"自在自然"，而是"我们"对"自己制造的某一自然过程"（把"自在之物"变为"为我之物"的过程）的认识。正是在否定自然界的"自在"性的意义上，恩格斯否定了"物质本身"的范畴，他指出，现实的物质或对象性的物质、感性的物质与"物质本身"有着根本区别。对于马克思恩格斯来说，我们面对的是一个作为"对象、现实、感性"的自然界，而不是抽象的、"唯一特性是客观实在性"的自然界。

其二，恩格斯自然观是通过自然科学建构起来的。他认为，自然科学各个部门的发展顺序说明了它们对物质生产实践的依赖性。恩格斯在《自然辩证法》中指出，各门自然科学中首先发展起来的是天文学，其次是数学、力学，它们都依赖于物质生产实践活动。工业的巨大发展、资本主义在整个西欧的扩张、新航路的发现和世界市场的开辟，不仅提出了发展科学研究的需要，而且使科学的传播、使新的研究工具的设计成为可能。物理学、化学、地理学、生理学、生物学、地质学等学科纷纷独立，到 19 世纪又开始实现综合，出现了跨学科研究和各种边缘学科研究。所有这一切都说明，脱离人类的实践活动特别是物质生产活动，就不可能形成自然科学，更不可能在此基础上形成科学的自然观。

其三,正如恩格斯反对"自然主义的历史观"一样,在研究自然观时,他反对"自然主义"的思维方式,强调要从实践出发去理解思维与存在的关系。对于恩格斯来说,自然科学之所以能够实现思维与存在的同一,是由于思维和存在本身都是实践活动的产物。思维和存在、主观和客观的分离和对立是一种自然主义即旧唯物主义的思维方式。在《反杜林论》中,恩格斯明确地拒绝把"意识"和"思维"、"存在"和"自然界"当作某种现成的、固定不变的东西,然后把它们对立起来,认为这属于"自然主义"的思维方式。反对旧唯物主义的思维方式,要求把自然界也看作历史,是马克思恩格斯一生共同的观点。早在《德意志意识形态》中,他们就指出历史包括两个方面,即自然史和人类史,两个方面都与人的活动联系在一起,因此它们是不可分割的。既然人和自然界本来就是一回事,那么,所谓"自在自然"和"人化自然"的对立就是一场彻头彻尾的误会。这场误会的发生是由于人们意识不到自己实际上是以私有者的身份来思考自然,因而把人与自然的异化状态当成了永恒状态。

恩格斯自然观的当代意义

在当今时代,环境问题的起因被许多人归咎于同自然主义相对立的人道主义,但对马克思恩格斯来说,人与自然并不是永恒对立的。人与自然的对立只是特定的历史阶段即自然的自我异化和人类的自我异化阶段才存在的现象。造成人类与自然对立的根源在于私有制。因此解决这一问题并不是一个理论的任务,而是实践的任务。无论是指望奉行自然主义或自然中心主义,还是单纯依靠科学技术来解决环境问题,都是空想。只有恩格斯的自然观,即实践唯物主义或历史唯物主义的自然观才为解决当代环境问题提供了指导思想。它向我们指明,解决问题的根本途径在于实践变革,在于共产主义的生产方式的形成。恩格斯正是在这一意义上讨论环境问题、提出他的生态观点的。

其一,恩格斯按照19世纪的自然科学研究了人类从自然界中分化出来的过程。他认为,促使人类产生的最为重要的因素是劳动。正是劳动导致人类与自然既对立又统一的关系。这是人与自然关系的否定之否定过程的起点。在恩格斯看来,由于劳动不仅改变了自然界,而且实现了自我改造,因此人类与自然界的关系截然不同于动物与自然界的关系:动物只能现成地利用自然界的资源来满足自己的生存需要,当自然界缺乏这样的资源时就只能忍饥挨饿甚至走向死亡,而人类却能够创造条件,把自然界变成自己生活资料的潜在来源,通过劳动再生产自己所需要的生活资料,由此自然界的意义就不再停留于它的现成性,而在于它的可变性。环境问题正是在这一背景下发生的。由于环境问题与劳动联系在一起、与人的生存和发展联系在一起,因此环境问题便成为生态问题。

其二,恩格斯研究了生态恶化和环境问题产生的根源,这正是马克思早年对异化劳动导致人和自然对立的极好说明。在人与自然的关系问题上,恩格斯坚持了自然辩证法的观点。在他看来,人和自然的相互作用固然是动物与自然的相互作用的另外一种表现,然而与动物不同,人类有生产活动,因此人类不仅像动物那样适应自然和以自己的活动无意识地改变自然,而且通过生产和劳动,有意识地让自然界为自己的目的服务,并在这一过程中实现自我改变。

其三,人不仅生活在自然界中,而且生活在社会中。不仅人类与自然是既对立又同一的,个人与社会也是既对立又同一的。因此,生态问题的解决包括两个方面,即人与自然关系的方面和人与人的关系的方面。两个方面相互制约,都需要既在认识方面,也在实践方面实现变革。人与自然的相互作用、人与人的相互作用,并不是一个单纯的认识问题。在异化的状态下,支配人们行为的首先是私人利益。要真正改变人与自然、人与人的关系,就需要对迄今为止的生产方式进行变革。

原载于《理论探讨》2020 年第 4 期

青年恩格斯:从历史唯物主义创立者到都市马克思主义开拓者

刘怀玉[*]

青年恩格斯所写下的公认的第一部马克思主义著作《英国工人阶级状况》(以下简称《状况》)在传播过程中不仅被多次越界改造,而且成为公认的都市马克思主义的奠基之作。在这种解读视野中,微观的空间辩证法而不是历史辩证法、城市社会的总问题而不是工业资本主义社会的总问题占居了明显突出的地位。长期以来,此书是在马克思主义三个组成部分的视野中被解读的。但综观20世纪西方学界对该著作的研究史我们不难发现,它越来越多地被作为城市社会理论的奠基之作来看待。

多维理解视角中的《英国工人阶级状况》

恩格斯的《状况》根据亲身观察与可靠材料写于1844年8月至1845年3月,1845年用德文在莱比锡出版。第一,《状况》一书刚刚出版就得到首先是马克思等同时代人的高度评价。事实上《状况》一书对于马克思毕生的政治经济学批判研究产生了决定性影响。

第二,第一国际第二国际学者,包括苏联东欧学者,甚至一些西方学者均

---

[*] 刘怀玉,南京大学马克思主义社会理论研究中心教授、博士生导师。

认为,该书是一部与马克思观点"完全一致"的、但又是完全独立完成的、通过转向无产阶级立场而创立历史唯物主义的奠基之作。如梅林认为,在德国青年黑格尔派中几乎所有人都是"通过费尔巴哈对黑格尔的克服"而走向共产主义的,但恩格斯则在英国通过对无产阶级状况的了解这一条现实逻辑而走向共产主义。

第三,除此之外,更多的研究者从社会学、历史学、经济学及其他社会科学角度与方法来评价《状况》一书的重要意义。如苏联学者卢森贝比较了《神圣家族》与《状况》的异同,前者哲学占主导地位,而《状况》一书是历史与经济学占主要地位。民主德国学者集体编写的《马克思主义哲学史》认为《状况》一书是恩格斯在发现无产阶级世界历史作用基础上才论证出历史唯物主义的世界观,它表明恩格斯创立了马克思主义的社会学。该书是马克思主义社会学的第一次调查研究,它在以唯物辩证法为基础分析资本主义社会结构时,具有把多种方法与学识结合起来的特征。

第四,与以上学者强调《状况》一书具有高度社会学方法论色彩的历史唯物主义著作看法不同,有不少学者认为《状况》一书乃是货真价实的历史学社会学乃至环境科学、能源史研究著作。

第五,对《状况》一书跨学科意义与当代价值意义评价较为深刻与著名的,当是英国马克思主义思想史学家麦克莱伦与霍布斯鲍姆。麦克莱伦说这是一部关于城市经济发展不平衡的书,论述大城市的第三章构成了这本书的核心。本书是在城市地理学与社会学相对现代的领域的一个创举,详细地描写了当时最先进的资本主义国家中工业化所造成的社会影响,这是现代的城市地理学与社会学领域中的一本拓荒性的著作。霍布斯鲍姆认为,本书最大的贡献不仅仅是发现了工业化城市化与无产阶级兴起之间内在的客观必然的联系,而且是对资本主义工业化与城市化的社会影响的分析。这是现在也无法超越的贡献我们必须认真阅读。

最后,在西方还有一种解读模式,就是不仅把《状况》看成一部马克思主义城市社会学之作,而且将其看成是突破传统历史唯物主义与政治经济学批判逻辑的"都市马克思主义"开山之作。这正是本文最后一部分专门论述的问题。

恩格斯"另一条道路"的经典意义之文本解读

虽然对《状况》一书的评价如云，但概括起来无非两个方面：一是此书表明恩格斯完全独立于马克思之外，甚至在马克思之前以完全不同的道路发现与马克思同样的唯物主义历史观；二是认为恩格斯开辟了众多的现代社会科学新学科新领域新视野，是一部货真价实的百科全书式著作，这也正是其仍然具有当代影响与价值之所在。

首先，本书是通过研究工人阶级状况的现实经验历史科学方式，而不是马克思的哲学批判方式，超越费尔巴哈人本主义与空想社会主义走向历史唯物主义的。其对于恩格斯思想发展的重要性在于，它被恩格斯当作某种克服抽象资产阶级人性论唯心主义的解毒剂，消除了德国的落后状况和"真正的社会主义"可能在他思想上产生的影响与毒素。他从工业革命这一角度对英国的社会经济政治与意识形态等方面的分析，引导他完全独立于马克思，并以与马克思不同的方式发展了历史唯物主义的基本原理。更重要的是，不仅在对历史的基本看法上走向历史唯物主义，而且在政治上坚定地与革命的无产阶级站在一起。

其次，恩格斯以研究工业革命与英国工人阶级形成之必然联系为突破口，把握住了历史唯物主义关于生产力决定生产关系这个核心实质。由于工业革命，产生了无产阶级。由于机器的使用工业迅速发展，需要大量工人到工厂劳动，于是成批的劳动力便开始从农业地区被选进城市，进入工厂。随着大工业中心的出现，商业中心也产生了，居住在那里的多数是工人阶级，而小资产阶级只是一些小商人与手工业者，大工业之所以迅速发展起来，是因为它用机器代替了手工工业，用工厂代替了作坊，这样中等阶级中的劳动分子变成工人无产者，大商人变成工厂主，同时也排斥了小资产阶级，于是居民中的一切差别都归为两大阵营的对立，即工人与资本家。这种分化过程同样在手工业与商业中发生了。从前的师傅与帮工，一方面变成了资本家，另一方面变成了没有任何希望的贫困的工人。工人成为一个稳定的阶级，所以只是在现在无产阶级才能组织自己的独立运动。恩格斯对产业革命与无产阶级的形成的透彻分析与理论概括,最重要的意义是他把哲学作为武器,深入德国哲学家包括青年黑格尔派从来没有涉足过的领域,即物质生产领域,而这一广阔领域也是所有旧的哲学家瞧不上的禁区。恩格斯却进入这个领域,从而发现了社会物质生产是社会发展的基础,揭示了社会发展的规律性;尤其重要的是,发现了工人阶级的历史地位与伟大使命,这正是他在世界观上超过青年黑格尔派包括费尔巴哈的根本点。

最后,本书的特殊意义在于,恩格斯为了调查工人阶级实际生活状况而发现了现代城市社会,发现了城市是无产阶级与资产阶级冲突的空间,也是无产阶级意识到自己的阶级整体存在与历史使命的所在地。正是这一点启发后来的学者进行马克思主义城市社会理论乃至于都市马克思主义新领域的探索,但这些探索已经超出甚至曲解了恩格斯原初的思想意图,这一点恩格斯是不应当承担什么历史责任的。

青年恩格斯:工业革命时代的都市马克思主义 及其当代重新发明

现在我们再来看一看《状况》一书在所谓都市马克思主义范式中的旅行史。名单上的第一人当然是列斐伏尔及其《马克思主义思想与城市》(1972)。在他看来,从前的马克思主义者(包括马克思恩格斯在内)的主要缺点是只是把都市作为工业资本主义高度发展的产物或作为工业社会的问题之一来理解与解决,而没有将其作为总问题来求解以往社会与现代世界的各种问题(包括全球化)。该书认为《状况》一书第一次赋予了都市现象以非常重要的地位。列斐伏尔认为恩格斯缺乏连贯的城市问题意识,他晚年关于未来社会与城市的理解是混乱的。他与马克思一样没有预见到未来社会是"完全城市化社会",而只是在工业化意义上理解未来社会,所以发现了城市问题的恩格斯并没有发展出一种都市马克思主义。我们现在必须将其发明出来,就像必须重新发明城市革命一样。

名单上的第二位是为列斐伏尔立传的作者、也是为西方马克思主义的城市社会批判理论著史的安迪·麦瑞菲尔德。他直言,《状况》和《论住宅问题》

是都市马克思主义的宣言书,显示出恩格斯如何在城市发展模式中把资本主义积累和阶级动力结合起来,把工业运动的规律和城市化结合起来,这是都市马克思主义的雏形。麦瑞菲尔德把《状况》一书的城市哲学精辟地概括为工业化、城市化与工人阶级形成这三者之间的历史与空间辩证法,即机器革命引发工业革命、工业革命产生现代工人阶级、工人阶级的急剧增加与集中又促成了工业大都市。都市空间在制造现代文明富裕的集中化的同时,也在制造工人阶级被隔离与日益贫困化、野蛮化的悲惨命运。不过更深刻的辩证法在于,大都市空间反过来又强化工人阶级的整体革命意识,从而促进历史进步。一方面,麦瑞菲尔德认为晚年恩格斯关于社会主义应当通过消灭私有制、消灭城乡二元化来解决工人住宅问题的主张,实际上已经是都市马克思主义的开幕词了;但另一方面他又认为恩格斯的都市马克思主义对城市辩证法轻描淡写,把城市问题转向别处。

名单上的第三位是美国哥伦比亚大学的艾拉·卡茨纳尔逊。他在全方位研究马克思主义的城市政治经济学与城市工人运动的著作中呼吁:今天马克思主义如果要有自己的城市理论,必须回到恩格斯的《状况》! 如果说恩格斯在 19 世纪 40 年代工业化时代发现了城市与无产阶级运动的联系,列斐伏尔在 20 世纪 70 年代想充当全球城市化时代的恩格斯,那么卡茨纳尔逊则试图在 21 世纪发明一个数字化网络化时代的恩格斯主义,一种用网络数字云计算方式图绘 21 世纪城市无产阶级革命运动是否可能的理论模型。卡茨纳尔逊说,不是马克思,而是恩格斯当年在对世界早期工业革命城市中心的高度压缩讨论中,除了《状况》一书之外,马克思主义再没有提出过研究资本主义发展、城市空间、劳动阶级的形成内在辩证关系的方案。当然,卡茨纳尔逊也毫不客气地指出了马克思恩格斯的历史局限性:他们很少关心工厂之外的工人阶级实际状况。对于马克思主义来说,工业资本主义时期内社会理论的主要问题聚焦于工人阶级的形成,正是由于马克思恩格斯把无产阶级当成历史希望,他们把资本主义生产过程放在第一位,所以长期忽略城市问题。相比一个"去空间化的"马克思主义,必须提出一个"重新空间化的"马克思主义。

原载于《学习与探索》2020 年第 8 期

历史唯物主义的竞争相与
教学相:论晚年恩格斯

马天俊　荣伟杰*

历史唯物主义的竞争相指历史唯物主义之创立,其所展现和强调的重点是以多种社会理论剧烈竞争为环境条件的,特色在于鲜明的针对性和片面的深刻性。历史唯物主义的教学相指晚年恩格斯对历史唯物主义学说的再表述,其所展现和强调的重点是以历史唯物主义学说已经有广泛而深入的影响但响应者在理论以及实践上不乏困惑为环境条件的,其特色是全面而且深刻。竞争相的历史唯物主义和教学相的历史唯物主义都是历史唯物主义,但它们是历史唯物主义的不同的相,多方申说这一点,是晚年恩格斯的重要工作。

历史唯物主义的竞争相

历史唯物主义是在竞争压力中产生的。社会历史进程本身就是人的活动,社会地活动着的人又多少是有意识的、有理解的,因此关于社会历史一向不缺乏解释,难题在于解释往往太多了,让人无所适从。不同的人有不尽相同甚至完全不同的解释,即使在一个人身上,不同的解释也往往同时存在,并造

---

*　马天俊,中山大学马克思主义哲学与中国现代化研究所暨哲学系教授,哲学博士;荣伟杰,中山大学哲学系博士研究生。

成理智上的紧张甚至冲突。

马克思本人就是这方面的一个典型。作为"青年在选择职业时的考虑"的作者,马克思显然是个有崇高理想的中学生,这种理想即表明他对社会生活已有特定理解,也构成马克思对文明生活的理解。进入大学的马克思,"是黑格尔派"。黑格尔主义,特别是更切近的青年黑格尔派思想,是马克思的精神世界。挑战来自现实问题,马克思自己曾在1959年做了回顾。这番自我回顾也就是历史唯物主义的一个概要表达。重要的是,这一表述内含十分明确的针对性,那就是针对当时极有影响的黑格尔法哲学的有关理解。历史唯物主义要挺立起来,不仅要超越老黑格尔的黑格尔主义,还要与更切近的黑格尔主义诸种变体,以及虽然声称批判黑格尔但仍囿于唯心主义历史观的多种主张进行批判性的竞争。

就这样的历史唯物主义而言,恩格斯当然有同等关键的贡献。1843年,恩格斯在伦敦遇到了他人生中"第一批革命无产者",他在1885年的回顾中表示,虽然不赞成"他们的狭隘平均共产主义",但也觉察到自己身上有"同样狭隘的哲学高傲态度"①。现实总是最好的教育者,恩格斯在英国,在一年多的时间里,更新了自己的世界观。在他看来,历史唯物主义的理解有其明确的环境条件,亦即对社会问题的小资产阶级理想、历史著作中对经济事实的不重视、对至少在现代世界中作为"决定性历史力量"的经济事实的迟钝等。

文明生活没有真空地带,到处充满解释,若非强有力地突破流行的定见,任何新主张新学说都难以确立。为此,像历史唯物主义这样的新世界观,在创立过程中必须时刻强调自己的重点和要点,以使在众说林立中脱颖而出:在内容上,竞争相的历史唯物主义,紧紧抓住物质生活的生产方式制约全部社会生活、社会存在决定社会意识这一根本。凡遇相反的观点,即特加申说并据以进行批判性的驳斥。即使对于有相近性的观点,主要注意的也是区别。在竞争中,即使实际上存在着共同的问题背景,发挥了相近的观念资源,差异也比共识更要紧。在现代,学说的竞争,一如商品的竞争,品质、风格越是相近,竞争就越是激烈,对差异的关注就更加强烈。在表述上,看《神圣家族》《英国工人

---

① 《马克思恩格斯文集》第4卷,人民出版社2009年版,第228页。

阶级状况》《德意志意识形态》《哲学的贫困》以及《共产党宣言》，这些历史唯物主义的经典文献没有一种是学术化的、讲求工稳的所谓持平之论，相反，它们都词锋犀利，火药味浓，嬉笑怒骂也很常见。这才是实际的真理之争。

历史唯物主义的教学相

竞争相的历史唯物主义力主物质生活的生产方式制约全部社会生活、社会存在决定社会意识。这一学说的真理力量随着现代社会进程更加充分地展开，特别是在德国，已经日益深入人心，已经发挥了重要的社会影响，催生了坚韧不拔的社会革命运动。如果说过去历史唯物主义需要通过反对别的东西来树立起自身，现在历史唯物主义已经有了看起来很自然的影响力，它可能被误解，也可能成为别人的反对对象。因应此种环境条件，这时的历史唯物主义就要经历相变，进入教学相，不再片面而深刻地表现自己，而要全面而深刻地表现自己。

从 19 世纪 60 年代开始，至少在德国，马克思主义的社会革命运动进入了一个新的蓬勃发展时期。与此相关，从 1890 年到 1895 年，晚年恩格斯主要以书信的形式回应或解答了不少关于历史唯物主义的问询，教学相的历史唯物主义由此获得了一个经典的展现。作为历史唯物主义的共同创立者，恩格斯在古稀之年除了下大力气继续编辑出版故友遗留的《资本论》未完成稿，没有再开展大宗的理论工作，但在这五年间 500 多篇仍然堪称密集的书信中，历史唯物主义的再阐述是其中一类出色的内容，也构成了历史唯物主义发展上的一个重要环节。

竞争相的历史唯物主义总是强调物质生活的生产方式制约全部社会生活，强调社会存在决定社会意识。这样的历史唯物主义似乎没有给上层建筑以及意识形态的可能作用留下什么余地，相反，它着力打击各类以上层建筑因素为根据说明社会历史过程的学说。教学相的历史唯物主义并不否定竞争相的历史唯物主义，但是弹性或包容性大为加强了，从前的环境条件下略而不提或隐而不彰的内容得到了认可和重视。

相变发生的关键在于，环境条件起了变化。正因为环境条件发生了重要变化,过去竞争相的历史唯物主义,其所突出的重点,所采取的表述方式,对于范围十分广泛而又未必深知历史情节的关切者以及运动的参与者来说,参照现实社会革命运动的文明形式和多重维度,理解上是可能出偏差的,可能出错误的,甚至会把竞争相的历史唯物主义就当作历史唯物主义本身而怀疑历史唯物主义的合理性。晚年恩格斯因问询而重述历史唯物主义,所针对的也是这类新环境和新条件。问询者本身的情况就表明了这种新环境条件:首先,看年龄差异,如果说历史唯物主义的竞争相的对象通常是比马克思恩格斯更年长的人,例如黑格尔、费尔巴哈、蒲鲁东、鲍威尔等,那么,历史唯物主义的教学相的对象通常就是更年轻的人。其次,看交往关系,通信者基本不是恩格斯很亲近的人,见过恩格斯的更少。联系主要是通过书信,经常是只有一次通信。再次,看教养水平,通信者基本都受过高等教育,有些人拥有博士学位,他们或者已经开始深入思考社会问题,或者已经在发表公共见解上有所建树,或者在大学里拥有教职,或者已经深度介入当时的社会革命运动。

在自我检省中弥补缺憾

与包括恩格斯在内的所有关切历史唯物主义问题的人都关系重大的是,教学相的历史唯物主义根本上是开放的,它期待人们做出更广泛更深入的开拓,这种开拓原则要超过马克思恩格斯已经做过的工作,特别是不能把历史唯物主义教条化(公式化或标签化)。实际上,当历史唯物主义更加有影响力的时候,当历史唯物主义甚至有了某种权威性的时候,懒惰者或取巧者也会多起来。恩格斯很重视这方面的危险。

任何一种多少有些成功的学说,其下都会出现一批寄生者,他们按时尚或势力决定自己理智上的归属,所擅长的不是研究和批判,而是投机性的挂靠。他们不会增强所投靠的学说,相反,一点教条化的理解反倒会败坏那个学说本身。从保尔·恩斯特与恩格斯的往来书信看,这位恩斯特似乎就是这样一个教条主义者,因为他在评论斯堪的那维亚妇女运动时认为自己运用了马克思的唯物主义观点洞察到了其中的小市民性质。而恩格斯则提示他不要把唯物主义方法“公式化”:如果把历史唯物主义公式化、教条化,那么这种败坏的一个常见恶果就是,它会招来多少有些批判能力的人借此而生的问难,仿佛被投靠的学说本身不过就是那一点教条堆积而已。恩格斯致施米特信中所提到的保尔·巴尔特大概就是这类发难者。

公式化的教条主义,需要教诲和批评。公式化教条主义惹来的批评,也需要进行澄清和反批评。但事情仍有内在的方面,也就是竞争相的历史唯物主义需要自我检省,恩格斯怀着十足的诚恳和自省精神不止一次地谈到这个方面。在给布洛赫的复信中,恩格斯除了仔细回应来信所提问题,还进一步做出自我检省。三年后,在和梅林的书信交流中,也是关乎历史唯物主义,恩格斯再次提出自我检省。

很明显,竞争相的历史唯物主义因应环境条件而生的主要偏颇,恩格斯这里是十分确切地指出来了,而且毫不推脱自己的责任,也不避讳马克思的责任,当然对于梅林这位出色的后辈,也不忘诚恳提示。撇开坦荡的胸襟不论,恩格斯的确实质性地完善了教学相的历史唯物主义。历史唯物主义从竞争相到教学相的相变,基本历史情节有如上述。需要注意的也许是,由"相互作用"特别是"反作用"所表明的调整,确实与当时德国的社会革命运动的实际方式有明显的关联,也与德国的现代化进展水平有明显的关联,因而上层建筑乃至意识形态领域的社会行动看来也不妨是一条趋向社会主义的道路。

但是,在教学相的历史唯物主义中,在表述经济因素或经济关系的决定性作用时,恩格斯也到处附加使用"归根到底"这一短语,这是对经济因素或经济关系决定作用本身的一个限制。同时,这也是对其他因素的作用的一个限制,即任何其他因素、任何反作用归根到底不是决定性的。因此,旧的经济因素或曰物质生活的生产方式,对于任何新的反作用来说都有一种顽固的惰性,后者的花样翻新归根到底不能代替也不能指引前者的变革。这个"归根到底"似乎预先嘲笑了一切激进的浪漫幻想。当然,这个"归根到底"并不简单,这需要另行专门讨论。

原载于《吉林大学社会科学报》2020 年第 5 期

恩格斯在马克思"政治经济学转向"中的作用

刘秀萍*

"政治经济学转向"对于马克思一生思想的发展具有特别重要的意义。我们知道,马克思在波恩大学和柏林大学期间学习的专业是法学,同时致力于文学创作和哲学研究,还特别重视历史的学习。这些学科的理论资源构成了他思想起源期广博而深厚的专业背景。但是,后来马克思大半生最重要的工作却是《资本论》的写作,他是以深刻的资本批判而确立其卓越的历史地位的。19 世纪以降,资本在现代"市民社会"中运行并展示其强大的功能与绝妙的逻辑,而对其充分的讨论则成为"政治经济学"研究的重大课题。正因为如此,马克思的理论探索从"《莱茵报》—《德法年鉴》时期"逐步开始了"政治经济学转向"。认真审视当时复杂的"思想图景"以及马克思思想的变化,我们发现,恩格斯在其中起了很关键的促进作用。

恩格斯早期对资本社会的观察和思考

1820 年 11 月 28 日,弗里德里希·恩格斯出生在普鲁士王国莱茵省巴门市。莱茵省是德国工业最发达的地区,巴门是德国著名的工业城市之一。恩

＊ 刘秀萍,北京交通大学马克思主义学院教授。

格斯的曾祖父和父亲都是莱茵省工业化的著名开拓者，父亲老弗里德里希·恩格斯经商有道，在国内外创办了三家公司。

为了让恩格斯日后能很好地管理企业，1834 年秋，他被父亲送到普鲁士最好的学校之一埃尔伯费尔德文科中学接受教育。优渥的家境给恩格斯提供了博览群书、思想自由驰骋的天地，但同时也使他对家乡伍珀河流域的社会状况和不平等的现实产生了疑问：上学路上看到的那些蓬头垢面、衣衫褴褛、一天到晚累得直不起腰、生活却依然极度贫穷的工人，与包括自己家人在内的心安理得地过着舒适而富裕的生活的资产者，这两个群体的反差之间有没有内在关联呢？

如此的疑问和思考随着恩格斯之后职业生涯的变化进入到了新的层次。为了进一步确定自己的认识，帮助处于非人境况中的工人找到出路，恩格斯在曼彻斯特放弃了资产阶级的社交活动和宴会，用了 21 个月的时间与工人亲身交往，亲自感受他们的痛苦和欢乐；他还参加了曼彻斯特的"共产主义者会堂"，倾听普通工人的讲演；同时，他和空想社会主义者罗伯特·欧文领导的社会主义派建立了联系，并为该派的《新道德世界》周报撰稿，介绍欧洲大陆的空想社会主义、共产主义思想和工人运动；他还经常参加宪章运动的集会，给运动的机关刊物《北极星报》撰稿，并结识了运动领导人。1843 年，恩格斯又到伦敦会见了工人秘密团体正义者同盟的领导人。这些丰富而具体的社会活动使他更加确信："所谓的物质利益在历史上从来不可能作为独立的、主导的目的出现，而总是有意无意地为引导着历史进步方向的原则服务。"①

除此之外，恩格斯还利用只有在英国才能搜集到的完整的并为官方调查所证实的必要材料补充自己的观察，更是钻研了以亚当·斯密和大卫·李嘉图为代表的英国政治经济学，阅读了以昂利·圣西门和沙尔·傅里叶为代表的法国空想社会主义著作。对材料的分析加之广泛深入的科学研究，使得恩格斯由出于人道主义的道德义愤、澎湃高涨的政治热情上升到对世界历史发展和资本所主宰的社会整体结构的思考这种认识，在当时对资本社会的透视中是非常独到和深刻的。

_____

① 中央编译局：《恩格斯画传》，华东师范大学出版社 2005 年版，第 49 页。

在 1843 年 9 月底 10 月初到 1845 年 3 月前后一年半的时间里,恩格斯先后完成了《国民经济学批判大纲》《英国状况》《英国工人阶级状况》等著述的写作,将他的思考提升到新的水准。更为宝贵的是,他的这些思想观点和理论建树对届时正处在"政治经济学转向"过程的马克思起到了至为关键的促进作用。

恩格斯为马克思解决"苦恼的疑问"提供了方向性启示

早于恩格斯两年出生的马克思,其一生的思想始终处于不断探索、深化和拓展之中。他从小受到启蒙主义、理性主义的熏陶,大学阶段又受到青年黑格尔派自我意识哲学的影响。但在为《莱茵报》撰稿和参与编务的过程中遭逢了诸如"新闻出版自由""林木盗窃法""摩泽尔地区贫困问题"等一系列具体现实问题之后,他却不得不意识到,这些各不相同的问题背后反映了相同的事实:现实世界与自由理性是背离的,普遍理性不能主宰现实的国家。相反,支配着不同等级和个人的立场、言论和行为的,却是现实的物质利益。那么,各个不同的社会等级藉以出发的自身利益具体是什么呢? 而"在一个为不同利益所支配的世界里,普遍的自由何以可能?"这便是马克思后来在《〈政治经济学批判〉序言》中讲到的他在《莱茵报》时期的一个"苦恼的疑问"。为了解决这一"疑问",马克思进行了艰苦的思考和探索。

而在这时,恩格斯不仅对资本主义的社会现实已经有了比较深刻的体悟,更开始通过反思当时业已成熟的国民经济学来探求新的理解思路和解决方案,其最重要的初期成果是《国民经济学批判大纲》。

《国民经济学批判大纲》一方面奠定了批判国民经济学的基础,另一方面确立了从被压迫被剥削群众的立场出发来批判资本主义制度的方向。恩格斯不仅指明了政治经济学研究对于探究当代资本主义的重要性,更考察了这门科学产生和发展的历史,同时站在新的立场上透析了政治经济学的基本范畴。恩格斯认为,政治经济学的产生是商业扩展的结果,政治经济学的演变过程是同商业和私有制的发展相联系的。他扼要地考察了重商主义和斯密、李嘉图、麦克库洛赫、密尔等人的学说,指出国民经济学的这些理论从某种程度上揭示了资本社会的要素及其机制,但相同的症结在于掩盖了资产者对劳动人民的掠夺。

为此,恩格斯重新审视了国民经济学的内容,对其中的关键范畴如价值、地租和竞争等做了批判性分析,并将这些范畴放在资本主义商品经济运行中进行了现实的考察,揭露了这些范畴本身在面对现实时所蕴含的矛盾。在他看来,私有制所产生的第一个结果是商业,因此也就必然会出现商品的价值及与之相关的一些范畴,如工资、利润和地租等。在资本主义经济制度下,两方面的积累是并存的:一是财富的积累;另一则是贫困的积累。集中是私有制所固有的规律,随着资本集中和积聚的发展,私有者的人数越来越少,少数大私有者和广大无产阶级群众之间的鸿沟则越来越加深。这事实上揭示了资本主义社会阶级结构的根本特征。

如果说过去在诸如对关于林木盗窃法辩论等分析中,马克思也曾经意识到研究政治经济学的必要性,那么恩格斯的这篇著述更是让他感到了这种研究的重要性和紧迫性,而其中非常必要的和重要的方向性启示更直接促成了他的"政治经济学转向"。

恩格斯为马克思最初的政治经济学研究扩展了视野

马克思转向政治经济学研究的初期成果是《1844年经济学哲学手稿》(以下简称《手稿》)。1844年8月底到9月初,马克思与恩格斯在巴黎会面,朝夕相处了10天,就各自的思考展开了极其详尽的交流和讨论。那时,恩格斯的《英国状况》已经发表,《英国工人阶级状况》也酝酿成熟,即将进入写作状态。可能的情形是,在他们的交往和叙谈中,马克思与恩格斯就《英国状况》有过交流,也基本知晓了《英国工人阶级状况》的写作目的、主要思想乃至结构设计。我们看到,《手稿》所讨论的诸多议题及观点,都与恩格斯这些著述有一定的关联。

第一,《手稿》自谓是以批判"国民经济学"、建立自己的政治经济学说为目的的,这一意旨受益于恩格斯。《手稿》文本由三个笔记本组成。再从笔记本Ⅰ写作的时间表来看,马克思先是在1844年大约4月到5月撰写了笔记本

Ⅰ中的"工资、利润、地租和劳动异化"部分,但没有写完,约5月至6月他又续写了一部分;而最后到11月底,他才对这部分内容做了完结。所以,马克思在笔记本Ⅰ第五创作阶段撰写"异化劳动和私有财产"部分的时候,应该是在11月底,即在他与恩格斯巴黎会面之后,这部分的写作也就应该是吸收和借鉴了恩格斯著述中观点的。在《国民经济学批判大纲》中,恩格斯认为,国民经济学的产生是商业扩展的自然结果,它代替了简单的不科学的生意经,但却出自商人的彼此妒忌和贪婪之中。因此,要通过研究国民经济学的基本范畴,揭露国民经济学的矛盾和经济学家的伪善。

第二,《手稿》充满了对处于异化状态下工人处境的同情和对无产阶级革命的期待,而恩格斯的《英国工人阶级状况》为此提供了大量感性的材料。在此基础上,马克思引入了哲学的"异化"概念,对工人阶级的生存状况做出了更为深入的分析。他认为,工人以工资为收入形式的"谋生劳动"是强制性的而非自愿的、作为人的享受的劳动,即"异化劳动"。因此,要改变工人的生存状况,就要消灭劳动的异化性质,也就需要消除资产阶级社会的"劳资对立"。由人的异化状态的反思进而过渡到对私有制社会结构的批判,这是马克思理论的独到之处。

第三,贯穿《手稿》的主线是对私有财产的批判,但这种批判是以客观地理解私有财产的历史作用为前提的,这与《英国状况》中恩格斯的思路相当吻合。恩格斯于1844年1月初撰写了《英国状况·十八世纪》。在这篇文章中,恩格斯考察了18世纪英国社会发展的历史,他是以黑格尔否定之否定的哲学思维方法来理解18世纪英国革命的。《手稿》的论证思路与此相当吻合。马克思也将人类社会的发展诉诸否定之否定的过程,资本主义私有制下人的异化存在又显示着社会内部包含着的"不安",而正是这种"不安"推动着社会突破私有制的局限,走向共产主义,更走向美好的未来。

原载于《教学与研究》2020年第10期

恩格斯对待马克思主义的
科学态度及其当代意义

董振华*

马克思主义从创立之初,便遭受各种错误思潮和观点的攻击、诽谤和歪曲。恩格斯作为马克思主义的创始人之一,作为马克思主义的真正捍卫者,始终坚持以科学的态度对待马克思主义,终其一生都在与这些错误观点和思潮作斗争,为捍卫马克思主义的真理性,为发展和传播马克思主义作出了重要贡献,也为我们今天更好地坚持、学习、发展和运用马克思主义提供了重要启示。

以斗争的精神坚决捍卫马克思主义

在马克思主义创立和发展的过程中,始终存在着敌人对其的污蔑、歪曲和攻击,为了捍卫马克思主义的科学性和真理性,恩格斯一直坚持与这些错误观点和思潮作斗争。

资产阶级学者杜林宣称自己创造的理论体系是"绝对真理"的体系,并企图以此来攻击和否定马克思主义。针对杜林从哲学、政治经济学以及社会主义学说对马克思主义的全面攻击,恩格斯在《反杜林论》一文中一一进行了回击,在批判杜林理论体系的基础上对马克思主义进行了科学完整的论述。

---

* 董振华,中央党校(国家行政学院)哲学教研部副主任、教授。

针对德国资产阶级学者巴尔特在《黑格尔和包括马克思及哈特曼在内的黑格尔派的历史哲学》一书中对唯物史观的盲目指责和片面歪曲,恩格斯在1891年7月1日写给康拉德·施米特的信中指出,巴尔特对马克思的批评完全是无稽之谈,他不仅没有原原本本地客观描述马克思的理论,而且还任意编撰马克思的理论,并将自己任意编造的错误观点强加于马克思,认为这便是马克思的理论中存在着自相矛盾之处。根本原因就在于巴尔特根本就没有读懂马克思的理论,没有正确地理解唯物史观。

拉萨尔是德国早期工人运动的主要领导者,在其《给筹备莱比锡全德工人代表大会的中央委员会的公开答复》等著作中,拉萨尔鼓吹"超阶级的国家",以反对无产阶级专政;提出"铁的工资规律",以掩盖资产阶级对无产阶级的剥削;主张无产阶级应放弃斗争,而通过所谓和平的、合法的方式来争取普选权,从而争取自身的权益。拉萨尔的观点本质上就是违背科学社会主义根本原则的"庸俗社会主义",是一种为达到个人野心而甘愿与落后的普鲁士王朝相妥协的政治机会主义。为了阻止拉萨尔等人对无产阶级的蛊惑,马克思和恩格斯与拉萨尔主义进行了长达数十年的斗争。在马克思去世后,恩格斯依然坚持对拉萨尔和拉萨尔主义进行清算。

米哈伊尔·巴枯宁是巴枯宁无政府主义的创立者,巴枯宁无政府主义主张无产阶级应当放弃政治斗争和无产阶级专政,因为在他们看来,一切政治运动都是"反动的",一切专政都是"绝对坏的"。巴枯宁主义者不仅反对马克思主义,更是破坏国际工人运动,企图篡夺工人领导权。针对巴枯宁主义者愈演愈烈的破坏和分裂活动,马克思和恩格斯在1871年9月召开的国际伦敦秘密会议上,对其给予了迎头痛击。恩格斯首先对巴枯宁主义所宣扬的无产阶级应放弃政治和政治运动等观点进行了批判。恩格斯又进一步指出,只有无产阶级的政治统治、无产阶级专政才是我们实现"消灭阶级"这一目的的根本手段和方式。

以真理的精神科学对待马克思主义

科学的理论必须要用科学的态度来对待。恩格斯作为马克思主义的创始人之一,作为一个真正的马克思主义者,始终坚持以科学的态度对待马克思主义,终其一生都在为捍卫马克思主义、宣传和发展马克思主义而努力。

恩格斯对待马克思主义实事求是的态度,首先表现在他对马克思手稿的高度负责上。马克思逝世以后,恩格斯承担起了马克思未竟的事业,恩格斯晚年的一项主要工作便是抄誊马克思的手稿。在誊写过程中,恩格斯始终秉持实事求是的态度,力求客观表述马克思的观点。恩格斯对待马克思主义的科学态度还表现在他始终反对人们教条化地对待马克思主义,并反复告诫人们,马克思主义是科学的方法和指引行动的指南。1895 年 3 月 12 日,恩格斯在写给韦尔纳·桑巴特的信中精辟地指出:"马克思的整个世界观不是教义,而是方法。它提供的不是现成的教条,而是进一步研究的出发点和供这种研究使用的方法。"①

在恩格斯看来,马克思主义提供的绝不是教条式的答案和一劳永逸的既定方案,而是进行科学研究和获得正确认识的方法,因此,对待马克思主义绝不能不顾事实生搬套用,而是要结合实际灵活运用。在谈到如何推动美国工人运动发展时,恩格斯进一步指出,脱离实际地运用马克思主义,对发展社会主义运动是没有任何益处的,因为马克思主义不是教条,而是行动的指南,只有将马克思主义与具体的工人运动相结合,才能发挥马克思主义的真理力量。在 1886 年 11 月 29 日写给弗里德里希·阿道夫·左尔格的信中,恩格斯一针见血地指出了美国社会劳工党在推动当地工人运动中没有任何实质性效果的根本原因所在。

还有,在批评德国社会民主党内的"青年派"存在的教条主义错误时,恩格斯指出,"青年派"根本没有正确理解马克思主义世界观,他们并不是把马克思主义当作研究"历史的指南",而是当作"现成的公式",不是从历史事实出发,而是从原则出发研究问题,必然无法正确地把握问题的实质所在。在恩格斯看来,以保尔·恩斯特为主要代表的"青年派"虽然宣称坚持和维护马克思主义,但并不是真正的马克思主义,而是"被歪曲的面目全非的'马克思主义'"。针对这种"马克思主义",恩格斯在 1890 年 8 月 27 日写给法国工人党

---

① 《马克思恩格斯选集》第 4 卷,人民出版社 2012 年版,第 664 页。

创始人保尔·法拉格的信中指出："所有这些先生们都在搞马克思主义，然而是 10 年前你在法国就很熟悉的那一种马克思主义，关于这种马克思主义，马克思曾经说过：'我只知道我自己不是马克思主义者。' 马克思大概会把海涅对自己的模仿者的话转送给这些先生们：'我播下的是龙种，而收获的却是跳蚤。'" ①

坚持本真精神对待马克思主义

习近平在哲学社会科学工作座谈会上曾指出："对待马克思主义，不能采取教条主义的态度，也不能采取实用主义的态度。如果不顾历史条件和现实情况变化，拘泥于马克思主义经典作家在特定历史条件下、针对具体情况作出的某些个别论断和具体行动纲领，我们就会因为思想脱离实际而不能顺利前进，甚至发生失误。什么都用马克思主义经典作家的语录来说话，马克思主义经典作家没有说过的就不能说，这不是马克思主义的态度。同时，根据需要找一大堆语录，什么事都说成是马克思、恩格斯当年说过了，生硬'裁剪'活生生的实践发展和创新，这也不是马克思主义的态度。" ②

马克思主义是科学真理。恩格斯指出，以马克思的"两大发现"为实质内容的马克思主义，不仅使人类自觉到自身的发展规律，而且使人类自觉到"现实的历史"即资本主义的发展规律，从而为创建人类文明新形态提供了伟大的社会理想，揭示了现实的发展道路。马克思主义诞生以来的历史雄辩地证明了马克思主义的真理性。马克思主义在历史上和现实中所发挥的作用，是其他任何理论、学说都不可比拟的。历史和实践已反复证明，马克思主义是科学的真理，是我们认识问题、分析问题、解决问题的重要法宝，是我们党攻坚克难实现各项事业成功的强大思想武器和精神动力。新时代下，我们的挑战更加严峻，任务更加光荣，这就要求我们必须要毫不动摇地坚持马克思主义的指导地位，坚决与各种反马克思主义、假马克思主义等错误思潮作斗争。

① 《马克思恩格斯选集》第 4 卷，人民出版社 2012 年版，第 603 页。
② 习近平：《在哲学社会科学工作座谈会上的讲话》，人民出版社 2016 年版，第 13—14 页。

　　恩格斯对待马克思主义的科学态度启示我们，要用好马克思主义这一强大思想武器，必须要原原本本地学习马克思主义，在学懂弄通上下功夫。恩格斯曾多次转述马克思那句"我只知道自己不是一个马克思主义者"，就是要告诫人们，对待马克思主义，绝不能断章取义，也不能一知半解，要原原本本地、全面准确地理解和把握马克思主义。学习马克思主义，最根本的方法是读原著、学原文、悟原理。马克思主义经典著作是学习马克思主义的"本"和"源"，只有原原本本、深入系统地学习马克思主义经典著作，也才能真正把握马克思主义的立场观点方法，把握好马克思主义的基本原理和精髓所在。

　　理论是灰色的，而生活之树常青。恩格斯早就明确提出："所谓'社会主义社会'不是一种一成不变的东西，而应当和任何其他社会制度一样，把它看成是经常变化和改革的社会。"①这就要求我们要始终坚持解放思想、实事求是、与时俱进、求真务实，不断地在分析新形势、研究新问题、总结新经验基础上，推进马克思主义理论的创新发展，从而更好地认识和改造客观世界。与时俱进是马克思主义的理论品质和生命力所在，更是我们科学对待马克思主义的根本要求。中国共产党人正是在不断将马克思主义与具体实际的结合中，在实践创新基础上推动着马克思主义的创新发展。

　　马克思主义不是远离社会生活和脱离社会实践的书斋理论，而是深深地植根于实践、服务于实践又在实践中不断发展的活生生的理论。它在指导无产阶级革命实践的过程中实现自己的历史使命，又在这种实践的过程中使自身不断经受检验，获得丰富和发展。马克思主义理论必须同实践相统一。脱离了实践的理论是空洞的理论，脱离了理论的实践是盲目的实践。理论是从实践中产生的，理论是否正确还要接受实践检验并要在实践中得到丰富和发展；同时，理论只有与实际紧密联系，才能发挥对实践的指导作用，实现自身的价值和意义。理论如果脱离了实际，就会成为僵化的教条，就会失去其活力与生命力。

　　原载于《理论视野》2020 年第 12 期

---

① 《马克思恩格斯选集》第 4 卷，人民出版社 2012 年版，第 601 页。

马克思恩格斯对立论为什么是错误的

李佃来*

大致说来,作为一种解释思路和解释传统,马克思恩格斯对立论是在反思和批判自第二国际至苏联的"正统马克思主义"中确立起来的,其最主要的做法,是无限放大和拔高马克思与恩格斯在辩证法上的差异性,并将恩格斯论定为以自然辩证法为理论前提的直观唯物主义者或自然唯物主义者,从而以此来反衬马克思作为一位重历史、重实践、重人道的哲学家的伟大形象。与具有明显的经济决定论或物质本体论倾向的"正统马克思主义"相比,这种"抑恩扬马"的对立论在理解和阐释马克思上,倒是提出了一些突破教条的、颇有价值的新见解。然而,我们更要看到,这种对立论不管在理解和阐释马克思上提出了多少新见解,它也完全是建立在对恩格斯的严重误读和"矮化"的基础上的。它不仅将马克思和恩格斯的真实思想关系遮蔽起来,影响了人们对马克思主义哲学的整体性理解,而且对人们研究恩格斯的思想也具有负面的引导性。所以,从根基上动摇马克思恩格斯对立论的学理基础并肃清其消极影响,在任何时候都具有重要意义。

---

*　李佃来,武汉大学哲学学院教授。

恩格斯与马克思在辩证法问题上存在根本差异吗？

辩证法是马克思和恩格斯都曾予以重点关注的论题，在每个人的著作中都占有不可撼动的重要地位，但留给读者们根深蒂固的一个印象却是，马克思和恩格斯正是在辩证法论题上，形成了显而易见的差异。因为恩格斯讲的辩证法是以自然界为载体和实体的自然辩证法，而马克思讲的辩证法是以历史实践为载体和实体的历史辩证法。马克思和恩格斯在辩证法问题上的这个差异固然是显而易见的，但我们是否有理由将他们的思想对立起来，则取决于我们如何判定这个显而易见的差异，亦即取决于我们是将之判定为一种关乎根本的深层差异，还是一种因为兴趣点不同而产生的表层差异。实质上，马克思恩格斯对立论的持有者们之所以理直气壮地坚持自己的学术立场，正是由于他们是在前一种意义上来判定这种差异的。然而，这种做法注定是站不住脚的。

了解马克思的人都知道，他的辩证法思想来自于黑格尔，黑格尔是理解马克思辩证法的根本桥梁。作为哲学史上最伟大的辩证法大师，黑格尔是在两种意义上来界定和阐释辩证法的：一是存在论意义，二是认识论意义。这两种意义上的辩证法思想，都深刻影响了马克思。

马克思对黑格尔上述两种意义上的辩证法思想都进行了批判性继承，所以总体来看，他也是在存在论和认识论这两种意义上来谈论辩证法的。马克思存在论意义上的辩证法思想，承载在他的"实践"概念当中。马克思认识论意义上的辩证法思想，充分展现在他对资本主义经济生产关系的深层历史认知和解释中。需要说明的是，与黑格尔不同，马克思认识论意义的辩证法思想和存在论意义上的辩证法思想，并不存在显而易见的关联性和统一性。

就恩格斯来讲，其与马克思无疑存在研究兴趣上的差异。一个重要的方面，就是他并没有像马克思那样对实践概念予以特别的建构和阐释，从而也没有对人的自为生命之本质在哲学上给以特别的界定和说明。所以，严格地说，恩格斯并没有存在论意义上的辩证法思想。与此同时，马克思也没有像恩格斯那样，对纯粹的自然界和自然科学的成就予以特别的关注和探察，故而无论是在存在论意义上还是在认识论意义上，马克思的辩证法都不能被归结为一种"自然辩证法"。然而，这并不意味着恩格斯的自然辩证法与马克思的辩证法思想存在根本的差异和对立，因为恩格斯的自然辩证法虽然在最直接的意义上是关于"自然"的学说，但在更根本和更深层的意义上，是关于"思维"的学说。而这一关于"思维"的学说，与马克思认识论意义上的辩证法在本质上并无二致。认识论意义上的辩证法，其实也就是一种思维上的规律。

恩格斯是直观唯物主义者吗？

马克思的唯物主义，不是费尔巴哈式的那种直观唯物主义，而是历史唯物主义或实践唯物主义。恩格斯虽然在历史唯物主义的阐释和发展中作出了不可磨灭的贡献，但长期以来，却始终存在一个从直观唯物主义角度来对他作解释的倾向。解释者们即便注意到了恩格斯对历史唯物主义所作的诸多阐释，也有意无意地将其阐释拉回到直观唯物主义的思维水平。这个解释倾向要么直接导致马克思恩格斯对立论的形成，要么为马克思恩格斯对立论的滋长提供了土壤。所以，要对马克思恩格斯对立论予以全面的回应和反驳，就务必要辨明：恩格斯是直观唯物主义者吗？

从马克思主义哲学发展史来看，从直观唯物主义来对恩格斯作解释的倾向和做法始自青年卢卡奇的《历史与阶级意识》。卢卡奇在该书中之所以对恩格斯作出了直观唯物主义的解释，最主要的一个原因，就是在他看来恩格斯忽视了康德的"自在之物"，从而在很大程度上掩蔽了这一概念的意义。"自在之物"概念的设立，意味着人们所取得的任何认识，都具有某种不彻底性和不真实性。恩格斯是不是直观唯物主义者，他与马克思在唯物主义上是否存在对立，在相当大的意义上取决于对如下问题的回答：恩格斯究竟有没有忽视康德的"自在之物"？

从恩格斯对康德予以评价的字面来看，答案似乎是肯定的。然而，我们不管是对恩格斯的理解，还是对马克思的理解，抑或是对其他任何一类哲学家的理解，都不能仅仅停留于字面，而要考察思想背后更深层的东西。如果我们在"更多的别的东西"的意义上来理解康德的"自在之物"问题，那么就应当看到,这个问题只有与辩证法关联起来,才是可以理解的。因为只有在辩证思维结构中,人们才会越过当下既定的东西,来思考生成着的、展开着的、潜含在现有事物中的"更多的别的东西"。这也就是为什么,那些排斥辩证法、尊崇知性思维的理论传统,如经验主义、实证主义、科学主义,往往都将"自在之物"视为无用的累赘而加以驱逐和清除。这样说来,无论是黑格尔还是马克思和恩格斯,其实都没有真正绕开"自在之物"的问题,而是通过辩证法真正解决了这个问题。

恩格斯并没有像青年卢卡奇所以为的那样,忽视或清除了关涉"何为事实"与"何为真实"问题的"自在之物"。所以,从直观唯物主义来对恩格斯所作的任何一种解释,都注定是对其思想的严重误解和"矮化"。实际上,恩格斯和马克思完全一样,既是直观唯物主义的批评者和超越者,也是最彻底的唯物主义者,从而也必然是在把握世界及历史上真正切近内核、看到全貌、抓住本质的人。认为马克思与恩格斯代表了两种完全不同的、甚至是一高一低的唯物主义,是十分荒谬的。同时,认为他们二人有各自版本的历史唯物主义,也是不能令人接受的。

恩格斯将人类历史与自然混为一谈了吗?

恩格斯对自然领域和自然科学所表现出的强烈兴趣,是马克思所不能比拟的。恩格斯的自然辩证法即便不是仅仅针对自然的,也是在总结自然科学成果和自然规律基础上提炼出来的。所以,恩格斯究竟有没有以自然唯物主义者的身份,遵照理解自然的方式,或者遵照自然规律来阐释人类历史以及马克思的思想,就始终是一个颇有争议的问题。对这个问题的回答,不仅直接关系到对恩格斯的定位,而且也直接关系到对马克思和恩格斯是否存在对立的判断。因为显而易见,一旦对这个问题作出肯定性的回答,就很容易导向马克思恩格斯对立论。而且事实上,马克思恩格斯对立论之所以长期以来得不到消除,在很大意义上,也正是因为人们在理解恩格斯上,长期以来都没有真正突破自然唯物主义的框架。

在自然领域和人类历史领域之间,恩格斯并没有进行一种完全同质化的处理。他看到了人类历史领域相对于自然领域的独特性,认为人类社会和自然界一样,也有"自己的发展史"和"自己的科学"。恩格斯的这个观点,无疑也是马克思的观点。进一步说,认为人类历史与自然界是两个不同的领域是一回事,是否按照研究自然界的方式或者套用自然规律来研究人类历史及其规律是另一回事,这两者不是完全对等的。不管是恩格斯还是马克思,都认为历史不是偶然的、杂乱无章的过程,而是有其客观规律可循的。在针对经济决定论的申明中,恩格斯明确反对对这个历史规律作单线式和教条化的理解。他不仅认为上层建筑的各种因素在历史的发展中同样会发挥重要的甚至是主导的作用,而且也认为对历史发展之决定性因素的理解,必须要结合具体时期的实际情况,否则就有可能犯错误。从恩格斯的这个申明来看,他所认定的历史规律不管有多大程度的客观性,也不具有自然规律那种单线的特点,而必然展现出其复杂性或复合性。恩格斯认定的历史规律的这个特质,自然也就代表了他对历史予以理解的基本方式。这个基本方式绝不是从对自然规律的认识中套用过来的,因而也绝不能被归结和指认为一种自然主义的方式。

在很多人的直觉中,恩格斯对自然的重视程度超过实践,故而他并没有像马克思那样,对人的能动性予以足够的重视,在他的眼中,人至多只是一个客观规律的执行者。这是一个极大的错觉。在1890年9月21日致约瑟夫·布洛赫的信中,恩格斯对这个问题进行了一个非常重要的阐释。他在此所提出的"合力论",显然不是对人的能动性的一个限制,相反是对人的能动性如何在历史中发挥作用的一个极具说服力的阐发。这个阐发再一次确凿地证明,恩格斯并没有像人们习以为常地认定的那样,用理解自然的方式来理解历史。

基于上述,我们可以肯定地说,恩格斯绝不是一位机械的自然唯物主义者。他不仅清楚地看到了自然与人类历史之间的区别,而且也没有像考茨基那样,遵循从自然到历史的思路来阐释历史规律以及审视作为历史主体的人的能动作用。所以,一言以蔽之,恩格斯在理解历史上与马克思并无分歧,马克思恩格斯对立论由此来看,依然是一种无中生有的错误见解。

原载于《吉林大学社会科学报》2020年第5期

晚年恩格斯对"正义"的
规定及其实践原则

臧峰宇 *

回顾半个世纪以来学界围绕马克思正义论展开的争鸣可见,当论及马克思正义论的内在逻辑时,人们时常以恩格斯关于正义的阐述作为佐证。晚年恩格斯在《反杜林论》《〈反杜林论〉的准备材料》《论住宅问题》《做一天公平的工作,得一天公平的工资》《英国北方社会主义联盟纲领的修正》《马克思和洛贝尔图斯。〈哲学的贫困〉德文版序言》等文本中,对"正义"作出了历史性规定,充分阐述了作为正义表现的平等,论证了社会的公平与正义的实践原则。归纳这些思想的内在逻辑,对深入理解马克思主义正义论的要义及其时代精神具有重要的启示意义。

基于生产方式的公平正义及其历史性规定

马克思在《资本论》第三卷中论述生产当事人之间进行交易的正义性时指出,在一个既定的社会形态中,交易的正义性体现为与生产方式相适应、相一致。晚年恩格斯进一步阐述了基于生产方式的公平正义,驳斥了关于永恒公平的怪想。正如他在《论住宅问题》中所指出的,现实的正义是对经济关系

---

* 臧峰宇,中国人民大学哲学院教授、博士生导师。

的真实反映,在不同的社会形态中有不同的表现形式,它不应当是观念化的神圣化的规定,而是实际地体现为一种历史性规定。

公平正义观念是因时因地因人而异的,作为观念上层建筑,它是由一定社会的经济基础所决定的。在这个意义上,脱离一定社会的历史条件,空洞地讨论什么是公平的报酬或什么是正义的分配,与问题的解决毫无关系。解决具体的公平正义问题,需要在一定的生产制度和现实语境中探寻答案,否则,人们只能陷于对违背自己道德感的事件的伦理谴责,却不能从根本上走出非正义的困境。因而,问题的关键是从生产力与生产关系的矛盾运动与社会发展必然趋势的角度把握正义的现实存在及其超越现存的必然性,在具体的历史条件下确认何谓正义与谁之正义。

这种对正义的历史性规定是唯物史观的要求。一定社会的公平正义观念总是取决于占支配地位的生产方式,总是受制于一定社会的经济关系。在恩格斯看来,是否以这种思路衡量社会事件正义与否,表明相关判断是否来自于"科学研究"。公平正义并非社会生活中的"燃素",或来自纯粹道德意识的"术语",而是一定的社会的经济状况的产物,是从实际的生产和交换关系中形成的代表人们的现实利益与未来利益的观念。正是从唯物史观出发,恩格斯认为正义观念不是一种超历史的意识,这种代表其现实利益与未来利益的观念在现实生活中体现为一种实践原则。

正义观念不是从天上掉下来的,而是人们在实践探索中追寻的。任何从凭空想象或过时的事实出发诉诸永恒正义的做法,只能停留于道义上的愤怒,而不能汇聚科学证据,因而不能实现政治哲学的证成,也没有政治经济学结论作为进一步研究的基础。恩格斯在历史语境中分析了生产方式的变迁对人们的物质生活以及分配观念的影响,认为进步的生产和交换方式总是为人们所欢迎,而确立新的生产和交换方式虽然要经过很长时间,但总会形成与其相适应的分配观念和社会心理。恩格斯对"正义"的规定不仅是与一定社会的生产方式相适应的事实判断,而且是一种基于事实判断的道德评价。正如他在《马克思和洛贝尔图斯。〈哲学的贫困〉德文版序言》中所指出的,群众关于某一经济事实不公正的道德意识,来自于与生产方式相适应的事实判断,来自于对自己实际生活处境的感受,表明其已经不能忍受和维持原来的经济关系,这种经济关系已经不适应生产力的发展,这时为追求正义而付诸的行动在世界历史上就是正确的。

作为正义表现的平等是历史的产物

在马克思恩格斯看来,严重的社会不平等是实现实质正义的障碍,在一个缺乏实质平等的社会环境里讨论正义与否的问题是没有什么内容可言的。工人在资本主义生产过程中的劳动所得低于其所应得,这并非主要因其能力和才智而导致的结果,而主要是资本逻辑使然。因而,在一种形式平等的背后,隐藏着若干不平等的现实内容,这正是工人在资本逻辑面前不能实际感到交易的正义性并因而产生"了不起的觉悟"的原因。富人在投资决策时面临的风险与穷人在从事艰辛工作时面临的风险在道德价值上并不一致,因而必须形成一种现实而规范的实现平等的思路,实际地解决资本主义生产方式内蕴的贫困的社会问题。

晚年恩格斯在《反杜林论》哲学编"道德和法。平等"中批判杜林"对平等观念的浅薄而拙劣的论述"时深刻阐述了作为正义表现的平等。他认为平等观念是一种历史的产物,这不仅因为其形成需要一定的历史条件,而且因为任何历史条件都是在长期的历史过程中形成的。所以,平等观念总是带有时代的特征,绝不是什么永恒的真理,或者说从来不存在永恒正义或永恒平等,平等观念总是在不同的历史阶段为历史的剧中人所理解和认同。在这个意义上,一定的平等观念总是与一定社会的生产方式相适应,或者说不同时代的人们具有不同的平等观念,从而在不同的历史时期体现为观念差别。这种差别主要来自于不同时代的生产方式以及由此决定的法权观念,是自然而然的。

在《〈反杜林论〉的准备材料》中,恩格斯阐明作为正义表现的平等是历史的产物,是一种在历史中形成并反映不同历史阶段的经济基础的政治观念。作为正义表现的平等观念是一种现代的发明,是在1789—1796年的法国大革命中得到提倡的,但也体现了深厚的历史积淀。作为历史产物的平等和正义观念,不是永恒真理或最高的原则,而是在现代社会的生产关系和交往关系中呈现的。因而,既不能一概地否定过去,更不能使现代平等观念成为一种新的固步自封的体系,而应随着历史发展增添新的积极的内容,并在现实语境中确认其实质内涵。在这个意义上,恩格斯深入分析了"现代的平等要求",这种要求是古人所难以理解的。因为它不是一种关于作为人的共同点的平等的自然观念。在现代社会,作为正义的表现的平等观念是一种政治观念,是为在封建的中世纪孕育的市民等级所倡导的,体现了市民等级摆脱封建桎梏,以消除封建不平等的方式确立现代权利平等的愿望。在恩格斯看来,在世界贸易中的交换和更广泛的交往中,平等就成为现代人自然的要求,获得普遍规定,成为一种现代权利范畴。

这种现代权利观念否定一切特权,要求当然需要一定的历史条件,是在长期社会发展过程中演进而来的,不是永恒真理的表现。在不同的历史语境中,不同的人们对平等的要求固然有一定的相似之处,但在平等的具体内容与具体实现方式上有明显的差异,因而必须以历史的方式理解现代平等观念。在恩格斯看来,在资产阶级诉求现代平等的同时,无产阶级也提出了平等要求。现代平等要求所具有的双重意义及其体现的两种情况表明,无产阶级要求实现的平等以消灭阶级作为实际内容,这种平等观念是正义的表现,任何超出这个范围的平等观念都将流于荒谬。

无产阶级固然指责资本家个体的骄奢淫逸或鄙吝刻薄,但无产阶级的平等要求所反对的主要是资本主义制度,而不主要体现为反对单个资本家的道德情操。消灭资本主义制度,必然要以新的生产方式取代资本主义生产方式,而这种平等和正义的要求也反映了他们的伦理观念,这当然是在恩格斯看来,在现代社会,封建贵族、资产阶级和无产阶级都有各自特殊的道德,这种特殊性是由阶级利益决定的。所以,人们总是自觉或不自觉地从其阶级地位所依据的实际关系中确认其所认同的平等观念与正义观念。因而,着眼于人类解放的"现实的运动",要在实现正义的过程中满足无产阶级的平等要求,或者说作为正义表现的平等观念应当是批判的、革命的。这种批判的、革命的平等观念旨在变革旧的经济关系,从中实现符合新的经济关系的正义主张,而非泛泛而谈地谴责社会的和政治的不平等。正是基于对现实问题的深刻洞察,晚年恩格斯强调了平等要求的现实性内涵。

社会的公平与正义的实践原则

任何时代的正义观念固然都与其所处时代的生产方式相适应,但正义的诉求具有现实的反作用,因而应当成为无产阶级的自觉。在晚年恩格斯看来,关于公平的理解,要从经济现实出发,而不是求助于永恒公平,问题的实质是废除资本主义生产方式。在变革旧的生产关系的过程中,正义的诉求不能停留于意识层面,而应成为一种现实的运动,成为一种有原则高度的实践,在发展新的经济关系的同时实现社会的公平。探究如何实现社会的公平,不能从所谓"永恒公平"出发,而应以研究现实的经济关系为解决问题的出发点。

晚年恩格斯阐述了"正义"的一种实践逻辑,它既非永恒与普适的美德或真理,也并非纯然的法权观念或道义主张,而是一种旨在解决不平等与不正义的社会现实的实践原则。这种对正义的实践原则的阐发与马克思的正义论异曲同工,都是"从古典政治经济学向我们提供的事实出发揭示它的理论矛盾,进而揭示资本主义本身的矛盾,再进而说明资本主义的非正义性和社会主义的正义性",体现了明确的问题意识与问题导向。

这种阐发以实践的思维方式完成了对自柏拉图以来的西方传统正义论的"颠倒",即不将正义作为绝对善或纯粹的应得,而将其作为一种与一定社会的生产方式相适应的法权观念和道义主张。在这里,马克思恩格斯既强调"正义由生产方式所决定",又强调"正义同样由阶级利益所决定"。在这种双重决定的语境中,正义在超越旧的生产关系的过程中体现了一种"辩证的转化",以一种彰显社会发展趋势的道义力量召唤人们变革旧的生产关系,进而建构适应新的生产关系和社会结构的正义论。

正是循着实践的路向,我们可以在一种"新正义论"的意义上理解马克思主义正义论的实践逻辑,而不必将其削足适履地论证为一种与传统正义论的核心观念相似的理论主张。

晚年恩格斯对"正义"规定的两种进路并非自相矛盾,而恰恰体现了新正义论的一种基于历史唯物主义且具有道德合理性的内在结构。研究社会公平或实质正义,需要将公平正义观念运用于社会基本结构和制度环境中来考虑具体问题,这不是一种悖论,而是将正义观念在一定的社会环境中现实化的必须,是分析各种不正义的社会现实的前提。

原载于《哲学研究》2020 年第 12 期

恩格斯发展马克思主义的逻辑路径

吴家华　闫　鹏[*]

恩格斯是马克思主义的创立者之一，也是马克思主义的发展者。恩格斯主要通过不断丰富、完善科学理论并用以指导无产阶级及其政党的实践来发展马克思主义。以往理论界对恩格斯评价不足，低估了恩格斯思想的独创性、科学性，低估了恩格斯对发展马克思主义的贡献。这主要是因为对恩格斯思想的研究不够全面深入，对恩格斯如何发展马克思主义缺少精细分析。值恩格斯诞辰200周年之际，立足新时代和新实践，着眼于彰显马克思主义的科学性、革命性、实践性、人民性和发展性的鲜明特征，全面梳理分析恩格斯发展马克思主义的逻辑路径，对于深化恩格斯思想研究、坚持和发展马克思主义具有重要意义。

回答时代之问发展马克思主义

时代是思想之母，实践是理论之源。关注时代、关注实践是马克思主义的理论品格，也是马克思主义旺盛生命力和强大影响力的源泉。把握时代趋势，发现时代矛盾，解决时代课题，是马克思主义发展的根本逻辑路径。在时代和

---

* 吴家华，安徽大学马克思主义学院教授、博士生导师；闫鹏，安徽大学马克思主义学院博士研究生、蚌埠医学院马克思主义学院讲师。

实践发生深刻变化的历史条件下，无产阶级应该制定什么样的革命策略，以实现从资本主义向社会主义的根本转变，这是时代提出的课题，也是恩格斯晚年深入思考、深刻回答的重大问题。《卡尔·马克思〈1848年至1850年的法兰西阶级斗争〉一书导言》和《法德农民问题》集中反映了恩格斯回答时代之问的成果：前者对议会民主条件下工人阶级如何夺取政权的策略进行了创造性探索，后者则具体阐述了工人阶级专政的国家实现农业社会主义改造的纲领和政策。无论是夺取政权、巩固政权，还是发展民主、改造社会，最终都是为了发展生产力、促进人的自由全面发展。

填补理论空白发展马克思主义

填补理论空白是理论的原始创新，是创造性地发展马克思主义的重要方式和逻辑路径。恩格斯的《自然辩证法》和《家庭、私有制和国家的起源》是原始创新的典范。《自然辩证法》依据自然科学研究最新成就，深刻揭示和论证了自然界的历史性和辩证性，不仅超越了旧的自然哲学，而且为马克思主义的唯物辩证法提供了自然科学基础，因为在恩格斯看来，自然界是辩证法的试金石；《自然辩证法》还专门论述了劳动在从猿到人、从自然界到人类社会转变中的决定性作用，提出了劳动创造了人和人类社会的观点，从而揭示了从猿到人、从自然界到人类社会转变的基本过程和动力机制；更重要的是，《自然辩证法》关于唯物辩证法的基本规律和基本范畴的理论，连同恩格斯写的《反杜林论》关于世界物质统一性理论和《路德维希·费尔巴哈和德国古典哲学的终结》关于哲学基本问题理论一起，构成了完整的辩证唯物主义理论体系，为无产阶级政党提供了科学世界观和方法论。《家庭、私有制和国家的起源》第一次运用历史唯物主义对原始社会进行了系统研究，是利用19世纪历史科学和社会科学领域的最新研究成果证实、发展唯物史观的典范。

建构理论体系发展马克思主义

建构理论体系是发展马克思主义的重要逻辑路径。马克思《1844年经济学哲学手稿》是以异化劳动理论为基础对自己的新哲学、经济学观点和共产主义思想进行综合阐述的第一次尝试。恩格斯《反杜林论》是构建马克思主义理论体系的经典之作。《反杜林论》是马克思主义的"百科全书"，在马克思主义发展史上具有非常重要的地位。《反杜林论》的重要地位是由其三方面的重要贡献奠定的：一是对当时在德国社会民主党内影响很大的杜林主义进行全面批判；二是系统阐述了马克思主义哲学、马克思主义政治经济学和科学社会主义的基本原理；三是深刻分析了马克思主义三个主要组成部分之间的关系，论证了马克思主义的整体性和科学性。

规范命题范畴发展马克思主义

认识的发展是一个从模糊到清晰、从不甚精确到比较精确的过程，马克思主义的发展也是这样。面对马克思逝世以后马克思主义遭到的曲解、误解和机械化、简单化应用的倾向，恩格斯花费大量的时间和精力澄清问题、解释观点、纠正误解、阐释方法，涵盖了哲学基本问题、唯物主义、唯心主义、辩证法、历史、直接生活的生产、经济、政治经济学、科学社会主义、机会主义等重要范畴，涉及经济的决定作用、经济基础与上层建筑的相互作用、唯物史观等基本观点和理论，从而把马克思主义理论规范化、精确化。其中，提出"经济的归根到底的决定作用"，是恩格斯规范唯物史观基本观点的典范；澄清唯物主义的意义是恩格斯规范辩证唯物主义原理的精心之作；明确"直接生活的生产"的含义，是恩格斯规范唯物史观基本范畴的范例。

深化基本理论发展马克思主义

认识的发展是一个从片面到全面、从不甚深刻到比较深刻的不断完善的过程，马克思主义的发展也是这样。不断丰富和深化理论观点是发展马克思主义的重要逻辑路径。恩格斯晚年通过对上层建筑相对独立性、资本主义走向垄断的趋势及其对私人占有制的扬弃、历史唯物主义中的历史方法论和历史认识论、俄国社会发展道路等问题的深刻阐述，丰富和发展了马克思主义。

一方面,对经济基础与上层建筑的中介——人的动机的深刻分析,是恩格斯晚年对发展唯物史观的突出贡献。经济基础与上层建筑之间的动机中介的复杂性,造成了二者之间的决定作用和反作用的关系的复杂性和多样性。正因为如此,恩格斯晚年用"经济的归根到底的决定作用"和上层建筑的相对独立性来说明经济基础与上层建筑的复杂关系。

另一方面,对俄国社会发展道路的研究丰富了马克思主义东方社会理论。经济文化落后的国家如何走向社会主义,是马克思恩格斯东方社会理论的主题。马克思恩格斯认为,以俄国为代表的东方社会具有特殊性,西方社会发展道路不适用于东方社会;只要俄国革命与西方革命相互促进,俄国就有可能利用留存的农村公社集体所有制跨越资本主义的"卡夫丁峡谷"而直接过渡到社会主义;吸收西方发达国家的先进的物质技术成果是俄国走上社会主义道路的最重要的物质条件。恩格斯晚年充分利用马克思逝世以后俄国资本主义发展的新材料,进一步发挥和补充了上述思想观点。

修正思想观点发展马克思主义

反思、修正错误观点是理论发展的重要形式,也是发展马克思主义的重要逻辑路径。从认识论看,真理的发展不是直线式的上升过程,而是包含挫折甚至失败的曲折前进过程,反思和修正错误是认识发展的重要环节。从辩证法的规律看,唯物辩证法在本质上是批判的和革命的,这种批判既指对陈旧的社会制度及其意识形态的批判,也包括自我批判,即对自己的观点和理论的错误或不足、对自己的实践纲领和政策的局限进行反思、检讨、批评以至否定、改正。修正思想观点是理论自我发展、自我完善不可缺少的环节。马克思主义理论视域中的自我修正,绝不是否定和抛弃马克思主义基本原理,而是纠正马克思主义经典作家提出的那些与具体历史条件紧密相连、与新的客观实际不相符合的个别观点或论断,使马克思主义更加科学、更加完善。恩格斯是反思、修正自己思想观点的表率,他对《英国工人阶级状况》观点的修正具有特别意义。

推进理论武装发展马克思主义

推进理论武装，就是通过宣传教育，让人民群众学习、领会、信仰马克思主义世界观和方法论并用以指导实践，亦即推进马克思主义大众化。理论武装、马克思主义大众化不仅仅是马克思主义理论的通俗化和普及化，也是发展马克思主义的重要路径。根据辩证唯物主义认识论，从实践到认识，再从认识到实践，是认识过程中的两次飞跃，其中从认识到实践的过程，就是用理论武装群众并指导实践的过程；从认识的目的看，只有用理论武装群众，才能实现从精神向物质的转化，才能彰显认识的实际意义。正因为如此，马克思主义经典作家和无产阶级领袖高度重视马克思主义大众化，用科学理论武装人民群众，而恩格斯是马克思主义大众化的首倡者，为用理论武装人民群众作出了重大贡献。恩格斯对《资本论》第 1 卷的宣传和《社会主义从空想到科学的发展》小册子的出版是推进理论武装、实现马克思主义大众化的成功案例。

批判错误思潮发展马克思主义

真理与谬误在比较中存在，在斗争中发展，这是认识发展的规律。在批判旧世界中发现新世界，是马克思主义发展的鲜明特征。开展批判各种反马克思主义、反科学社会主义的社会思潮的斗争，是发展马克思主义的重要理论路径，也是恩格斯理论活动的突出特点。在回应各种思潮对马克思主义的歪曲和攻击过程中，恩格斯为捍卫和发展马克思主义作出了重大贡献：第一，在批判中阐述马克思主义理论；第二，在批判中建构马克思主义理论体系；第三，在批判中澄清对马克思主义的误解；第四，在批判中捍卫马克思主义理论观点；第五，在批判中清除错误思潮对工人运动的影响。

原载于《马克思主义与现实》2020 年第 5 期

恩格斯与历史唯物主义的创立与发展

张秀琴*

今年是恩格斯诞辰 200 周年,为纪念这一伟大导师,我们有必要以经典文献为依据,重申恩格斯在历史唯物主义创立与发展中重要的、不可替代的贡献,以期正面回应近年来国际学界对恩格斯在马克思主义理论体系中的思想贡献地位等争论问题。我们知道,恩格斯和马克思共同创立了科学的辩证唯物主义即"历史唯物主义",实际上,恩格斯还是经典作家中最早使用"历史唯物主义"一词来概括他们所创立新理论体系的人。

恩格斯首次明确使用"历史唯物主义"概念

如今,马克思主义理论工作者一般依据马克思和恩格斯合著的《德意志意识形态》和马克思本人所撰写的《〈政治经济学批判〉序言》中的经典论述,即以建筑和照相机比喻所呈现的唯物史观公式,来界定马克思和恩格斯所创立的"新历史观",也即马克思所表述的"新唯物主义"或"实践的唯物主义"历史观。这种"新历史观",马克思本人虽然用过不少术语进行概括,但却并没有以专门的固定名称来予以命名,直到 19 世纪 90 年代,才由恩格斯首先冠

* 张秀琴,中国人民大学 21 世纪中国马克思主义研究创新中心副主任,教授,中国人民大学习近平新时代中国特色社会主义思想研究院特约研究员。

以"历史唯物主义"之名(在 1890 年 8 月 5 日致施米特的一封信中,恩格斯首次明确使用了"历史唯物主义"一词),他在信中说,许多年轻的德国人只是用"历史唯物主义"的套语来把自己的相当贫乏的历史知识尽快构成体系。

恩格斯不仅首次明确使用了"历史唯物主义"概念,而且还直接以"历史唯物主义"为题公开发表文章,即 1892 年的《论历史唯物主义》。尽管《论历史唯物主义》表面上只是恩格斯自己翻译的《〈社会主义从空想到科学的发展〉英文版导言》的德文译本,但恩格斯在翻译过程中做了很多改动和补充,可以说从标题、概念表述、行文段落都有所不同,因而前者可以被视为一个具有独立研究价值的文本,通过追踪这一文本,也可以让我们更好理解恩格斯晚年关于"历史唯物主义"的思想贡献。此外,恩格斯所做的最重要贡献在于,坚决反对把"历史唯物主义"说成是"经济唯物主义"或"技术经济历史观",批判当时社会上存在的一些错误思潮对包含着"历史唯物主义"原理的马克思主义思想体系的肆意歪曲,澄清自己和马克思所共同创立的"历史唯物主义"理论初衷和核心要义,维护马克思主义的理论光辉。

可见,恩格斯在给马克思主义理论体系提供命名之初,就已开启他捍卫马克思主义理论体系科学性的任务——以"历史唯物主义"之名。为此,他自己明确指出了除《德意志意识形态》之外的贯彻"历史唯物主义"原则的代表性经典著作,恩格斯在给布洛赫的信中指出,马克思的《路易·波拿巴的雾月十八日》和《资本论》就是"运用这个理论的十分出色的例子",他又指出自己的《反杜林论》和《路德维希·费尔巴哈和德国古典哲学的终结》"对历史唯物主义作了就我所知是目前最为详尽的阐述"。在致施穆伊洛夫的信中,恩格斯还说:"关于历史唯物主义的起源,在我看来,您在我的《费尔巴哈》中就可以找到足够的东西——马克思的附录其实就是它的起源!其次,在《宣言》(1892 年柏林新版)的序言和《揭露共产党人案件》的序言中也可以找到。"这就对他自己和马克思创立"历史唯物主义"的代表性文献进行了明确。

综上可见,除了命名并在"历史唯物主义"之名下捍卫马克思主义理论体系,特别是其历史观方面,恩格斯还为新历史观提供了经典文献出处和依据。而所有这些工作,都是为了重塑"历史唯物主义"的科学的辩证法原则,反对当时十分流行的将"历史唯物主义"教条化、公式化、套路化的机械主义做法

(其中典型的也是影响最持久的做法就是将"历史唯物主义"下降为"经济唯物主义")。为做到这一点,恩格斯特别强调要将辩证法引入"历史唯物主义",在他看来,正是因为缺少"辩证法"、缺少在"相互作用"中把握世界,才会导致将"历史唯物主义"机械化的错误。

恩格斯明确指出:"根据唯物史观,历史过程中的决定性因素归根到底是现实生活的生产和再生产。无论马克思或我都从来没有肯定过比这更多的东西。如果有人在这里加以歪曲,说经济因素是惟一决定性的因素,那么他就是把这个命题变成毫无内容的、抽象的、荒诞无稽的空话。"在他看来,"历史唯物主义"在强调经济的最终决定作用的同时,还要给予建立在经济基础之上的包括意识形态在内的整个社会上层建筑特别是其能动性给予足够的重视。否则的话,就会导致把原因和结果非辩证地看作僵硬对立的两极,完全忘记了相互作用。

恩格斯在 1893 年写给梅林的信中,承认梅林在论述"历史唯物主义"时所犯的错误,自己和马克思过去也同样犯过,即一直对这种"相互作用"强调得不够并因此被我们大家过分地忽略了。在 1894 年写给瓦·博尔吉乌斯的信中,恩格斯对"相互作用"在"历史唯物主义"中的重要性再次进行强调。他说:"政治、法律、哲学、宗教、文学、艺术等的发展是以经济发展为基础的。但是,它们又都互相影响并对经济基础发生影响。并不是只有经济状况才是原因,才是积极的,而其余一切都不过是消极的结果。这是在归根到底不断为自己开辟道路的经济必然性的基础上的互相作用。"这样,恩格斯就以晚年关于"历史唯物主义"的系列通信,为"历史唯物主义"内在所包含的辩证法原则提供了"相互作用论"的阐述范式。

恩格斯晚年引起的学术论争

当然,恩格斯晚年在书信和著述中对"历史唯物主义"的命名和相关理论阐释,也引起了 20 世纪以来"历史唯物主义"基本原理传播和理解上的诸多学术论争。由此所延伸出来的话题包括:体系或命名问题——是否可以把马克思主义思想体系命名为"历史唯物主义";恩格斯创始人的身份问题——广泛存在于第二国际的机械唯物主义倾向是否应归咎于恩格斯，以及延伸出来的恩格斯作为马克思主义共同创始人的合法性身份问题，也即马克思—恩格斯学术思想关系问题；"历史唯物主义"基本原理的具体应用问题，特别是社会形态发展（社会形态过渡）问题和与这一社会发展理论密切相关的意识形态问题。

从更为广泛的意义上而言，以上话题构成了整个 20 世纪乃至 21 世纪前二十年的国际马克思主义学界持续的共同话题，它们在国内外相关学界的过去和今天，几乎都是难以回避的热点话题和学术难题。固然，这些话题之间并不孤立，举例来说，由卢卡奇等人所开创的"传统西方马克思主义"，特别是其中的人本主义一派，大多喜欢将马克思主义理论体系理解为"历史唯物主义"，并擅长追溯马克思思想的黑格尔之源，将马克思的唯物主义理解为"历史的"，即辩证生成的，而非"经济的"或"机械的"，这就与第二国际理论家对"历史唯物主义"之名的理解不同，一些第二国际理论家将"历史唯物主义"篡改成为"经济唯物主义""经济决定论"，这些都偏离了马克思主义原来的方向和意图。

当然从另一方面看，正是在这样的体系框架下的争论，才有了进一步关于社会形态过渡和意识形态能动性等社会发展问题的当代关注，从而引起了学术界著名的"布伦纳之争"及"二战"后文化马克思主义研究的兴盛，以及 21 世纪以来德语世界的"新马克思阅读派"和法语世界生命政治议题的展开。而随着《马克思恩格斯全集》历史考证版陆续出版所提供的相关背景资料愈发全面，会进一步推动和加深我们对相关马克思主义理论体系建构话语的理解和研究，并因此推动国际学界达成进一步共识，从而为科学评价恩格斯对"历史唯物主义"的贡献提供更加坚实的支撑，乃至为马克思主义理论体系的科学原则提供更加有力的辩护和捍卫，也因此为马克思主义中国化在新时代的创新发展提供更丰富的经典文献依据和更广阔的国际对话视野。

原载于《四川日报》2020 年 11 月 30 日

唯物史观:恩格斯的独特贡献与历史效应

张有奎　　林雅玲*

　　唯物史观是马克思主义最重要的理论基石。它反对思想观念统治现实生活世界的意识形态神话学,强调唯物主义阐释原则和真正的社会性与历史性,实现了世界观和历史观的变革,开辟了哲学的新方向,乃是马克思和恩格斯伟大合作的历史见证。在恩格斯诞辰 200 周年之际,系统梳理他在唯物史观方面的独特贡献,纠正学界轻视或淡化恩格斯的偏颇,乃是我们的理论责任。

"共同阐明我们的见解":唯物史观的创立

　　恩格斯使用的"唯物主义历史观""历史唯物主义"等概念并无严格的区分,因而这里也无意卷入历史唯物主义和唯物史观的术语之争,概称之以"唯物史观"。唯物史观的革命性意义在于,它第一次从物质关系的角度解释政治关系和思想关系,强调生活决定意识,而不是相反。在此之前,包括费尔巴哈在内的旧唯物主义者,仅仅是自然观上的唯物主义者,在历史领域毫无例外地陷入历史唯心主义,根源在于他们无法正确地解答历史之谜。也就是说,他们无法对历史发展的动力和趋势进行科学的解释,从而无法寻找到推动历史

---

* 　张有奎,厦门大学马克思主义学院教授、博士生导师;林雅玲,厦门大学马克思主义学院博士研究生。

变革的真正主体力量。

唯物史观的创立是马克思和恩格斯冲破重重迷雾的原创性成果。恩格斯在创立过程中的重大作用之探讨,必须通过回归唯物史观的起源和出生地,再现恩格斯的阶级立场和世界观转变的复杂过程,才能得到科学的说明。

其一,独立地走近唯物史观。虽然青少年时期的恩格斯接受保守的宗教世界观教育,但理性时代的科学知识等精神养料和现实的政治运动刺激了他的思考,促使他清算自己的宗教信仰和神学世界观。1839 年下半年,恩格斯借助青年黑格尔运动找到新的立脚点,从而最终摆脱了宗教蒙昧主义。青年恩格斯与青年马克思的不同在于,他更多地关注资本主义的经济状况并力求探查其理论本质。第一次拜访马克思之后,恩格斯在曼彻斯特研究政治经济学,关心工人运动和英国工业发展状况,批判资产阶级革命运动的不彻底性,实现了从唯心主义向唯物主义、从革命民主主义向共产主义的转向。他清醒地认识到,经济事实是现代世界中的决定性力量,也是现代阶级对立产生的基础。他站在社会主义立场上批判资产阶级政治经济学,撰写了著名的《国民经济学批判大纲》,主旨在于研究私有制本身的合法性问题。

其二,首次合作批判青年黑格尔派。1844 年 8 月,恩格斯绕道巴黎再次拜访马克思,首次受到马克思的热情接待,原因是两人在理论领域各个方面的惊人一致。他们决定清算鲍威尔等人的极端唯心主义观点。恩格斯在巴黎逗留十天,与马克思共同拟定了《神圣家族》的大纲并写了序言。就写作分工而言,马克思承担了大部分任务,但核心观点无疑是两人的共同见解。政治经济学批判是唯物史观创立的要害。在形而上学的范围内,思辨形而上学始终占据统治地位,突破的关键在于对现实的关注和政治经济学批判。马克思和恩格斯通过各自的方式,实现了这种突破,走向新世界观的"日出"。

其三,清算从前的哲学信仰,共同阐明唯物史观。对青年黑格尔派的清算,是马克思和恩格斯挣脱思辨形而上学的束缚,从之前的哲学信仰中摆脱出来的过程。在他们看来,这一任务显然并没有在《神圣家族》中完成。当施蒂纳的《唯一者及其所有物》出版之后,他们认为有必要正面阐发自己的新世界观,1845 年秋至 1846 年 5 月《德意志意识形态》的撰写完成了这一主要任务。它首次系统阐发了唯物史观的基本原理,强调了唯物主义观点和唯心主义观点的对立,提出了社会存在决定社会意识原理,论证了现实的人的活动和他们的物质生活条件是历史活动的前提,指出了物质生产在人类历史发展中起着决定作用,论述了生产力和交往形式的矛盾运动。

"唯一正确的世界观":唯物史观的捍卫和深化

在捍卫中深化,在深化中捍卫。唯物史观创立之后遭到形形色色的诘难和误解,恩格斯在论战中坚决捍卫唯物史观的基本原则,深入系统地阐发它的科学性,反对经济决定论和教条主义等错误主张。任何一种学说都有发展完善的过程,唯物史观也不例外。在《提纲》和《形态》之后的半个世纪里,恩格斯多次阐扬和深化唯物史观研究。他的阐发可以从动机、内容、路径等方面进行探求。

其一,在动机方面体现出多样化的特征。恩格斯和马克思一样,具有为人类解放的伟大事业而献身的革命理想情怀和勇气,并且认识到革命理论和革命行动的辩证统一性。在他看来,无产阶级只有自觉掌握这一理论武器,才能摆脱不切实际的浪漫主义和种种空想社会主义的困扰,看清历史方向,承担自己的历史使命,通过革命完成自己的历史任务。理论武器的锐利程度直接影响着无产阶级革命的进程。具体到每一文本的写作,动机又各有不同。

其二,在内容方面涉及多个重大主题。(1)深刻分析黑格尔和费尔巴哈的贡献和局限,阐明它们和唯物史观的关系。(2)讨论全部哲学的最高问题。这指的是思维和存在的关系问题。(3)系统而科学地阐述家庭、私有制和国家的起源。(4)拓展辩证法研究。辩证法是黑格尔哲学的合理内核,也是被马克思和恩格斯继承并创立唯物史观的主要理论资源。

其三,在路径方面重视应用中发展。唯物史观不是自娱自乐的学问,而是始终着眼于当时的重大现实问题,始终关注工人阶级的革命运动。马克思和恩格斯运用唯物史观深入分析资本主义社会的内在机制和命运,阐明社会主义和无产阶级革命的必要性和条件,在对唯物史观的运用中进一步深化和发展了这一理论。《共产党宣言》是马克思和恩格斯接受共产主义者同盟的委托撰写的纲领性文献,他们为了让同盟摆脱空想的性质,从唯物史观的视角说明社会发展规律,揭示物质生产在社会历史发展过程中的决定性作用,强调经济基础和上层建筑的辩证关系并阐述了阶级斗争的社会动力作用。

恩格斯多次论及科学地对待马克思主义问题。在《共产党宣言》的1872年德文版序言中,他和马克思强调,这些原理的实际运用"随时随地都要以当时的历史条件为转移"。原因在于唯物史观是不断发展着的理论,不是必须背得烂熟并机械地加以重复的教条,它提供的不是适用于各个历史时代的药方和公式,不是先验抽象的原则,不是意识的空话,而是真正的知识,源自对现实的描述和对历史发展的概括。马克思主义的一些追随者把唯物史观这种理论抽离它赖以产生的具体历史情景而普遍化和抽象化为非历史的一般原则,进而以之剪裁历史事实,这就走向了唯物史观的反面。

"不断发展的开放的理论":唯物史观的历史效应

唯物史观和剩余价值理论是具有科学性的学说,由此奠基的社会主义理论从空想走向科学,马克思主义的科学性经得起历史和实践的检验。全世界范围内的无产阶级政党及其左翼组织普遍受到马克思主义的深刻影响,形成轰轰烈烈的革命形势和各种各样的斗争策略,无产阶级越来越认识到自身的阶级地位和历史作用。马克思去世之后,恩格斯成为整个文明世界中最卓越的学者和现代无产阶级的导师,他清晰而简洁的写作风格及权威地位在传播马克思主义方面居功至伟。20世纪以来的无产阶级革命和社会主义运动的史诗离不开恩格斯的理论遗产,尤其是他对唯物史观的阐释。

其一,苏俄马克思主义受到恩格斯的重大影响。恩格斯生前就多次指导俄国革命者正确理解唯物史观和马克思主义其他学说,科学分析俄国形势,直接培养了俄国大批马克思主义的追随者。唯物史观破除思辨形而上学的臆造,科学地阐明历史的本质和动力,强调社会主义是现代社会生产力发展的最终目标和必然结果,无产阶级必须清醒地认识到它和资产阶级利益的根本对立,放弃不经过斗争就实现社会主义的幻想。马克思和恩格斯不是把随着工业的发展而不断扩大的无产阶级看作一个脓疮,而是寄希望于这个革命的阶级,着力于唤醒工人阶级的自我意识。两位现代无产阶级的伟大导师第一次让无产阶级领会到工人能成为独立的社会力量且肩负伟大历史使命，他们锻造的理论武器推动着全世界无产阶级的革命运动。

其二，西方马克思主义承认恩格斯的历史影响。《反杜林论》《路德维希·费尔巴哈和德国古典哲学的终结》是苏联时期编写马克思主义哲学教材的经典文本依据。在当时的历史情势之下，第二国际和第三国际的正统马克思主义过分地强调历史发展过程的必然性和规律性，一定程度上忽视了人的主体性因素，遭到了西方马克思主义的诟病。西方马克思主义批判斯大林主义，肯定马克思主义的研究纲领，侧重从文化、心理和意识形态方面批判资本主义。

其三，中国化马克思主义受到恩格斯的深刻影响。恩格斯是第二国际的精神领袖，他的思想深刻影响了苏俄马克思主义的理论和实践，而十月革命之后的苏联又深刻地影响了中国革命和社会主义现代化建设与改革。马克思主义中国化形成毛泽东思想、邓小平理论、"三个代表"重要思想、科学发展观和习近平新时代中国特色社会主义思想五大理论成果。这些理论成果是每一代中国共产党人运用马克思主义的立场、观点和方法，结合不同时期的中国实际，独创性地探索和总结的结果。比如，阶级斗争和革命领导权、农村包围城市的革命道路、中国革命的动力、革命的性质和前途等，以经济建设为中心、走中国特色的社会主义道路、党的建设、科学发展、群众观点和群众路线、实事求是、一切从实际出发、以人民为中心等，这些话题是在与教条主义、机会主义、经验主义、主观主义等各种错误思潮的斗争中形成的正确理论原则和经验总结，闪耀着唯物史观的光辉。

原载于《厦门大学学报（哲学社会科学版）》2020 年第 5 期

青年恩格斯的三次思想转变

周嘉昕*

本文研究的主题是青年恩格斯走向唯物主义历史观的思想历程。这一研究之所以重要，不仅是因为恩格斯从另一条道路得出了唯物主义历史观，因而通过对青年恩格斯文本和思想的回顾，可以去发现一个与马克思有所区别的唯物史观形成过程；更是因为在青年马克思的研究或者说马克思主义哲学形成史的研究中，存在一些仍待解决的理论问题。比如，青年黑格尔派的逻辑演进及其与马克思和恩格斯的思想关系，马克思和恩格斯唯物主义转变的思想历程及其理论意义，唯物史观形成过程中经验的实证的研究与思维前提的反思之间的关系，等等。带着这些问题回到恩格斯早期的思想探索历程中去，我们尝试区分青年恩格斯的三次思想转变。

"青年恩格斯"为什么重要？

对青年恩格斯的考察与对青年马克思的探讨一样，问题都在于如何说明马克思主义哲学的形成过程，而对马克思主义哲学形成过程的探究又同对马克思主义哲学方法论本质的理解息息相关，因此，对青年恩格斯问题的考察注定与对青年马克思问题的思考紧密联系在一起。

---

* 周嘉昕，南京大学哲学系暨马克思主义社会理论研究中心教授，博士生导师。

这一联系又表现为两个层面：其一，聚焦马克思恩格斯的早期思想探索历程，说明二者是如何通过不同的道路得出"一样的结果""同样的看法"，以及在马克思恩格斯合作撰写《德意志意识形态》清算青年黑格尔派思想的过程中，二人的分工和思想关系问题。其二，从恩格斯晚年对马克思主义的总结、阐释和传播出发，反观青年恩格斯和青年马克思的文本和思想，在马克思主义时代化、大众化的意义上理解马克思主义哲学形成过程的历史叙事方式，进而推进有关马克思主义哲学方法论本质和基本概念范畴的理解。在这个意义上，青年恩格斯研究可以为青年马克思研究提供必要的补充和拓展。

一方面，恩格斯在《费尔巴哈论》中，集中论述了费尔巴哈的地位和作用以及马克思对费尔巴哈的批判。另一方面，恩格斯自己在青年时期对唯物主义问题也进行过系统的论述。以青年恩格斯为切入，马克思和恩格斯唯物主义转变的微观细节和理论价值将得到更为清晰的阐明。

正是在布鲁塞尔期间，马克思恩格斯合作撰写了《德意志意识形态》，得到了唯物史观这一"总的结果"。那么，青年恩格斯是如何从不同于青年马克思的"另一条道路"实现这一伟大发现的？尽管马克思恩格斯的通信是从1844年初《国民经济学批判大纲》发表之后才开始的，但马克思作为《莱茵报》和《德法年鉴》的编辑，他应当从1842年年底开始就了解并熟悉了恩格斯的著作。因此，从青年恩格斯的探索出发，有助于我们全面把握青年马克思走向唯物史观的心路历程，有助于深入厘清新世界观确立过程所涉及的那些难缠的理论问题，如政治经济学研究与哲学变革之间的关系、新唯物主义对旧唯物主义和人本主义的超越等。

走向人本主义和哲学共产主义的青年恩格斯

对于马克思和恩格斯来说，他们最初接触"社会主义""共产主义"时，面对的是两种不同的思潮或社会运动。当时的社会主义和共产主义运动中，对资产阶级社会不合理现实的批判以及其中所蕴含的对工业的社会历史进步意义的肯定，引发了"三月革命前时期"德国激进思想界的关注。那么，青年黑格尔派是如何从宗教哲学批判转向社会主义、共产主义立场的呢？以青年恩格斯的探索历程为例，我们可以看到：构成这一走向的重要一环就是人本主义。正是人本主义，为青年黑格尔派从宗教哲学批判转向社会主义、共产主义搭建了一座理论的桥梁，而这一点，又同费尔巴哈的理论贡献不可分割。

由此，我们可以简单回顾青年恩格斯作为一名青年黑格尔派成员转向人本主义和共产主义的思想历程了。1820 年，恩格斯出生在巴门一个具有浓厚虔诚主义宗教氛围的富裕工厂主家庭。少年时期的恩格斯就表现出对宗教神学的反叛以及对劳苦大众的关注。在不莱梅的商业学徒生活中，恩格斯受以白尔尼和海涅为代表的"青年德意志"文学运动影响，转向民主主义立场。与之相应，恩格斯先是受到施莱尔马赫的影响，试图寻找"理性所显示的神"，继而研究施特劳斯的《耶稣传》，并且通过施特劳斯"走上了通向黑格尔主义的大道"，加入了"现代泛神论者"的行列。可以说，启蒙运动基础上的理性主义和人本主义构成了青年恩格斯"白尔尼＋黑格尔"的理论底色。只不过，恩格斯对宗教神学的真正克服，得益于他在柏林服兵役期间对费尔巴哈《基督教本质》一书的阅读。

更进一步，青年恩格斯以预言的方式宣告哲学共产主义是"新黑格尔派哲学的必然产物"。结合上文所述，之所以会从青年黑格尔派的哲学原则中得出共产主义的"必然结论"，一个关键的环节就是人本主义及其对基督教神学的批判。但不应忽视的是：青年恩格斯 1843 年秋做出上述判断时，已经在曼彻斯特生活了将近一年时间，已经对英国的政治经济有了较为深入的把握，对共产主义和社会主义有了更为清晰的理解。

物质利益和原则之辨与唯物主义新视野的开辟

1842 年 11 月，恩格斯离开巴门来到科隆，乘船沿莱茵河顺流而下。再从奥斯坦德渡过多佛尔海峡，经泰晤士河逆流而上到达伦敦。在伦敦短暂停留后，他转乘火车到达曼彻斯特。在此后的 21 个月里，他既是欧门—恩格斯公司的年轻襄理，也是一位积极活跃的革命者。在此期间，青年恩格斯的哲学世界观发生了一次根本的变革。这里涉及两个十分重要的问题。恩格斯是如何发现经济事实这一现代世界中的决定性历史力量的，这一发现与其既有的人本主义立场之间有着怎样的理论关系？与之相关,在唯物主义历史观的确立过程中,马克思和恩格斯都批评了费尔巴哈为代表的旧唯物主义,那么青年恩格斯是如何理解"唯物主义"这个概念的？

就第一个问题来说,答案的核心关键词是利益和原则之辨,与之相关的则是恩格斯对工业以及英国社会阶级的考察。尽管马克思恩格斯在《莱茵报》编辑部的第一次会面因为马克思和柏林"自由人"之间的紧张关系而十分冷淡,但是因为马克思在有关林木盗窃法的辩论问题上已经遭遇了"要对物质利益发表意见的难事",所以这一苦恼的疑问很可能对恩格斯也有影响。青年恩格斯达到英国后,按照约定向《莱茵报》提供的通讯,主要的内容就是关于英国的社会政治等级及其物质利益以及他们对待革命的不同态度。

在1842年12月上旬发表的《国内危机》中,青年恩格斯批评英国人不了解利益为原则服务这个黑格尔式的问题。青年恩格斯在达到英国初期,仍然是在青年黑格尔派的理论框架中来讨论物质利益问题的。但是对英国的政治等级及其经济的基础的分析,特别是对工业发展的现实影响的观察,已经为他理解社会革命,也就是人本主义、共产主义原则的实现注入了新的内容。但是直到1843年下半年,人本主义的哲学理念仍旧或隐或现地制约了青年恩格斯的思考。这一点可以在《德法年鉴》上发表的两篇文章《国民经济学批判大纲》和《英国状况。评托马斯·卡莱尔的〈过去和现在〉1843年伦敦版》中得到印证。

那么,恩格斯晚年为什么会特别关注费尔巴哈的作用以及自己和马克思从唯心主义向唯物主义的转变？对这个问题的回答可以从两个方面展开:首先,就青年马克思和青年恩格斯的思想发展来说,费尔巴哈对基督教的批判,对人本主义、自然主义的阐发,确实扮演着重要的理论角色。其次,尽管在我们所讨论的马克思恩格斯唯物主义转变期间,费尔巴哈并不承认自己是唯物主义者,但是费尔巴哈不仅影响了青年马克思和青年恩格斯,也实际上推动了19世纪50年代之后唯物主义思潮在德国的传播。

工业、阶级与范畴批判:另一条道路走向唯物史观

马克思更加看重的是青年恩格斯对英国工人阶级状况的实证考察,并且

认为恩格斯在这一研究中得出了同自己一样的结果，即唯物史观。具体到以《英国工人阶级状况》为代表的青年恩格斯有关现代资产阶级社会的经验和实证研究，在唯物史观确立的意义上，值得我们关注的要点是：对工业的世界历史意义的说明、对阶级斗争和无产阶级地位的说明、从经济关系出发对哲学范畴的批判。

比较一下《国民经济学批判大纲》和《英国工人阶级状况》两篇文献中对工业的叙述方式，可以发现一个有趣的差别。《德法年鉴》上的文章中，恩格斯受约翰·瓦茨的影响，在国民经济学以私有财产为前提这一判断的基础上，利用麦克库洛赫的相关说明概述了国民经济学的范畴构架，只是在竞争的结果，特别是资本和土地反对劳动斗争的优越条件的意义上，恩格斯才论述了机器的作用并提到新的研究主题——工厂制度。而在《英国工人阶级状况》中，恩格斯首先以经验和实证的方式描述了工业革命的发展，进而说明了它对英国社会结构的影响，论证了无产阶级的历史地位。

对于工业革命的这一经济事实的基础性作用的确认，对于社会阶级对立以及作为社会革命主体的无产阶级的发现，对于抽象经济学哲学概念范畴脱离现实社会关系的批判，构成了青年恩格斯走向唯物主义历史观的"另一条道路"。尽管与青年马克思的理论探索相对照，这条道路更加关注经验的、实证的研究，但是一方面这并不意味着恩格斯缺乏深刻的理论思考，另一方面，通过对现代工业和无产阶级的经验的、实证的考察，对现代资产阶级社会现实的发现，同时也包含着发现者对自身理论方法和思维前提的深刻反思和自省。也正是在这个意义上，我们可以发现，对于青年恩格斯来说，从唯心主义转向唯物主义、从唯物主义走向历史唯物主义，本身是一个内在贯通但又多次深化的过程。恩格斯对于唯物主义转变的重视，一方面是马克思主义理论发展中时代化、大众化探索的重要理论产物，另一方面也深刻揭示出马克思主义哲学坚持实事求是和解放思想相统一的方法论原则。

原载于《吉林大学社会科学报》2020 年第 5 期

真正依照人的方式来安排世界：
恩格斯早期共产主义思想探析

黄志军*

恩格斯作为马克思主义的创始人，同时也是科学共产主义的创始人，这是我们在纪念他时应当坚守的基本定向。共产主义作为马克思和恩格斯最终的理论归宿和实践旨趣，在切实地改变着现代世界格局的同时，也为人类社会未来的发展指明了道路。当时德国、法国和英国对共产主义思想的讨论，作为原初空想社会主义在现代实践上的理论反映，是恩格斯走向共产主义的重要中介。倘若没有这一中介，就无法准确和全面地说明恩格斯早期是如何成为共产主义者的。

恩格斯对法国政治革命与共产主义的探讨

1843 年发表于《新道德世界》的《大陆上社会改革的进展》是恩格斯第一次全面对共产主义思想进行研究的成果。把共产主义理解为现代文明社会的产物，进而超出对它的地域性的理解，这是恩格斯的重大贡献。就这一点来说，他虽然受到了戈德曼《欧洲五头政治》和赫斯《欧洲三头政治》的影响，但又远远地超越了他们。因为无论是戈德曼，还是赫斯都试图在德、法、英之间

---

* 黄志军，首都师范大学马克思主义学院教授，博士生导师。

构建一种精神上的革命演进秩序，但恩格斯并没有这样做，他是站在现代文明社会这一世界视野来理解共产主义的。后来在《德意志意识形态》中，马克思和恩格斯所认为的在生产力和世界交往普遍发展前提下，作为世界历史性存在的共产主义才能现实地扬弃地域性的共产主义，显然是对这一思想的继承和发展。

诚然，《大陆上社会改革的进展》一文便是恩格斯在思想和行动上承担这一扬弃任务而做出的理性思考。恩格斯在文中也强调，这三个国家应该相互增加了解，以便相互借鉴和推动共产主义运动的发展和实现。他认为，英国人达到共产主义是通过实践，由于市民社会的"恶果"，即国内贫穷、道德败坏和赤贫现象迅速加剧而导致人们对共产主义的向往；德国人是通过哲学，即通过对共产主义基本原理的探索而成为共产主义者；法国人则是通过政治，即要求政治自由和平等，进而要求社会自由和平等而成为共产主义者。在这个意义上，恩格斯将法国所追求的共产主义称之为真正的自由和平等。于此，他认为法国通过政治革命的形式所达到的共产主义可以构成英国共产主义的内在要素。

具体而言，在恩格斯看来，法国通过政治革命走向共产主义的道路是由历史决定的。法国大革命之后，法国成为欧洲唯一注重政治的国家，它引起了民主制在欧洲的兴起。但是，问题在于，这种民主制是与大革命的初衷相悖的，恩格斯用"自相矛盾""虚假的""伪善的"等词来形容它，意在表明它并没有使人民享受到真正的自由和平等。可以说，无论是圣西门还是傅立叶，都没有在政治上产生实践效应，他们脱离了当时法国的主流实践即政治革命，没有在根本上取得人民群众的支持，因而只能沦为空想的理论。在这个意义上，恩格斯认为法国共产主义和英国共产主义的区别就在于，政治革命是社会革命的起因而不是相反；或者也可以说，英国共产主义的道路实际上也不能缺少政治革命这一因素，即应将它建立在人民群众的基础上，并依托于人民群众，使之成为全国共有的财富。这实质上就是恩格斯试图要使英国人必须相信的法国共产主义的原则和实践。从这个意义上说，群众史观在此时恩格斯的共产主义思想中便有了最初的萌芽。

恩格斯对德国哲学革命与共产主义的探讨

正如上文所言,恩格斯这篇论文的目的在于使英国人相信必须要进行以共产主义为目的的、彻底的社会改造。第一部分的论述表明,恩格斯认为法国通过政治革命走向共产主义的必然性及其实践启示在于必须发动人民群众,获得人民群众的支持,使人民获得真正的自由和平等,那么在该文的第二部分"德国和瑞士"中,恩格斯通过研究德国共产主义得出什么样的结论会使英国人相信必须要进行彻底的社会改造呢? 或者说,德国共产主义可以给英国共产主义带来什么样的启示和借鉴呢? 在恩格斯看来,这个问题的答案就存在于德国共产主义产生的思想土壤即抽象原则中。也就是说,德国的共产主义在根本上是通过哲学革命而来的,德国哲学的历史为德国共产主义的产生奠基了思想基础和基本原则。

众所周知,法国大革命之后,德国哲学革命随后发生,这样便给了德国人反思和批判法国政治革命的契机。德国人借此充分发挥了自己的哲学优势,在思想原则上对法国大革命进行了彻底的批判和反思。事实上,法国政治革命并不是没有思想原则,恰恰相反,卢梭的社会契约论作为他们的思想基础,本身就说明了其逻辑必然性和历史合理性。但是以黑格尔为代表的德国哲学认为,法国大革命所造成的失败局面,其根源也恰恰在于卢梭的社会契约论,即建立在共同意志基础之上的国家必然会导致法国大革命的恐怖和专政,而所谓共同意志就是单个意志的简单相加,多数决定少数。事实上,这样一种政治革命的方式,很难避免"民主的暴政",所以,黑格尔提出以普遍意志这样一种抽象原则取代共同意志作为国家的基础。所谓普遍意志,是以普遍的善和普遍的福利为基础的,它不取决于单个人的意志以及这些单个意志的简单相加,而是独立于但又内在于单个意志的"绝对精神"。因此,这样能够避免法国大革命失败的结局,从而促使每个人的利益能够在普遍意义上得到保证和实现。

显然,恩格斯是切实理解德国哲学对于法国大革命的扬弃意义的。黑格尔没有也不可能在思想上通向现代共产主义,这一历史使命是由青年黑格尔派完成的。这一派哲学以赫斯、卢格、马克思、格奥尔格·海尔维格为代表。

按照恩格斯的说法,他们虽然一开始并没有意识到自身的哲学能够发展出什么样的结论,但是随着事情的发展,哲学共产主义在这派的理论逻辑中就必然诞生了,或者说他们使哲学共产主义在德国已经永远确立了。实际上,德国哲学革命为共产主义所确立的抽象原则使得德国人在思想上获得了关于共产主义的"真理",并且凭借着他们对原则的信仰和坚守,很快就发现他们已经超越了他们的老师即法国人。但是,恩格斯也清醒地认识到,在思想原则上把握到共产主义是一回事,但在现实中将其付诸实践却又是另外一回事。他认为在实践方面、影响现存社会的实际状况方面的活动,德国人需要向英国人学习,因为德国哲学共产主义是从包罗人类全部知识领域的哲学体系中产生的,而它在实践上却做得很少,做得很不够。

事实上,这涉及一个从思想到行动的问题。在青年黑格尔派中,赫斯的《行动的哲学》最为醒目地提示了这一点。但是赫斯的行动哲学主要在于将黑格尔哲学应用于批判普鲁士专制制度,然而也仅仅是思想批判,至于具体落实到实践的问题,却缄口不言。在《1844年经济学哲学手稿》中,马克思认为共产主义作为对现实人的异化的扬弃,只有通过付诸实行的共产主义才能完成。因为要扬弃这种异化的根源即私有财产的思想,只要有思想上的共产主义就足够了。但马克思也指明,在思想上把握到共产主义作为私有财产的自我扬弃的运动,并认识到其局限性和目的,也是一种现实的进步。在《德意志意识形态》中,恩格斯和马克思共同把共产主义理解为不断消除现存状况的运动,可以被看作是对这一思想的继承和发展。

恩格斯对英国社会革命与共产主义的探讨

从1842年到1844年,恩格斯写了一系列关于英国社会状况和思想状况的文章。这些文章除了众所周知的《国民经济学批判大纲》和《英国工人阶级状况》外,还有一些颇有见地的通讯、评论和社会调查,比如《英国对国内危机的看法》《国内危机》《谷物法》,以及四篇《伦敦来信》和三篇《英国状况》等。在这个时期,对英国社会实践和思想理论的研究成了恩格斯主要的工作。他通过经验性的调查研究,把握了当时英国政治、经济、文化和思想上的最新进展。

发表在 1844 年《德法年鉴》上的《英国状况》之《评托马斯·卡莱尔的〈过去和现在〉》是恩格斯打算全面研究英国社会的一部分。简要来说,恩格斯从两个方面评论了卡莱尔的《过去和现在》一书,并从中正面阐述了自己的观点。其一,他积极评价了卡莱尔对英国社会状况的描述和控诉,认为卡莱尔通过对贵族阶级和工人阶级生活状况的了解,发现了英国社会内在的分离和对立,并正确地将这种对立归结为现代社会的祸害。特别是卡莱尔对货币统治现代世界的控诉,深刻地影响了恩格斯对英国及其共产主义的看法。其二,恩格斯不赞成卡莱尔从这些控诉中得出的结论,并且对他用来克服现代世界对立的未来理想予以了坚决的否定。

恩格斯的《英国状况》之《十八世纪》于 1844 年发表在《前进报》(巴黎)上,是他研究 18 世纪英国社会的重要成果。这部作品在以往很少被人提及,我们认为恩格斯这部作品还是极具洞见的。其一,他论证了英国通过社会革命通向共产主义的必然性。其二,他深刻地把握到了英国社会革命的本质,即要扬弃物、财产、利益对人的统治,也就是扬弃人与物的关系的颠倒。上述可以看出恩格斯对英国通过社会革命走向共产主义的科学判断。所谓科学的判断,是他在思想上充分把握到了英国社会所处的现代性境遇及其对立本质,同时也从辩证法的角度看到了这种对立的必然性和历史性,即人类走向共产主义的必然阶段和最后阶段。

通过把握恩格斯对法国政治革命、德国哲学革命和英国社会革命的理解,我们发现他早期的共产主义思想是立体的、前瞻的,这使得他在一定程度上超越青年黑格尔派、古典经济学,走向对现代社会本质及其内在对立的真切领会。这一领会的真谛在于:无论是法国政治革命试图建立自由和平等的社会秩序,还是德国哲学革命试图以抽象原则保证每个人的自由发展不受侵扰,抑或是英国社会革命试图扬弃现实的人的异化进而实现人的解放,事实上都是在表达恩格斯共产主义思想的一个主题,即真正依照人的方式来安排世界,而不是像宗教那样,依照神的方式来安排世界,也不是像市民社会那样,按照物的方式来安排世界。

原载于《北京行政学院学报》2020 年第 5 期

二、纪念列宁诞辰 150 周年

论十月革命发生的合理性

梁树发 *

列宁对于人类进步事业的伟大贡献以及列宁主义的伟大意义,是同俄国十月社会主义革命(以下简称十月革命)密切联系在一起的。一些人否定列宁的贡献和列宁主义的意义,首先和主要的就是从对十月革命的否定入手。因此,本文主旨是通过对十月革命发生的必然性、合理性的分析来为列宁主义辩护。本文坚定地认为,十月革命的道路是现实的,列宁主义是现实的,列宁永远活在世界无产阶级和革命人民的心里。

革命发生需要物质技术基础,但生产力
发展不是唯一条件

根据唯物史观,任何称得上革命的重大历史事件,都是历史发展的合规律现象。马克思在《〈政治经济学批判〉序言》中曾经对这个规律做过精确的表述。他指出:"社会的物质生产力发展到一定阶段,便同它们一直在其中运动的现存生产关系或财产关系(这只是生产关系的法律用语)发生矛盾。于是这些关系便由生产力的发展形式变成生产力的桎梏。那时社会革命的时代就

---

* 梁树发,中国人民大学马克思主义学院教授、博士生导师,中国人民大学习近平新时代中国特色社会主义思想研究院特邀研究员。

到来了。随着经济基础的变更，全部庞大的上层建筑也或慢或快地发生变革。"①同历史上发生的任何革命一样，十月革命也是受这个规律制约的。这个规律对于革命来说，其基本意义在于，革命必须有其能够发生的物质基础，即生产力的发展。

问题是，俄国的这场革命确实没有它的物质的或经济的基础吗？答案是否定的。实际情况是，19世纪末20世纪初俄国已经进入资本主义发展阶段。列宁在其革命活动早期，为了同自由主义民粹派进行斗争，通过深入调查和大量数据，论证和阐述了俄国社会的资本主义性质，写出了《俄国资本主义的发展》等重要著作。

《俄国资本主义的发展》系统分析了俄国国内市场的形成和资本主义再生产情况，详尽描述了地主经济演化为资本主义经济的过程，以无可辩驳的事实论证了俄国资本主义的现实，论证了俄国走向社会主义道路的现实可能性。唯物史观坚持从生产力发展水平出发说明社会发展，把生产力发展看作历史进步的根本动力，把经济发展水平看作社会发展的基础和决定性力量。但是，唯物史观并不把生产力发展、经济发展看作决定社会发展的唯一条件，特别是不把它看作决定社会进步和革命发生的直接的决定力量。直接的决定性的力量是基于生产力与生产关系、经济基础与上层建筑之间的矛盾运动而形成的实际社会矛盾状况、阶级斗争和政治形势的发展、工人阶级的力量和实际组织状况、群众动员起来的规模等客观因素。就俄国革命的发生来说，正是有俄国经济文化的相对落后、统治阶级的残暴、由在第一次世界大战中的失败所激起的社会矛盾的尖锐化、人民群众的反抗等其他的客观因素，才有比同一时期西方经济发达国家更成熟的革命形势。十月革命一经发生，无论是俄国的孟什维克理论家，还是资产阶级思想家和"第二国际"的领袖们都起来反对这场革命，这使得列宁在《十月革命四周年》和《论我国革命》等文章中不得不在理论上为这场革命进行辩护，阐述它发生的客观必然性及其伟大意义。

---

① 《马克思恩格斯选集》第2卷，人民出版社2012年版，第2—3页。

革命是一个总体过程，不排除各国革命的发生在形式或顺序上表现出的特殊性

革命，在一般意义上，是一个表示事物发展的质变的概念。但是，在社会领域，则不能离开人的活动理解革命这个概念。革命是人的自觉活动的结果，是"历史化了的"事物的质的变化。革命也是人的活动的特殊形式。这是革命的第一种含义。革命作为促进人类发展进步的活动和事业，具有特定的价值意义。革命总是与人的解放相联系。人的解放特别是人的存在与发展的条件的根本改变，特别是人的生产和生活方式的改变，是人的社会关系、社会制度的根本改变。因此，革命就是社会革命。它以社会形态的更替为标志。这是革命的第二种含义。革命的第三种含义是政治革命，并且往往是以暴力为其基本形式的革命。它是社会革命总体过程和总体结构中的更为显著的革命，是对人的社会生活、社会结构、根本利益发生重大冲击的历史事变。它以人的政治活动和政治生活为内容，以剧烈的阶级斗争，甚至以战争的形式出现。它又以政权的转移，即政权从旧的阶级转到新的进步阶级为标志。

俄国十月革命是哪一种意义上的革命呢？它是政治革命。问题在于政治革命的发生一定要在生产关系的革命之后吗？甚至是一定要在完整的生产力革命之后吗？历史并未为这个结论提供经验证明。历史上倒是发生过这个顺序颠倒过来的革命，即生产关系的革命发生在政治关系的革命之后，政治革命成为完整的社会革命的前导。这个例子就是英国的资产阶级革命。正是1640年的政治革命才为它在18世纪到19世纪中叶完成的产业革命和社会革命奠定了基础。俄国也是在十月革命之后才完成了生产关系革命即社会革命的。当然，任何政治革命的基础不是新的生产关系，而是生产力的新的发展与旧的生产关系之间的矛盾，这种矛盾产生了对新的生产关系的需要，革命也实际促成了新生产关系的产生。这样看来，作为总体过程的革命，往往是政治革命做了生产力革命与生产关系革命的中介。当然这个政治革命不是完整的政治革命，而是直接夺取政权的行动。政治革命的彻底完成是在社会关系的革命发生之后。俄国革命发生时，生产力革命表现得不那么完整、典型，也就

没什么可奇怪的了。俄国革命前以电的大量生产和供应为标志的第二次产业革命在世界上已经发生,电在俄国也已得到应用,但是以电工技术为基础和标志的产业革命在俄国还没有实现,所以才有列宁所说的"共产主义就是苏维埃政权加全国电气化"。①

两种社会形态在同一技术基础上的重叠是一个规律,但重叠不能成为否定后一(新)社会形态产生的根据

两种不同社会形态在同一技术基础上的并存、重叠,造成后一进步社会形态的技术基础不足的外观,这种外观被某些人拿来作为否定新社会形态形成的合理性的根据。两种不同社会形态在同一技术基础上的重叠,其实是社会形态演进中的常态,是一个事实、一个规律。

马克思曾经谈到"经济社会形态"在形成中的重叠,他在这里使用的"经济社会形态"概念不同于通常意义上的以生产关系性质为标志的"经济社会形态"(如奴隶社会、封建社会、资本主义社会和共产主义社会),而是指作为其基础的"[生产]形式"(马克思有时也称其为生产方式,如"机器劳动")。相对于以生产关系性质为标志的"经济社会形态",我们可以把它称作"技术社会形态"(包含作为"生产形式"的基础的"工艺技术")。

马克思关于"经济社会形态"产生中的重叠现象的阐述,对于我们对生产关系适应生产力性质的规律、经济社会形态适应技术社会形态的规律的理解,提供了重要启示。以往我们对"两个规律"的理解是非历史的,即不能在发展中理解它们之间的关系,结果在认识上就把作为二者关系演变、发展中的暂时的并且典型的"适应"关系固化了,把它当作二者之间关系演变、发展的常态。实际上,二者的关系在发展中总是表现为三个具体的阶段,即基本适应、适应和基本不适应。这个基本不适应阶段也是二者冲突发生的阶段,是孕育革命的阶段。假若我们在认识上把暂时的典型状态的适应阶段当作二者的总的关系状态来看,其结果就不仅把前后相继的两种经济社会形态看作截然对立的,

---

① 《列宁专题文集　论社会主义》,人民出版社 2009 年版,第 181 页。

而且也把它们的共同的物质技术基础即同一的技术社会形态看作截然对立的,而看不到实际过程中一定时期两种不同经济社会形态是以同一性质的技术社会形态为其产生和存在的基础的,也就是不能理解两种不同的经济社会形态一定时期在同一技术社会形态基础上的并存、重叠现象,从而有可能进一步产生高一级的经济社会形态赖以存在的技术基础低于其应有的技术基础的误解,并从中得出高一级经济社会形态由于其产生的客观物质条件不足而缺乏合理性的结论。

值得注意的是,马克思是把社会发展中的"经济社会形态"的重叠看作"起作用的普遍规律"。由此,我们才说,尽管俄国通过十月革命建立的社会主义社会的物质技术基础还不具有这种经济社会形态所要求的一般水平,还处于与资本主义社会共同的技术社会形态基础上,但这是社会发展中必然要经历的暂时过程。

顺应历史发展趋势,沿着十月革命道路前进

十月革命是在俄国发生的、反映俄国历史发展方向与历史进程的重大事件。所以,十月革命是俄国无产阶级对世界历史进步事业的伟大贡献。光荣属于俄国无产阶级。

十月革命又具有世界历史意义,是世界性的伟大历史事件。十月革命是在世界历史条件下发生的革命。十月革命的发生既是俄国社会矛盾运动的结果,也是世界矛盾作用的结果。这不仅是由于在一般意义上,自近代以来的历史像马克思恩格斯说的那样"变成了世界历史",各个国家的历史发展都被纳入世界历史进程,而且在于历史发展到 19 世纪末 20 世纪初,自由资本主义发展为垄断资本主义,即帝国主义。垄断资本主义、帝国主义本来就是资本主义世界性发展的结果,它先天地就是世界性的,并且它还不仅仅是先进的资本主义社会发展的存在形式,而且由于它把各个落后国家、民族和地区纳入其中,使其成为帝国主义国家的殖民地、半殖民地,从而也把落后国家、民族和地区世界化了。列宁发现经济政治发展不平衡规律是帝国主义时代的绝对规律,并提出"社会主义可以在一国或者数国首先胜利"的论断。而首先发生革命

的国家,列宁认为可能正是处于帝国主义链条薄弱环节的国家,即经济文化相对落后的国家。

列宁的这一思想告诉我们,对于任何一个帝国主义时代的国家的革命的认识,都必须投以世界性的眼光,从世界历史进程、从资本主义世界的普遍联系和矛盾运动、从世界被压迫国家和民族斗争的角度来观察。这是从革命发生学角度来看的十月革命的世界意义。正因为十月革命是一种世界历史现象,一些在十月革命影响和带动下发生革命的社会主义国家,不可能割断同十月革命的联系。它们都是在经济文化相对落后国家发生的革命。十月革命的世界历史性意义决定了围绕它所发生的争论也是世界性的,是世界范围的意识形态斗争的重要内容。这一斗争的核心始终是社会主义产生与存在的合理性问题。资产阶级明白,要彻底否定社会主义,就必须从现实社会主义的起点入手,颠覆十月革命的合理性。

可以说,列宁关于世界经济政治发展不平衡规律的思想以及由此引出的"社会主义可能在一国或者多国首先取得胜利"的结论,是认识、承认十月革命发生的合理性的基本理论根据。列宁的这个结论正是从对世界历史形势的分析中得出的。把十月革命看作一种世界历史现象,就是要把关于十月革命的肯定或否定的意见的是与非,放到世界历史进程中去认识和检验,而不能仅仅从十月革命或社会主义在俄国、在苏联的命运来判断。无论如何,从俄国十月革命胜利之日起,世界历史就进入了一个新时代,即社会主义时代。这个时代是由十月革命开辟的。

原载于《马克思主义研究》2020 年第 6 期

列宁与当今世界

安启念*

列宁的一生在三个问题上最值得关注:第一,他的事业对整个 20 世纪的影响;第二,他的思想与中国改革开放,尤其是与中国特色社会主义建设的关系;第三,他的重要著作《帝国主义论》在今天的现实意义。通过这样的考察,我们会发现:离开列宁,当今世界就无法理解;即使在今天,他仍然活在我们中间。

十月革命与 20 世纪的人类历史

在列宁的事业中,毫无疑问最重要的是十月社会主义革命。这是人类历史上第一次以推翻资本主义实现共产主义为宗旨的社会革命,布尔什维克夺取政权如石破天惊,震撼世界,决定了整个人类 20 世纪历史的走向。列宁是这场革命的主要发动者、领导者,没有列宁就没有十月革命。

第一,列宁是十月革命之父。按照马克思主义的基本原理——历史唯物主义,社会主义革命只有在资本主义高度发展以致容纳不了它所孕育的新的生产力的国家才能发生。20 世纪初,第二国际绝大多数理论家,俄国马克思主义政党社会民主工党的众多成员,包括党内公认的马克思主义理论权威普列汉诺夫,都认为俄国应该先发展资本主义,待取代资本主义的条件成熟时再发动社

*　安启念,中国人民大学哲学院教授。

会主义革命。只有列宁通过分析资本主义在全世界的发展与俄国的具体国情和革命形势,认识到无产阶级政党夺取政权的条件已经成熟,应该不失时机地发动革命。1917 年俄国二月革命后,列宁在布尔什维克党内力排众议,及时提出武装夺取政权的任务,以其无比坚定的信念与意志鼓舞全党,领导工人、士兵和农民取得十月革命的胜利,建立了世界上第一个无产阶级政权。

第二,十月革命不仅改变了俄国的历史,而且改变了整个世界。几乎在十月革命的第二天,沙皇政府遗留的军队便发动叛乱,不久德、美、英、法、日等14 个国家的军队入侵俄国,试图消灭苏维埃政权。就在这样的危急关头,1919 年 3 月列宁筹划并在莫斯科召开国际共产主义代表会议,成立了第三国际,即共产国际。列宁极力推动全世界的无产阶级革命运动,许多国家的共产党是在俄国共产党和共产国际的直接帮助下成立的。十月革命后,列宁建立的第一个社会主义国家发展成一个强大的社会主义阵营,在鼎盛时期全世界有 50 多个国家自称是社会主义国家。在 20 世纪深刻改变了世界面貌的科学社会主义运动是列宁主义的产物。

第三,列宁推动了 20 世纪的世界民族解放运动。列宁一方面从道义上对处于帝国主义国家压迫和剥削之下的落后国家表示同情与支持,另一方面把这些国家的人民视为反对帝国主义的战友或同盟军,把他们的民族解放运动视为对俄国革命和世界无产阶级革命的巨大支持。

回顾 20 世纪,社会主义革命和民族解放运动是贯穿始终的两大主题,它们相互激荡、相互促进,决定了整个 20 世纪的人类历史。社会主义革命的高涨和民族解放运动的兴起有着深刻的客观原因,但是列宁个人的作用也至关重要。全面评价共产国际是一个比较复杂的问题,但是有一点是客观事实,那就是它推动了 20 世纪的社会主义革命和民族解放运动。在共产国际的背后,最终的推动者是列宁。列宁领导与推动的对资本主义世界的斗争贯穿 20 世纪始终,至今没有终结。在一定意义上可以说,20 世纪是列宁的世纪。

列宁晚年的理论探索与一个世纪以来的社会主义实践

从十月革命成功夺取政权到去世,列宁进行了紧张的理论探索和革命实践,归纳起来看,主要围绕三个问题展开:第一,赢得国内战争,捍卫苏维埃政权;第二,实行新经济政策,推动国内经济发展;第三,与官僚主义做斗争,保证苏维埃政权不改变颜色。其中后两项工作意义重大,影响了全世界所有的社会主义国家。

十月革命后,布尔什维克政权遭到国内白匪军和外部帝国主义国家相勾结的疯狂反扑。一方面出于战争的需要,另一方面出于自己的社会主义理念,从1918年起布尔什维克依靠政权的力量推行战时共产主义政策。新经济政策的效果明显,苏维埃俄国的经济迅速走出困境。新经济政策的实施有重要的理论意义,它揭示了落后国家进行社会主义革命不可避免要遇到的一个重大而基本的问题。掌握政权以后布尔什维克必然努力建设社会主义制度,实现自己的价值理想,这是由它发动社会革命的目的所决定的。它可以按照自己的需要制定并推行某种经济政策,但是经济发展有自己的客观规律,只有与之相符合的政策才能有效发展经济。

如何保证苏维埃政权不改变颜色,是列宁晚年思考与着手解决的又一个重大问题。早在1918年,列宁就对苏维埃政权机关出现的官僚主义提出批评。此后,官僚主义问题有蔓延之势,引起列宁的深切忧虑。1921年,他提出苏维埃政权面临"三大敌人":第一是共产党员的狂妄自大;第二是文盲;第三是干部队伍的贪污受贿。为了解决这些问题,列宁认为必须采取两条措施:其一,集中力量扫除文盲,提高普通工人农民的文化水平;其二,改组工农检查院。1923年,在彻底丧失工作能力的前夕,列宁口授了《论我国革命》一文,对他领导的俄国革命做了总结。在文章中,他与以落后的俄国缺少文明为借口反对发动社会主义革命的孟什维克进行辩论。列宁没有否定社会主义革命必须有客观物质条件,只是改变了人们通常主张的先充分发展资本主义再搞社会主义革命的历史顺序,主张先夺取政权,后创造建立社会主义制度所需要的物质文化条件。

列宁的设想在逻辑上可以成立,但是按照这一设想发动的社会主义革命是在条件不成熟时靠共产党对社会历史发展趋势的认识发动的,革命后的社会主义建设也是共产党依靠政权按照自己对社会主义制度的理解设计、推行的。马克思恩格斯设想的社会主义革命是"水到渠成",顺应已经在资本主义胎胞中成熟的社会主义因素的需要前进即可,这是"自然历史过程"。从某个角度看,列宁开辟的落后国家的社会主义道路是一次意识形态先行的伟大社会实验,即以社会主义理想为蓝图自觉改造前资本主义落后社会的实践。

迄今为止,世界上现实存在和以往存在过的社会主义国家在革命前都没有经过资本主义的充分发展,它们的社会主义事业都具有社会实验的性质。列宁"先夺权,后创造条件"的设想及其带来的两个重大问题在这些社会主义国家都曾现实存在。列宁关于新经济政策和反对官僚主义的思想与实践,体现了坚持社会主义理念、原则与实事求是不断理论创新的结合,为这些国家的社会主义革命与建设指明了方向,确立了重要的方法论原则。是否遵循这一原则,是社会主义实践能否取得成功的关键。列宁晚年思想的巨大历史意义就在于此。这已经被一个多世纪以来的世界社会主义实践所证实。

《帝国主义论》与当今世界的帝国主义

《帝国主义论》,即《帝国主义是资本主义的最高阶段》,是列宁最重要的著作之一,因宣告帝国主义是腐朽的、寄生的、垂死的资本主义而振聋发聩,令全世界无产阶级和落后国家的劳动人民备受鼓舞。1991年,苏联解体,冷战结束,美国一家独大,成为唯一的帝国主义国家。许多人认为,这是资本主义制度的胜利,资本主义不仅"垂而不死、腐而不朽",而且"生机勃勃"。有的人还提出,人类历史将以资本主义的胜利宣告终结。《帝国主义论》受到广泛质疑,似乎它已经被历史证伪。然而,实际情况远为复杂,而且可能完全相反。列宁的思想并没有被证伪,而是得到新的证明,真正能对当今世界及其发展趋势做出科学解释的不是"历史终结论",而是列宁的《帝国主义论》。

《帝国主义论》写于1916年,列宁在书中提出帝国主义有"五个基本特征:(1)生产和资本的集中发展到这样高的程度,以致造成了在经济生活中起决定作用的垄断组织;(2)银行资本和工业资本已经融合起来,在这个'金融资本'的基础上形成了金融寡头;(3)和商品输出不同的资本输出具有特别重要的意义;(4)瓜分世界的资本家国际垄断同盟已经形成;(5)最大资本主义大国已把世界上的领土瓜分完毕。帝国主义是发展到垄断组织和金融资本的统治已经确立、资本输出具有突出意义、国际托拉斯开始瓜分世界、一些最大的资本主义国家已把世界全部领土瓜分完毕这一阶段的资本主义"。① 列宁还提出,帝国主义是腐朽的、寄生的、垂死的资本主义,帝国主义就是战争,是无产阶级革命的前夜。

20 世纪发生了两次世界大战,都是因为世界已经被老牌帝国主义国家瓜分完毕、新兴帝国主义国家为争夺殖民地而发动的,这是对列宁思想很好的证明。第二次世界大战后,资本主义世界发生显著变化,这些变化最值得注意的是两点:一是美国成为当今世界唯一的帝国主义超级大国;二是美国代表的资本主义世界在经济和社会发展方面达到很高水平,国内阶级矛盾大大缓和,似乎充满活力。这些变化是列宁无法预见的,对《帝国主义论》的质疑正是与它们直接相关。实际上,列宁揭示的帝国主义的本质并未根本改变,改变的只是它们的表现形式。我们可以从当今帝国主义的腐朽性、寄生性、垂死性三个方面来看。

从诞生到今天,资本主义世界经历了三次普遍性危机。资本主义世界第一次普遍性危机主要发生在 19 世纪的欧洲,资本主义世界第二次普遍性危机发生在 20 世纪。面对共同的敌人,资本主义国家虽然冲突不断,但是却形成了以美国为中心的体系。这些变化稳定了帝国主义国家之间的关系,为资本主义的发展创造了有利条件,促成了战后资本主义国家经济、社会与科学技术的发展,资本主义的第二次普遍性危机得到一定程度的化解。但是,在资本主义世界繁荣现象的背后隐藏着更大的危机。资本主义世界第三次普遍性危机已经悄然形成,这是一次在资本主义框架内不可克服的危机。这次普遍性危机就是资本主义的发展给人类的继续生存带来的威胁,它将使资本主义制度真正走向自己的历史终点。

原载于《马克思主义研究》2020 年第 4 期

---

① 《列宁全集》第 27 卷,人民出版社 2017 年版,第 401 页。

列宁晚年创新的哲学精髓

《论我国革命》是晚年列宁最后论著中的重要一篇。然而，多年以来，对其思想精髓何在，在最后论著于列宁一生思想中的历史地位如何，却又有许多不同说法，甚至至今仍众说纷纭，莫衷一是。2020 年 4 月 22 日，适逢列宁诞辰 150 周年。我们一起重温列宁这一重要的最后论著，澄清其理论深意与历史地位，有助于进一步理解马克思列宁主义思想精髓，更为今天学习贯彻习近平新时代中国特色社会主义思想，找到富于生机活力的哲学基础与源头活水。

辩证法是马克思主义活的灵魂：共殊观是列宁辩证法精髓

列宁最后著作中包含着相互联系又相互区别的三个层次的理论内容：对个别领袖人物的具体分析和希望党代表大会立即着手的具体措施；建设社会主义战略策略的长远规划；这种规划的理论基础和哲学基础。列宁最后著作的思想精髓，显然不应当到较低层次上去寻找，而应当到最高层次上去探寻。

这篇文章有个副标题"评尼·苏汉诺夫的札记"，实际上以评论孟什维克苏汉诺夫《革命札记》为契机，批判考茨基、普列汉诺夫等第二国际理论家，以俄国生产力落后为由，认为其根本没有资格带头开始搞社会主义的历史非难。

以苏汉诺夫为代表的第二国际的理论家们，表面上也承认马克思主义一般原理，但他们把马克思主义简单归结为唯物史观，又把唯物史观简单归结为经济决定论，并进而把经济决定论简单归结为生产力决定论。由此认为，既然俄国生产力如此落后，因而根本不可能开始搞社会主义，如果硬要搞，则只能以失败告终。这里的要害问题是，他们所讲的马克思主义，缺少辩证法作为活的灵魂，只能陷入僵化的教条主义。

在谈到马克思《资本论》辩证法、唯物辩证法、历史辩证法、革命辩证法时，列宁理论思维的哲学精髓与鲜明特点，就是特别强调马克思主义共殊观，一般与个别对立统一的辩证法。正是以一般与个别的辩证法——马克思主义共殊观为一条红线，列宁《论我国革命》分三个层次，逐层深入地阐明了社会主义辩证法：社会主义本质同一性与民族道路多样性；落后小农国家的俄国社会主义道路特殊性；未来东方国家社会主义道路丰富多彩的民族历史特色。

社会主义道路的一般本质和民族特色：
社会主义辩证法精髓

列宁主要关心的基本问题，就是社会主义命运问题。他并非轻易地选择了这个引起世界性争议的大题目做文章，而是刻意要从世界观、方法论的高度，即辩证唯物主义哲学世界观和唯物史观的高度来总结俄国社会主义的历史经验，从根本上揭示出种种反对俄国革命的机会主义谬论的认识根源和哲学基础。

从苏汉诺夫到普列汉诺夫、考茨基，之所以戴上有色眼镜来看俄国社会主义的新道路，从认识论根源上来说，不懂得这种深刻辩证法是通病。他们把唯物史观的五种生产方式、社会经济形态理论看成是单线进化的机械图式，把生产力在历史中的决定性作用看成是机械决定论的简单公式。马克思恩格斯创立的唯物史观，自身包含着辩证法的灵魂；这些第二国际理论家的主要理论缺陷就在于缺少辩证法的活的灵魂，从而钝化了历史唯物主义的革命锋芒。列宁历史哲学的显著特征，是恢复并深化了唯物史观中的辩证法精髓，使它在当代社会主义实践中更加充满生机活力。因此，在短文的开头，列宁有一段开门见山、言简意赅的理论概括、哲学概括:马克思主义中有决定意义的东西,即马克思主义的革命辩证法。

列宁关于各国社会主义道路的多样性、特殊性和民族特色的思想,是他最后之作的思想主旨,是他最为新颖、最为独特的创造性新思想之一。马克思、恩格斯提供了这一原理的基本思想,但并没有做出明确的科学概括和哲学总结。列宁《哲学笔记》深入探讨的一般与个别的辩证法,为这一原理奠定了坚实的哲学基础。在最后之作中,列宁基于深厚的实践基础,又反过来把这一原理上升到历史哲学高度:世界历史发展的一般规律,不仅丝毫不排斥个别发展阶段在发展形式或顺序上表现出特殊性,反而是以此为前提的。各民族社会主义道路的统一性与多样性,合乎规律地反映出世界历史发展中一般与个别、统一性与多样性的深刻辩证法。列宁揭示的社会主义多样性与统一性、历史发展中一般与个别的深刻辩证法,提供了对唯物史观思想实质的崭新理解。它有助于打破那种把唯物史观归结为五种生产方式机械演进的单线图式的简单化倾向,有助于打破长期流行的社会主义只有一种模式的僵化理解。世界历史发展和当代社会主义实践,为此提供着丰富的例证。

带有小农国家特点的俄国社会主义:
列宁晚年新经济政策道路的思想飞跃

尽管苏维埃俄国的社会经济结构带有不平衡性和多层次性,但是从总体上看,同发达的西欧相比,俄国还是一个落后的小农国家。"小农国家"这个概念在这里有三重性,既揭示着社会技术结构的特点,又揭示着社会经济结构和社会交往结构的特点。从社会技术结构上看,叫"小农国家",意味着原始的、手工的农业经济为主,面临着现代化、工业化的严峻任务;从社会经济结构角度讲,"小农国家"意味着私有的、前资本主义的小农经济占数量优势,面临着社会化的严重任务;从社会交往结构方面说,"小农国家"意味着自然经济和小商品经济大量存在,面临着商品化、社会化的历史任务。正是基于小农国家的这种特殊国情,列宁提出了俄国社会主义建设道路的特殊性问题。

落后俄国社会主义特殊道路的基本特点,在于只能走借助于中间阶梯的间接过渡的迂回道路。马克思恩格斯关于落后国家社会主义道路的间接性的基本思想,在列宁这里得到了新的发挥。列宁区分了走向社会主义的两条不同道路:发达资本主义国家的直接过渡的道路;落后国家的间接过渡的道路。他认为,经济文化比较落后的俄国,只能走后一条道路。寻找小农国家向社会主义迂回过渡道路的关键和难点,在于找到从前资本主义的小生产到社会主义的中间阶梯。既然不能靠国家垄断制从前者直接过渡到后者,那么找到这种中介环节也就至关重要。从十月革命前夕到1918年春天设想,列宁在理论上都把国家资本主义作为这种中间环节。到新经济政策初期,以国家调节下的市场为基础,制定了一整套新经济政策原则,作为这种中介环节。到列宁最后之作中,合作制又成了重要桥梁。这就从理论与实践的统一上,具体地解决了落后俄国社会主义道路的渐进特点和中间环节的问题。

走间接迂回的道路,必然使俄国社会主义建设道路具有长期性,经历一些特殊的发展阶段。从马克思恩格斯到列宁后期,越来越清楚地看到:各个国家的社会主义道路,不仅要经历一些共同的发展阶段,而且要经历一些不同的发展阶段;前资本主义成分越多,小生产成分越多,经济文化越落后,要经历的中间环节、特殊发展阶段也就越多。列宁从各种不同角度对俄国社会主义发展阶段问题作了多种探讨,他使用的概念和提法,主要是三种:完全的和不完全的社会主义;发达的和不发达的社会主义;初级形式和高级形式的社会主义。列宁这些提法还只是一些粗线条的科学设想,还有待实践检验和精确化,不是对问题的最终结论。但是,列宁的这些概念有巨大的方法论上的启迪意义:社会主义不是一开始就完备无缺的,落后国家的社会主义尤其要经历一个从不完全到完全、从不发达到发达、从初级阶段到高级阶段的长期发展过程;为了同样达到完全的、发达的、高级阶段的社会主义,落后国家要经历更多的特殊发展阶段,必须更加注意分阶段、有步骤地建设社会主义。

东方社会主义的新道路、新特点：
中国特色社会主义的理论来源与哲学基础

列宁的最后之作仿佛是内容丰富的多重奏，它的主旋律固然是探讨苏维埃俄国的社会主义之路，可是同时也包含着对东方国家必将走出社会主义新道路的超前认识与哲学预见。列宁多年来探索俄国社会主义道路时，曾对照两方面的参照系作过比较研究：一方面是同西欧发达资本主义国家比较，另一方面则是同东方落后国家比较。列宁最后著作中，尤其是在谈论社会主义道路的多样性与特殊性时，贯穿了这两个方面的历史比较研究，对东方国家的社会主义道路问题，也有简要的启示和预测。

列宁要求具体分析东方"亚细亚国家"不同于发达西欧资本主义国家，甚至也不同于俄国的新特点。列宁在最后著作中没有具体阐述东方亚细亚国家的特点，只是点出了两个最明显的特征：人口无比众多；社会情况无比复杂。基于这种特殊国情，东方国家将走出一条比俄国更富于特色的社会主义新道路——这是列宁最后之作提出的一个富于远见的政治预言。东方国家不能照搬马克思主义的本本和俄国的现成经验，而要创造性地开拓新道路。这是列宁从辩证法的活的灵魂出发，对东方民族提出的政治忠告：完全照搬俄国的道路，只能是失败之路；只有在实践中开拓新路，才是成功之路。

1937 年，毛泽东在《矛盾论》这篇哲学名著中，把马克思列宁主义哲学中的共殊观作为辩证法思想精髓，为马克思主义中国化奠定了哲学基础。在列宁《论我国革命》写成约 60 年后，在 1982 年中国共产党第十二次全国代表大会开幕式上，中国改革开放总设计师邓小平，总结中国道路探索的正反两方面历史经验，正是以马克思列宁主义辩证法、共殊观为主要理论来源、哲学基础，旗帜鲜明地提出了"中国特色社会主义"新概念、新理论、新思想。如今，经过改革开放 40 多年的探索，中国特色社会主义已从一颗种子、一株幼芽，长成了参天大树，结出了丰硕成果，堪称世界历史上的中国奇迹。我们在《论我国革命》等列宁论著中，可以看到中国特色社会主义的源头活水与哲学基础，至今仍保持着科学真理、哲学智慧的强大生机活力。同时,我们也在中国特色社会主义发展中,特别是中国特色社会主义进入新时代,看到了马克思列宁主义思想精髓得到继承发展的时代潮头,这一潮头汹涌澎湃,代表了世纪之交、千年之交世界历史的时代主潮。

原载于《哲学研究》2020 年第 3 期

论列宁《帝国主义论》的当代意义

陈学明 *

在当今,对列宁否定最甚的就是对他的《帝国主义是资本主义的最高阶段》(简称《帝国主义论》)一书的否定,然而,《帝国主义论》有着不容置疑的当代解释力和现实意义,任何对它的诋毁和指责都是站不住脚的,它的核心观点和"预言"一再地为并继续为实践所证实。它在马克思主义发展史上的地位和作用可以与马克思的《资本论》相媲美,正如当今人们比以往任何时候都需要《资本论》的理论武装一样,当今人们也比以往任何时候都需要《帝国主义论》的思想指导。历史已经证明并将继续证明列宁的《帝国主义论》是无产阶级和广大人民群众批判旧世界和建设新世界的理论灯塔。

为审视全球化时代的帝国主义的真面目提供理论武器

毫无疑问,与列宁写作《帝国主义论》的时代相比,当今的帝国主义已经发生了很大的变化。特别是"全球化"这艘巨轮,将帝国主义推进到了一个新的阶段。如何把握新的历史阶段的帝国主义的实质,如何看待当今帝国主义的一些新变化,是当今人们刻不容缓的任务。尽管列宁在《帝国主义论》中概括的20世纪前后的帝国主义特征具有历史性的特点,但是他对帝国主义的本

* 陈学明,复旦大学哲学学院、马克思主义学院特聘教授,博士研究生导师。

质和经济基础的揭示,对帝国主义的发展趋势的分析,至今对我们认识当今的帝国主义仍然具有重要的指导意义。

列宁的《帝国主义论》对我们最大的启示是审视当今的帝国主义主要是审视在当今的帝国主义社会里资本主义生产的社会化与其私人占有之间的矛盾状况。列宁在《帝国主义论》中揭示了帝国主义的内在规定性,即确定了帝国主义的矛盾冲突的历史基因和本质属性。列宁所揭示的帝国主义的本质属性就是垄断,垄断在列宁那里并不是一种资本主义的"政策"或者"附属物",它是资本主义发展到一定阶段的具有本体论含义的内在规定性。正是这一内在规定性为我们分析今天的帝国主义提供了科学理据。借助这一科学理据我们可以看到,帝国主义不管发生了什么变化,其内在的垄断本性并没有变化,由此而导致的冲突与矛盾也依旧。所改变的只是垄断的形式,如私人垄断发展为国家垄断甚至国际垄断,但垄断的实质依旧。列宁在《帝国主义论》中深刻地揭示了帝国主义的寄生性和腐朽性,强调寄生性和腐朽性也是帝国主义所特有。列宁的这一理论对我们认识当今的帝国主义有着特别重要的价值,因为它不仅可以帮助我们透过帝国主义社会的一些表面现象,把握其腐朽性和寄生性的真面目,还可以使我们从根源上来认识这种腐朽性和寄生性形成的必然性。

为认识资本主义经济金融化与金融危机的实质提供思想理路

金融化是当代垄断资本主义即帝国主义在经济方面的最重要特征之一,由西方金融资本所推动的金融全球化正以前所未有的力度和广度在全球展开。尽管在列宁写作《帝国主义论》时,资本主义经济的金融化尚不如现在这样明显,但列宁在当年就已经注意到了这一趋势,并做出了深入的研究。列宁认为"金融资本的统治"是作为资本主义发展最高阶段的帝国主义的一个显著标志。列宁的《帝国主义论》的一个特别重要的现实意义,就是这一著作所阐述的"金融帝国主义"理论可以帮助我们认识当今愈演愈烈的资本主义经济金融化。

列宁不但预见了资本主义经济金融化的趋势,揭示了资本主义经济金融化的根源与特征,而且分析了资本主义经济金融化的后果。他所说的主要后果就是导致金融危机,为我们认识这场危机的本质,从而为我们防范"金融帝国主义"对中国经济的掠夺,提供了历久而弥新的思想武器。关键在于,列宁的金融危机理论使我们清晰地看到,当今的资本主义世界的金融危机是与金融资本的垄断联系在一起的。列宁当年把金融垄断与金融危机结合在一起的思路,亦适用于今天,而且也唯有运用这一思路,才能认清当今发生在资本主义世界的金融危机的根源与实质。列宁通过论述帝国主义的经济危机,特别是金融危机,来说明帝国主义的寄生性和腐朽性。我们今天也可沿着列宁的理路,透过金融危机来揭示当今帝国主义的寄生性和腐朽性。

为评判各种"新帝国主义""后帝国主义"理论的功过是非提供参照系

在列宁的《帝国主义论》推出以后的一百多年时间里,世界上出现了各种对帝国主义的研究,其中最著名的是"新帝国主义""后帝国主义"理论。在各种"新帝国主义""后帝国主义"理论中,有西方政要和右翼思想家的理论,也有左翼的理论。对于西方政要和右翼思想家宣扬的"新帝国主义""后帝国主义"理论具有强烈的种族倾向的反动实质,应当说是一目了然的。问题是那些左翼思想家,甚至还具有马克思主义色彩的思想家的"新帝国主义""后帝国主义"理论,则显得面目不清,需要在理论上加以澄清。而进行澄清,就必须具有参照系,这一参照系就是列宁的《帝国主义论》。

列宁的帝国主义理论以及列宁以后的左翼的"新帝国主义""后帝国主义"理论是自20世纪初以来关于资本主义发展态势的三种帝国主义理论。用列宁的《帝国主义论》作为参照系评判后两种帝国主义理论,我们可以发现,后者与列宁的帝国主义理论有着众多共同之处,而这些共同之处,正是它们在理论上的精华,值得我们关注与吸收的地方。在一定意义上说,这两种理论所折射出的资本主义种种特点证明列宁的理论没有过时。实际上,这两种理论都是对列宁的帝国主义理论的继承和发展。当然,尽管左翼的"新帝国主义""后帝国主义"理论与列宁的帝国主义理论有许多共同点,但也不能把列宁的帝国主义理论与这两种帝国主义理论同日而语。我们用列宁的帝国主义理论来评判它们,会发现它们有一系列的理论缺陷。"新帝国主义"理论对不发达原因的分析鞭辟入里,但他们完全集中于经济的分析,而撇开其他社会因素,显然是片面的。"后帝国主义"理论没有也不能为这种趋势本身提供有力的证据。

为构建新社会文明形态提供思想启示

列宁的《帝国主义论》是一部批判帝国主义的名著,但不要认为它的意义仅仅在批判方面,它实际上在批判旧世界的过程中也提出了如何代替旧世界、建设新世界的构想,所以,它的意义不仅在"破"的方面,还在"立"的方面。列宁的《帝国主义论》当然主要是对资本主义发展及其裂变的理论反思,正是通过这一理论反思为新社会文明形态的建立寻找和创造理论前提。列宁并不是仅仅停留在对进入垄断阶段的帝国主义本身的研究,而是进一步研究了进入垄断阶段的帝国主义如何向"更高级的结构"过渡。在列宁对帝国主义的批判中,包含对新文明价值的内在诉求。

在列宁写作《帝国主义论》时,正值资本主义世界爆发持续的经济危机,研究这一危机,探索这一危机产生的历史原因和内在本质是列宁的《帝国主义论》的主攻方向。列宁批判和研究资本主义的经济危机,是为了寻找摆脱资本主义发展危机的答案。我们今天阅读列宁的《帝国主义论》,应当特别关注列宁所提出的如何走出危机的方案与设想,因为这里包含列宁对新社会文明形态的构思。例如,实行生产的社会化或者说"有利于全体人民的国家资本主义垄断",是列宁在《帝国主义论》中所提出的新社会文明形态的一个要素。又如,列宁在《帝国主义论》中对帝国主义的寄生性和腐朽性做出了淋漓尽致的揭露,他所希望的新社会文明形态当然是应当杜绝这种寄生性和腐朽性。还如,列宁在《帝国主义论》的结尾处强调,改变生产资料的私人占有,实现生产社会化的新社会文明形态的萌芽已在帝国主义社会里酝酿着。

为增强对中国特色社会主义的自信心提供精神动力

习近平总书记指出,中国特色社会主义是社会主义,是科学社会主义,而不是其他什么主义。我们对中国特色社会主义的自信首先是对社会主义、对科学社会主义的自信。列宁的《帝国主义论》和马克思的《共产党宣言》《资本论》等著作一样,贯穿的一根红线就是论证资本主义必然灭亡、社会主义必然胜利。今天我们阅读列宁的《帝国主义论》,首先就是要把握列宁在新的历史条件下对"两个必然"的论述,无论是他提出帝国主义是资本主义自由竞争的必然产物,揭示帝国主义的五大特征,说明帝国主义是垄断的、腐朽的和垂死的资本主义,做出判断帝国主义是资本主义的最高阶段,告诫人们帝国主义是现代战争产生的根源,还是预言帝国主义是无产阶级社会革命的前夜,都是围绕着"两个必然"展开的。我们把握了列宁《帝国主义论》的这一主题,就能识别和抵制一切否认马克思主义关于"资本主义必然灭亡,社会主义必然胜利"的结论的各种思潮,从根本上树立起对作为科学社会主义的中国特色社会主义的自信心。

中国特色社会主义不是一般的社会主义,它是一种在落后国家所要建立的社会主义。中国特色社会主义是资本主义现代化之外的又一种选择。列宁的《帝国主义论》正是论述了在落后国家建设社会主义的必要性和可能性,所以列宁的《帝国主义论》可以帮助我们增强对作为落后国家所要建立的社会主义,即中国特色社会主义的自信心。经过数十年的艰苦探索,中国人民在中国共产党的领导下,已经为建设中国特色社会主义积累了一系列成功的经验。中国特色社会主义已经成为一个完整的理论体系。列宁的《帝国主义论》不但一般论述了落后国家建设社会主义的必要性和可能性,而且具体地就落后国家如何建设社会主义也提出了许多真知灼见。这些真知灼见在一定意义上印证了中国人民对中国特色社会主义的探索是正确的,从而也为我们增强对建立在成功的实践基础上的中国特色社会主义的理论体系的自信心带来了精神动力。

原载于《北方论丛》2020 年第 4 期

三、马克思主义哲学史综合研究

马克思哲学思想第一次转变的来源与逻辑

张一兵*

根据恩格斯的说法,马克思主义研究学界将马克思哲学思想的发展分为两个阶段,即在 1843 年完成了唯物史观的转变。但是,唯物史观的创立并非一蹴而就的,仅马克思从唯心主义到唯物主义的思想转变就存在着多条逻辑消隐的极为复杂的过程,其中的第一次转变即认为 1843—1844 年的青年马克思在哲学思想上转向一般唯物主义,政治立场上转向无产阶级立场。

青年马克思思想转变的复杂性

如果将青年马克思哲学思想的第一次转变结合历史与笔记手稿来研究,可以将此时的马克思划分为五个阶段分别研究:

(一)1842 年 3 月开始,马克思写下了《评普鲁士最近的书报检查令》等政论文章,在批判普鲁士专制制度的过程中首次发现了"物质利益难题",这在过去被认为是马克思唯物主义转变的现实动力。

(二)1843 年 3—8 月,马克思着手写作《黑格尔法哲学批判》手稿,并同时完成了《克罗伊茨纳赫笔记》,其中研究了法哲学和历史学,过去学界认为这是马克思借助费尔巴哈的主谓颠倒方法来对黑格尔的理性主义国家观进行

---

* 张一兵,南京大学人文社科资深教授、马克思主义社会理论研究中心主任。

颠倒，也标志着马克思哲学思想从唯心主义转向唯物主义。

（三）1843 年 9 月，马克思与卢格开始讨论准备《德法年鉴》出版的事宜，撰写了《论犹太人问题》和《〈黑格尔法哲学批判〉导言》，标志着其政治立场从革命民主主义向无产阶级的立场转变。

（四）1844 年 3—8 月，马克思开始系统研究古典政治经济学，写下了《巴黎笔记》和《1844 年经济学哲学手稿》，这也被大部分学者认为接受了费尔巴哈的人本主义与主谓颠倒方法，形成了用人本主义的唯物主义来研究社会唯物主义。

（五）在 1845 年马克思完成第二次思想转变，即历史唯物主义创立后，在之后的文本可以不断看到马克思对第一次转变显性和隐性层面的回溯与继承，这包括了恩格斯之后对青年马克思这次思想转变的定性判断，这为我们从整体把握青年马克思的思想转变提供了很好的入口和参照。

对青年马克思思想第一次转变的研究必须坚持三个原则：

第一是基于马克思写作的德文、法文、英文原文，从原始手稿和 MEGA^2 的文献基础出发，结合马克思公开发表物、手稿、笔记、书信进行全面的梳理和研究，在不同的文本中甄别出马克思的真实理论语境。

第二是追根溯源，马克思思想转变不仅仅是词句使用的转换，更是一个思想形成史的考察，他在什么阶段阅读了谁的理论、对该理论思想持怎样的自觉或非自觉的态度、马克思的直接理论来源和潜在转换，更是一个思想形成史的考察，他在什么阶段阅读了谁的理论、对该理论思想持怎样的自觉或非自觉的态度、马克思的直接理论来源和潜在转变动机是什么、马克思的显性转变是否同时带来了隐性方法论的扬弃？这些问题都要在马克思及其相关人物的理论中加以层层剖析。

第三是构境还原，我们在进行研究之前，已经对马克思一生的著作有过了解，这就会导致带着一种理论前提去重塑马克思的思想构境，如果用"经济基础"来解释 1843 年马克思提出的"市民社会"，用《资本论》研究的方向来回溯马克思的劳动异化，这显然犯了张冠李戴的错误，因此研究者的话语和思想时刻都要保持警惕，方能完成回到马克思思想第一次转变的真实过程。

青年马克思第一次思想转变的历史支援背景

1843—1844 年的马克思思想包含着多重思想来源,共同交织在马克思的显性和隐性思维之中,这其中包括了黑格尔、甘斯、费尔巴哈、卢格、赫斯、恩格斯和社会唯物主义的思想,有的思想甚至在此时并没有在马克思的思想中凸显,但是在之后的现实和理论冲击后,再次对马克思的思想产生新的作用。因此,只有剥离出此时马克思的思想构境来源,才能透视出马克思哲学思想第一次转变的真实场域。

马克思在 1843—1844 年的主要理论批判对象就是黑格尔及其所代表的德意志国家观。黑格尔对市民社会本身是持批判态度的,他试图通过国家与法来对市民社会进行扬弃,这个国家与法作为黑格尔思想中的自由王国与后来马克思意识到的共产主义具有一定的同构性。但是,马克思在 1843—1844 年期间思考对黑格尔的国家观进行颠倒的时候遭遇了两个难题:第一个难题是此时的马克思根本无法理解黑格尔的观念唯心主义方法论背后就是对斯密"看不见的手"的超越;第二个难题是黑格尔的理性主义国家观实际上比空想社会主义国家观在理论上更加深刻。

其次无法避开的理论来源是甘斯,因为马克思在施特拉劳村休养时,第一个黑格尔学说的领路人便是甘斯,因此马克思理解的黑格尔难免会经历甘斯的中介过程。总的来说,甘斯对马克思有两个方面的影响,一方面,甘斯是首先对黑格尔的《法哲学原理》进行重新阐释的人,他在黑格尔的基础上,更加强调存在着的物(Dinge)和自然法的自身实现性,从而形成哲学的观点与历史的观点的统一。另一方面,甘斯有着对英国工业革命和法国大革命的切身经历,其理论自身有一定的工业内部结构分析和社会主义倾向,其重要著作《人物与情况的回顾》就阐释了从中世纪行会到近代工厂的组织形式以及内部矛盾,同时提出了工厂内部的阶级对立和"无产阶级"概念,无论马克思当时是否读过该书,其必然会受到甘斯潜移默化的理论影响。

另外,被学界认定为马克思重要思想来源的费尔巴哈,以及具有中介作用的赫斯,也正是因为费尔巴哈的唯物主义,成为了以往学界判断马克思此时基本哲学立场的参照。费尔巴哈的理论主要由两个部分组成,其一是自然唯物主义,即自然存在决定整个观念的存在;其二是宗教批判的类本质哲学,这种理论的根基其实是关系本体论的,但是这种关系本体论在费尔巴哈的理论里呈现出一种分离的状态。那么当我们将马克思1843—1844年的文本拿出来与费尔巴哈比较时,明显发现无论是对黑格尔国家观的批判,还是劳动异化理论,此时马克思都更偏向第二部分,也就是以往人们认为的人本主义部分。费尔巴哈人本学的母体是基督教批判,马克思接受的只是其中的类本质哲学,但这里面有一个变形,他不是简单接受费尔巴哈,实际上马克思是通过赫斯的交往理论来使用费尔巴哈的人本主义,或者说他对费尔巴哈的理论其实并非完全赞同。

最后,马克思在1844年初才开始系统研究古典政治经济学,但是马克思却与社会唯物主义的很多部分失之交臂。在社会唯物主义的基本尺度上,可以分为几个层面:一是古典经济学,从麦克布洛赫到斯密开始,前期是基于工场手工业的劳动分工,所以其中很多判断还是比较感性和具象的,只能说有了一定的抽象部分,此时马克思是无法直接进入的;而马克思面对的就是古典经济学的第二个发展阶段,即李嘉图式的机械化大生产,它已经是从科学的抽象出发了;三是,舒尔茨的高级形态的社会唯物主义,或者说是生产话语的社会唯物主义,正是从生产的角度,马克思才成功进入了社会唯物主义的理论视域。

青年马克思第一次思想转变的不同层面

想要严格厘清马克思思想第一次转变的真实过程,必须从"物质利益难题"这一主线入手,因为"物质利益难题"既贯穿了马克思思想第一次转变的始终,从利己主义观念的批判,到私有财产的扬弃,最终到异化劳动的批判的完整过程,回应了马克思向唯物主义转变的基本问题。

第一,在《莱茵报》时期,马克思首次在现实中遭遇"物质利益难题",现实中的利益原则和马克思以往观念的、法的、理性的原则相冲突,因此马克思此时批判的对象是利己主义观念。马克思真正想批判的是这种物欲横流的社会现象,或者说是一种人人皆有且外化为社会现象的利己主义观念,也就是"下流的唯物主义",而在黑格尔那里,他对市民社会当中的个人欲望和私利同样是持批评态度的,马克思虽然与黑格尔的思维角度不同,但是态度十分相似。

第二,《黑格尔法哲学批判》与《克罗伊茨纳赫笔记》是马克思哲学思想第一次转变的重要过程,这也被以往学界共识为马克思向唯物主义转变的重要表征,但是这两个文本只是处在转变过程中。马克思此时对市民社会的定义并不是后来所说的经济基础的意思,而是原子化个人私利和欲望,这恰恰是马克思内心非常厌恶的东西,马克思描述的是现实的过程,并非哲学唯物主义的立场,不仅如此,马克思在《黑格尔法哲学批判》中对唯物主义的直接态度还是一如既往的鄙弃。

第三,《德法年鉴》时期,《〈黑格尔法哲学批判〉导言》和《论犹太人问题》首次提出了"无产阶级"的问题,实际上也是马克思哲学思想和政治立场第一次转变的初步完成。从政治立场来看,在法国大革命历史研究之后,这时候的马克思已经接受了英法的共产主义和社会主义观点,在理论和现实问题中决定接受共产主义立场、社会主义立场,也就是无产阶级立场的转变,解决犹太人的解放问题自然也就是运用无产阶级立场解决市民社会本身的"物质利益难题"。

第四,在系统研究了社会唯物主义的著作与问题后,在《巴黎笔记》和《1844 年经济学哲学手稿》中,马克思思想的第一次转变才真正完成,这一马克思青年时期的高峰水平的文本,不仅仅是第一次转变的完成,同时也包含着向第二次转变的过渡。马克思认为,异化就是下流的唯物主义和物质利益占上风。之后的广义历史唯物主义讲一般社会基础的物质生产与再生产创造的原初性,是社会生活的一个基础,是历史唯物主义最重要的基础,而狭义历史唯物主义再次回到这里,批评的又是物质利益占上风。

第五,"物质利益难题"并非只在马克思思想第一次转变的过程中显现,实际上马克思在之后不断地回到第一次转变的问题中来,这是他一生都试图解决的难题。

原载于《学术界》2020 年第 9 期

走进马克思哲学深处

杨　耕*

马克思是德国人,而"德国人是一个哲学民族"(马克思)。在德国,社会变革首先表现为理论解放和哲学革命。"即使从历史的观点来看,理论的解放对德国也有特殊的实践意义。德国的革命的过去就是理论性的,这就是宗教改革。正像当时的革命是从僧侣的头脑开始一样,现在的革命则从哲学家的头脑开始。"①马克思所走的道路就是一条典型的德国人的道路。对马克思主义史的深入研究可以看出,马克思并不是直接从现实出发去解答时代课题,而是通过一系列的哲学批判返归现实解答时代课题。正如马克思本人所说,"我们是当代的哲学同时代人,而不是当代的历史同时代人。德国的哲学是德国历史在观念上的延续。因此,当我们不去批判我们现实历史的未完成的著作,而来批判我们观念历史的遗著——哲学的时候,我们的批判恰恰接触到了当代所谓的问题之所在的那些问题的中心。"②一系列的哲学批判使马克思对"问题的中心"——时代课题有了更透彻的理解,对哲学本身有了更深刻的认识,从而创立了"新唯物主义"哲学,并在哲学史、思想史和社会历史上发起了一次划时代的革命。作为"千年思想家",马克思首先是一位德国哲学家。因此,我把德文版的《为马克思辩护:对马克思哲学的一种新解读》(以下简称

---

*　杨耕,北京师范大学教授。
①　《马克思恩格斯文集》第 1 卷,人民出版社 2009 年版,第 12 页。
②　《马克思恩格斯文集》第 1 卷,人民出版社 2009 年版,第 9 页。

《为马克思辩护》)献给这位德国哲学家,以表达一个中国学者对他的深深敬意。

我的职业、专业、事业乃至信仰都是马克思主义哲学。如果把我40年的哲学研究概括成一句话,那就是:重读马克思。这部《为马克思辩护》集中体现了40年来我重读马克思的理论途径和理论成果。

在重读马克思的过程中,我经历了从马克思主义哲学"回到"马克思的哲学,从马克思的哲学拓展到马克思主义哲学史、西方哲学史,从西方哲学史延伸到现代西方哲学,然后再返回到马克思主义哲学这样一个不断求索的过程。

在重读马克思的过程中,我还特别关注西方马克思主义与苏联马克思主义。之所以如此,是因为西方马克思主义是西方的马克思主义者、学者在资本主义社会内部分析资本主义、从外部批判苏联社会主义的产物,同时,又是把"经典"马克思主义与现代西方哲学相结合的产物;苏联马克思主义则是苏联的马克思主义者、学者在社会主义内部研究社会主义、从外部批判西方资本主义的产物,同时,又是把"经典"马克思主义与俄罗斯传统哲学相结合的产物。在我看来,无论是西方马克思主义,还是苏联马克思主义,都从各自的立场出发继承了马克思哲学的某些原则,同时又放弃了某些原则,并使马克思的哲学在不同程度上发生了"变形"。西方马克思主义与苏联马克思主义是马克思主义哲学史上两个基本的历史形态,深入研究西方马克思主义与苏联马克思主义,对于把握马克思主义哲学的演变规律,建构马克思主义哲学的当代形态,无疑具有重要意义。

在重读马克思的过程中,我还进行了政治经济学、社会发展理论的"补课"。之所以如此,是因为马克思的哲学不仅是在批判德国古典哲学,而且是在批判英国古典经济学的过程中生成的;马克思的经济学本质上是政治经济学"批判",这种政治经济学批判又内含并贯穿着哲学批判,它所揭示的是被物与物的关系所掩蔽着的人与人的关系,所揭示的资本是一种独特的社会存在,是现代社会的根本规定、建构原则和基本建制,本身就具有重要的存在论意义和深刻的哲学内涵;而在哲学批判和政治经济学批判双重批判的过程中生成的马克思的哲学,又深度契合着当代社会发展的重大问题,并为当代社会发展理论所关注和吸收。

由此，《为马克思辩护》展现了作为哲学家和革命家完美结合的马克思，作为解释世界和改变世界高度统一的马克思主义哲学，并阐明马克思主义哲学的理论主题是无产阶级和人类解放；理论任务是发现和把握人的实践活动的内在规律以及人与世界的总体关系；理论特征是形而上学批判、意识形态批判、资本批判的高度统一，是实践唯物主义、辩证唯物主义、历史唯物主义的高度统一；理论目标是改变现存世界，确立有个性的个人，实现人的全面而自由发展。

《为马克思辩护》对马克思哲学的新解读力图以当代实践为出发点，用当代实践以及科学和哲学本身的发展成果重释已经成为"常识"的马克思哲学的基本观点，重释被忽视甚至被遗忘的马克思哲学的基本观点，重释马克思有所论述，但又未充分展开、深入论证，同时又深度契合着当代重大问题的观点，并使之上升为马克思主义哲学的基本观点。

我并不认为《为马克思辩护》完全恢复了马克思哲学的"本来面目"，因为我深知解释学的合理性，深知我的新解读必然要受到我的"理解的前结构"的制约，而且马克思离我们的时代越远，对他认识的分歧也就越大，就像行人远去，越远越难辨认一样。但是，我不能同意这样一种观点，即如同"一千个读者的心中有一千个哈姆雷特"一样，"一千个读者的心中有一千个马克思"。这种观点实际上混淆了，或者说，不理解科学思维与艺术创作的关系。科学思维追求的是客观性，科学体现的是对象本身的规律性，展现的是知识的世界；艺术创作追求的是形象塑造，艺术是人的情感的形象化，展现的是审美的世界。哈姆雷特是莎士比亚塑造的艺术形象，马克思是客观真实的存在。因此，哈姆雷特可能有"一千个"，而真实的马克思只有一个，这就是作为马克思主义创始人的马克思。哲学不是"拟文学的事业"，而是对实践和科学的反思。马克思的哲学有其科学内涵即历史规律，同时，又凝聚着一种价值诉求，是科学知识和价值观念的高度统一。因此，我们可以以当代实践以及科学和哲学本身的发展成果为出发点，使作为认识者的我们的视界与作为被认识者的马克思的视界融合起来，"思入风云变态中"，从而走进马克思哲学的深处，切实把握马克思主义哲学的本质特征和本真精神。

原载于《光明日报》2020 年 8 月 15 日

论恩格斯研究波兰民族解放
问题的历史哲学框架

何　萍[*]

恩格斯不仅重视自然辩证法和认识论的研究,而且重视历史哲学的研究,因此,他的哲学贡献不仅仅在研究自然辩证法和人类思维方式上,而且也在研究历史辩证法上。本文的立题,就是以恩格斯的波兰问题研究为案例,阐发恩格斯的历史哲学框架。本研究不仅有助于还原一个真实的恩格斯,而且还能够使我们从恩格斯的历史哲学中汲取思考当今世界格局变化的思想资源。

波兰民族解放问题研究在马克思恩格斯哲学创造中的地位

马克思恩格斯重视波兰问题,不仅仅是出于他们对波兰民族的同情心和无产阶级的道义感,而且也是出于他们思考世界革命和世界历史进步的需要。全面地把握马克思恩格斯的世界历史理论,就需要研究马克思恩格斯有关波兰问题的论述,并从历史哲学的高度提取他们研究波兰问题的哲学思维框架。

波兰民族解放问题在世界历史进步中重要地位首先是在《共产党宣言》中阐发出来的,因此,我们要了解马克思恩格斯研究波兰问题的哲学思维框架,不能不研读《共产党宣言》,不能不研究《共产党宣言》的理论框架和基本

*　何萍,武汉大学西方马克思主义哲学所所长、教授。

原理。但是,对于马克思恩格斯来说,仅仅用阶级斗争的观点和在世界历史的理论框架下谈波兰问题还过于抽象,因为波兰当时是一个被瓜分国,它的阶级斗争形式和在欧洲革命中的地位,既有着不同于当时已经进入了现代工业社会的英国革命特点,也有着不同于压迫它的民族——德国革命的特点。波兰的解放不仅仅是波兰自己的事情,它还是吞并国的事情,并且首先是吞并国之间的政治、军事和外交关系问题,由此决定,波兰的阶级斗争只能采取反抗民族压迫的形式,通过民族解放来表达它的阶级解放的诉求,这就是波兰起义的性质和特点。因此,研究波兰问题,必须面对民族问题,必须从民族革命的视角评价波兰起义的意义。马克思恩格斯在研究波兰问题时,紧紧抓住波兰问题的这一特点,把民族问题置于现代社会的阶级斗争和世界历史形成的语境中进行研究,从而创造了自己的历史哲学。

马克思恩格斯的历史哲学,就其以民族文化为研究单元而言,与17—18世纪的历史哲学有着共通性,但在研究的问题和研究语境上,却与17—18世纪的历史哲学有着本质的差别。由这一差别,马克思恩格斯的历史哲学框架必然有更为复杂的结构。一方面,它包含了《共产党宣言》中阐发的无产阶级阶级斗争和世界历史发展的基本原理,这些原理是马克思恩格斯研究波兰问题的思维平台,展示了他们的历史哲学的理论宽度与高度;另一方面,它又包含了民族解放斗争的原理,这些原理是马克思恩格斯研究波兰问题的内核,展示了他们的历史哲学的理论深度与厚度。因此,我们要了解马克思恩格斯研究波兰问题的哲学理论框架,不仅要读《共产党宣言》,了解其无产阶级革命学说和世界历史理论,而且要读马克思恩格斯研究波兰问题的著作;不仅要读他们共同写的有关波兰问题的著作,了解他们的民族革命理论,还要读他们各自独著的有关波兰问题的著作和他们有关波兰问题的通信。我们要从这些著作中,从他们的通信中,发现他们在研究波兰问题上的差别,探究恩格斯研究波兰民族解放问题的思维路向。

恩格斯研究波兰问题的思维路向

从研究波兰问题的著作看,马克思和恩格斯研究波兰问题的基本观点和基本立场是完全一致的,即他们都以民族解放为核心研究波兰问题,高度评价波兰起义的意义。但是,在如何研究波兰起义,如何阐明波兰起义在世界历史形成中的意义上,马克思与恩格斯有着不同的思维路向:马克思主要以波兰的政治历史为题,研究波兰起义对于欧洲革命的意义,而恩格斯主要以波兰的民族革命为题,研究波兰起义对于欧洲革命的意义。这一差别突出地体现在《关于波兰的演说》和《论波兰问题》中。

《关于波兰的演说》汇集了马克思和恩格斯在 1847 年 11 月在伦敦举行的纪念 1830 年波兰起义的国际大会上的演说。马克思在他的演说中主要论述了波兰起义的阶级基础。在马克思看来,波兰起义不是一个孤立的现象,而是现代社会阶级斗争的一个方面,因此波兰起义的民主性质不能从波兰社会内部获得,而只能从英国的宪章运动中获得。对于马克思的这一观点,恩格斯是完全赞同的,并在给"改革报"编辑的信中对马克思的观点进行了阐释。但是,在恩格斯看来,波兰起义不仅需要阶级基础,而且还需要有民族基础,这个民族基础就是压迫民族国家的民主主义者支持被压迫民族进行民族解放斗争。

把民族问题置于现代工业大机器生产的平台上加以研究,揭示民族解放与阶级解放的内在联系。恩格斯的这一学术理路在《论波兰问题》中得到了进一步阐发。《论波兰问题》汇集的是马克思和恩格斯 1848 年 2 月在布鲁塞尔举行的 1846 年克拉柯夫起义两周年纪念大会上的演说。在这次演说中,马克思和恩格斯把他们对波兰问题的观点具体地落在了对克拉柯夫起义意义的阐发上。马克思依然从政治革命的角度米评价克拉柯大起义,强调克拉柯夫起义对于欧洲民主革命的意义。同样地,恩格斯也继续按照他的学术理路来阐发克拉柯夫起义的意义。一方面,他比较了 1830 年的华沙起义和 1846 年的克拉柯夫起义,强调克拉柯夫起义是一场真正的民主革命;另一方面,他又从波兰与其吞并国的关系中阐发了克拉柯夫起义的世界历史意义,号召德国人民与波兰人民紧密地联结在一起,反对共同的敌人。

恩格斯与马克思在研究波兰问题上的差异向我们展示了研究民族解放问题的两条思维路向:一条是以政治革命来解决民族解放的问题,在这里,阶级、政治革命是关键词;一条是以民族解放来解决政治革命的问题,在这里,民族性格、民族国家是关键词。在研究波兰问题上，马克思采取的是第一条思维路向，恩格斯采取的是第二条思维路向。

恩格斯研究波兰问题的民族观

以民族解放来解决政治革命的问题，首先要弄清楚民族解放的内涵。什么是民族解放？民族解放究竟要解决什么问题？是要恢复旧日的疆土和旧日的制度，还是要进行政治革命？是要恢复旧制度下的民族性，还是要实现民族革命，努力成为革命的民族？这些问题在当时欧洲的思想界引起了激烈的争论，而围绕恢复波兰所展开的争论更为激烈，也更具有典型性。恩格斯正是在这场激烈的辩论中，对这些理论问题作出了自己的解答，从而阐发了自己的历史哲学观。

当时，在德国理论界，围绕着恢复波兰问题的讨论分成了两派：一派是资产阶级的自由主义者和小资产阶级的思想家；一派是马克思和恩格斯领导的国际工人协会。前者在民族主义的框架中谈论恢复波兰的问题，把波兰的民族解放归结为对瓜分地内的波兰领土进行重新分配，或者是以语言来统一协调波兰与其瓜分国之间的关系，甚至可以让渡一定的民主权利来补偿波兰人的斯拉夫民族特性，以满足波兰人的利益要求。恩格斯坚决反对资产阶级的自由主义者和小资产阶级的思想家们的这些观点。他认为，恢复波兰不是在瓜分区的某一个区域重新分配领土的问题，也不是在瓜分区内建立不同民族之间的亲属关系问题，而是波兰作为一个民族国家获得自己的主权和民族自决权的问题。解决这个问题当然要恢复波兰的领土，更重要的是波兰需要进行政治革命和民族革命，把自己变成一个革命的民族。波兰起义本身就已经表明，波兰正在进行这样的政治革命和民族革命，并在这样的政治革命和民族革命中获得民族的生命力，从而证明了波兰民族存在的必然性和必要性。

恩格斯阐发的这一观点代表了国际工人协会对待波兰独立的态度。然而，正是这一观点，遭到了蒲鲁东主义者的质疑。蒲鲁东主义者认为，波兰独立的口号是抄袭了波拿巴主义的民族原则（principle of nationalities），是以波兰独立这个口号来排斥俄国，把俄国这个最先进的强国排除于文明欧洲的范围之外,这是"违反世界民主和各民族友好原则的严重恶行"①。面对这一质疑,恩格斯对民族这个概念进行了辨析,区分了两种根本对立的民族观,说明"民族原则"绝不是国际工人协会支持波兰独立的原则,从理论上驳斥了蒲鲁东主义者的观点。

恩格斯正是以国际工人协会所主张的这一民族观为理论框架,分析波兰独立的问题。他指出,民族原则绝不是波兰独立的民族观,恰恰相反,它是消灭波兰的民族观。因为波兰灭亡正是俄国人把拿破仑主义者发明的民族原则运用于波兰的结果。显然,在民族原则下,恢复波兰不过是一种虚幻的假象。国际工人协会提出波兰独立刚好是要反对民族原则,打破俄国制造的恢复波兰的假象,建立一个真正的独立波兰,因为国际工人协会所理解的民族不是nationality,而是 nation,是要求波兰作为一个民族国家的独立,即为作现代国家的存在。恩格斯反复强调,波兰的民族性与泛斯拉夫主义是根本对立的,反对泛斯拉夫主义的民族,是革命的民族。正因为如此,它才得到了国际工人协会的支持。对于国际工人协会来说,支持波兰独立不仅仅是出于对被压迫民族的同情,更是希望波兰人能够与"自己以前的敌人——德国人和马扎尔人结成同盟来共同反对泛斯拉夫主义的反革命"②,推动世界历史的进步。这又反过来证明,国际工人协会支持波兰独立的原则绝不是民族原则,而是革命的原则;国际工人协会所奉行的民族观绝不是资产阶级自由主义的或小资产阶级的民族观,而是革命的、工人阶级的民族观,是马克思主义的民族观。

恩格斯在世时,并没有看到他所期待的波兰独立,但他在研究波兰独立中所提出的这条原理却在 20 世纪风起云涌的民族解放运动中找到了理论的和实践的回声,并对人们思考 21 世纪世界历史格局变化中的民族化与全球化之间的关系有着重要的方法论启示。这就是恩格斯的历史哲学与我们这个时代的联系,也是我们今天纪念恩格斯,研究恩格斯哲学思想的现实根据。

原载于《理论视野》2020 年第 12 期

---

① 《马克思恩格斯全集》第 16 卷,人民出版社 1964 年版,第 171 页。
② 《马克思恩格斯全集》第 6 卷,人民出版社 1961 年版,第 198 页。

虚无主义的三个深渊：
以马克思批判施蒂纳为核心

刘森林 *

虚无主义意味着某种东西坍塌了、缺失了、无效了，意味着平整的大地不但出现了裂缝，而且出现了深渊，迫切需要填平，从而进一步矗立起大厦。现代虚无主义思想面临着诸多深渊，不同的理论家对其有不同的分析。本文从马克思第一次接触现代虚无主义的反应出发，联系同时代谈论同一论题、并且一同批评资本主义的尼采和陀思妥耶夫斯基，探讨现代虚无主义内在的几个深渊。本文认为，马克思对施蒂纳虚无主义的分析批判，足以延续到并串联起尼采对基督教的批判、陀思妥耶夫斯基对虚无主义的忧虑性分析，他们一同揭示了现代虚无主义的三个深渊。

缺乏根基的新神，没有形体的幽灵

在传统印象里，启蒙批判是揭示、解构神灵的，启蒙必定导致无神论。但在施蒂纳这里却不是这样。青年黑格尔派的宗教批判表明，面临生死抉择的"神灵"会不断采取新的形式谋求生存空间。"神灵"会转化成各种各样的新形式赢得人们的认同。恰如吉莱斯皮指出的，神在启蒙批判中并没有死亡，只是被掩盖起来了。原来集中统一、高度凝聚着的传统神灵被现代性的快速多

---

* 刘森林，山东大学哲学与社会发展学院教授。

变所取代。在新的背景下，神灵采取了多样、隐蔽的形式，甚至变得更亲近、日常和自然，因而更需要仔细的分析鉴别。

按照马克思恩格斯的历史唯物主义，施蒂纳的"唯一者"仍是隐藏起来的一个"神灵"，即使不是诺瓦利斯所说的"魔鬼"之神，也是吉莱斯皮所说的转移之神。施蒂纳的极端启蒙批判解构了传统之神，却仍然锻造了"唯一者"这个新"神"。"神"之为"神"的关键所在，不再是超验、高大上、永恒与普遍，而是缺乏基础的虚幻，以及由此导致的不切实际。这是施蒂纳虚无主义暗含的第一个深渊。

从社会经济基础角度看，施蒂纳所思所想恰恰就是德国小资产阶级软弱无力、无法改变自己贫弱生存状态的表现，就像马克思恩格斯分析的，施蒂纳论述独自性的整个篇章"归结起来，就是德国小资产者对自己的软弱无力所进行的最庸俗的自我粉饰，从而聊以自慰"。缺乏生产力与生产关系实际基础的想象，反映的是德国小资产阶级的空虚和幻想。

尼采批评基督教，其逻辑和基本意思跟马克思恩格斯的上述批评极为类似，都揭示出缺乏基础的幻想；都凸显和暴露出原本基础缺乏、实际状况贫弱可怜的真相；都是深入挖掘此种观点的真实根基何在的有效途径。不同之处在于，马克思挖掘的幻想的形体基础是社会，而尼采挖掘的基础则是自然。

可以说，作为后观念论哲学家，施蒂纳的出发点、理论建构过程、运思过程都不抽象，他不是跟纯思想打交道，不是跟虚幻的偶像打交道，他与之打交道的偶像都是真实的、具体的，甚至都具有很强很硬的存在性，不是随便怎样就会灰飞烟灭的存在，而是当你不配合、不听话就不只是跟你翻白眼而是直接给你厉害尝尝的强有力的存在体。从马克思和尼采的角度看，这恰恰就是因为施蒂纳没有沿着后观念论哲学之路找到真正的"现实"，他的寻找之路仍然是理性之路，靠的是理性的质疑和否定；得到的却是一种单纯的意志，没有基础、没有依靠、没有方向的空与无。在这个意义上，施蒂纳陷入了虚幻和抽象。缺乏自然根基与社会根基是施蒂纳的问题之所在。

颓废与犬儒，高贵的匮乏

在施蒂纳看来，基督教背景下的人崇拜神，完全把自己交给了神灵；从神灵中获得解放的"人"仍然可能崇拜物质、精神、制度层面的偶像，仍然没有活出自己；只有消解掉"神"与"人"的"唯一者"才能真正为自己而活。

施蒂纳指责资产阶级的平庸性无疑是对的，这一点马克思和尼采都会认同，但马克思会批评施蒂纳与尼采把这种平庸从资产阶级延伸到工人阶级身上的观点，并且针对施蒂纳指出，问题不在于反对资产阶级的平庸，而在于施蒂纳的反对方案是否有效。

第一，不与更多人组成的更大整体联系起来，个人是没有什么大出息的。尼采的"自由人"虽然与施蒂纳的"唯一者"具有密切关系，但明显不同的就是，尼采看到，没有更多人的认同参与，个人是难有大作为的。如果说马克思看到现时代是群众的事业，并致力于探寻能够承担历史大任、把历史继续推向前进的那部分"群众"，那么这部分"群众"只有与哲学结合，在达到应有的自觉性水平之后，才能担当起历史的大任。

这正是马克思批评施蒂纳的一个关键之处：必须借助和依靠社会性的成就，社会合作的力量，社会累积、历史累积的基础，"唯一者"才能站在"巨人"的肩上成就自己的某项事业。如果只靠自己，很容易迫于无奈而走向更低的目标，在现代社会中，孤独的个体要保持一种崇高的追求，所面临的各种社会困境，都可能阻碍他取得应有的成效。在这个意义上，施蒂纳是个现代犬儒主义者。

第二，施蒂纳之所以陷入这个深渊，归根结底是由于他不明白启蒙的合理边界、范围与程度何在。不顾一切的极端启蒙，彻底消解一切可能的神圣，连带着否定一切权威、国家、货币，把一切普遍性、约束性的存在一概视为自由的障碍，把一切权威一概视为压迫的根源和象征，把一切自然、社会、制度的物化都视为个人自由的对立面，正是施蒂纳走向现代犬儒主义的根本缘由所在。

为此，马克思对启蒙的态度就不再是越激进越好的传统启蒙思路，而是从激进转向了合理。合理的意思有三：第一，不是否定一切，而只是否定缺乏根基的东西。在这个意义上，否定和怀疑一切不是启蒙的本意，却是启蒙的偏狭或逃离。第二，根据历史的基础来确立新的合法性与合理性，把历史维度纳入合法性与合理性的界定之中。缺乏历史维度、不考虑时间和过程的合理性存在都是不现实的。第三，跟形形色色的空想、幻想划清界限。该否定的只是它们的特定形式,绝不能用(要否定的)特定来取代一般与普遍。

正是施蒂纳的极端提醒了马克思恩格斯,促使他们从激进启蒙的路上折返回来,确立一种合理的启蒙,确立合理的边界、范围、程度和方式。启蒙既不能超出自然的限制,违反自然规则和规律,也不能超出既定的社会限制,违反社会规则和规律。在施蒂纳力欲兴奋展开的否定中,他没有仔细思考必须否定、也能否定的是哪些特定形式,无法否定、只能改变调整的又是哪些。连这些都分不清,充其量也就是个只有态度、没有实效的现代犬儒主义者,最后的结局,可能除了莽撞大抵就是颓废,或者除了唐吉诃德大抵就是萨宁。

陈腐的东西死灰复燃

在《尼采之前的虚无主义》中,吉莱斯皮提出了对虚无主义的另一种理解:与其说虚无主义系指传统的上帝之死,不如说是传统上帝死后可能诞生的新上帝(的胡乱作为)。相较于那个理性、必然性的上帝,这是一个新的上帝,它以意志取代理性,以自由取代必然性。施蒂纳的"唯一者"恰恰就是这样一个令人担忧的上帝的诞生地。

马克思恩格斯发现了施蒂纳对资产阶级法律关系普遍性、严格性的敌视中蕴含着为封建习俗开辟可能性空间的风险,这是非常令人担忧的。他们由此特别强调,理想社会的构建必须寄希望于生产力的巨大发展。只有通过生产力的巨大发展,美好理想的实现才有可能。没有这种发展,会导致普遍的贫穷,甚至陷入残酷的斗争,使陈腐的东西死灰复燃。

马克思没有去追究"全部陈腐的东西"包括哪些,会以什么方式呈现,在他的理论逻辑中,这些问题出现的机会都会随着生产方式的变更、生产力的增长而变得越来越小。不过他也曾提醒,如果条件不足而强行革命,就可能导致陈腐的东西死灰复燃。社会主义对资本主义的替代是以更加进步为前提的。不具备前提条件的替代势必沦为倒退。

从施蒂纳经尼采到陀思妥耶夫斯基,创造性的"无"所蕴含着的那种吉莱斯皮所谓恶魔似的上帝逐渐显露出来。这个恶魔似的上帝在施蒂纳那里其实早已出现了。这个站在门后等待时机出任主角的"唯一者"不但是一个虚弱的新神，更可能是一个可怕的新神。意识不到这些现代性危险，只想自我发泄和伸张了事，这是施蒂纳"唯一者"所面临的第三个虚无主义深渊。

没有了自然的约束，没有了共同体的约束，不用顾及任何其他存在，仅仅考虑自己的"唯一者"还远不如尼采的"自由人"有高度、有自觉、有担当。在这个意义上，马克思对施蒂纳的批判分析，恰好就构成了他此前一直想完成而没有完成的批判浪漫主义事业的核心部分。同时，对施蒂纳的批判更意味着，马克思已经意识到了启蒙批判合理限度的重要性，意识到批判越激进越合理观念的荒谬性。

历史唯物主义对施蒂纳的分析批判，既是对浪漫主义那个反讽主体无限创造原则的反思、对浪漫主义浪漫化无限憧憬的忧虑、对"唯一者"孤独求败可怜境遇的深深忧虑，也是对借助宗教批判欲虚无化一切崇高价值甚至基本价值，从而可能招致"全部陈腐的东西又要死灰复燃"的有力提醒。在初登现代性舞台的"唯一者"与后来意气风发的"超人"以及拉斯柯尔尼科夫、韦尔霍文斯基、卡拉马佐夫之间，以及后来的阿尔兹志跋绥夫的"萨宁"之间，存在着一脉相承的历史渊源，存在着极易逐步跨越的亲缘关系。如此看来，《德意志意识形态》对施蒂纳的批判，不但意味着对崇高价值丧失导致的虚无主义的提醒，也包含着对基本价值丧失导致的虚无主义的提醒；不但直接意味着通常意义上崇高、神圣价值丧失维度上的虚无主义的批判，也触及了引申意义上最基本价值丧失维度上的虚无主义的批判。无论最高限度的虚无主义，还是最低限度的虚无主义，都在马克思恩格斯批判施蒂纳的逻辑中孕育、包含和体现着。无论最高限度的虚无主义，还是最低限度的虚无主义，都在马克思恩格斯批判施蒂纳的逻辑中孕育、包含和体现着。

原载于《马克思主义与现实》2020 年第 4 期

马克思对黑格尔国家法哲学的批判及其理论效应

邹诗鹏*

马克思对黑格尔国家法哲学的保守主义定位及其展开的国家主义批判与市民社会批判,决定性地确定了马克思主义社会政治思想以及整个唯物史观的理论起点。基于唯物史观对世界历史时代的领会与把握,有理由将黑格尔的国家法哲学确定为欧洲中心主义之典型,将其扬弃于马克思的人类社会概念中,从马克思的人类社会概念中,开出国家社会化的构想及其资源。

黑格尔国家法哲学的自由主义解读与马克思国家法哲学批判的再度课题化

马克思社会政治理论的出发点,是激进社会政治背景下对黑格尔国家法哲学的保守主义本质的揭示及批判。在那里,黑格尔的国家法哲学被看成是对与王权相同一的和非人民性质的封建国家(基督教国家)的历史辩护,市民社会则被看成是本质的资产阶级性质的利己主义领域,而受到马克思的批判。政治批判既是对封建王权的批判,也是对渗透于立法权与司法权等国家内部制度、且依然还是"特殊等级"的市民社会即资产阶级社会的政治批判。

---

* 邹诗鹏,复旦大学哲学学院教授。

自 20 世纪 80 年代以来,西方学界的确出现了一大波力图以自由主义或倾向于自由主义解读黑格尔社会政治哲学的倾向,代表人物如洛苏尔多、艾伦·W.伍德、迈克尔·哈迪蒙(Michael Hardimon)、平卡德、弗里德里克·诺伊豪瑟(Frederick Neuhouser)等。对黑格尔国家法哲学的自由主义解读,也对马克思的市民社会批判提出了挑战。依哈迪蒙的理解,在黑格尔由家庭、市民社会与国家所建构的社会哲学中,市民社会的作用是决定性的,市民社会本身又扬弃于伦理国家,因而并不存在从资产阶级性质的市民社会到马克思社会主义性质的社会化的人或人类社会的历史性转变。

自由主义的上述定位及其解读,不可能构成对马克思社会政治理论的实质性挑战。因为如此解读模式本身并没有超出自由主义传统,也没有跳出"现存历史",实际上是与全球性的世界历史断裂开来,因而并没有真正进入人类社会及其人类史范畴,即根本没有达到马克思的世界历史视野。即使往黑格尔的伦理国家及其市民社会中塞进自由主义乃至于社会自由观念的内容,也并不意味着这两个概念就真正成为现代的社会实在(或定在)。在黑格尔国家法哲学的自由主义解读批评马克思草率地将黑格尔国家哲学判定为保守主义的国家主义、并轻视其市民社会概念的地方,正是马克思出其不意地使市民社会脱离国家制约的地方。因此,针对现代自由主义对马克思有关黑格尔国家法哲学批判的质疑,有必要彰显马克思有关黑格尔国家法哲学批判的理论效应。

黑格尔国家法哲学批判中的市民社会批判与政治批判

正是在对黑格尔国家法哲学的批判中,市民社会成为马克思的直接关注领域。严格说来,黑格尔的市民社会概念并不足以成就现代社会理论。在黑格尔那里,社会本身不过是"第二自然"因而并不是独立的存在形式,黑格尔不可能提出社会存在概念,更难以建构一个自洽的社会理论,正如市民社会从属于国家,其市民社会概念也是从属于国家学或国家理论的。自由主义所确认的黑格尔的社会理论本身就是可疑的。使社会获得一种独立于国家及其国家学的表达,是马克思社会理论得以确立的前提,也是马克思与黑格尔区分开来的关键。

马克思与黑格尔二人不同的理论方向,构成了一种意味深长的颠倒:黑格尔是从早年的政治经济学转向精神现象学及其逻辑学,并在应用逻辑学之下完成国家法哲学。马克思理论的真正起点,则是对黑格尔国家法哲学及其国家主义的批判,进而全面批判和瓦解黑格尔的精神现象学,实现从受资产阶级社会束缚的必然世界向人类解放、因而克服和超越了国家主义的自由王国的跃迁。其具体的学术理论方式则是政治经济学批判,这是对黑格尔早年政治经济学的一次辩证的和更高理论水准的回复,并成就了马克思的后半生理论生涯。马克思对黑格尔国家法哲学的批判集中于对资产阶级国家的政治批判,并将对国家的历史理解转向对市民社会的政治批判。但马克思没有现成性地接受黑格尔的市民社会,而是对市民社会进行了一系列创造性的重构与提升。事实上,马克思从对于国家的政治批判逐渐转向了对市民社会的政治经济学批判。

在《黑格尔法哲学批判》中展开的市民社会批判与政治批判,虽然构成了马克思社会政治理论的起点,但还完全谈不上成熟。马克思社会政治理论的相对成熟,是在《1844 年经济学哲学手稿》。而真正成熟,则是在 1845 年《关于费尔哈的提纲》以及《德意志意识形态》,在那里,通过阐发唯物史观及其新唯物主义学说,马克思形成了描述和解释总体的世界历史、并且进一步具体分析批判现代社会(即现代资产阶级社会)的社会发展学说,在此基础上,马克思逐渐创立了科学社会主义。对于马克思的思想历程而言,如果没有对于黑格尔国家法哲学的保守主义本质的揭示、批判以及由此展开的对市民社会的政治批判,也就没有对市民社会的扬弃,进而也就没有马克思此后从对市民社会的政治批判转向对市民社会的政治经济学批判。而且,马克思同时也是黑格尔有关自由主义批判的继承者。

从市民社会批判到作为唯物史观核心概念的"市民社会"

马克思的黑格尔国家法哲学批判,其重心是对王权国家或基督教国家的封建主义批判,马克思将黑格尔有关国家对市民社会的决定关系,颠倒为市民社会决定国家。但是,市民社会批判,作为黑格尔国家法哲学批判的环节,却又被限定于对市民社会的资产阶级性质的批判。因此,仅限于黑格尔国家法哲学批判,还不足以揭示马克思市民社会批判的全部的、并且是主要的内涵。马克思的市民社会批判,存在着从黑格尔国家法哲学批判视域下的市民社会的政治批判到《1844年经济学哲学手稿》及《资本论》中展开的对市民社会的政治经济学批判的转变。但市民社会的政治经济学批判之所以可能,还取决于马克思在展开市民社会的政治批判时,进一步开放了市民社会概念,并将其视为一个历史与人类学概念,从而建立起了关于人类历史的一般理论,即唯物史观。

在展开黑格尔国家法哲学批判时,马克思有意绕开了黑格尔的市民社会概念,直接从国家部分展开,且主要针对黑格尔的国家内部制度。马克思将黑格尔的家庭、市民社会与国家二分为市民社会与国家,把作为客观精神(理性)的国家与作为质料(知性)的市民社会的主谓关系,颠倒为市民社会对国家的主谓关系。但作为主词的市民社会本身也是马克思批判的对象,这使在经济社会意义上定义的市民社会获得了一种历史性的把握。马克思在黑格尔国家法哲学批判中所讲的市民社会,还是法国那种偏重于政治性质的市民社会,即资产阶级社会,而不是英国那种代表着典型现代资本主义经济性质的市民社会。但马克思对市民社会的把握并没有局限于当时所处时代,而是上升为一个广义的和一般性的哲学观念。黑格尔让市民社会从属于国家的客观精神建构的努力,可能适合于解释当时德国的政治现实,却不能涵盖和代表西方各民族国家或地域。马克思对黑格尔国家法哲学及其国家学的批判,超越了国家主义的立场与利益,开出了作为世界历史主体的无产阶级,正如此后马克思着手在"工人无祖国"以及无产阶级本身就是世界历史意义的"民族"意义上持续深化对德国现实的批判,马克思实际上已超越了在黑格尔那里发展到顶点的欧洲中心主义。

对无政府主义的批判与社会解放思想的形成

《德法年鉴》时期,马克思明确提出了社会解放思想。但这一思想仍然是马克思批判黑格尔国家法哲学的理论结果,并且是在对黑格尔国家主义的对立面即无政府主义的自觉批判中展开出来的。但对黑格尔国家法哲学的自由主义解读模式及其对马克思的批评,却直接将马克思的社会政治理论等同于完全受无政府主义及其民粹主义支配的激进左翼理论传统,从而事实上抽掉了马克思批判黑格尔国家法哲学所形成的社会解放思想。

社会政治观念的激进化的确是马克思社会政治理论的起点,这也是马克思将黑格尔国家法哲学判定为保守主义的背景所在,但马克思也越来越明确而自觉地反对社会政治的彻底的激进化,转而主张从政治批判及其政治解放转向社会解放及其社会革命,并自觉批判无政府主义及其民粹主义。从很大程度上说,对黑格尔国家法哲学的自由主义解读,连同对马克思将黑格尔国家法哲学定位为保守主义的批评,实际上,仅仅只是将马克思社会政治理论彻底看成是左翼激进主义的社会政治理论。马克思批判黑格尔国家法哲学并展开市民社会的政治批判,以及其中包含的对无政府主义及其民粹主义的批判,一个重要的思想取向,是破除国家与个人二分的逻辑。对国家主义的批判、对无政府主义的批判以及对利己主义的批判,是展开其社会政治理论的内在要求。其社会政治理论的一个基本方向,就是从政治解放及其政治革命转向社会解放及其社会革命。

马克思对黑格尔国家法哲学的批判,在随后的《1844 年经济学哲学手稿》中即转入政治经济学批判。正是在政治经济学批判的自觉中,马克思的市民社会批判特别指向于对早期资本主义社会的批判。值得注意的是,马克思不同意左翼激进主义式的政治革命,但并没有否定政治革命,他所肯定的政治革命是包含于社会革命中的。应当说,在当时绝大多数左翼激进主义者持有激进的政治革命的氛围下,马克思提出社会革命难能可贵。对于马克思而言,社会主义本身就意味着一套规范性的价值体系。其实,这也正是马克思的卓越之处。

原载于《哲学研究》2020 年第 4 期

马克思法哲学批判的完成
与"无产阶级"的出场

文　兵[*]

马克思的《〈黑格尔法哲学批判〉导言》(以下简称《导言》)在马克思主义的形成中具有十分重要的意义,甚至可以说具有"划界"的作用。马克思自己也曾提到,他最早关于无产阶级的思想是在《导言》中阐发的。弗·梅林在他的《马克思传》中叙述马克思的思想发展时,将《导言》排在了《论犹太人问题》之前。按他的说法,这两篇文章分别讨论了手段与目的之间的关系问题,即《导言》从哲学上概述了无产阶级的阶级斗争,《论犹太人问题》从哲学上概述了社会主义社会。笔者认为,梅林对马克思思想发展逻辑的这一看法值得商榷。马克思虽然在《论犹太人问题》中探讨了政治解放与人的解放之间的关系,但没有指明谁是担负人类解放的主体,更不可能指明人类解放的前景,而这些恰恰是在《导言》中被揭示出来的。

理论就是实践:从自我意识到感性存在

马克思最早的学术研究是从法哲学开始的。早在柏林大学作为法科的一名学生时,马克思就开始构想一种自己的法哲学了。他当时更多地受到康德、

＊　文兵,中国政法大学哲学系教授。

费希特的影响,在研读他们的著作中,给他带来的最大苦恼是如何处理"应然"与"实然"的对立。

马克思后来专注于对古希腊哲学,尤其是对伊壁鸠鲁派、斯多葛派和怀疑论哲学的研究。他将自己的研究和思考凝聚在其博士论文《德谟克利特的自然哲学和伊壁鸠鲁的自然哲学的差别》(1841年3月)之中。马克思通过比较伊壁鸠鲁和德谟克利特在自然哲学上的差别,高度评价了伊壁鸠鲁所设想的原子偏离直线的运动,认为这一设想具有重要的政治蕴涵,因为只有"偏离直线"才会有"自由意志",才可以打破命定的束缚。至此,马克思在大学求学期间一直思考的应然与实然、观念与现实的关系问题,通过其"博士论文"得以进一步深化。

但是,马克思并未停留于黑格尔这种解决观念与现实之间对立的方式。马克思在1842年3月5日致卢格的信中,提及他曾为《德国年鉴》写了一篇名为《在内部的国家制度问题上对黑格尔自然法的批判》的文章。但遗憾的是,马克思这一批判黑格尔法哲学的文章并没有得以发表。但无论如何,可以肯定的是,马克思在这一时期(包括在《莱茵报》时期)并没有找到一个足以挣脱黑格尔影响并展开对德国当代国家理论与法哲学进行批判的新的支点。这也正是马克思当时难以解决的"令人苦恼的疑问",即一旦走向现实生活并从事实际斗争时,就遇到了要对所谓物质利益问题发表意见的难题。

正是在从《莱茵报》停刊到《德法年鉴》创刊这段时间,费尔巴哈出版了《关于哲学改造的临时纲要》(以下简称《纲要》)。马克思在收到《轶文集》后,对该文集予以高度评价,但对《纲要》提出了一些批评,认为费尔巴哈强调自然过多而强调政治太少。尽管马克思提出了一些原则性的批评意见,但我们可以看到,马克思透过费尔巴哈对宗教神学的批判,为自己的思想建构找到了一个新的支点,并由此展开了对黑格尔法哲学以及现实政治领域的批判。这个新的支点,就是费尔巴哈对人的感性存在的强调。

马克思在1843年3—9月期间写作的《黑格尔法哲学批判》,所要解决的主要问题是市民社会与政治国家的关系。在这部未完成的手稿中,费尔巴哈对马克思的影响非常鲜明地贯穿其中。马克思通过把家庭、市民社会倒置为国家的前提,明确肯定家庭和市民社会才是真正的原动力,它们使自身成为国家。这样一种倒置,解决了应然与实然、观念与现实之间被悬隔的关系,为最终确立一种改变世界的现实的革命力量奠定了基础。马克思此时的认识已经达到了这样的高度:"丧失财产的人们和直接劳动的即具体劳动的等级,与其说是市民社会中的一个等级,还不如说是市民社会各集团赖以安身和活动的基础。"①这个"等级",也就是马克思在《导言》中所指出的"一个非市民社会阶级的市民社会阶级"。至此,"无产阶级"这一理论形象可谓呼之欲出了。

在《黑格尔法哲学批判》这部手稿中,还可以明显看到费尔巴哈的"类存在"思想对马克思所产生的影响。马克思透过"类存在"概念,借以开始思考如何克服市民社会与政治国家之间的矛盾。他在《黑格尔法哲学批判》中指出,正是由于政治国家与市民社会的分离,人在本质上分离了,不得不处于一个双重组织之中,即分别处于国家组织和市民社会之中:在国家组织中,人作为"公民"处于市民社会之外;在市民社会这一组织中,人作为"市民"处于政治国家之外。在稍后完成的《论犹太人问题》中,马克思从政治解放与人的解放的高度再次谈到这种人的"二重化"及其克服途径。马克思虽然在《论犹太人问题》中论及了通过政治上废除私有财产获得政治解放的可能性,但并没有论证如何从根本上彻底废除私有制。而"彻底废除私有制"恰恰与无产阶级这一理论形象密切相关。从马克思哲学思想史看,"无产阶级"与"废除私有制"这两个概念首次同时出现在《德法年鉴》刊载的《导言》中。

理论走向实践:"无产阶级"的出场

早在《莱茵报》时期,马克思就开始关注从法国传入德国的社会主义与共产主义理论,只是那时他尚无暇对其进行研究与批判。《莱茵报》因在 1842 年 10 月 7 日报道了在斯特拉斯堡召开的会议上有关共产主义的演说,遭到了奥格斯堡《总汇报》的指责。马克思对此作出了强烈的回击,他于 10 月 16 日在《莱茵报》上发表了担任《莱茵报》编辑以来的第一篇文章《共产主义和奥格斯堡〈总汇报〉》。马克思之所以开始接近社会主义与共产主义思想,很大程

---

① 《马克思恩格斯全集》第 3 卷,人民出版社 2002 年版,第 100—101 页。

度上受到了赫斯的影响。马克思在 1841 年 4 月移居波恩时,就与赫斯相识了,他们后来都同为《莱茵报》的编辑。马克思在《共产主义和奥格斯堡〈总汇报〉》中也提及了奥格斯堡《总汇报》对《莱茵报》刊载的赫斯关于柏林家庭住宅的共产主义的报道。恩格斯在写于 1843 年 10 月 15 日至 11 月 10 日之间的《大陆上社会改革的进展》一文中,对共产主义在德国的发展有一番叙述。他紧接着说,就在 1843 年,共和主义者一个接一个地加入了共产主义,其中就有同为《莱茵报》编辑的赫斯、马克思等人。恩格斯称赫斯是新黑格尔派中"第一个成为共产主义者"的人。

恩格斯对赫斯的评价不无道理。赫斯很早就提出以行动哲学代替思辨哲学。1843 年夏出版的《来自瑞士的二十一印张》,就曾刊载了赫斯的《社会主义和共产主义》《行动哲学》《唯一和完整的自由》三篇文章。应该说,赫斯这一时期的思想深度已远远超出了费尔巴哈。马克思经由赫斯而注意到施泰因的《当今法国的社会主义与共产主义》一书和"无产阶级"这一概念,这并非没有可能。可以确定的是,马克思在写作《导言》之前是读过《来自瑞士的二十一印张》的。马克思曾希望参与《德国通报》刊物的编辑工作,后来该刊出版计划未能实现,约稿作者的文章以文集的形式并以《来自瑞士的二十一印张》为书名,于 1843 年夏出版。马克思在写《论犹太人问题》时就有针对性地提到鲍威尔发表于其上的《现代犹太人和基督徒获得自由的能力》一文。

当然,对于社会主义与共产主义的理论主张,马克思并非只关注到了赫斯。在马克思 1843 年 9 月致卢格的信中,就提及了卡贝、德萨米和魏特林等人的共产主义思想,以及傅立叶、蒲鲁东等人的社会主义思想。但对马克思社会主义和共产主义思想的形成产生直接影响的,应当是当时的欧洲工人运动。马克思到巴黎之后,亲身感受到高涨的工人运动,并亲自参加了当时工人协会如"正义者同盟"的会议,这些都对他产生了巨大的冲击。这里还值得一提的是,马克思在克罗茨纳赫期间对于历史的研究,尤其是对于法国大革命的研究,也使得他对阶级、阶级斗争有了新的认识。总之,正是在现实的政治斗争的助推下,马克思在理论上大量吸取、深入探究和不断批判当时流行的各派思想,最后完成了对黑格尔法哲学的反思和批判,并汇集成了他的《导言》一文。

马克思在《导言》中对黑格尔的法哲学给予了高度评价,认为它是唯一与当代保持在同等水平的德国历史哲学。马克思强调,我们不能满足于对思辨的法哲学的批评,而是应当走向实践。在这里,马克思不再将理论限于批判领域,而是明确要求理论应走向实践,认为批判的武器不能代替武器的批判,理论只有掌握群众才能变成物质的力量。而理论要走向实践,就必须首先确立担负这一革命实践的主体。马克思指出,当前德国的革命情势是,德国各邦政府把现代政治领域中的缺陷与旧制度的缺陷结合在了一起,这也就决定了德国所需要的是一场彻底的革命、人类的解放,必须摧毁当代政治的普遍障碍,否则就不可能摧毁德国特有的障碍。那种要求在德国实现部分的纯粹政治革命的呼声,充其量只是一种幻想。虽然那种不彻底的革命不再可能,但那种彻底的革命恰恰成为可能。这是因为,德国解放的实际可能性已然存在,即形成了一个被戴上彻底的锁链的阶级,形成了一个并非市民社会阶级的市民社会阶级,形成了一个表明一切等级解体的等级,因为它遭受了普遍的苦难,因而也就不要求享受任何特殊的权利。也就是说,因为它已没有了任何地位,所以必须要成为一切。马克思明确指出,这样一个等级就是现代无产阶级(或工人阶级)。

在这里,尽管马克思仍然深受费尔巴哈的影响,仍从人性的丧失与复归来论证无产阶级的社会处境和历史使命,仍将人的彻底的解放看成以"人是人的最高本质"为立足点的解放,但毋庸置疑的是,马克思至此已经开始超出了费尔巴哈,已将"现实的人"确定为具体的感性活动的主体,进而确立了无产阶级立场,认为无产阶级的历史使命是进行彻底的革命。马克思在《导言》的最后几个段落对"无产阶级"的特点作了具体描述:(1)它是通过兴起的工业运动才开始形成的;(2)它并非自然形成而是人工制造的贫民;(3)它因社会的急剧解体而不断扩大;(4)它把否定私有财产提升为社会的原则;(5)它若不从其他一切社会领域解放出来从而解放其他一切社会领域,它就不能解放自己。这些描述虽然都极为简略,但恰恰说明这是马克思思想正在发生实质转变的一个"征候"。

原载于《哲学动态》2020 年第 11 期

马克思社会形态理论的方法论意蕴

王峰明 *

作为唯物史观的重要理论内容和核心原理,五种社会形态理论具有重要理论地位与现实意义。然而,围绕这一理论,国内国际学界颇多异议,难有定论。唯物史观所提供的绝不是适用于各个历史时代的药方和公式,而是处理和解决置身历史研究方始遭遇的实际问题的科学方法。这一点同样适用于作为唯物史观重要组成部分的社会形态理论。问题是,马克思的社会形态理论究竟提供了哪些重要的方法论原则? 这些原则是否有助于上述中国古代历史分期问题的解决? 如何运用这些原则回应人们对社会形态理论提出的种种质疑和批评呢?

关于不同社会形态"并存"与"继起"的问题

马克思的社会形态理论提示我们要正确认识和处理社会形态演进中并存与继起的关系问题。不同社会形态或生产方式并存的情况有二:一是不同国家、地区和民族经济社会发展的不平衡,造成了不同生产方式的并存。例如,一些国家、地区和民族的奴隶生产方式,可以与另一些国家、地区和民族的封建生产方式同时存在。二是同一个国家、地区和民族内部经济社会发展的不

---

* 王峰明,清华大学马克思主义学院教授,博士生导师。

平衡,造成了不同生产方式的并存。例如,奴隶生产方式、封建生产方式和资本主义生产方式,可以在同一个国家、地区和民族内部同时存在。当然,无论是哪一种情况,都要把生产方式的并存与交往方式或交换方式的并存区别开来。马克思认为:"在一切社会形式中都有一种一定的生产决定其他一切生产的地位和影响,因而它的关系也决定其他一切关系的地位和影响。"①这种普照的光或特殊的以太,就是一种社会形态中"占统治地位的生产方式";而其他与之并存的、不占统治地位的生产方式,或者是过去旧的生产方式的残余,或者是未来新的生产方式的萌芽;占统治地位的生产方式决定和支配着不占统治地位的生产方式,并决定着一个国家、地区和民族社会形态的基本性质和特征。

对于马克思的社会形态理论,学界存在着类型说与阶段说的交锋和对峙,前者强调不同社会形态的并存即空间上的并列关系,后者则强调不同社会形态的继起即时间上的先后关系。其实,二者并不是非此即彼的关系。马克思对"不同社会形式的相继更替"的肯定,就是对不同社会形态在时间上的继起关系的确认。从特定国家、地区和民族的历史来看,不同社会形态在同一国家、地区和民族内部的出现,标志着这个国家、地区和民族社会发展的不同经济阶段和历史时期;从世界历史范围来看,不同社会形态在不同国家、地区和民族的出现,则标志着人类社会发展的不同的经济时代和历史阶段。在此意义上,五种生产方式既是人类社会发展先后达到的五个不同高度,也是人类社会发展先后经历的五个不同历史阶段。

关于社会形态演进中"延续"与"断裂"的问题

马克思的社会形态理论提示我们要正确认识和处理社会形态演进中延续与断裂的关系问题。不同社会形态或生产方式延续或连续的情况也有两种:一是在同一国家、地区和民族内部,从低级到高级发展程度不同的生产方式的依次出现即延续。例如,封建生产方式在奴隶生产方式解体之后出现在同一

---

① 《马克思恩格斯选集》第2卷,人民出版社2012年版,第707页。

国家、地区和民族内部。二是从世界历史范围来看,从低级到高级发展程度不同的生产方式在不同国家、地区和民族中的依次出现即延续。例如,一个国家、地区和民族的封建生产方式在另一个国家、地区和民族的奴隶生产方式解体之后出现。马克思指出,生产方式的延续性既可以存在于同一国家、地区和民族的历史发展中,也可以存在于由这些国家、地区和民族所组成的世界历史的发展中。马克思还指出,建立在农奴制和行会制基础上的封建生产方式,仅仅是雇佣劳动或资本主义生产方式由以产生的一种最正常的社会形式,而不是唯一的社会形式。而只要雇佣劳动产生于其他社会形式,就会打破生产方式的延续性,从而出现断裂或跳跃。

在地区、国家和民族历史条件下,生产方式发展的延续是一种常态,而断裂或跳跃则是极为困难甚至是不可能的事情。这是因为,历史越是向前回溯,生产力的发展就越是缓慢,不仅积累薄弱,而且难有技术上的借鉴。另一方面,在地区、国家和民族历史向世界历史转变的条件下,生产方式发展的断裂成为一种较为普遍的现象。原因在于,随着社会基本矛盾运动越出地区、国家和民族历史的边界而在世界历史范围内展开,生产关系较为落后的地区、国家和民族与生产力发展程度较高的地区、国家和民族之间的冲突,会频繁地出现在世界历史舞台上,从而迫使前者借助于后者的技术手段和生产力平台对其生产关系和社会制度施行革命性变革,进而实现生产方式的跳跃式或跨越式发展。马克思的社会形态理论所揭示和展现的,仅仅是在人类社会发展中呈现出来的一种总的趋势,而绝不是每个国家、地区和民族都必须经历和遵循的普遍过程和普遍规律。因此,把生产方式发展中的延续与断裂、连续性与非连续性绝对对立起来是偏颇的,并且,断裂、跳跃和非连续性是一种地区、国家和民族的特有现象,在世界历史或人类历史意义上是不存在这种现象的。

关于不同社会形态的内在本质及其
存在形式和表现形式的问题

马克思的社会形态理论提示我们要正确认识和处理社会形态演进中内在本质与这种本质的表现形式和存在形式的关系问题。在马克思看来,不仅本质规定不同的事物的表现形式不同,而且本质规定相同的事物在其发展的不同阶段上的表现形式也不同。只有在理解和把握其各种表现形式的基础上,才能认识和把握生产方式的"历史差别"。也只有在理解和把握其历史差别的基础上,才能认识和把握生产方式的"历史发展"。当然,由这种历史差别所决定的历史发展,既包括本质规定不同的生产方式之间的更替即质变,也包括本质规定相同的生产方式的不同形式之间的更替即量变。在现实中,不仅本质规定相同的生产方式可以具有不同的表现形式,而且本质规定不同的生产方式也可以具有相同的表现形式,或者说它们在表现形式上具有某些共性。因此,既不能囿于表现形式的多样性而无视甚至否定本质规定的同一性,也不能囿于表现形式的相同性而无视甚至否定本质规定的差异性。

在考察和研究现实社会历史时,绝不能无视和抹杀生产方式的历史差异,用"一般本质"去随心所欲地"套"现实社会历史。何谓"套"? 马克思说,不顾具体的历史环境和条件,无视存在形式和表现形式的多样性和复杂性,简单地或直接地用一般本质和规律去解释、说明现象,这就是一种"套"。在思想史上,柯瓦列夫斯基用封建主义的一般本质和规律去套印度社会,结果把封建生产方式与亚细亚生产方式混淆了。对此,马克思所要说明的,并非像一些人所理解的那样是封建主义仅限于西欧,而是不能把"封建主义"与"亚细亚生产方式"混为一谈,用西欧封建主义去乱套其他国家、地区和民族的社会存在和历史发展,从而把科学理论变成非科学的药方和公式。

关于社会形态演化的一般规律及其
实现方式和作用方式的问题

马克思的社会形态理论提示我们要正确认识和处理社会形态演进中内在规律与这种规律的实现方式和作用方式的关系问题。历史规律和历史规律的具体实现方式,这是两个完全不同的问题,不能混为一谈。从其具体实现方式来看,不仅在不同国家、地区和民族中是不同的,而且在同一国家、地区和民族发展的不同阶段上也不尽相同。在现实中,社会形态演化规律只能以一种近似的方式发挥作用,也只能以一种近似的方式得以具体实现,其中充满了复杂性和多样性。因此,历史规律具有一般性和统一性,而历史规律的实现方式则具有特殊性和多样性。历史规律的实现方式之所以具有复杂性和多样性,是因为历史规律是各种因素综合作用的结果,或者说,历史规律就形成并存在于各种因素相互作用的过程中,其中充满了随机性、偶然性和不确定性。共同发挥作用的因素不同,历史发展的具体结果就不同;即使是同一种因素,在不同的历史条件和环境下所产生的具体结果也不尽相同。这两种情况都会使一个国家、地区和民族的历史发展或多或少地偏离一般历史规律。

由于一般历史哲学理论把历史规律凌驾于历史发展的具体进程之上,所以是超历史的;由于它把历史规律的具体实现方式抽象化、一般化、绝对化,所以它所提供的绝不是科学方法,而是万能的钥匙和非科学的药方与公式。马克思所强调的,是不能把西欧所走的资本主义"道路"强加给其他国家、地区和民族,而并非像一些人所理解的那样是资本主义生产方式仅限于西欧,从而否定了社会历史的一般本质和发展规律,否定了社会形态理论。特别是,马克思还谈到了人类走向社会主义和共产主义的具体道路即实现方式问题。一方面,共产主义社会是一个"生产者按照预定计划调节生产的社会",其中"全部生产的联系……是作为由他们的集体的理性所把握、从而受这种理性支配的规律来使生产过程服从于他们的共同的控制"。① 另一方面,只要资本主义国家对物质生产过程进行干预,即进行哪怕是有限的调节和控制,就会与资本的本性发生抵牾,就会背离资本主义生产方式,展现出来的就是一条资本主义的"自我扬弃"之路,从而有别于经济相对落后国家所走的基于"革命"的社会主义道路。那么,资产阶级是如何着手克服障碍的呢?订货生产以及现实中发达资本主义国家所采取的各种反贫困、反危机措施,不就是克服障碍的举措吗?它们所具有的世界历史意义难道不值得深思吗?

原载于《马克思主义研究》2020 年第 8 期

---

① 马克思:《资本论》第 3 卷,人民出版社 2004 年版,第 290、286 页。

唯物史观创立之谜：批判的困境及其消解

单继刚 *

唯物史观的创立是人类思想史上的飞跃。马克思何以能超越以往形形色色的唯心史观而找到理解人类历史的这把钥匙呢？为什么是马克思而不是同时代的其他人创立了唯物史观呢？这里面一定有一些只属于马克思的独特机缘。本文尝试从马克思理论批判的困境及其消解的角度加以探讨。

思辨的方法及其理论困境

费尔巴哈把神理解为人的本质的异化，"类"概念的客观化，归结为人的依赖感和想象力，较好地解决了宗教产生的认识论根源和心理根源。费尔巴哈以主词和宾词的换位来说明异化进而说明宗教产生的方法给了马克思以启示。他尝试着在批判的各领域内重新设定主词和宾词的关系，并从宗教的意义上来理解原来的主词对宾词的统治，这样费尔巴哈分析宗教的方法就被泛化了。为了更好地说明这种泛宗教分析法，我们先来看一下其运用，然后再来做总结。

首先我们把目光投向他对政治制度的批判。这里的"政治制度"指当时的德国所实行的君主制。君主就是人间的上帝，他的权利本来是人民赋予的，

* 单继刚，中国社会科学院哲学研究所研究员，中国社会科学院大学教授、博士生导师。

但人民却要反过来通过他使自己获得承认。人民创造了这种国家制度,而它却同其创造者相对立。人民在这种异己的国家制度中不仅没有能够实现和完成自身,反而丧失了自身,所以说君主制度是宗教的领域,是人民生活的宗教,是异化的完整表现。"共和制"亦不能消除普遍的异化,使人民享有充分的权利。问题的真正解决是"民主制",它的目的不再是个体,而是整个人类。

再来看一下泛宗教分析法在经济领域中的应用。这方面所能提供的例子更多一些。在异化劳动理论中自始至终都可以觅到这种方法的影子:货币、资本以及作为它们代表的资本家如何同工人相对立,工人如何同自己的劳动相对立等例证俯拾皆是。

最后来看一下马克思对德国哲学的批判。在费尔巴哈批判黑格尔的基础上,马克思进一步指出:绝对理念不过是思辨的产物,是人类精神的客观化,是无人身的理性,是存在与意识的完全颠倒,是宗教的完整表现。青年黑格尔派是传统宗教的激烈的批判者,无情地揭露福音书的种种荒谬,提倡以历史的观点对待宗教,主张用"自我意识"等解释历史。历史观上的关键词的转换成了他们与老年黑格尔派分野的标志,但这种转换归根到底只是一种"词句"的转换。

通过考察以上实例,我们大体可这样概括泛宗教分析法:所谓泛宗教分析法,就是像费尔巴哈批判宗教时所做的那样,在批判的各个领域重新设定主词和宾词的关系,即把它们的位置颠倒过来,从而把主词的根据归结于宾词。这种方法强调:原来的主词规定宾词的权利,是宾词所赋予的,在它确立之后,却成为一种异化的媒介物,反过来成为宾词的统治者。这种方法使马克思把宗教理解为异化,又把异化理解为宗教。泛宗教分析法的最大成就,就是通过重置经济基础和上层建筑的关系,向唯物史观迈出了第一步。

应该说,马克思运用泛宗教分析法来剖析私有制社会中的"普遍异化"现象还是卓有成效的。特别是对上层建筑(如德国的政治制度、黑格尔及青年黑格尔派的哲学、作为社会意识的宗教等)的批判基本上是可取的,但当他对经济基础(市民社会)作具体考察时,这种方法的缺陷就完全暴露出来了。因为它试图以人的本质的异化来说明劳动的异化,又以异化劳动的消除来说明人的本质的复归。这种混合并非有机的,而是蕴含着一些自身无法克服的矛盾。

第一，经济基础和上层建筑的循环论证。宗教，作为自我分裂和自我矛盾的社会意识，只能到同样是自我分裂和自我矛盾的社会存在中去找根据。颠倒的社会意识只能是颠倒的社会存在的反映。但当马克思去追究作为市民社会基础的私有财产的根源时，他又追到宗教那儿去了。颠倒的社会意识反而成了颠倒的社会存在的依据，颠倒的上层建筑反而成了颠倒的经济基础的原因，这与前面的结论显然是矛盾的。

第二，宗教的历史观与历史的宗教观的互相纠缠。由于泛宗教分析法把异己的媒介物都视为神，把宗教等同于异化，这样整个人类的历史就变成了异化的演进史，变成了宗教的发展史，变成了占有人的本质的不同对象的更替史，现实的物质生产的决定作用便被遮蔽了。虽然马克思此时已经表露出一种欲从历史之内来理解历史的倾向，即把宗教视为"生产的特殊方式"，视为"受到生产的普遍规律支配"的社会意识。但由于泛宗教分析法的局限，这种倾向还难成气候。

第三，"抽象的人"与"现实的人"的冲突。马克思把作为"类"的人的本质概括为"自由自觉的（有意识的）活动"，这显然是脱离了社会、阶级、历史来考察人的结果。《神圣家族》体现了马克思试图摆脱"抽象的人"而从社会生活条件和社会关系中考察人这种倾向的进一步加强，也表明了他对异化劳动理论作为历史观这种信念的动摇。在这部著作中，他提出了人的"实物本质"范畴，认为"实物是为人的存在，是人的实物存在，同时也就是人为他人的定在，是他对他人的人的关系，是人对人的社会关系"[①]。这种"抽象的人"和"现实的人"的冲突单靠原有体系的修修补补是不能化解的。

第四，共产主义与"爱的宗教"关系上的暧昧。马克思对于理想社会的描述不同于费尔巴哈之处，也仅在于他把异化的消除等同于宗教的消除。由于共产主义、社会主义这两种社会形态以人的本质的复归和实现为特征，仍然是对抽象的"人的本质"的崇拜（尽管这种崇拜试图以非宗教的形式表现出来），所以还是无法真正把它们和"爱的宗教"区别开来。

---

① 《马克思恩格斯全集》第2卷，人民出版社1957年版，第52页。

经验的方法与唯物史观的诞生

在标志着唯物史观创立的《德意志意识形态》中，马克思反思了自己从前所犯的方法上的错误。从马克思的反思来看，他实际上是把唯心史观的滥觞视为纯粹思辨的唯心辩证法的结果。从思辨的"泛宗教分析法"到经验的"现实生活关系考察法"，是一个质的转变。这种唯物主义方法吸收了黑格尔辩证法的积极成果。马克思对社会历史的研究不是从原始社会而是从资本主义社会开始的。他认为只有在深入剖析资本主义社会并揭示其规律后，才能真正了解整个人类的历史。对规律的认识必须运用辩证思维才能达到。在发现这些规律后，再去探寻它们在各个历史时期的表现形式及发挥作用的程度，这样就可以描述整个人类历史的进程了。

通过运用唯物辩证法，马克思获得了关于社会发展规律的许多新的洞见，从而确立了新的历史解释范式——唯物史观，并克服了人道主义历史观中的种种矛盾。

一是生产力概念的新奠基。为了摆脱经济基础和上层建筑、市民社会和宗教的循环论证，必须找到比二者更基础的东西。通过对资本主义社会的"人体解剖"，马克思发现了生产力是有生产关系（经济基础）及上层建筑竖立其上的整个社会的基础。得出这个结论之后，他便可以对古代经济进行"猴体解剖"了。这种解剖成立的依据便是生产力发展的规律性。这一点，马克思曾不止一次地指出过。在《德意志意识形态》《致安年柯夫的信》《路易·波拿巴的雾月十八日》中，他都强调，人们并不是毫无前提地创造自己的历史，他们是在直接碰到的、继承下来的生产力条件下创造，而生产力本身是不可以选择的。正是由于生产力在历史观中的这种"本体"地位的奠定，它获得了普遍性的意义，从而由一个单纯的经济学概念上升为哲学概念。

二是宗教批判的新境界。宗教不再被从"异化"的角度来理解，而是从最终受生产力发展水平决定的意识形态的角度来理解。"宗教的历史观"就变成了"历史的宗教观"，"异化的历史观"就变成了"历史的异化观"。这种转变所带来的一个直接影响就是异化理论不再具有一般方法和规律的意义。唯物史观的创立,不仅使马克思能够更精确、更科学地描述阶级社会里的宗教现象,而且为他探讨原始宗教提供了可靠的思想工具。把宗教的产生同生产力水平联系起来,这就解决了费尔巴哈无力解决的问题:宗教产生的自然根源问题。

三是人的本质学说的新突破。人的本质观上的转变深化了马克思对阶级和阶级对立的认识。"人的本质是社会关系的总和"这句话并没有直接告诉我们人的本质是什么,而只是说明了考察它的方法。即:我们应该从物质生产及在此基础上形成的生产关系中考察人,这样不仅可以得出人具有社会性,而且还可得出人具有历史性、多样性、后天性以及在阶级社会中有阶级性等结论。同样应当指出的是,人的本质是"自由自觉的活动"这一论断并未完全失效,只是这个本质不再思辨地、抽象地从所谓的"类"中概括出来,不再作为假想的人类社会的起终点,而是被看作生产力高度发达的、固定分工消除了的共产主义社会中特有的人的本质。两种关于人的本质的说法只有在共产主义社会中才能统一起来。因为在这种社会形态中,人的社会关系由于私有制的消灭而变得合理,人们不再屈从于固定的分工,不再像逃避瘟疫一样逃避劳动,他们不仅成为自然界的主人,也成为自己的主人,因此完全可以从"人的本质是社会关系的总和"推出"人的本质是自由自觉的活动"这一结论。

四是共产主义理论的新发展。在《德意志意识形态》中,马克思回顾了整个人类生产的发展史并表达了这一思想:现代生产力要求在事实上承认它的社会本质,最后必然要求由社会公开地和直接占有已经发展到除了社会管理不适于任何其他管理的生产力,必然要求由未来的共产主义的社会所有制来代替资本主义的私有制。共产主义学说以历史唯物主义为理论基础,共产主义社会以高度发达的物质生产力为前提,共产主义制度是资本主义社会基本矛盾运动的必然结果,共产主义事业是世界历史事业,共产主义者是实践的(行动的)唯物主义者。

原载于《世界哲学》2020 年第 6 期

重新评价马克思的自我异化理论

韩立新*

"自我异化"（Selbstentfremdung）理论是马克思早期思想的基本框架和主要特征。但是,迄今为止对它的主流评价却是消极的。本文拟区分发端于黑格尔的两种自我异化理论:"精神的自我异化"和"自我意识的自我异化",揭示马克思在《巴黎手稿》和《德意志意识形态》中批判性地继承后者所建立起来的"劳动的自我异化"理论以及将它应用于唯物史观建构的过程,通过对自我异化理论的重新解释来证明自我异化理论与唯物史观之间的兼容关系,以期改变消极地评价马克思异化理论的现状。

"精神的自我异化"

"异化"（Entfremdung）概念很早就有,但是将异化,特别是"自我异化"提升到体系建构方法论的高度则是黑格尔的功绩。他在《精神现象学》中曾把"实体"（Substanz）和"自我意识"（Selbstbewuβtsein）视为自己的哲学的构成要素,并分别以这两个要素为主体,展开过两套自我异化理论,即"实体的自我异化"和"自我意识的自我异化"。"精神的自我异化"是贯穿于黑格尔哲学体系的基本原理,除了《精神现象学》以外,它还被应用到他的精神哲学、法哲

---

* 韩立新,清华大学人文学院哲学系教授。

学、历史哲学和宗教哲学等领域。

正是出于对"精神的自我异化"的不满，从 19 世纪 30 年代中期起，青年黑格尔派试图消除黑格尔哲学中的这一保守因素，对黑格尔做出了激进的主观主义和自由主义的解释。他们的做法是，在实体与自我意识这两个要素中选择了更具有近代哲学特征的自我意识作为理论的出发点，将自我意识或者"人"（der Mensch）作为自我异化的主体，然后，通过人的自我异化来解释历史。他们的这一工作是从对基督教的批判开始的。

在思想史上，尽管人们常常认为费尔巴哈最先将基督教的神人关系做了颠倒，但是实际上鲍威尔做这一工作的时间并不比费尔巴哈晚。他们都是要把异化的主体从彼岸世界的神或者精神更换为此岸世界的人，要从此岸世界的人出发来解释世界和人类历史。这种"人的自我异化"理论因为顺应了改变德国落后的政治制度和社会状况的要求，符合启蒙以来的自由主义传统，在当时受到了广泛的欢迎。从 19 世纪 30 年代末到 40 年代初，这种"人的自我异化"逐渐取代"精神的自我异化"，成为德国哲学界的主要潮流。

来自青年黑格尔派内部的施蒂纳和马克思的批判给了青年黑格尔派以毁灭性的一击。青年黑格尔派是以攻击黑格尔的"精神的自我异化"起家的，但是，他们的批判却换汤不换药，而只是以不同的形式重复着"精神的自我异化"而已。这对于宣称已经埋葬了精神或者实体的青年黑格尔派而言，无疑是不名誉的。

广松涉的马克思批判

以上是自我异化理论及其在青年黑格尔派中演变的基本情况。那么，马克思跟这一自我异化理论又有什么关系呢？在马克思试图摆脱青年黑格尔派的束缚而创立唯物史观的历史时刻，这一自我异化理论究竟发挥了积极的作用还是消极的作用？这显然是一个重要的理论问题。

在广松涉看来，马克思从《德谟克利特的自然哲学和伊壁鸠鲁的自然哲学的一般差别》（简称《博士论文》）开始，一直到《关于费尔巴哈的提纲》和《德意志意识形态》为止，都处于青年黑格尔派的"人的自我异化"框架之下。

对早期马克思的思想发展做出这一描述并不困难,困难的是对他为什么在理论上必须放弃自我异化逻辑做出说明。也正是在这一点上,广松涉给出了自己的解释。他的解释很多,其中最为关键的是以下两点:第一,自我异化逻辑本身能否成立取决于作为自我异化主体的资质,即它必须是"一般主体概念"。因为只有主体具有一般性,比如像作为"类本质"的"人",才能够为具体的个体提供一般本质。而个别的"此岸的主体"因没有可供异化的一般本质,无法进行自我异化。第二,在《德意志意识形态》中,由于马克思对人的理解已经转移到这种"关系态"上来,自我异化理论也就丧失了存在的必要性。马克思的思考框架也就从"异化论逻辑"转变为以"关系态"为基础的"物象化论逻辑"。

广松涉对马克思自我异化理论的评价可归结为两点:第一,马克思没有属于自己的积极的自我异化理论,他的自我异化理论,或者是鲍威尔的"自我意识的自我异化",或者是费尔巴哈的"人的自我异化",或者是赫斯式的"人的自我异化",而这些自我异化理论都是黑格尔"精神的自我异化"的变种。第二,自我异化理论与唯物史观无法相容,由于自我异化理论必然以"一般主体概念"为前提,结果只能是以某种先验的观念来解释历史,即使将该主体换成经验性的个人,情况也不会有什么改变。因此,自我异化理论本质上是一种人本主义异化史观,在性质上属于历史唯心主义。对马克思而言,要想建立唯物史观,就必须放弃自我异化理论;要坚持自我异化理论,就必须放弃唯物史观。两者势不两立,是两者择一关系。这两点结论是重大的,可以说是判了自我异化理论的死刑,其实也等于判了以异化论为核心的《巴黎手稿》的死刑。

"自我意识的自我异化"

按照广松涉的推断,青年黑格尔派的所有自我异化理论都不过是黑格尔的"精神的自我异化"的变种,那么包括马克思的自我异化理论在内,都可以归结为"精神的自我异化"这一种。但是,在黑格尔本人那里,自我异化理论却绝非这一种。《精神现象学》中还存在着一种堪称"自我意识的自我异化"理论。而这一理论才是马克思本人的自我异化理论的直接来源。

"自我意识的自我异化"的结构必须以一个外部对象领域的存在为前提,否则自我意识无法使自己异化出去,同理也无法有什么从对象中返回自身。也就是说,它必须以自我意识和对象物、主体与客体的区分为前提。所谓自我异化是指自我意识在主体的内部与外部的对象之间的转换,是自我意识先从内到外,然后再从外回归于内的过程。这一过程,用我们熟知的语言来说,其实就是对象化活动,或者说劳动。事实上,黑格尔本人也曾以劳动为原型来思考过"自我意识的自我异化"。在以往的自我异化家族中,能够成为自我异化主体的只能是神、"人"、"类本质"之类的先天的超验存在,所谓自我异化也只能是这些超验存在将自己的先天本质异化给个体身上的结果。而在这里,劳动这一尘世的主体与客体之间的质料、形式的转变行为也被纳入自我异化理论的范畴,这在以前是难以想象的。

"自我意识的自我异化"与"精神的自我异化"在性质上相反,前者包含了与唯物史观兼容的可能性。遗憾的是,这种可能性不易被发现。不用说,主张"人的自我异化"的青年黑格尔派就与它擦肩而过。尽管他们在形式上采取了"自我意识的自我异化"逻辑,但是由于他们没有真正理解"人的本质的自我生成原理"的意义,最终仍然采取了"精神的自我异化"的历史解释结构。同样,作为这段学术史的解释者,广松涉也没能发现"自我意识的自我异化"的奥妙和意义,而是将它连同"精神的自我异化"一道予以了抛弃。与他们相反,马克思却是在 1844 年春夏之际,发现了这两种自我异化理论的差别,洞悉到了以"自我意识的自我异化"来建构唯物史观的可能性,开始沿着黑格尔开辟的这条道路继续前进了。

"劳动的自我异化"

马克思本人的自我异化理论是建立在"自我意识的自我异化"的基础上的。从《巴黎手稿》开始,马克思已经转而接受黑格尔的"自我意识的自我异化",并着手将它改造成一个新的自我异化理论,即"劳动的自我异化"。

黑格尔开创了把人的劳动也理解为自我异化的先河,但是,却做得不够彻底,即在事实上没能把劳动理解为物质劳动。而马克思则不同。他要对历史做出唯物主义的解释,就必须要找到促进历史产生和发展的客观性动因,即物质劳动。而且由于自我异化逻辑本身是一种历史辩证法,即它包括肯定、否定、否定之否定三个阶段,要对历史做出解释,不使用这一历史辩证法几乎是不可能的。因此,要想既保留自我异化逻辑,同时又要唯物主义地解释历史,恐怕首先要做的就是将"抽象的精神的劳动"改造成真正的物质劳动,即将抽象的"自我意识的自我异化"改造成物质劳动的自我异化逻辑。如果说黑格尔对劳动的理解偏重其形式方面的话,那么,马克思对劳动的理解则更偏重于其质料方面,强调它作为人的生活和历史发展的基础作用。

马克思经过对黑格尔劳动概念的改造,获得了一种堪称"劳动的自我异化"的自我异化逻辑。这种自我异化逻辑具有一些新特点:物质劳动是人为了满足自己的生存需要而从事的一种经验性活动;劳动主体不再是"类本质""人""自我意识"之类的一般观念,而是具有生命的经验性的人本身;经验性的人所异化掉的不再是什么超验的本质,而只是人所固有的肉体和精神的能力。在经过上述批判性改造以后,它已经成为马克思本人的自我异化理论。接下来的问题是,这种自我异化理论能否应用于对人及其历史的解释? 作为一个历史事实,马克思是否把它应用于对人及其历史的解释? 答案都是肯定的。作为一个事实,从《巴黎手稿》开始,马克思将它应用于对人的解释。这种人的本质观必然会带来历史观上的革命。

采用了"劳动的自我异化"逻辑以后,马克思在对历史的解释上必然会出现两个新特点:第一,"现实的有生命的个人本身"成为解释历史的出发点,这种人事先并不拥有"类本质""自我意识"之类的"人"的本质,也不具备"社会关系的总和"之类的社会本质,而只是经验性的个人。第二,劳动构成了历史形成的根本契机,在历史形成的过程中,满足生命需要的劳动发挥了根本性的作用。如同人从经验性存在过渡到本质性存在需要以劳动为中介一样,历史从自然史过渡到人类史也同样需要以劳动为中介。

原载于《清华大学学报(哲学社会科学版)》2020 年第 3 期

马克思恩格斯研究的思想史方法及其限度

张　亮[*]

20 世纪 30 年代,也就是马克思逝世半个世纪后,西方"马克思学"的学术发展日趋规范,其思想史研究方法逐渐达到西方学院化研究的普遍水平不仅推动了西方"马克思学"的规范化发展,而且通过学术竞争的方式,客观上对中国的马克思恩格斯研究的科学发展发挥了促进作用。值得注意的是,中国学术界必须尽快克服"学徒"心态,基于自身足以和西方学界平等对话的科学研究成果,批判继承这些方法,形成具有中国特色的科学方法体系,不负世界马克思主义学术界的期待,将中国建成 21 世纪国际马克思恩格斯科学研究的新中心。

过犹不及:文献考订方法及其"神话"

凭借 MEGA[1] 的横空出世,文献考订方法,这一起源于 18 世纪末 19 世纪初的西方古典学研究,过去主要运用于马丁·路德、康德等德国"古典"时代大思想家著作编辑出版的规范化方法,被史无前例地运用到了马克思恩格斯这两位具有巨大现实性的伟大思想家身上。在马克思恩格斯研究中,文献考订方法是一项基础性的方法。只有在运用它编辑整理出来的可靠文本系统基础上,科学的马克思恩格斯思想史研究才不是空中楼阁。具体说来,文献考订

＊　张亮,南京大学马克思主义社会理论研究中心暨哲学系教授。

方法需要完成下列工作:第一,马克思手稿的文字识别。第二,马克思散乱手稿的文本结构恢复。第三,马克思手稿创作时序的确定。第四,文稿真实归属的考订。第五,历史性的名词、术语、概念等的考订。

文献考订方法是马克思主义者倡导的,但后来似乎变成了西方"马克思学"的"专利"。第二次世界大战前,西方"马克思学"总体上不怎么关注文献考订方法,一则 MEGA^1 当时流传不广泛,限制了西方学界对这一方法的了解;二则当时的西方"马克思学"还没有或不愿承认马克思是一位伟大思想家,从内心里排斥用这种过往都是应用于伟大思想家的方法来对待马克思恩格斯的文本。第二次世界大战后,随着苏联马克思主义取得越来越大的成功,西方"马克思学"开始重视这一方法,甚至力图通过运用这一方法达成反对苏联马克思主义的目的。20 世纪 70 年代,苏联和民主德国启动新的《马克思恩格斯全集》历史考订版(MEGA^2)的编辑出版工作,但西方"马克思学"却拒斥这一运用文献考订方法的最新科学成果,理由是该方法被意识形态渗透了。然而,当苏东剧变、MEGA^2 的话语权转移到西方"马克思学"手中后,我们看到,西方"马克思学"却极力标榜文献考订方法是真正的科学方法,同时试图贬抑老MEGA^2,将自己塑造为文献考订方法的唯一合法"传人"。

从梁赞诺夫到西方"马克思学",从 MEGA^1 到老 MEGA^2 再到新 MEGA^2,一个多世纪以来,文献考订方法不断证明自己不可撼动的基础性地位与作用,同时也让我们看到,这一方法也有其不可超越的界限,一旦越界就会膨胀为新的"神话"。首先是文本即目标神话,其次是文本结构与历史重建的完全可能性神话。

适可而止:基于文本的思想阐释方法及其限度

基于文本的思想阐释是近现代西方哲学史和文学史的基本研究方法。该方法把哲学和文学文本从本质上看作世界观或信念的陈述,研究者的任务就是发掘、阐释包含在文本中的世界观或信念,以及它们的形成与发展。

西方"马克思学"对基于文本的思想阐释方法的引入、运用经历了一个较为复杂的变化过程。第二次世界大战结束后,基于文本的思想阐释方法在西方"马克思学"研究中日益普及,并与越来越丰富的马克思恩格斯文本相结合,产生了丰富的学术成果,推动西方"马克思学"走向全盛。一般说来,研究者是希望阐释出文本作者客观的因而也应当是唯一确定的世界观或信念及其发展变化。不过,在学术史上存在一种颇为普遍的现象,就是一门学术研究经过长期成熟发展后会出现所谓的"解释学转向",即研究者不再执着于文本中曾经存在过的那个思想世界,而更在意自己对那个思想世界的主体建构,用中国哲学的话讲,就是从"我注六经"走向"六经注我"。就西方"马克思学"而言,这种转向大约出现于 20 世纪 80 年代初,至 90 年代以后变得逐渐清晰可辨。

20 世纪 90 年代末,南京大学张一兵教授针对国内已有基于教科书原理体系阐释马克思文本的传统研究方法,提出"回到马克思"的口号,主张基于文本阐释马克思的思想,在国内学界产生广泛影响,引领、推动国内马克思主义研究方法的根本转变。从根本上讲,"回到马克思"倡导的文本学研究方法是中国传统优良治学方法的当代创造性继承和转化,与西方"马克思学"基于文本的思想阐释方法确有殊途同归之妙。两者的分野在于,前者具有更强的自我反思精神,拒绝把自己绝对化,从而能够发现后者不能完全自觉的各种界限:第一,任何阐释都具有内在的不可逾越的"理解的前结构"。第二,思想阐释必须基于文本,但绝不是说文本越多就一定越好。第三,思想阐释需要回到社会历史语境,但历史事实的细节也绝非越多越好。第四,思想阐释需要激发主体性,但决不能经由主体性走向主观主义。

不语怪力乱神:差异分析方法及其限度

差异分析方法是一种主要由西方"马克思学"发展出来的、用于解释马克思恩格斯思想关系的思想史研究方法。简单地讲,这一方法就是同中挑异,通过罗列对比马克思恩格斯在具体观点表述层次上的差异,否定马克思恩格斯思想的内在同一论,影射或引申出马克思恩格斯存在差异乃至对立的结论。

西方"马克思学"对差异分析方法的应用大致经过三个阶段。第一阶段是局部的差异分析,代表人物是悉尼·胡克。胡克的马克思研究受到卢卡奇和柯尔施的重要影响,重视对马克思辩证法的阐释,反对恩格斯的自然辩证法。在 20 世纪 60 年代以前,西方"马克思学"对差异分析方法的应用主要集中在辩证唯物主义领域,较少涉及历史观和政治经济学。第二阶段是系统的差异分析,代表人物是吕贝尔和诺曼·莱文。进入 20 世纪 60 年代以后,西方"马克思学"在马克思恩格斯关系问题上的认识经过量的积累开始发生质变,由局部差异论走向全面差异或对立论。当时有不少著名的西方"马克思学"家表达过近似的观点,其中影响最大的当属吕贝尔,他不仅将西方"马克思学"的恩格斯研究推向一个全新阶段,而且也将西方"马克思学"对马克思恩格斯的差异分析从局部推向全面。第三阶段是解释学的差异分析,代表人物是特瑞尔·卡弗。卡弗不仅承认马克思恩格斯的合作关系、恩格斯对马克思的影响,而且开始对差异分析方法进行解释学的改造,强调马克思恩格斯关系问题其实是一个解释学问题,力图将人们关注的差异、对立由文本的客观世界转移到研究者的主观世界中去。

在马克思恩格斯的思想史研究中,差异分析方法的出现无疑是具有合理性和必要性的。但是,不管在国际学界,还是在国内学界,差异分析方法事实上都常常受到诟病。个中的原因并不复杂,就是西方"马克思学"家在运用该方法时,往往语不惊人死不休,刻意突破该方法应当固守的一些界限,炮制出一系列骇人听闻的观点,招致人们的质疑与反对:第一,不应以"有罪推定"为前提。第二,不应无视时代发展的历史变量。第三,不应无视马克思恩格斯的理论分工。第四,不应恶意揣测人性。

展望具有中国特色的马克思恩格斯思想史研究方法体系

发展马克思主义离不开对马克思恩格斯思想的完整准确理解。深入推进中国的马克思恩格斯思想史研究,奋力开创具有中国特色的马克思恩格斯思想史研究新篇章,历史地成为当代中国马克思主义研究者的一项神圣使命。在充分吸收借鉴包括西方"马克思学"在内的国际先进经验基础上,创新具有中国特色的马克思恩格斯思想史研究方法体系,也就成为当下一项亟待完成的重要工作。

第一，这个研究方法体系应以马克思主义信仰为基。"笃信好学，守死善道。"中国传统治学之道崇尚知行合一，主张笃信笃行，推进坚定信仰基础上的扎实学术研究。"价值中立"绝不是要求学者放弃自己的社会理想，以超然物外的绝对客观性进入研究领域，而只是要求暂时停止价值判断，以严谨的科学态度从事社会科学研究，负责任地作出自己的行为选择。我们的思想史研究过程应当"价值中立"，即排除任何基于价值观的学术成见对研究活动的干扰，尽可能完整准确地把握马克思恩格斯的思想及其过程。

第二，这个研究方法体系应当能够引导我们回到思想得以生成的完整历史。要想真正准确把握思想，我们就必须能够回到思想得以生成的"现实生活过程"，即马克思恩格斯思想的时代生活中去。能够回到的历史越相关、越完整，我们对思想的把握就会越准确、越深入。因此，这个研究方法体系应当能够引导我们回到四重完整历史，即以物质生产方式变革为核心的社会史、与前者相伴而生的科学观念文化史、马克思恩格斯投身其中的无产阶级运动史以及他们创造思想的个人心灵史。

第三，这个研究方法体系应当能够指引我们把握文本中的思想。文本是思想的栖居之所。我们的目标是文本中的思想，而非文本本身。西方"马克思学"的教训已经充分说明，文本具有魅惑力，能够像塞壬的歌声那样迷惑船员的心灵，让后者丧失前进的动力。是买椟还珠、迷失在文本之海，还是以文本为舟、抵达思想的彼岸？这取决于我们的选择。因此，这个研究方法体系应当像奥德赛那样，不仅要能引导我们发现文本、走向文本，更要能引导我们从文本走向思想、透过文本发现思想。

第四，这个研究方法体系应当能够照亮思想的当下。马克思恩格斯的思想是活在当下中国的活思想。因此，这个研究方法体系不仅要能照亮思想的历史，还要能为思想的当下提供光明。具体地说：一是有助于史论结合，为马克思主义原理的当代研究传播学习提供帮助；二是有助于关照现实，为发现中国问题、解决中国问题提供支撑；三是有助于创新继承，为我们像马克思恩格斯那样创新理论、发展马克思主义提供指引。

原载于《探索与争鸣》2020 年第 6 期

重思马克思的市民社会理论

张双利 *

本文的写作重点仅在于概要阐述"黑格尔—马克思"问题,它基本上属于第一个环节的研究范围。文章分三个层次展开:首先是对黑格尔市民社会理论的简要论述,重点在于说明黑格尔对市民社会的双重性质的分析。其次是概要阐述马克思对黑格尔市民社会理论的反驳和吸收。马克思在政治革命的框架之下理解现代世界,他一方面直接反驳掉了黑格尔给出的解决问题的道路,另一方面又在对市民社会的非伦理性的断定上直接吸收了黑格尔的相关思想。最后是简要论述马克思对市民社会的非伦理性的进一步断定。以上述三个层次的论述为基础,本文旨在说明,马克思如何在新的时代背景之下,对黑格尔所提出的市民社会的非伦理性问题进行了深化,以及"黑格尔—马克思问题"为什么是内在于整个现代化事业中的根本性难题。

黑格尔论市民社会的双重性质

在政治革命和商业社会的双重现实前提之下,黑格尔在《法哲学原理》中明确指出,市民社会是现代伦理生活的一个环节。在这一理论框架之下,黑格尔明确指出市民社会有两大原则:首要原则是特殊性,次要原则是普遍性的形

---

* 张双利,复旦大学哲学学院教授。

179

式。关于市民社会的实际形成,黑格尔首先指出,市民社会必须以国家为前提,只有在国家守护住整个共同体的统一性和普遍性的前提之下,才能让市民社会中每一个人的特殊性得到释放。黑格尔同时还特别指出,市民社会是现代世界的产物,因为在古代的伦理共同体中没有对主观自由原则的承认。关于市民社会的内部机制,黑格尔指出,我们可以分三个环节来对它们进行考察。首先,是需要的体系,即市民社会是一个普遍的劳动分工和商品交换体系,每一个自由的个体都可以参与该劳动分工体系,并凭借自己的劳动而分享公共财富,满足实际需要。其次,是司法,它通过在法律上确保每一个成员的自由个体地位和私有财产权利,来为需要的体系提供法律前提和司法保障。最后,是警察和同业公会,它们分别为需要的体系的正常运行提供两个方向上的支撑。

关于市民社会的发展趋势,黑格尔的判断与亚当·斯密的判断大相径庭。斯密作为经济自由主义思想的代表,强调市民社会本身具有道德性质,市民社会条件下的自由劳动和普遍交换可以使整个社会得到成全。黑格尔却强调指出,市民社会具有非伦理性,任由其自行发展,不仅会导致严重的社会问题,而且甚至会带来整个伦理共同体的瓦解。黑格尔先从原则的高度指出市民社会的非伦理性质的内在根据,在此基础之上,他又进一步从现实的角度对市民社会的自我瓦解趋势进行了具体分析。

黑格尔指出市民社会的非伦理性,是为了找到限制市民社会自我瓦解趋势的现实道路。关于这条现实的道路,黑格尔指出其主要机制是等级和同业公会,支撑这两大机制的基本原则是特殊性和有限的普遍性的统一。黑格尔明确指出,国家既是市民社会的前提,又是市民社会的目的。黑格尔从概念的角度对国家与家庭和市民社会之间的关系进行了界定,这一界定主要有两个层次的现实内涵:首先,家庭和市民社会并不是在先的。家庭和市民社会只是精神的两个有限性的领域,落实为现实生活,也就是说,在现代世界中家庭和市民社会这两个领域要以国家为前提才能得到发展,国家为这两个领域的发展提供基本的法律前提和必要的外部支撑。其次,国家是目的本身。家庭和市民社会这两个有限性的领域并不是目的本身,通过家庭和市民社会这两大领域的发展,精神要进一步上升为自为的和无限的现实精神。概括起来,国家和市民社会之间是三环节式的关系：从国家到市民社会再到国家。

论述至此，我们可以说黑格尔的市民社会理论主要有两大杰出贡献：一是明确提出了市民社会的非伦理性问题，断定其是现代世界的根本性难题；二是同时给出了一个解决问题的方案，该方案的要害在于国家相对于市民社会的优先地位。

马克思对黑格尔市民社会理论的反驳与吸收

马克思的市民社会理论直接来源于黑格尔。马克思一方面对黑格尔给出的解决问题方案进行了反驳，他先是在《黑格尔法哲学批判》中对黑格尔的国家与市民社会关系理论进行了直接反驳，紧接着又在《论犹太人问题》中对国家与市民社会之间的现实关系进行重解；另一方面他又直接吸收了黑格尔的市民社会概念，并在《论犹太人问题》和《〈黑格尔法哲学批判〉导言》中分别用自己的概念再次强调了黑格尔所指出的市民社会的两大问题。

首先是对黑格尔的解决问题方案的反驳。黑格尔在法哲学中一方面明确指出市民社会问题是现代世界的根本难题，另一方面又强调国家是解决问题的真正场所。只有从国家出发，我们才能守住国家与市民社会之间的三环节式的关系（从国家到市民社会再到国家），才能实现让市民社会得以存在和发展，并同时对其自我否定性的发展趋势进行限定的双重目标。

概要地说，马克思在《黑格尔法哲学批判》中主要分两步对黑格尔给出的解决问题方案进行了批判：第一步是从总体上进行批判，指出黑格尔的三环节式的理论无现实根据，在根本上是一种"逻辑的、泛神论的神秘主义"；第二步是对黑格尔所说的现代国家内部的三个环节（王权、行政权和立法权）进行具体批判，指出国家根本无法解决普遍性与特殊性之间的对立，无力实现对市民社会的统摄式引领，不是解决问题的真正场所。在总体性批判的层次，马克思明确指出，黑格尔之所以能构建出上述这种三环节式的关系，是因为他借助于神秘主义，即观念的神秘的运动。在具体性批判的层次上，马克思指出，现代国家内部的三个环节（王权、行政权和立法权）各自具有内在缺陷，既无力守住现代国家的普遍性，更无法实现普遍性和特殊性的统一。

经由这两个层次的批判,马克思明确得出结论:黑格尔给出的三环节式的理论(国家—市民社会—国家)毫无任何现实根据;黑格尔版本的国家不是解决问题的真正场所。那么国家与市民社会之间的关系究竟朝向什么方向发展? 马克思在《论犹太人问题》中对此问题进行了直接回答,他以美国社会为现实参照,对国家与市民社会之间的关系进行了重新思考。以黑格尔的三环节式的理论为参照,我们可以说马克思在这里提出了另一个三环节式的理论:第一个环节是政治革命带来国家和市民社会的分离;第二个环节是国家将促成市民社会的充分发展;第三个环节是充分发展了的市民社会必将反过来吞噬国家。

其次是对市民社会问题的强调。马克思在 1843—1844 年间之所以要对黑格尔的国家哲学进行集中批判,是因为他充分承认黑格尔所提出的市民社会问题。他不仅在原则上认同黑格尔对市民社会的非伦理性的断定,在对市民社会和国家之间的关系进行重新解析之后,他又更进一步强调指出了市民社会的两大现实难题。

马克思论市民社会的非伦理性

马克思 1844 年来到巴黎以后开始集中研究政治经济学,并通过对政治经济学的批判来展开对市民社会的解剖。在 1844—1848 年间,马克思的市民社会理论经历了又一轮发展。概要地说,他主要在三个层次上进一步发展了市民社会理论。其一,在新的历史条件之下,重新解析私有财产的具体内涵,洞见到了市民社会内部的权力关系;其二,在关于阶级统治的新理论框架之下,重新分析了市民社会和国家之间的关系;其三,从资产阶级社会的角度,进一步论述了市民社会的非伦理性。

在《1844 年经济学哲学手稿》中,马克思从当前的经济事实出发,即从工人陷入贫困这一重要现实出发,追问致使这一结果的实际原因。沿着这个思路,马克思依次分析了异化劳动的四个规定性,得到了异化劳动的概念,并通过异化劳动的概念揭示出了私有财产的实际内涵。私有财产不仅意味着个体自由,更意味着一群人对另一群人的实际支配。即,马克思在这里已经通过异化劳动的概念把握住了市民社会的内在矛盾性,即自由与奴役之间的矛盾。一方面,市民社会是现代世界的伟大成就,它在私有财产的关系中承认每一个人的独立人格地位,实现了对特权原则的超越;另一方面,在抽象平等的形式之下,私有财产的实际内容依然是人对人的支配,人与人之间的依附关系并没有被真正废除。那么,市民社会内部的这一内在矛盾为什么能够得到维持?

在《德意志意识形态》中,马克思、恩格斯通过对市民社会和国家之间的关系进行重新阐述,正面回答了这个问题。从市民社会内部的权力关系出发,他们在这里已经超越了政治革命的理论框架,形成了阶级统治的新理论框架。从阶级统治的角度出发,他们分三个环节对市民社会与国家之间的关系进行了重构,并进一步回答了市民社会为什么具有内在的矛盾性。简要地说,第一个环节是传统社会的解体和以纯粹私有制为内容的市民社会的出现;第二个环节是市民社会中的统治阶级借助于现代国家为其特殊利益提供普遍形式;第三个环节是市民社会成功地把国家作为"外部国家"包容于自身之中。

1845 年以后,马克思很少再直接使用"市民社会"的概念("bürgerliche Gesellschaft",英译"civil society"),取而代之的是"现代资产阶级社会"的概念(英译"modern bourgeois society")。这其中的道理不难理解:"市民社会"("bürgerliche Gesellschaft")与传统社会解体和新兴市民阶层出现的历史背景直接相关;"现代资产阶级社会"("modern bourgeois society")则是指工业革命和政治革命都已经完成之后的现代社会。如果借用上文中所提到的三环节式理论来解释,"市民社会"("bürgerliche Gesellschaft")指的是第一个环节上的市民社会,其核心的内涵仅仅是纯粹的私有制;"现代资产阶级社会"("modern bourgeois society")则是指第三个环节上的市民社会,它指经过了工业革命和政治革命的双重改造、以资产阶级为统治阶级的现代社会。马克思虽然把黑格尔的市民社会概念转换成了现代资产阶级社会的概念,但他并没有放弃对黑格尔问题即市民社会的非伦理性问题的进一步思考。马克思在1848 年的《共产党宣言》中,通过揭示现代资产阶级社会的基本原则和发展趋势,进一步论述了现代资产阶级社会的反伦理倾向。

原载于《学术月刊》2020 年第 9 期

马克思恩格斯对巴枯宁无政府主义的分析批判及其当代启示

李晓光 *

在第一国际存在的十多年时间里,马克思、恩格斯分析批判的主要错误社会思潮就是巴枯宁无政府主义。正是在对巴枯宁无政府主义错误社会思潮的分析批判中逐步清除了其在工人阶级中的消极影响,同时进一步发展了马克思主义唯物史观。今天再研读马克思、恩格斯经典文本对巴枯宁无政府主义的分析批判,仍然能够从中获得有益的启示。

企图分裂第一国际的巴枯宁无政府主义

1864年,国际工人协会创立(史称"第一国际")。1868年,巴枯宁加入其中。然而,正如马克思所指出的,巴枯宁参加第一国际的"目的是要在国际内部建立一个以他为首领的叫做'社会主义民主同盟'的第二个国际。他这个没有任何理论知识的人妄图以这个特殊团体来代表国际进行科学的宣传,并把这种宣传变成国际内部的这个第二个国际的专职"①。在此期间,巴枯宁还建立了一个叫做国际革命协会的无政府组织,并为该组织拟定了纲领性文

---

* 李晓光,北京科技大学马克思主义学院教授。
① 《马克思恩格斯文集》第10卷,人民出版社2009年版,第368页。

件——《国际革命协会的原则和组织》《国际革命协会的纲领》等。显然,巴枯宁在国际工人协会之外创立所谓国际组织的实质是要分裂甚至瓦解协会。正是由于巴枯宁在第一国际内进行派别活动,1872 年国际海牙大会时他被开除。巴枯宁被开除出第一国际后,巴枯宁主义者又在瑞士的圣伊米耶召开了"反权威主义"的代表大会,这次大会不仅否决了国际海牙大会的决议,而且宣布建立一个新的"反权威主义国际"。

巴枯宁受蒲鲁东主义的影响宣扬无政府主义,在其参加第一国际期间创立了无政府主义思想体系。19 世纪 60—70 年代,巴枯宁写了一列著作阐述其思想,如《国际革命协会的原则和组织》《国际兄弟同盟的章程和纲领》和《上帝与国家》《巴黎公社和关于国家的概念》《国家制度和无政府状态》等。其中,《国家制度和无政府状态》一书,是巴枯宁无政府主义观点的代表作。在巴枯宁看来,国家是主要祸害,因此,他反对一切国家,认为只有废除、消灭国家,才能进行所谓的社会清算,最终实现社会平等。

马克思、恩格斯对巴枯宁无政府主义的分析批判

面对巴枯宁无政府主义的主要错误观点及其分裂活动,马克思、恩格斯进行了坚决反击。1872 年初,马克思、恩格斯发表《所谓国际内部的分裂》揭露了巴枯宁无政府主义者分裂的真面目。在 1872—1873 年间,马克思和恩格斯又连续写了一系列著作,对于巴枯宁无政府主义进行分析批判并力图清算、消解其产生的负面影响。这些著作和通信对巴枯宁无政府主义进行的分析批判主要包括以下内容。

第一,分析批判巴枯宁无政府主义主张消除一切国家的观点,阐释国家消亡的必要条件。在巴枯宁看来,国家是人世间一切苦难和罪恶的根源,甚至资本也是国家创造出来的。无产阶级应当废除的是国家而不是资本,由此才能实现一种"自由和无政府状态",各个阶级的人才能在经济、政治、社会等方面实现平等。恩格斯揭穿了巴枯宁无政府主义在国家问题上的唯心主义实质,指出了国家消亡的必要条件是:废除资本、实行社会变革,建立无产阶级专政的国家。废除国家的前提是实现社会变革,而要实现社会变革,就得进行生产

方式的改造,从而废除资本,即废除容许资本存在的社会制度,只有建立无产阶级专政国家才能达到此目的。

第二,分析批判巴枯宁无政府主义宣扬放弃一切政治斗争的观点,揭示其"政治冷淡主义"的实质。恩格斯指出,巴枯宁无政府主义者主张放弃政治活动,他们认为,若"进行政治活动,尤其是参加选举,那是对原则的背叛",因为在他们看来,"国家是祸害",既然如此,"就不应当做出任何事情来维持国家的生命",这一认识对"任何一种国家———不管是共和国,君主国等等"都一样。因此,"就应当完全放弃一切政治"。① 马克思在《政治冷淡主义》中也指出:"这些人是如此愚蠢,或者说,如此幼稚,竟然禁止工人阶级使用一切现实的斗争手段。"②在马克思看来,政治斗争和社会革命是同经济发展的一定历史条件相联系的。巴枯宁无政府主义者崇尚的是幻想中的、不受任何限制和约束的、有可能随意发生的偶然革命,而不是基于现实的社会生产条件和历史条件发生的真正的社会革命。其症结在于,巴枯宁无政府主义者根本不懂得什么是社会革命。

第三,分析批判巴枯宁无政府主义者否定一切权威的观点。巴枯宁无政府主义者提出,最坏的原则就是权威,而最好的原则则是自治。这样的认识在当时的工人阶级中造成了消极影响,即导致工人厌倦无产阶级政治。巴黎公社已经把建立无产阶级国家和无产阶级专政、实现无产阶级政治提上了日程,巴枯宁无政府主义的谬论起到了适得其反的负面作用。因此,恩格斯在《论权威》中明确指出,权威包括两个方面的含义:一方面是被迫接受别人的带有强制性的意志;另一方面是不得不听命与遵从这种带有强制性的意志。权威与自治是辩证统一的关系,二者相互依存,不存在所谓"绝对坏的权威",也不存在所谓"绝对好的自治";权威与自治都会随着社会的发展而发生相应改变。大工业社会中,不仅经济活动需要权威、社会需要权威,政治权威也是绝对必要的,革命活动也一样需要权威。

---

① 《马克思恩格斯文集》第10卷,人民出版社2009年版,第377页。
② 《马克思恩格斯文集》第3卷,人民出版社2009年版,第340—341页。

马克思、恩格斯分析批判巴枯宁无政府主义的当代启示

马克思、恩格斯通过分析批判巴枯宁无政府主义,发展了马克思主义的国家学说,阐明了政治运动和阶级运动的关系;阐明人类社会需要权威,指出应该辩证地认识权威和自治的关系,对于唯物史观的有关原理作出了重大发展。巴枯宁无政府主义虽然在理论上已被马克思、恩格斯批驳得几近体无完肤,在实践中业已失去其进一步泛滥的市场,但是,在历史脚步进入到 21 世纪的今天,重温马克思、恩格斯在其经典文本中对巴枯宁无政府主义的分析批判,对于准确理解马克思主义一些论断、在中国特色社会主义初级阶段坚持人民民主专政以及坚决维护以习近平同志为核心的党中央权威都具有重要的启示意义。

第一,为消除人们对于马克思主义单纯诉诸暴力革命方式的误解提供了依据。暴力革命还是和平进化是社会主义革命取得胜利的方式? 这个问题是马克思、恩格斯一直探讨并由列宁在其《国家与革命》中作出进一步研究的马克思主义发展史上的重要理论问题,也是国际共产主义运动中的实践问题。马克思和巴枯宁之间分歧的关键点在于立场的根本不同,马克思的"立场是要吸引劳动群众参加革命运动,使他们积极行动起来,培养他们为今后的伟大行动做好准备";而巴枯宁的"立场则是使群众消极被动,从而正好对最困难的一部分工作毫无准备",因此,他们之间的分歧是"决定性的理论问题和实际政治问题"。① 而工人阶级斗争应该采取何种合适的方式问题的理论意义则在于究竟应该用暴力革命还是进化的方式夺取社会主义胜利,对该问题的这种探讨对于当代国际工人运动具有重大价值。

第二,对于在中国特色社会主义初级阶段坚持人民民主专政具有重要指导意义。马克思在《巴枯宁〈国家制度和无政府状态〉一书摘要》一文中驳斥了巴枯宁对无产阶级专政国家的攻击。1875 年,马克思写了著名的《哥达纲

① 普雷德拉格·弗兰尼茨基:《马克思主义史》第 1 卷,黑龙江大学出版社 2015 年版,第 206 页。

领批判》,这部著作重要的理论贡献之一就是把无产阶级夺取政权以后的社会发展分为三个大的阶段:从资本主义社会到共产主义社会的过渡时期、共产主义社会第一阶段、共产主义社会高级阶段,并提出了"过渡时期"理论。1917 年 8—9 月间,列宁写了《国家与革命》一书,在这部著作中,列宁引述并进一步发挥了马克思在《哥达纲领批判》中关于共产主义社会两个阶段的划分以及各个阶段基本特征的思想,并明确提出过渡时期的国家只能是无产阶级的革命专政。在一定意义上,中国社会主义初级阶段可以说与马克思、列宁所提出并论证的从资本主义社会到共产主义社会的过渡时期相符合,在这一时期,仍然要坚持"无产阶级的革命专政",即坚持人民民主专政。"人民民主专政"的概念是以毛泽东同志为主要代表的中国共产党人提出的。民主和专政密不可分,没有民主无所谓专政;同样,没有专政,也无需谈民主。人民民主专政就是对广大人民实行民主,对极少数人民的敌人实行专政。

第三,为坚决维护以习近平同志为核心的党中央权威提供有力理论支持。党的十八届六中全会正式提出"以习近平同志为核心的党中央"的表述,并把此写入全会文件。中国共产党是中国的执政党,办好中国事情的关键在于中国共产党。中国特色社会主义最本质的特征是中国共产党的领导,中国特色社会主义制度的最大优势还是中国共产党的领导。因此,坚持中国共产党的领导,是做好党和国家各项工作的根本保证;坚持中国共产党的领导,就要维护党中央的权威和党的领袖的核心地位。首先,无产阶级政党建设要求维护党中央权威和党的领袖的核心地位。其次,坚决维护党中央权威,首要的就是要维护习近平总书记的核心地位。最后,坚决维护党中央权威,要将这一政治要求具体落实并融入到实际工作中。

原载于《当代世界与社会主义》2020 年第 3 期

马克思分配正义的政治经济学及政治哲学批判

涂良川 *

在马克思政治哲学视域中，分配正义必然具有规范与批判的双重维度。而且，马克思对分配正义的批判不是抽象的道德反对，而是政治经济学—哲学批判。立足马克思的政治哲学，我们发现分配正义的建构无法离开社会生产的现实，即无法离开生产什么、如何生产的现实，这是分配正义的存在论前提。认为分配正义是对生产关系的直接反映，所以资本主义的分配就是正义的，其实是曲解了马克思分配正义的批判维度。马克思以还原资本主义分配正义存在语境的方式，深入地解剖、批判了资本主义的分配正义。

分配的本质及其与生产的辩证关系

分配问题本质上是生产问题，但是分配问题又不能简单地还原为生产问题。直观地看，生产力的发展与产品的丰饶并不能直接解决分配难题，因为分配作为一种体现生产力发展特性并受所有制钳制的、兼备经济属性与政治属性的社会实践行为，既要从经济学的意义上考虑生产与分配的相互关系，又要从政治哲学的角度考虑生产与分配的相互影响。经济与政治是分配的内在规

* 涂良川，华南师范大学马克思主义学院教授、博士生导师。

定性,生产则是经济与政治的现实规定。对分配的研究,既不能只专注于其体现的意识形态,又不能局限于将分配直观还原于生产形式,而是要在人的分配实践中把握分配与生产的辩证关系。

生产既是分配的限制性条件,又是分配的历史性前提。分配的对象首先是人类劳动的产物,不是劳动产品的对象谈不上分配,只有占有。而且,能够表征分配与生产辩证统一的分配,是基于正义的生产方式的分配正义。分配必须超越对财富分配的直观描述与抽象规范,而应该内探到生产方式的正义之中。古典政治经济学以交换的正义性奠基一种聚集于财富的分配正义。社会分配按照生产要素的贡献原则,维系着现代商业社会的繁荣与稳定,但是无法克服交换正义固有的消极影响。虽然李嘉图的社会正义以劳动价值论的方式论证了资本主义非平等的交换,但是其强调的劳动应得本身并没有深入分配的根基——生产。社会生产,既生产特定的物质产品,同时也生产社会的意识形态。生产既是社会存在的实践根基,也是理解社会生活的基本范畴,不仅规定生产什么,也规定如何分配。资本主义逻辑中的工人,依据交换正义的原则以劳动力为生产要素参与劳动产品的分配,因此以交换价值为生产目的的资本主义,其分配方式与价值原则无一不在强化资本增殖这一隐秘事实。

分配正义的双重视野:生产与阶级

马克思从生产与阶级两个维度深入地论述了分配正义,也从生产与阶级的双重视野深入具体地解剖了资本主义"平等权利"的"不平等分配"的内在本质。在马克思看来,社会生产是理解分配正义的社会存在前提,阶级是分配正义的政治属性。虽然马克思不是从正义的角度对资本主义进行道德批判,但是从生产与阶级的双重视角对资本主义分配正义的政治解构与对共产主义分配正义的唯物主义把握,一方面有利于我们深入透视资本主义分配的文明进步性与历史局限性,另一方面也提供了我们正视分配问题的理论智慧。或者说,马克思分配正义所秉持的生产与阶级的双重视野,构成了我们思考分配正义的历史唯物主义思维进路和政治价值范式。

分配正义作为内含政治价值的经济实践,一方面体现了政治组织的价值根据,另一方面表征了生产的社会历史特质。有什么样的生产,就会有什么样的分配,有什么样的分配就有什么样的分配正义。因此,脱离生产建构的分配正义,要么是资产阶级意识形态呓语的经济再现,要么是庸俗社会主义对社会历史现实的抽象回答。从马克思政治哲学的视域来看,生产是分配正义的存在之维,阶级是分配正义的价值之维。分配正义是人在社会中,以经济的方式表达的价值诉求。是根植生产现实的历史性价值诉求。或者说,不能从既定的某种分配正义来推演生产的具体,而应在理解生产现实的基础上回到分配正义的抽象。只有这样,分配正义才是分配这一经济活动的政治具体。

分配对象及其确立原则

分配对象是关乎人们理解分配的前提性问题,而分配对象的确立原则又是从前提上制约分配正义性的社会历史前提。并且,分配对象与分配对象的确立原则,从前提上决定了分配的正义性。马克思依据其对资本主义分配的政治经济学—哲学批判认为,收入与财富作为分配对象是在经济扣除与社会扣除之后确定下来的。因此,把握分配对象及其确立原则才是洞见分配正义的政治经济学考察,这既构成了马克思对资本主义分配正义的政治经济学批判,又奠定了马克思共产主义分配正义的致思理路。

从社会历史的逻辑来看,是人的劳动而非劳动所有权创造了分配的对象:收入和财富。马克思认为是人类劳动与自然界的否定性统一创造了可分配的对象。当收入和财富表现为分配之物时,不过是以收入的方式肯定了人劳动的创造性,它以财富的方式呈现了物与人的统一。如果自然界未被占有,那么劳动创造的一切有形与无形财富都应是分配的对象。此时还必须考虑生产劳动的延续。人的劳动之所以不同于动物的本能活动就在于,它是有目的、有计划的理性规划下的实践活动。劳动得以为续必然会成为确立分配对象的重要参考原则。因此,对社会总产品的分配,抽象地看必须作出经济与政治的必要扣除。

社会总产品从经济与政治两个方面进行了扣除,经济扣除是维持生产繁荣、财富增长的必然要求,具有自然的正义性;但是政治扣除作为在人类学维度之外的政治维度却决定了扣除的正义性。或者说,如果政治扣除不存在利益的转移、财富的积累、贫富的差距、支配的形成,那么扣除当然是正义的。也正是在此意义上,马克思在《资本论》"各种收入及其源泉"一节具体分析了资本主义政治扣除的非正义性,深入揭示了资本主义如何将政治扣除伪装成经济扣除,以经济的必然逻辑来掩饰政治的价值逻辑。

资本主义"平等分配"的虚假性与有限性

资本主义的"平等分配"是立足"等价"交换的分配方式。但是资本主义的"等价"是基于异化的人的同一性抽象,是货币面前的同一性。其一,就无产者而言,资本主义私有制的排他性与支配性,使生成人本质的劳动异化成维持人肉体生存的手段,使人等同于物的同一性,是抽象平等的社会历史根据。资本主义异化劳动的剥削造就了"大多数人一无所有"的平等。其二,就有产者而言,同样是人的异化。与无产阶级发生的所谓平等关系其实只是物的同一性,而非人的同一性。这一平等关系中,无产者与有产者作为关系者项没有任何差别、没有任何对立。资本主义是试图以经济的等价交换的有限平等来证成其基于资本主义私有制的"平等分配"。

"平等"虽然是资本主义的政治话语,但是从来也没有落实为"平等分配"的经济行为,因为资本主义的政治国家是私有财产排他性、支配性的政治保障。资本主义政治国家以此一方面为强盛创造条件与开创空间,另一方面则具体贯彻私有财产的异化特质。国家以所谓"守夜人"的角色,维护着作为资本运作条件的个体化的私有产权制度,虽然不可避免地出现产权人的自由与"国家的强力"、社会规范之间的矛盾,但是资本主义的政治国家从来也没有放弃以暴力与垄断维护市场自由运作和私有财产合法支配的核心职能。虽然资本主义国家以公共服务的方式实行所谓"平等分配",提供公共设施与社会服务,但是这并不意味着资本主义国家政治取向的改变,它恰恰是维护私有财产的手段。

资本主义宣扬的"平等分配"是资产阶级有限平等的虚假意识,是以经济必然性来取代社会必然性的政治伎俩。只有变革资本主义特有的生产方式与生产关系、扬弃资本主义支配性的私有制,平等分配才有可能性。在此意义上,我们必须深入洞见与分析资本主义生产方式的本质及其限度。唯有如此,我们才有可能正视分配正义中诸多以描述经济交换为基础的原则。

资本主义"公平分配"与生产方式

资本主义以自由、平等的交换作为经济运行的原则,产生了一种符合经济理性的平等分配;同时又以生产资料占有权和劳动力支配权为基础建构了剩余价值生产的剥削过程,形成一种平等分配下的非正义分配。这直接源于资本主义"公平分配"的背反逻辑,根本上则是因为资本主义生产方式的二重性。因此,资本主义"公平分配"与生产方式变革之间的关系,就成为我们理解马克思批判资本主义绕不开的问题。

根据马克思历史唯物主义的双重特质,我们可以得出以下基本结论:其一,资本主义立足私有制的交换正义,形成了一种自然的、描述性的正义原则。其二,资本主义的自由交换是基于"自由意志"的交换,形式的意志自由使基于交换的财富转移具有程序上的正义性。其三,在资本主义的逻辑中不存在生产方式的交换正义与分配正义。但是,不能用描述生产方式实存性的原则反过来评价生产方式的正义性。其四,就如何看待资本主义的正义,马克思认为资本主义的正义是对身份依附的奴隶制、封建制的批判,却无法从逻辑上证明自身的正义性,只能宣称资本主义是正义的。

马克思以历史唯物主义双重视野,既清楚地解释了资本主义的历史文明性与历史正义性,又真实地把握了资本主义正义虚假的一面。其一,资本主义"劳动所得"的公平分配,是按照商品交换的各个永恒规律行事的。其二,资本主义的"公平分配"是以交换的平等关系为前提的公平分配。其三,资本主义的"劳动所得"是基于自由的劳动所得。其四,资本主义以其全面化的生产,使"劳动所得"的特殊利益普遍化为社会利益。

原载于《马克思主义哲学论丛》2020 年第 1 期

论社会学的康德式奠基及其困限

王时中 *

马克思在《资本论》第二版的"跋"中不无遗憾地指出,人们对《资本论》中应用的方法理解得很差,马克思借用伊·伊·考夫曼的评论指出,他的方法之所以被如此误解,是因为人们无法理解他研究社会的"实在论"方法与叙述的"辩证论"方法何以能结合在一起,因此也无法接受对现存事物的"肯定的理解"中何以能够包含"否定的理解",归根到底就是无法理解"合理形态的辩证法"的独特规定性。本文拟从马克思作为"社会学"奠基人的身份切入,以施塔姆勒与韦伯的方法论之争为对象,对社会学的康德式奠基路径及其内在困限做一个批判性考察,以彰显马克思"辩证法"在分析社会时的理论特征与意义。

问题的提出:从"自然如何可能"到"社会如何可能"

一般认为,作为社会学研究对象的"社会"包罗万象,似乎是一个"大杂烩",根本就无法对象化;何况,已经存在了经济学、伦理学与政治学等学科形式,何以还要"叠床架屋",再建立一门"社会学"?这些都是社会学这门学科建构之初亟须回应的根本性问题。德国社会学家齐美尔以"自然如何可能"

---

* 王时中,南开大学哲学院教授。

这个康德式的追问为类比,认为社会学的基本问题应该是回应"社会如何可能"的问题,这就大大地推进了"社会学"的学科化进程。正如康德以"先天综合判断如何可能"作为纯粹理性的总课题,以为"科学"与"形而上学"划定边界一样,齐美尔提出"社会如何可能"的问题,也试图为社会学确立"科学"的根据。从这个意义上说,齐美尔之后的社会学要不首先就得回应他的问题,要不就是还没有进入社会学的问题。

从马克思的视角看,人类社会与自然界之间有着根本的差异:社会历史领域中发生作用的是有意识、有目的的人的活动,而在自然界中,发生作用的则是纯粹的自然力。但是,肯定人的活动的目的性与将社会历史做"目的论"的解释是根本不同的:前者是从人的活动中揭示出社会生活的重复性,进而构造出社会历史的规律性。而后者则是从人的活动中抽象出目的性,进而将其置放到社会生活之外,并以之作为决定社会生活的决定性力量,其典型形态就是黑格尔的思辨的历史哲学。从这个意义说,齐美尔对社会之先验的"形式条件"的考察,迥异于黑格尔哲学之思辨形态。以下我们拟沿着齐美尔对社会学的康德式奠基路径,首先考察施塔姆勒与韦伯围绕"社会形式"的具体构建而展开的争论,然后,在马克思的视角下评估韦伯与施塔姆勒方法论之争的实质。

从"质料"到"形式":施塔姆勒对"正义法理念"的论证

如果说韦伯是沿着弗莱堡学派的康德主义展升对"埋念型"的构造,那么,施塔姆勒则是沿着马堡学派的康德主义,构造了一种"正义法理念"。与一般的社会学家不同,施塔姆勒集中关注的是"法"的形式。在他看来,"法"是统一组织人类社会生活的必要条件,因此,"法"的形式也就是社会生活的表征形式。与自然科学对因果法则的描述不同,"法"是强制性的规范,其中凝聚了多元的意志;同时,与道德、宗教等规范形式也不一样,"法"又是一种对人与人之间关系的拘束意志。因此,作为强制性的拘束意志,"法"的正义性问题是任何社会需要追问的举足轻重的问题。具体而言,施塔姆勒是基于"形式"与"质料"的二元区分展开其"正义法理念"构造的,他从以下四个方面限定"正义法理念":首先,"正义法理念"不能来自于经验;其次,"正义法理念"不能来自于伦理;再次,"正义法理念"不能来自于"自然法";最后,"正义法理念"不能来自于历史法学派所谓的"民族精神"。

在施塔姆勒看来,"法"是对个体与社会之间关系的调适,真正的"正义法"是能够协调所有人之间的冲突,这种"正义法"得以实现的社会便是一个"自由意志人的共同体"的"理念",它对所有外在的规范都有效。施塔姆勒对"正义法理念"的论证似乎脱离了现实的社会生活,有如沙滩建楼。但从马克思的视角看,这种抽象并非空穴来风。我们在研究社会生活时,似乎应该从现实与具体开始,如个人就应该成为考察社会生活的出发点,但马克思提醒我们,现实中进行生产的个人,恰恰表现为某种社会关系的产物,科学上正确的方法恰恰是从抽象出发,构造出具有整体性与统摄性的范畴,才能把握现实的具体。从这个意义说,施塔姆勒对"社会形式"的抽象确实是构造"正义法理念"的必要条件,而对这种抽象的限度的批判性考察才是有待进一步深入的问题。

在"概念"与"现实"之间:韦伯对"理念型"的论证

如果说施塔姆勒"正义法理念"处理的是"法"的形式与质料之间的关系,那么,韦伯社会学所处理的则是"概念"的普遍性与"现实"的个别性之间的关系问题。在社会学研究的基本坐标上,韦伯深受新康德主义者李凯尔特的影响。韦伯所欲展开的"社会学"方法既不同于历史—文化科学的个别性原则,也不同于自然科学的因果性法则,而是在历史之"异质的间断性"的"断层"上确立社会学的"现实的个别性的法则",因此,其首要之处便是要论证作为研究对象的"社会"的普遍客观性。韦伯在批判以下三种客观性的过程中,论证了"理念型"的内涵·第一种是继续沿用自然科学意义上的普遍客观性,这种路径"喜欢类属性特征,并把这些特征放在抽象的、一般有效的公式下面进行演绎式安排";第二种是德国历史法学派的主张,这种路径"钟情具体的、蕴含意义的特征,并用普遍但却具体的模式对这些特征进行安排";第三种路径是黑格尔辩证法的变形。这种路径借黑格尔"理念"的"流溢"来消解概念与现实之间的康德式区分，但在韦伯看来，"消解"之后的"具体实在"的实存性却被剥去，反而变得模糊不清了。①

从马克思的视角看，韦伯"理念型"的构造确实类似于马克思所谓的"思想的具体"或者"思想的总体"，两者既具有高于现实的悬拟意义，又具有把握现实的认识功能。但是，与韦伯所构造的"理念型"不同，马克思对"资本"的研究过程，也就是对资本主义现实的批判过程。马克思对"资本"内涵及其自反性的这些规定，显然是韦伯所有意或者无意忽略掉了的。

韦伯对施塔姆勒的批判：一场新康德主义的"内讧"

施塔姆勒与韦伯分别构造的"正义法理念"与"理念型"，大大地推进了社会学的科学化进程。同时，两者各自言之成理，似乎"井水不犯河水"。但是，韦伯在《批判施塔姆勒》中却认为施塔姆勒对康德学说的解释中包含着"粗陋的错误"，并逐条予以"驳斥"。具体来说，韦伯从三个方面展开了对施塔姆勒的批判：第一个方面，批判施塔姆勒"正义法理念"的宗教假设与宗教动机。第二个方面，批判施塔姆勒以"法"的形式来表征社会生活时造成的系列"混淆"。第三个方面，批判施塔姆勒对法律规则的"独断论"阐释。

考察韦伯对施塔姆勒"正义法理念"的批判视角及其意义，不能离开19世纪末以门格尔为代表的"理论经济学派"与以施默勒为代表的"历史经济学派"之间的方法论之争。在韦伯看来，门格尔与施默勒所争论的焦点是"社会文化现象的构成属性、界定标准、理论宗旨与研究方法"等问题，他自己则试图跨越两大学派的"鸿沟"，以终结方法论之争，这是一个典型的康德式"综合"。韦伯对施塔姆勒的批判也是从这个背景出发的。他的批判武器，则是弗莱堡学派的康德主义。韦伯的"理念型"与施塔姆勒的"正义法理念"构造，就是新康德主义在社会学上的两种典型：一个是源于弗莱堡学派关于"概念"与"实在"之间的"质"的差异，致力于从"个别性"获得"普遍性"；一个源于马堡学派关于"形式"与"质料"之间的"阶"的区分；论证超越"个别性"的"普遍性"。而韦伯对施塔

---

① 韦伯：《社会科学方法论》，李秋零、田薇译，中国人民大学出版社1999年版，第49—50页。

姆勒的批判,实质上是新康德主义的一场"内讧"。从这个意义说,两者的对立形式,便类似于马克思所批判的"抽象的经验论"与"思辨的唯心主义"。如何真正超越两者的对立,马克思的"辩证法"便进入了我们的视野。

对韦伯的施塔姆勒批判所作的批判:从马克思的视角看

如果将齐美尔提出的"社会何以可能"视为社会学的康德式奠基,那么,韦伯是从弗莱堡学派的康德主义出发的,而施塔姆勒则与马堡学派一脉相承。

在康德那里,"理论理性"的认识形式不可以脱离作为质料的"感性直观";但在"实践理性"那里,康德却赋予"自由意志"以一种开创"形式(法则)"的能力。这里的形式恰恰是应该脱离质料(经验)的。当施塔姆勒沿着马堡学派的康德主义论证"正义法理念"的纯形式时,特别是当施塔姆勒将"正义法理念"视为一种"内容变化的自然法"时,他的"正义法理念"与黑格尔主义的"绝对精神"就只有一步之遥了。从这个意义上说,韦伯对他的驳斥不无道理。但是,当韦伯试图将他自己的"理念型"作为理解社会行动模式的概念框架时,这个框架的模糊性与不一致性也引起了学者们的抱怨。同时,与施塔姆勒"正义法理念"的形式化方法相比,韦伯的"理念型"方法虽然具有可操作性,但却是不完备的。韦伯"理念型"的构造,与施塔姆勒的"黑格尔式的康德主义"显然不同,我们可以称之为"休谟式的康德主义"。

于是,社会学的康德式奠基路径陷入了一个难以两全的"困境":一方面韦伯的"理念型"构造似乎是有效的,但是却不具普遍性;另一方面,施塔姆勒的"正义法理念"显得是普遍的,却没有可操作性。从这个意义说,自齐美尔以来对社会学的康德式奠基与拓展路径,似乎无可挽回地陷入了"死结"。也正是在这里,马克思《资本论》的方法进入了我们的视角。基于某一种特殊的"质料"来突破两者的形式化构造。事实上,这种考察方法正是马克思所独创的:马克思在《资本论》中区分了"劳动的二重性"之后,将"雇佣劳动者"这种"特殊的商品"予以特殊的考察,进而揭示了资本主义社会的秘密。

原载于《哲学研究》2020 年第 8 期

从公共阐释学到历史阐释学：
基于对唯物史观理论性质的探讨

焦佩锋*

从历史阐释学（尤其是唯物史观）的角度对公共阐释学进行深化并建构中国阐释学成为新的学术主张。实际上，对于马克思而言，在批判理性形而上学的同时，西方解释学的局限性已经得到了彰显和克服。在唯物史观语境中，所谓的公共阐释与历史解释从来都具有内在的关联性甚至一致性，这一点在海德格尔和伽达默尔的解释学中已经先行得到了揭示，只有重视并开掘这一学术节点，唯物史观的理论和实践意义方能得到有效巩固和阐明。需要说明的是，在英文中，阐释学与解释学是同一个词。相关研究中，多以阐释学指代马克思主义哲学视角的建构，而仍以习用的解释学指代西方哲学中的相关论述。

解释学资源的批判性检视

一般认为，古希腊作家赫西俄德在其《神谱》中所描述的作为诸神信使的赫尔墨斯象征着解释学事业的原初形象。在此形象的规定和影响下，解释学所做的工作无非就是在不同的意义对象之间进行信息传递和意义阐明。此

---

* 焦佩锋，中共中央党校（国家行政学院）哲学教研部教授。

后,围绕神与人的关系、文本与理解的关系以及人与自身的关系,西方的解释学大致呈现为神义解释学、(理性)语义解释学和哲学解释学三种主要形式。

神义解释学代表了西方解释学的古老形式,《圣经》解释学则是其典型形式,当然,这种解释模式也定义了后世解释学发展的基本原则与特性。在这种解释模式中,神的国度象征着正义和永恒,对人的国度具有绝对的统摄性,祭司或神职人员的主要职责就是将神的语言,陈述、翻译和解释为人的语言。此处,神的语言既可以是文本和神迹,也可以是诸多凡人未知之事,所以,在将无限和未知之事引入有限的理解与可知的诠释中,解释学作为语言和思想的事业完成了某种"意义开显"和"价值守护";语言充当了一个优秀的中介,它使得言说、说明和翻译得以可能,它完成了从思想向话语、从外部向内部的转换。

理性解释学的兴起主要源于"神—人"关系的松动。原因是:一方面,仅凭有限的神迹和古物不足以佐证上帝的伟大并说明世界的内在秩序,解释必须跳出偶然事件以求得对必然而普遍的神圣意义的发掘,这就需要充分发挥人的理性能力以综合求证神义的确定性。另一方面,在语义解释学的意义上,教徒们发现,《圣经》中的很多词义和故事被神职人员所曲解,这种解释的混乱造成了信仰的混乱。这意味着,解释学既要解释形而上的真理,也要解释形而下的真理;既要解释神义的真理,也要解释人道的真理,并且,后一类真理对于维系前一类真理具有至关重要的意义,这便是解释学传统中由存在论向认识论转化的基本背景。在上述意义上,当代哲学解释学的兴起便有了合理的理由。

问题是,在西方解释学的谱系中,马克思主义解释学所谓何事? 我们认为,当年轻的马克思开始批判形而上学并表达"问题在于改变世界"的新哲学宣言时,其实已经隐含着对"社会化的人类"之生产和交往本质的阐释学建构。在此前提下,马克思主义阐释学表达的是一种对人的感性活动的主体性、实践性和历史性的理解,而当马克思把人的活动理解为感性的对象性活动时,其与当代解释学的对话已经变得可能,尤其在"历史的剧作者"与"历史的剧中人"相综合的意义上理解人的历史性的做法,其实已经与伽达默尔的辩证解释学实现了某种"视域融合"。这里的区别只在于,伽达默尔所谓的普遍经验更多是一种可被理解和解释的东西,只不过这种普遍性依然停留在思想实践层面,而马克思将问题推进到了社会实践层面(尤其是生产实践层面)。

马克思:从公共阐释到历史阐释

从根本上看,马克思所关注的问题的性质及其解决问题的方式也都具有公共性,但是,这里需要进一步辨析的是,当人们的理解和解释活动摆脱了神的羽翼进而转向自己的生活世界之后,公共理性的建构和公共阐释的构建就变得困难,也正是在此维度,马克思对康德等启蒙哲学家的批判才变得可能与必要。

马克思之所以反对抽象地讨论公共阐释,原因无非是:第一,人都处在特定的、具体的社会生产和交往关系中,"社会存在决定社会意识"的基本状况决定了人必须基于具体的社会分工状况去理解公共性问题;第二,不同时代的社会现实尽管有所区别,但它们具有历史的联系性。正是在此意义上,马克思对费尔巴哈那种将"唯物主义"和"历史"割裂开来的做法进行了批判。基于这两点,马克思将现实的公共性问题提升到了历史的公共性维度,换言之,马克思主义阐释学是在一种大尺度的生活空间和长纵深的文化时间中展开的。在这种阐释模式中,马克思不仅超越了对解释学问题的神义性、技艺性、修辞性和语义学探讨,而且在自然史与人类史、生产与交往、历史与逻辑相统一的高度完成了对历史阐释学的基本建构,因而,马克思主义阐释学表征的是一种历史的公共性。

首先,马克思主义历史阐释学指向的是自然史和人类史的统一。在马克思哲学革命的起点处,对自然问题、自然科学以及自然知识的讨论是一个重要环节。这一点,我们可以从马克思对费尔巴哈人本主义思想资源的批判性继承,以及恩格斯在马克思逝世之后借助自然科学的成就对唯物辩证法科学性质的论证中得到有效验证。

其次,马克思主义历史阐释学以人的生产和交往活动的统一为实质性内涵。如果说基于社会去理解自然意味着马克思主义创始人对公共性论域之地基的清理,那么,从生产和交往的角度去定义社会形态和历史变革则意味着其对公共性问题的本质界定。与近代西方政治哲学的若干前辈(如霍布斯、卢梭、孟德斯鸠等）不同，马克思并不是一般地承认市民社会，更不是一般地揭露市民社会的恶，而是要从生产和交往的张力中去解析人类社会演进变化的存在论机制。质言之，以生产和交往之间的辩证关系为牵引的社会基本矛盾运动理论，代表了马克思对公共性问题的科学内涵及其性质的根本把握。

最后，马克思主义历史阐释学以历史与逻辑的统一为方法论蕴含。在马克思主义这里，人类的公共生活其实是历史生存和当下生存的内在融通，而绝非一种对当下生活的片段式理解，更不是康德那种借助先验的纯粹理性对社会生活的形而上学把握。所以，在对德国古典哲学进行严格而彻底批判的基础上，马克思主义阐释学走向了一种历史阐释学，这种历史阐释蕴含着公共性维度，其直指政治经济学批判本身，它意味着政治经济学批判方法对于公共性问题本身的适用性。

中国的革命道路与马克思主义历史阐释学

在唯物史观的意义上，阐释已经不再意味着基于某种固定阐释对象或普遍性理性而可能的意义理解与阐释活动，毋宁说，这种颇具认识论意味的阐释活动只是人的全部实践活动的一个部分。进一步说，与"改变世界"的活动相比，这种"解释世界"的活动是一种蕴生、依附并反映人的物质生产实践的活动，只具有相对的独立性。由是观之，在西方解释学的谱系中，那种将神义、语言、文本、意义乃至自我理解视作阐释之本体的做法其实早都在马克思的批判之列。那种单纯地以为"历史上始终是思想占统治地位"的做法始终被马克思视作理性的形而上学，只有摆脱了这一束缚，我们才能理解唯物史观中国化的必然逻辑及其解释学效应。

马克思主义中国化的过程天然包含着马克思主义历史观的中国化，这一过程实际上包含着"解释中国"与"改变中国"两个至关重要的方面，这两个方面已经内在地统一于毛泽东同志的思想方法和政治实践中，它意味着，借助唯物史观来解释中国社会并进而推动中国民众从思想、政治与社会层面对唯物史观科学性的认同。众所周知，马克思主义传入中国之时恰逢中华民族遭遇整体性生存危机之际，在这样一个历史节点，唯物史观所针对的主要问题就是如何解释中国所处的历史方位并重新安顿中国人的精神和生活世界，所以，中国革命的理论合法性问题其实也是一个唯物史观基本原理对中国社会的性质、形态、阶段、方向如何产生解释力的问题，这一问题大致展开为：

首先，依照社会基本矛盾理论界定中国社会的性质。唯物史观中国化的首要问题一定是中国社会的性质问题，其实质是回应"中国从何处来"的问题，这也是马克思主义历史阐释学的中国话语之源，此问题所具有的历史公共性十分明显。历史地看，近代国人对半殖民地半封建社会性质的认识直接源于共产国际的认定，党的六大纲领接受了此认定，只不过，在公共阐释的意义上，以毛泽东为代表的共产党人对这一问题进行了细化。

其次，依照阶级分析方法铆定中国社会的阶级结构和矛盾态势。在唯物史观的解释框架下，阶级分析方法是一个十分重要的解释原则，这一原则在唯物史观中国化的过程中得到了显著应用。从中国革命的性质和任务出发，毛泽东指出，地主阶级和资产阶级是中国革命的敌人，工人阶级和农民阶级是中国革命的朋友，小资产阶级和民族资产阶级是中国革命团结的对象，与之相应，中国革命的领导阶级只能是代表广大无产阶级利益的中国共产党。

再次，依照人民立场阐明变革历史的主体力量。马克思主义生产力观点的背后是对人的生存能力的尊重，换言之，不解放人，就无法解放生产力，更无法推动社会的彻底变革。在经历了早期革命失败之后，毛泽东明确意识到，中国革命的真正问题在农村和农民身上。

最后，依照社会形态理论确定中国社会的发展方向。早在马克思主义传入中国之前，西方的进化史观就已经在中国社会得到传播，实际上，社会达尔文主义根本无助于对中国社会矛盾的把握与解决。但是，只有在历经了"左"和右的错误和彻底的整风之后，毛泽东才意识到中国社会乃至人类社会形态更替变换的原因只能从社会的生产力和生产关系、经济基础和上层建筑的矛盾运动中去理解。

原载于《哲学动态》2020 年第 4 期

打造当代中国马克思主义哲学的标识性概念

王海锋[*]

打造当代中国马克思主义哲学的标识性概念,构建中国特色哲学学科体系、学术体系、话语体系(以下简称"三大体系"),具有重要的指导意义。在学理层面反思哲学理论与哲学概念的关系,在学术思想史和现实的双重维度中揭示新中国成立以来标识性概念的打造与马克思主义哲学创新的内在逻辑,探寻标识性概念打造的未来方向,为构建中国特色哲学"三大体系"、推动中华民族的伟大复兴和构建人类命运共同体提供思想智慧和智力支持,就成为摆在研究者面前一项重要的基础性工作。

哲学理念创新依赖于标识性概念的打造

概念是一切学术理论体系的基石。打造当代中国马克思主义哲学的标识性概念,推动中国特色哲学"三大体系"构建,最基础的问题当属对"哲学概念"和"哲学理论与哲学概念的关系"的追问。

作为理论形态的人类自我意识,哲学必然要以"体系"的方式加以呈现,而真正支撑体系的有效基点就是概念。这是因为,只有概念才是真理的聚合体,只有概念才赋予认知以思想的确定性和客观性,即概念将人类对人

---

* 王海锋,中央民族大学哲学与宗教学学院教授,博士生导师。

与世界、人与社会、人与他人以及人与自我等关系的认知"逻辑性地"聚合为"真知",并"稳定性"地加以固化保存。所有的大哲学家都认为,哲学的使命就在于克服"意见性"的认知,在概念、命题、思想理论的统一中构建宏大的理论体系,藉此获得真理并把握时代精神,为人类之当下和未来指明道路。正因为如此,我们完全有理由说,对于哲学来说,承载着真理性认识的概念才是它的"家"。

哲学追求真理的本性决定了哲学的思维方式必然是概念式的抑或理性的。对于以概念为家的哲学来说,就是要在概念思维中穿越表象的虚妄,超越意见的空泛,使思想获得客观性,直抵真理本身,给人以崇高感。在哲学史上,哲学家们为之作出了不懈努力,在思维形式的跃迁中以概念为中介,不断实现着对真理的追问与把握。哲学作为"历史性的思想和思想性的历史"的特质,决定了哲学发展的历史实则就是人类在概念思维和实践思维中以概念为"中介"追求真理、赋予人自身以崇高性的历史。

哲学的属人本性决定了哲学概念背后所承载的,实则是人类以概念思维和实践思维所实现的对于确定性、真理以及意义的追求。哲学史上那些"抽象"概念背后所隐含的并不只是对真理的把握,更是哲学家的生命体悟,反映的是思辨理论的"生命原则"。在这个意义上,哲学概念必然不是抽象的、僵死的、空洞的,而是有生命的,它内在地体现了人对生命自身的觉解,承载并彰显着人类对于自身所生活世界的真理和意义的追问与反思。哲学概念的打造及其理论的创新实现于主体性的人,来源于研究者的主体性自觉。

上述讨论旨在表明,哲学是以概念为支撑、体现人类自我把握世界基本精神的理论形态,概念思维和实践思维共同构成哲学的重要思维方式;哲学发展的历史,或者是基于对既有概念的批判并赋予其新的内涵的历史,或者是提出新的标识性概念并赋予其时代性内涵的历史;哲学概念并不是僵死的抽象的存在物,它源于人类在对象性活动或现实的生活过程中对于人与世界、人与社会、人与他人以及人与自我的关系的反思,体现着个体生命的觉解和类生命意义的体悟,哲学概念的生命本性在此觉解和体悟中获得生机与活力;哲学概念是具有历史性的存在,人们对时代及其精神的把握是以继承性地阐释既有概念、并赋予其以时代性内涵的形式体现出来的;概念具有属人的本质特征,真正的哲学概念不是空洞而抽象的存在,而是承载客观现实内容以及人类的价值理想的存在。

马克思主义哲学创新与打造标识性概念的内在逻辑

客观来讲,经过新中国70多年的学术发展,我们已经打造了一批具有世界影响力的标识性概念,基于这些概念,学界讨论了一系列困扰人们的时代性问题,阐释了一系列学术命题和观点论争,形成了一批具有代表性的学术成果。这里最具代表性的就是学科领域的分化和问题讨论的细化,如以经典马克思主义哲学为理论基础形成的人学、价值哲学、发展哲学、社会哲学、政治哲学、生态哲学等部门哲学或学科领域。从概念变迁的视角看,"矛盾""实践""价值""发展""以人为本""和谐""人类命运共同体"等。当然,新中国成立以来当代中国马克思主义哲学领域形成的标识性概念不止这些,限于篇幅和分析的需要,这里只是作了粗略的总结。在不同历史时期提出的标识性概念,本身就表征了当代中国马克思主义哲学创新发展的历史进程。从历史的横向尺度看,上述概念或是通过赋予既有概念以时代性内涵而提出的创新性概念,或者是基于时代要求打造的标识性概念,从而在破解时代问题中实现了概念的发展和理论的创新。

第一,新中国成立初期,赋予既有"矛盾"概念以新的内涵,尤其是将之上升到方法论原则层面的讨论,为中国社会主义建设提供了分析问题的重要方法论原则。由此,在马克思那里作为辩证法原则之一的"矛盾"具有了方法论的意义。1956年党的八大报告对"主要矛盾"的阐释、1987年党的十三大报告对"社会主要矛盾"的定位,乃至党的十九大报告所强调的"我国社会主要矛盾已经转化为人民日益增长的美好生活需要和不平衡不充分的发展之间的矛盾",这些均体现出在不同历史时期,我们基于矛盾分析法对社会时代问题的把握与理解。概括地讲,"矛盾"概念在一定程度上承载了新中国成立以来我们对中国特色社会主义的基本认知和问题判断。

第二,在一定意义上讲,始于1978年的改革开放是以对"实践"的学理性讨论为突破口的。以"真理标准问题大讨论"为契机,学术界对"实践"概念的反思最为真切地体现了当代中国马克思主义哲学的突破和创新。把"实践"从认识论视域中解放出来,超越实践与认识的二元辩证关系,赋予实践以世界观的意义,使得中国化马克思主义哲学的面貌焕然一新。

第三,20世纪80年代至21世纪初期,在改革开放的历史进程中,"价值""发展""以人为本"等概念被重新加以讨论或创造性地提出,以概念创新的形式见证和指导了中华民族"强起来"的伟大历史进程,深化了学术的发展,拓展了学术研究的主题,开辟了新的学科领域,并形成了新的学科生长点。

第四,党的十八大以来,中国特色社会主义进入新时代,实现中华民族伟大复兴的中国梦、构建人类命运共同体,成为新的历史任务。"人类命运共同体"概念的提出,是马克思主义哲学中国化的直接成果,是当代中国的马克思主义。需要指出的是,学术界对"人类命运共同体"所蕴含的学理阐释亟待进一步展开,这一标识性概念依然需要深化研究。

梳理新中国成立以来当代中国马克思主义哲学研究的学术史,我们可以发现,在一定程度上,这一学术史实则是概念创新的历史,是中国学者不断赋予既有概念以新的时代内涵或提出标识性概念的历史,是中国学界以哲学概念变革的方式实质性地介入现实生活的历史,是在继承超越以往概念的基础上实现对时代和理论的主体性自觉的历史。

主体性的确立与哲学标识性概念的打造

哲学理论创新的历史在一定意义上就是哲学概念创新的历史,当代中国马克思主义哲学理论的创新,实则是通过赋予既有概念以时代性的内涵和打造新的标识性概念的历史。打造当代中国马克思主义哲学的标识性概念,构建中国特色哲学"三大体系",应该有很多着力点;其中,确立学术研究的主体性是关键环节,因为研究者才是哲学理论创新的主体,其主体性的自觉与哲学概念的创新内在相关。

打造当代中国马克思主义哲学的标识性概念,确立研究的主体性,在理论层面体现为意识到哲学概念并不仅仅是抽象的存在,而是蕴含着具有实体性的内容。因而,避免哲学概念创新陷入"精致化""空洞化"的境地,就成为首要的任务。实际上,对于当下的中国来说,确立哲学概念创新的主体性,最首要的是在批判性视野中审视这样一种现象,即那种以西方概念来指证中国的问题、套用西方概念来讨论中国的问题、甚至不加辨别地使用西方概念的现象。因而,打造一种熔铸着"会通融合古今中外概念知识体系""内在性地超越西方概念霸权""观照中国现实问题""具有中国特质"的标识性概念就显得异常艰难,考验着我们的研究能力和研究水平。

打造当代中国马克思主义哲学的标识性概念,确立学术研究的主体性,重点在于学者主体意识的自觉。应该说,改革开放以来当代中国哲学取得的成就之一,就是哲学家的学术自觉或研究者自觉。这集中体现为,学者们不再满足于译介西方的学术论著、考证既有的中国古籍,而是基于中国问题,从基础理论和现实问题双重路径寻求"突围",在理论自觉与问题自觉中实现对既有思想的超越以及理论的创新。概括起来,这种学者主体意识的自觉集中表现为,基于新中国成立以来的学术积累,当代中国马克思主义哲学面貌已经发生了根本性的转变,即把"扎根中国大地、关注中国问题"、创造"属于中华民族自己的概念体系和学术体系",进而构建中国特色哲学"三大体系"作为奋斗的目标!

打造当代中国马克思主义哲学的标识性概念,确立学术研究的主体性,在实践层面体现为实现哲学对重大理论和重大现实问题的观照。真正的哲学向来是具有现实性品质的理论,具有标识性特征的哲学概念亦然。打造当代中国马克思主义哲学的标识性概念,尽管有多重路径和方式,但学术研究主体性的确立是绝对不可被忽略的方面。作为研究的主体,哲学研究者最关键的任务在于更新研究理念,即着力关注哲学概念抽象性与具体性(内容性)的统一,努力使哲学概念熔铸现实社会生活的实体性内容,将哲学概念打造成对重大理论和重大现实问题的表征,进而确立哲学研究新的历史性目标:创造一种"有我"的、关注"中国问题"的哲学概念体系,实现哲学理论创新。我们相信,崛起的中国必然是思想创造与自信确立的中国!

原载于《哲学动态》2020 年第 4 期

论马克思早年法学与哲学背景的内在统一

王　荏[*]

在考察马克思早年法学与哲学背景的关系时,大学至《莱茵报》时期记录了一个相对完整的思想单元。这一阶段不仅表现了他作为法科学子对社会问题的敏锐洞察力,而且显示出他自觉以哲学为理论武器确证了人的自由具有最高价值,从而使法学与哲学两种思想背景内在统一。在这种统一过程中,马克思为自己的思考注入了鲜亮的人类学底色:一方面人类学扮演了马克思思想演进的推动者,将他思考问题的重心从法的形而上学引向人的哲学;另一方面马克思充当了人类学的实践者,将高扬人性自由的启蒙理念落实于改变现实的法学实践和哲学革命中。

概论法学教育的哲学内涵

如果选择一个参考系来观察 19 世纪的德国历史,那么莱茵河彼岸的法国是最佳选择。

在这种背景下,通过立法推动德国内部统一的法学革命便逐渐兴起了。对于立法,首要的工作是追溯法源,但一方面德国法学家深知日耳曼蛮族法和中世纪教会法根本不足以应对已然展开的现代社会,而另一方面他们又不直

---

[*]　王荏,中国人民大学马克思主义学院讲师。

接接受《拿破仑法典》。鉴于上述双重原因，一直以罗马帝国帝胄而自居的德意志便将自己的法制前史径直上溯至罗马法，并希望通过重新解释罗马法来构筑德意志现代法律体系。当然，在此过程中也有意见分歧，最明显的差异表现在强调日耳曼民族精神的历史主义法学和重视自然法精神的自由主义法学分庭抗礼，而马克思初至柏林大学第一学期《学说汇纂》课程的老师萨维尼和《刑法》课程的老师甘斯正好就是这两种对抗力量的典型代表，据此我们有理由推测马克思直接感知到了这种张力。

对于马克思大学期间法学学习的成效，我们可以从他尝试构建的法学研究计划中窥见一斑。从形式上看，这个法学计划是典型的体系化法学构架：第一部分是法的形而上学，主要从先验视角规定法的定义和原则；第二部分是法哲学，包括形式法（或程序法）和实体法（或实定法）两个部分，主要探讨先验规定在罗马法中的具体贯彻。马克思与他的老师们一致认为罗马法最接近先验原则，因此最有可能为现代社会重新确立基本原则，而现行法律多是权威或习俗的产物。马克思在法哲学部分特别细化了实体法的研究内容，将其分为私法和公法两部分，并详细展开了私法的内容。

但是在研究进程中，马克思发现自己的计划存在严重的问题，其核心是应有与现有二元对立造成了理想主义在复杂的社会难题面前频频失语，以至于他不得不宣告自己以前的一切努力都是错误的。在经历这一困境之后，马克思尝试将自己的研究重心从先验哲学转移到面向现代社会的哲学（主要是黑格尔哲学），从而扬弃了大学期间的法学研究计划。

铺垫形而上学的人性根基

从黑格尔哲学在 19 世纪 30 年代的处境和马克思对它的态度两个方面揭示出，马克思走向黑格尔哲学不可能是无保留和无中介的，因此接下来就着力分析转变的过程和契机。

首次，帮助马克思打开黑格尔视野的人最有可能是甘斯。虽然目前没有从马克思的直接表述中发现甘斯推动他思想发展的言论，但不论从甘斯本人的黑格尔主义立场和自由民主态度，还是马克思法学研究计划的基本倾向以及后来对历史法学派的批判,我们都可以辨识出马克思受到了甘斯潜移默化的影响。

然后,推动马克思接纳黑格尔的人主要来自博士俱乐部。按照马克思本人的提示,他在遭遇理想主义危机之后重新了解黑格尔的一个契机是 1837 年春夏之际到柏林郊区的施特拉劳修养。在这期间,他不仅从头到尾地了解了黑格尔及其弟子的思想发展脉络,而且还结识了青年黑格尔派"博士俱乐部"的主要成员,包括鲍威尔、鲁滕堡、科本等人。事实上,马克思确实在理解现代社会问题的过程中看到了黑格尔哲学相较于先验哲学的实践力量,从而认可了青年黑格尔派的激进政治立场,但这依旧是一种主要被鲍威尔改造了的黑格尔哲学。

最后,加速马克思进入黑格尔问题域的中介可能有谢林。马克思走出康德、费希特先验唯心主义的方向是进入现实世界,而这便是黑格尔以"有"或"存在"开启的逻辑学体系,核心是思维与存在具有同一性。但是,在黑格尔如此这般抽象的逻辑学体系得以建构之前,我们不能忽视谢林早期曾通过同一哲学克服先验哲学应有与现有二元分裂的努力及其对黑格尔的影响。从此,自然界作为人类精神的前提被纳入统一世界的视野,谢林的弟子斯特芬斯所讲授的人类学便是这种思路的放大,尽管他和自己的老师都是以一种浪漫主义的眼光看待自然。

马克思从 1839 年系统开始的古希腊哲学研究可以被视为铺垫形而上学人性根基的继续,但这一工作已经非常明显地受到青年黑格尔派的哲学和政治立场的影响。从哲学领域来看,伊壁鸠鲁主要以作为准则学的感觉论影响到法国唯物主义,狄德罗、爱尔维修、霍尔巴赫、拉·美特利等唯物主义哲学家都通过高扬伊壁鸠鲁来反对亚里士多德主义的目的论。此外,休谟、康德等哲学家同样褒奖伊壁鸠鲁的感觉论,例如康德曾将伊壁鸠鲁与柏拉图齐名,作为感觉论和理智论的最杰出代表。但从马克思当时的表述来看,他在哲学领域对伊壁鸠鲁的了解应该主要来自黑格尔的《哲学史讲演录》,而黑格尔在其中并未给予伊壁鸠鲁很高的思想地位。

马克思通过大力发挥伊壁鸠鲁原子论所要实现的理论目标是反对包括宗教、政治和思想专制在内的一切形式的神学禁锢,进而在人性根基上重建形而上学，以此为早年法学研究中的哲学困境寻找出路。这种具有人类学视角的形而上学从一开始就与近代机械论形而上学和德国先验论形而上学具有根本差异，并且与黑格尔哲学也只是在自我意识维度或主体能动性方面存在交叉。在此，马克思发展了伊壁鸠鲁"在哲学中寻求幸福"的原则，将"世界的哲学化"和"哲学的世界化"视为现代生活中同时展开的两重维度，充分张显了自我意识的能动性原则。按照马克思最初在大学谋取教职的计划，他将进一步系统研究晚期希腊哲学从而启蒙现代人的精神世界。但是，普鲁士当局对青年黑格尔派（特别是对推动马克思在大学谋教职的鲍威尔）的态度变化迫使马克思中断了铺垫形而上学人性根基的哲学探索，《莱茵报》的现实工作需要将他拉回到一度搁置的法律研究中，但步入社会之后的马克思已经是在一种全新的问题域中展开自己的法学实践了。

揭露现行法律的非人本质

马克思获得博士学位之后以青年黑格尔派成员身份展开的一系列法律和政治批判在其思想进程中占据了重要地位《莱茵报》时期的马克思因直接遭逢法律和政治难题，而将关注重心从抽象的法理世界转移到现实的物质利益、法律规定和政治国家之中。正是由于《莱茵报》期间的特殊经历，马克思才实现了法学实践的人类学诉求，意识到理性主义法律和国家是人性的理论抽象，而黑格尔法哲学（特别是市民社会与政治国家相分离）代表了现代社会的原则性高度。

第一，考察法的理念的实现情况。作为一名深受法学和哲学洗礼的年轻博士，马克思在初涉社会问题分析时最先调动的是法学知识背景。马克思在自己的新闻工作中最先就与普鲁士的多项法律规定展开激烈辩论，以此探讨作为社会规则和理性诉求的法律在现实中的实际效用。其中，他关于书报检查令与新闻出版自由之间的张力分析尤为著名。与资产阶级自由派停留于事件的表面胜利不同，马克思发现新书报检查令的条文之中附加了大量的条件限制。马克思在步入社会之初便深刻领会到法的理念与其具体实现之间有差异，甚至是对立的，高扬人性的法律理念有可能在现实中极大地蔑视人性，这促使马克思进一步深入法律实践过程中寻找原因。

第二,揭露现行法律的利益根源。由于上述关于书报检查令的文章过于敏感而不得在国内发行,马克思最早在德国政治界公开亮相是以参加第六届莱茵省议会辩论的方式实现的。第六届莱茵省议会于 1841 年 5 月 23 日至 7 月 25 日在杜塞尔多夫举行,马克思就其中的新闻出版自由和林木盗窃法两个问题在《莱茵报》上发表了自己的不同见解。概言之,通过这两篇文章,马克思揭示出法的理念在实践中流产的关键根源在于等级利益的差异,特别是物质利益的悬殊。

第三,批判历史主义的法学谬误。对于《莱茵报》时期的政治和法律实践而言,马克思昔日的老师萨维尼于 1840 年出任普鲁士负责法律改革的法务大臣这一事件不可忽视,此举意味着历史主义法学在事实上开始规定德意志国家的基本原则,一种与法国大革命掀起的世界主义浪潮相反的历史逆流即将在德国拉开。在为《莱茵报》撰稿期间,马克思从多个角度批判了这种曾经影响过自己法学研究计划的思潮,但最集中和激烈的批判体现在《历史法学派的哲学宣言》这篇战斗檄文里。

第四,解析实践法律的政治国家。谈及萨维尼的法律改革,马克思特别关注到 1842 年 2 月开始秘密拟定的《婚姻法草案》。按照弗里德里希·威廉四世的设想,利用基督教统治国家的重要前提是以宗教规定家庭生活的原则,而婚姻构成了家庭的基础。所以,马克思便通过批判新修订的离婚法,逐渐看清楚了普鲁士国家的本质是基督教国家,宗教与政治的混沌不分、神圣世界与世俗世界的复杂纠葛造成了法律实践严重背离法的理念。

原载于《哲学研究》2020 年第 9 期

四、马克思主义哲学经典著作研究

关于《德意志意识形态》编排方式的考虑

柴方国 *

《德意志意识形态》是马克思恩格斯新世界观的奠基性著作。由于写作过程复杂,出版计划多次改变,马克思恩格斯生前这部著作没有最终完成,也没有出版,只在期刊上发表了个别篇章。流传下来的文稿既有手稿也有刊印稿,手稿又包括草稿、删改稿、誊清稿、笔记、边注等等,其中《一、费尔巴哈》章正文就有八篇手稿保存下来,既有开头部分的三篇文稿,主体部分的三篇文稿,还有论述唯物史观的前提和实质的两个片断的誊清稿,另有一篇笔记。因此,以怎样的形式再现这部著作,直接关系到对马克思恩格斯那个时期的思想观点及其发展脉络的理解和把握。

系统编排的方式

系统编排的方式由来已久,几乎为 MEGA^2 以前正式出版的各种版本所通用。

(一)把马克思恩格斯的遗稿《德意志意识形态》编成一部著作的做法始自达维德·梁赞诺夫。梁赞诺夫 1924 年用俄文在《马克思恩格斯文库》中发表《德意志意识形态》第一章,题为《马克思和恩格斯论费尔巴哈。〈德意志意

*   柴方国,中央党史和文献研究院副院长、中央编译局局长。

识形态〉第一部分》,并把未经恩格斯修改过的马克思《关于费尔巴哈的提纲》原稿附在前面。1926 年又用原文在《马克思恩格斯文库》德文版中发表了这一章。这种编排方式符合马克思恩格斯的手稿结构。

(二)1932 年,《德意志意识形态。对费尔巴哈、布·鲍威尔和施蒂纳所代表的现代德国哲学以及各式各样先知所代表的德国社会主义的批判(1845—1846)》出版,编为 MEGA^1 第 1 部分第 5 卷。这是《德意志意识形态》第一个完整的、历史考证性的版本,后来成为俄文单行本(1933 年)、《马克思恩格斯全集》俄文版(1937、1955 年)和德文版(1958 年)的编辑依据,从而也成为其他一些外文版本的编译依据。

(三)1965 年苏联《哲学问题》杂志第 10、11 期发表了根据巴加图利亚等学者的研究成果重新编排的俄文版《一、费尔巴哈》章,随后出版了单行本。1966 年《德国哲学杂志》第 10 期发表了依据这个版本编辑的德文版《一、费尔巴哈》章,后来也出版了单行本。这两个版本可以视为同一种版本,差别在于俄文版对各个分节都添加了编者标题,而德文版只保留手稿中原有的标题,没有另加编者标题。这两个版本无论就文稿的完整性而言,还是就编排方式而言,都比过去的版本有重大改进,较好地再现了手稿的结构和内容,得到学术界的充分肯定。后来出版的《德意志意识形态》版本,包括《马克思恩格斯全集》英文版第 5 卷,都采取了新版《一、费尔巴哈》章的收文和编排方式。

分篇编排方式及其文稿编排顺序

分篇编排的尝试始于 20 世纪 70 年代,在此后 40 多年中逐渐演变为新编版本的主导编辑思路。

(一)1972 年,MEGA^2 正式出版前,编委会为广泛征求意见建议,编辑出版了《〈马克思恩格斯全集〉(MEGA)编辑准则和试编本》,其中收录了《德意志意识形态》研究专家英格·陶伯特主持编辑的《一、费尔巴哈》章作为样本。从编排方式来看,《试编本》与以前的版本有较大不同,它依据保存下来的手稿的原貌,将手稿编为前面所说的七个"相对独立的部分",依次排列,分栏编排,各部分之间用空行分开,编写异文表说明文稿修改情况,除了手稿中原有的标题以外,不另设任何序号和标题,这样做的目的在于尽可能真实地显示手稿的片断特征,包括边注和修改等,使人们深入了解当时的写作进展情况。

（二）1988年,MEGA² 第1部分第5卷即《德意志意识形态》卷编辑工作正式启动。经过近10年准备,该卷当时的负责人陶伯特、佩尔格、格朗让在《MEGA研究》上联名发表文章,介绍新版《德意志意识形态》卷准备采取的编排方案。文章首次详细论述了分篇编排方式的基本原则和编目方案,具有标志性的意义。

（三）2004年,MEGA² 编委会编辑出版的《马克思恩格斯年鉴（2003）》先行发表了《德意志意识形态》的部分章节,包括《一、费尔巴哈》部分的各篇文稿,以及《答布鲁诺·鲍威尔》《莱比锡宗教会议》和《圣布鲁诺》。标题为"马克思、恩格斯、魏德迈《德意志意识形态。手稿和刊印稿（1845年11月至1846年6月）》"。其中有关费尔巴哈部分的文稿,在基本结构上遵循了陶伯特等人提出的编辑方案,篇目和编排次序未作调整。

（四）2017年,MEGA² 第1部分第5卷正式出版。标题最终确定为"马克思、恩格斯《德意志意识形态。手稿和刊印稿（1845—1847）》",篇目和排序也有改变:正文部分去掉1997年编辑方案中拟收的两篇文献,即马克思《答布鲁诺·鲍威尔》和恩格斯《卡尔·倍克〈穷人之歌〉,或"真正的社会主义"的诗歌》;增收一篇文献,即恩格斯《"真正的社会主义者"》;依据对这篇文献写作时间的考证,把整部著作的写作时间下限延后到1847年4—5月;排列次序略作调整,将《一、费尔巴哈》章开头部分三篇文稿排到主体部分三篇文稿之前,第七、八篇文稿（片断1、2）的次序不变。附录部分收录赫斯在马克思参与下写作的《"格拉齐安诺博士"的著作:（阿·卢格:）〈巴黎二载。文稿和回忆录〉》,赫斯和恩格斯关于格奥尔格·库尔曼和奥古斯特·贝克尔著作的摘录片断,以及罗兰特·丹尼尔斯在马克思恩格斯参与下撰写的《瓦·汉森博士〈1844年特里尔圣衣展览期间发生的治疗奇迹实录〉（特里尔1845年版）》。

两种编排方式的主要异同

对两种编排方式如何评价,应结合《德意志意识形态》写作过程、内在结构以及版本性质来考虑。就系统编排方式而言，梁赞诺夫提出的"全集的结构"基本上是全面而完整的，几乎提到现在所能确认的全部内容，但他对《一、费尔巴哈》章的编排还存在不够准确的地方，比如把以"各民族之间的相互关系"开头的那一部分排到末尾。但这种结构随着 MEGA¹ 第 1 部分第 5 卷的出版并经过 1965 年、1966 年新发表的《一、费尔巴哈》章对该章编排顺序的修正，可以说已经相当完善。

尽管两种编排方式存在许多相通之处，但是，仔细考察，就不难发现它们分属两种不同类型版本的编排方式。版本学界通常把全集、文集等集成类的著作分为研究学习版和历史考证版，前者重在介绍著作者的思想内容，后者注意重现创作过程和思想演变过程，按原貌收录著作者的全部著作遗产，包括著作、文章、手稿、笔记、书信、边注等。系统编排的方式在历史上有过几个不同的版本，它们之间不存在编辑原则上的分歧，都可算做研究学习版；分篇编排的方式则遵循了新的编辑原则，即展示手稿原貌和文本形成过程的原则，应当归类为历史考证版。

关于《马克思恩格斯全集》中文第 2 版
《德意志意识形态》卷编排方式的建议

中国译介《德意志意识形态》的工作开始较早。20 世纪 30 年代初，郭沫若在日本全文翻译了《一、费尔巴哈》章，1938 年由上海言行出版社出版，书名为《德意志意识形态》。这个版本根据梁赞诺夫首次发表的德文本翻译（大概也参考了日文版），内容包括马克思《费尔巴哈论纲》（《关于费尔巴哈的提纲》）原稿、《德意志观念体系》序文之初稿和《费尔巴哈——唯物论与唯心论的见解之对立》。郭沫若在译者弁言中称，梁赞诺夫对原文的整理"极其矜慎，极其周密"，因此他在翻译时大体上遵守了梁赞诺夫版本的编辑原则，这说明版本问题或编排方式问题当时还没有受到重视。1941 年上海珠林书店出版克士（周建人）翻译的《一、费尔巴哈》章，书名为《德意志观念体系。第一部分（总论）》。这个版本根据阿多拉茨基 1932 年编辑出版的《德意志意识形态》英译本翻译，内容包括《序言》《一、费尔巴哈。唯物观和唯心观的对立》及马克思《费尔巴哈论纲》原稿。

1959 年,中央编译局根据《马克思恩格斯全集》俄文第 2 版《德意志意识形态》卷并参考德文版全文翻译了这部著作,编为《马克思恩格斯全集》中文第 1 版第 3 卷,1960 年 12 月出版。1988 年,在完成《马克思恩格斯全集》中文第 1 版编译工作后不久,又根据《一、费尔巴哈》章新俄文版和德文版编译出版了该章的单行本,标题为《费尔巴哈》。此外,南京大学 2004 年翻译出版了日本学者广松涉编辑的版本。可见,国际上有关《德意志意识形态》的考证和编辑成果在我国都相应地得到了反映。我国还有学者对这部著作特别是有关费尔巴哈章节的编排方式进行了研究,并取得初步结果,提出了编辑意见。总体看来,所有这些版本和编辑意见都遵循了系统编排的思路。

按照《马克思恩格斯全集》中文第 2 版编译规划,《德意志意识形态》编为全集第 5 卷。就版本性质而言,《马克思恩格斯全集》中文第 2 版属于研究学习版。但是,从中文第 2 版工作启动之初,编译者就在总结中文第 1 版编译经验基础上,注意尽量吸收各种有学术价值的研究和编辑成果,力求做到收文更齐全、编排更合理、翻译更准确、资料更翔实,使新版全集成为一个兼顾学术性和实用性、接近历史考证版的基础版本,为我国马克思主义理论学习、研究和宣传提供可靠的文献依据。中文第 2 版《德意志意识形态》卷主要依据 MEGA^2 第 1 部分第 5 卷以及《马克思恩格斯全集》德文版、英文版等版本进行编译。如何把有关《德意志意识形态》的最新研究和编辑成果充分吸收到我们的版本中来,做好这卷著作的编排和翻译工作,是我们目前需要解决的问题。

原载于《马克思主义与现实》2020 年第 5 期

回答马克思主义经典文本研究中的
实践与理论问题

艾四林*

我们编写这套《马克思主义经典文献传播通考》丛书,旨在对我国 1949 年以前马克思、恩格斯、列宁等人的重要著作的中文版本进行收集、整理,并做版本、文本的考证研究,供广大读者特别是致力于深入研究马克思主义经典原著的读者阅读使用。该套丛书计划出版 100 卷,在 2021 年陆续完成编写和出版工作。我们之所以要开展《马克思主义经典文献传播通考》出版工作,有几个方面的考虑。

回答实践中提出的问题

从实践来看,伴随着改革开放的推进,人们对改革开放前所理解的马克思主义基本理论、基本观点等提出了不少质疑。为回答时代面临的课题,多年来我国理论界对马克思主义的经典文本、文本翻译、马克思主义传播史等方面的问题进行了研讨。在研讨中,大家明显感觉到,要讨论清楚这些基本问题,涉及对经典文本基本概念的理解,而经典文本在历史上又有多种,比如《共产党宣言》在 1949 年之前就有六个完整的译本,有人不了解这些文本,很多历史上

---
* 艾四林,清华大学马克思主义学院院长、教授。

已经解决了的问题又再度引起了争论,这就造成重复劳动,甚至思想的混乱。今天我们把这些文本都收集起来,就可以供大家做比较研究,通过文本历史比较研究,就可以更加准确地理解马克思主义理论基本术语背后的基本思想,减少不必要的争论,从而达到统一思想的目的。

回答理论发展中的问题

从马克思主义理论发展自身来看,也需要加强对经典文本的收集整理工作。比如,要深化马克思主义中国化的研究,就必须首先了解马克思主义经典著作的翻译、出版、学习、运用等过程。又如,要建设中国特色哲学社会科学话语体系,就需要了解我国现代思想史上哲学社会科学的主要术语、概念是怎样形成的。而马克思主义经典文本的翻译在其中发挥了极其重要的作用。所以,比较研究这些经典的文本,就可以深入了解我国话语体系、学术体系的形成史,从而为今天的学术体系、学科体系建设服务。

所以,编辑这套丛书的直接目的,是要把1949年之前的主要经典著作文本原汁原味地编辑整理出来,并做适当的考证说明,供大家做深入的历史研究、国际比较研究使用。从更长远的目的来看,是要为建构完整的中国马克思主义典藏体系、学术体系、话语体系,乃至为建构现代中华文化体系做一些基础性的工作。最终目的则是要通过历史比较,总结经验、澄清是非,廓清思想、统一认识,破除对马克思主义错误的和教条式的理解,全面而准确地把握马克思主义理论精髓,弘扬马克思主义精神,继承马克思主义理论,在此基础上深化对中国化马克思主义的理解和研究,为推进当代中国马克思主义、21世纪马克思主义,确保科学社会主义伟大事业长久发展提供科学的理论支撑。

基于上述考虑,该丛书采取大致统一的编写框架,除导论外,各个读本均由四个部分组成:一是原著考证部分,包括对原著作者写作、文本主要内容、文本出版与传播情况的考证性介绍;二是译本考证部分,包括对译本、译者翻译过程、译本主要特点、译本出版和传播情况的考证梳理;三是译本考订部分,包括对译文的质量进行总体评价,对一些重要的术语进行比较说明,对错误译文、错误术语和错误印刷进行查考、辨析和校正性说明;四是原译文影印部分,主要收录完整的原著译本,同时作为附录收录前人关于该书的完整译文。

通过这些经典文献的考证研究,力求能够帮助读者更深入地了解经典著作中的思想观点,并能够从文本的历史比较、国际比较中把握中国化马克思主义发展的思想历程,从而为进一步深化马克思主义理论研究提供深厚的思想资源和学理支撑。

原载于《高校马克思主义理论研究》2020 年第 1 期

《资本论》理论定向的阐释维度

卜祥记[*]

如果把《资本论》的唯物史观理论定向及其唯物史观性质作为一个可以被大多数人接受的理论预设,那么我们就会看到各种阐释方式,尤其是经济学和哲学的阐释方式都存在着特定的视域局限性;同时也会看到,如何理解马克思哲学的基本性质及其与《资本论》的内在关联,如何看待马克思思想发展过程的黑格尔环节以及《资本论》中的黑格尔因素,既是经济学与哲学阐释方式相碰撞的焦点,也是合理呈现《资本论》唯物史观理论定向的关键之点。

《资本论》理论定向的多样化阐释

回顾《资本论》的阐释史,就学科阐释方式看,迄今为止一直存在着经济学、哲学、政治学、逻辑学等多样化的阐释路径;这些多样化的阐释维度是历史地生成的,因而既具有历史性的合理性,也具有历史性的局限性。

毫无疑问的是,《资本论》首先是一部经济学著作,因此对《资本论》做经济学理论定向的阐释具有当然的理论合法性,它对于完善、推进和发展马克思的政治经济学,呈现《资本论》的当代价值具有重要意义。但《资本论》又不单是一部经济学著作,它同时还具有哲学的维度,是一部唯物史观的理论巨著,

---

* 卜祥记,上海财经大学人文学院教授。

因而又不能完全局限于经济学的阐释维度。在经济学理论的技术性层面上，《资本论》的经济学理论定向的现代阐释有助于提升马克思政治经济学理论的科学性，呈现《资本论》的当代意义。但是，《资本论》的科学性及其当代意义并不仅仅体现在经济理论及其技术性层面上，它同时还体现在《资本论》内在包含的唯物史观理论以及其分析现代社会的哲学立场与哲学方法中。

第二国际理论家对《资本论》的实证化阐释的不足，催生出卢卡奇的哲学化阐释方式。哲学化的阐释试图把黑格尔的辩证法引入马克思的政治经济学批判，以凸显《资本论》的哲学理论定向，呈现《资本论》的哲学性质及其当代意义。但是，由于对马克思哲学的基本性质及其与黑格尔哲学关系的不同理解，在《资本论》的哲学理论定向的阐释中，诞生了诸如黑格尔主义、辩证唯物主义、历史唯物主义（唯物史观）等多种阐释维度。

《资本论》的历史唯物主义或唯物史观理论定向的阐释是一种在国内理论界广泛流行的阐释维度。该阐释维度集中表现在唯物史观与《资本论》关系上的"推广应用与反证说"。就其最初的理论表现形式而言，它把马克思主义哲学革命的发生归结为费尔巴哈的唯物主义与黑格尔辩证法的结合以及由此而发生的辩证唯物主义的创立，把历史唯物主义看做辩证唯物主义在人类社会历史领域的运用，从而把《资本论》看做辩证唯物主义和历史唯物主义的推广应用与反证；在其最新的理论表现形式上，它主要强调历史唯物主义与《资本论》的更为直接的关联以及在这种关联中的推广应用与反证。这一阐释方式对于推进国内的马克思哲学与政治经济学的理论研究和学科建设发挥了不容抹杀的重大理论贡献，但也存在着可以讨论的理论空间。作为一个在国内最有影响力的阐释方式，"推广应用与反证说"把唯物史观的创立看做先于《资本论》研究的一个理论事件，而《资本论》研究的开展则是唯物史观的推广应用与反证。就此而言，唯物史观与《资本论》的关联还是外在性的，它们之间的内在性关联并未真正呈现出来。

唯物史观的《资本论》指向

在马克思发动哲学范式革命、创立唯物史观并走向《资本论》研究的思想历程中,黑格尔哲学是一个不可忽视的理论环节。纵观马克思思想的发展历程,唯物史观不仅具有鲜明的《资本论》定向,而且是从黑格尔哲学体系中挣脱出来的伟大成果。原则性地呈现马克思思想中的黑格尔环节,重建唯物史观与《资本论》的内在关联,是至关重要的。

我们通常把《资本论》看做唯物史观的应用与发展,虽然这一解释方案在原则上是没有问题的,但它并不足以呈现唯物史观与《资本论》之间的内在关联。因为在这一解释方案中,唯物史观的创立常常被看做发生于《资本论》研究之前和之外的一个独立事件,而后来的《资本论》研究不过是唯物史观立场方法的运用、发展与反证。但是,纵观马克思早期思想的发展历程,马克思早在《1844年经济学哲学手稿》中就已经提出了《资本论》研究的理论课题,而此后在《德意志意识形态》中创立的唯物史观则不过是破解《资本论》研究必须首先回答的两个前提性任务的结果。因此,唯物史观自创立伊始就本质性地从属于或者服务于《资本论》研究,因而具有鲜明的《资本论》定向。这才是把握唯物史观与《资本论》内在性关联的理论切入点。

如果说唯物史观具有鲜明的《资本论》定向,那么我们同时还必须看到:马克思创立唯物史观的基本原则来自《关于费尔巴哈的提纲》中的实践唯物主义哲学范式,而这一哲学范式的确立则与黑格尔的否定性辩证法密切相关。在这个意义上,可以把唯物史观看做从黑格尔哲学中挣脱出来的伟大成果。

黑格尔的劳动辩证法不仅与马克思实践唯物主义哲学范式的伟大创制有关,而且内在地影响到作为实践哲学范式之展开的唯物史观的社会辩证法品格;正是这一社会辩证法品格阻止着人们把唯物史观降格为"经济决定论"。在1859年的《政治经济学批判序言》中,对于创立于《形态》并指导《资本论》研究的唯物史观,马克思做出了如下经典表述:"人们在自己生活的社会生产中发生一定的、必然的、不以他们的意志为转移的关系,即同他们的物质生产力的一定发展阶段相适合的生产关系。这些生产关系的总和构成社会的经济结构,即有法律的和政治的上层建筑竖立其上并有一定的社会意识形式与之相适应的现实基础。物质生活的生产方式制约着整个社会生活、政治生活和精神生活的过程。"①这一表述中，我们不仅看到了唯物史观的总体性、差异性和历史性等辩证法品格，而且还可以体会到它与黑格尔否定性辩证法的关联。

总体性辩证法是唯物史观的首要理论品格，它与黑格尔精神生产辩证法的总体性本质密切相关。由于卢卡奇把马克思的总体性辩证法混同于黑格尔的精神辩证法，并据此得出"不是经济动机在历史解释中的首要地位，而是总体的观点，使马克思主义同资产阶级科学有决定性的区别"，因此他远离了对经济事实的分析而诉诸阶级意识的启蒙，把真正意义上的唯物史观与《资本论》对立起来。总体的差异性是唯物史观辩证法品格的重要规定。唯物史观同时还具有历史性的辩证法品格，它开启出一种根本的历史性视域。《资本论》的唯物史观性质或者它本质性地区别于并超越于资产阶级实证经济学的理论立场和理论高度得以呈现。

《资本论》的唯物史观定向

如果说作为《资本论》理论定向与理论高度的唯物史观乃是从黑格尔哲学体系中挣脱出来的伟大成果，那么对《资本论》之唯物史观性质的理解就既要看到黑格尔哲学对于《资本论》的实质性影响，又要看到立足于唯物史观理论高度的《资本论》对黑格尔哲学的超越，即必须看到，不论是《资本论》的价值形式结构体系，还是它的价值形式分析范畴，抑或它的价值形式分析方法，都已经本质性地超越了黑格尔否定性辩证法的思辨哲学立场。把《资本论》的价值形式分析还原为黑格尔的《逻辑学》，就会把《资本论》与唯物史观对立起来。

《资本论》具有严谨的理论结构，并构成一个类似于先验结构的价值形式体系。马克思和恩格斯多次谈到《资本论》在结构方法上借鉴了黑格尔的《逻辑学》。但是，不论是马克思，还是恩格斯和列宁都曾反复提醒人们：《资本论》的价值形式结构体系只是借鉴了黑格尔《逻辑学》的表达方式，它与黑格尔辩证法的"一般运动形式"存在着本质性的界限。现在，我们仍然可以说：

---

① 《马克思恩格斯文集》第 2 卷，人民出版社 2009 年，第 591 页。

人们对《资本论》中所应用的方法依然理解得很差,这也已经由对这一方法的各种互相矛盾的阐释所证明。在以第二国际理论家、"分析的马克思主义"和"数理马克思经济学派"为代表的实证经济学解读竭力清除《资本论》的黑格尔辩证法因素时,以卢卡奇、"新黑格尔派马克思主义"和"新辩证法学派"为代表的纯哲学化解读则竭力把《资本论》黑格尔化。"新黑格尔派马克思主义"和"新辩证法学派"只看到了《资本论》与黑格尔思辨哲学或《逻辑学》理论体系的外在相似性,一味强调《资本论》的价值形式结构体系与黑格尔哲学或《逻辑学》的外在相似性,但却忽视了《资本论》价值形式结构体系的唯物史观立场,即忽视了马克思与黑格尔辩证法的本质性区别。

如果说黑格尔所揭示的"辩证法的一般运动形式"乃是有内容的辩证法,那么在《资本论》中,马克思把"倒立着的"黑格尔辩证法"倒过来"就是有内容的颠倒,就是破除经济范畴的抽象统治,把每一个经济范畴作为那些统治个人的一定现实关系的观念形式,把由全部经济范畴所构成的结构体系看做资本主义现实经济关系的理论表达,这就是价值形式分析范畴的唯物史观性质。只有紧紧把握住马克思的每一个价值形式分析范畴内在包含的与一定生产方式相适应的社会关系,我们才能深刻领悟《资本论》价值形式分析的唯物史观性质;只有把政治经济学批判的每一个经济范畴作为资本主义生产、交换、流通和分配关系的理论表达,才能避免把《资本论》价值形式分析再度理解为凌驾于现实经济关系之上并反过来支配现实经济生活的精神力量,才能彻底理清《资本论》的价值形式结构体系与黑格尔"辩证法的一般运动形式"之间的本质界限,从而不会把《资本论》变成《逻辑学》的理论翻版。

不仅把每一个价值形式范畴看做是特定社会经济关系的理论表达,而且据此呈现资本主义生产关系的历史来历,处处体现出对资本主义经济关系起源的回溯,这就是马克思价值形式分析方法的唯物史观原则。马克思正是据此打破了被资产阶级经济学家所赋予的经济范畴的抽象性与永恒性,从而在超越逻辑形式、在实质性的内容层面上,本质性地呈现出《资本论》与《逻辑学》形式分析方法的界限。

原载于《中国社会科学》2020 年第 8 期

毛泽东如何解读《反对本本主义》

杨明伟[*]

　　《反对本本主义》是毛泽东在第二次国内革命战争时期最重要的著作之一，是毛泽东思想特别是毛泽东哲学思想初步形成的标志，是奠基性著作；毛泽东最初在这篇文章中阐述的有关思想原则，成为后来概括的毛泽东思想活的灵魂实事求是、独立自主、群众路线的雏形。正因为《反对本本主义》一文和反对本本主义问题的奠基性和永久性作用，我们今天很有必要进一步探讨毛泽东本人是怎样解读这个问题的。

揭秘：毛泽东自解《反对本本主义》有两个版本

　　我们现在谈论的《反对本本主义》一文，原题为《调查工作》，是毛泽东1930年5月为了反对当时红军中的教条主义思想，强调从实际出发搞调查工作的极端重要性而写的。这篇文章写成后，曾于当年8月印过石印单行本，遗憾的是，因战争散失，作者本人却没有保存下来，以致1951年编辑出版《毛泽东选集》第1卷时，未能收入。所幸的是，1957年2月，福建上杭县农民赖茂基将珍藏多年的这篇文章的石印本献了出来，最终辗转于1961年1月重新回到毛泽东手中。据1958年11间曾到过赣南、闽西老区一带收集党史资料和

*　杨明伟，中共中央党史和文献研究院研究员。

革命历史文物的同志回忆,他们在福建龙岩地委党史办公室的一个库房内,曾经看到有5份毛泽东著的《调查工作》石印本原件,同时摆放在文物柜内的一个木格里。当时只作了登记,并未将文物随身带走。

这篇重要文章失而复得后,毛泽东喜悦之情溢于言表,他将题目改为《关于调查工作》,并作了少量文字修改,于1961年3月11日印发在广州参加中共中央工作会议的同志们阅看。1964年7月,在出版《毛泽东著作选读》甲种本和乙种本时,毛泽东又将题目改为《反对本本主义》收入。这是《反对本本主义》首次公开发表,从这以后,《反对本本主义》一文,作为毛泽东思想的经典著作,被广大读者熟知。

那么,改题后的这篇较长篇幅的《反对本本主义》与原题为《反对本本主义》的另一篇文章,是个什么关系?对这个问题,毛泽东自己揭开了谜底。正因为一长一短两篇文章主题一致、"内容基本一样",相互交叉,毛泽东在找不到那篇原题《反对本本主义》短文的情况下,在强调全党开展调查研究,"一九六一年成为一个调查年"的时候,用《关于调查工作》一题印发党内学习;在调查研究工作有所改观,全党全国工作需要开创新局面、重点放在反对教条主义、本本主义的时候,1964年则改为《反对本本主义》一题付印。该文1982年12月,收入中共中央文献研究室编辑、人民出版社出版的《毛泽东农村调查文集》;1986年9月,收入中共中央文献编辑委员会编辑、人民出版社出版的《毛泽东著作选读》(上册)。1991年编辑出版《毛泽东选集》第二版时,《反对本本主义》是唯一增补进去的文章。

探路:20世纪30年代在探索中国革命道路时写出的经典

《反对本本主义》是毛泽东在探索中国革命道路初期的实践总结和理论思考,反映了"探路"时期的思想结晶。这篇文章从调查工作切入,第一句就点明了调查工作的极端重要性:"没有调查,没有发言权。"①从根本上讲,这篇文章讲的是彻底的唯物主义者的世界观和方法论问题,讲的是共产党人遵循

---

① 《毛泽东选集》第1卷,人民出版社1991年版,第109页。

的思想路线问题。

最早思考并提出党的思想路线问题的,就是毛泽东,就是《反对本本主义》这篇文章。毛泽东反复思考了本本主义、教条主义给我党带来的严重危害,针对那些具有"一切拿本本来""一成不变的保守的形式"和"空洞乐观的头脑",以及那些试图靠"本本"就能"保障了永久的胜利""只要遵守既定办法就无往而不胜利"的想法,他明确提出了党的思想路线问题:"这些想法是完全错误的,完全不是共产党人从斗争中创造新局面的思想路线,完全是一种保守路线。"①

这篇文章从批评本本主义、教条主义入手,初步阐述了毛泽东思想的一些基本点,由此也成为毛泽东思想的奠基性著作。这种奠基性,从这篇文章留下的一些永恒准则或经典语言中也可以看出来。比如:"没有调查,没有发言权";"注重调查! 反对瞎说!""调查就是解决问题";"一切结论产生于调查情况的末尾,而不是在它的先头";"调查就像'十月怀胎',解决问题就像'一朝分娩'",等等。

就在毛泽东提出"没有调查,没有发言权"的著名论断不久,他在实践中又对这一论断作了补充和发展。1931 年 4 月,毛泽东为中央革命军事委员会总政治部起草了一份《总政治部关于调查人口和土地状况的通知》,进一步提出:"我们的口号是:一,不做调查没有发言权。二,不做正确的调查同样没有发言权。"②由此可见,这些重要论断作出后,并没有停止不前,而是在边探索、边思考中不断深化。

整风:20 世纪 40 年代在延安时期以此融贯整风

找到一条符合中国实际的革命道路,不是一件容易的事;找到并坚持一条正确的思想路线,更不容易。在把马克思主义与中国实际相结合的实践探索中,我们党历经艰难曲折。毛泽东 1930 年提出的反对本本主义和注重调查研

---

① 《毛泽东选集》第 1 卷,人民出版社 1991 年版,第 116 页。
② 《毛泽东文集》第 1 卷,人民出版社 1993 年版,第 267—268 页。

究的思想,并不是立即就被党内所理解和接受的,不仅如此,一些"靠本本吃饭"的人甚至讥笑毛泽东这套理论为"狭隘经验论",以致本本主义、教条主义和"保守路线"在很长时间里仍然在党内很有市场。这个问题,直到延安时期才基本解决。

延安时期,随着伟大的抗日战争全面深入,中国共产党要承担起引领中华民族前进方向的伟大任务,就必须从根本上全面解决党的作风问题特别是思想路线问题。要确立一切从实际出发、实事求是的马克思主义思想路线,就必须重申调查研究的极端重要性,进一步解决与本本主义、教条主义等主观主义作风相勾连的一系列重大问题。为此,毛泽东系统地回答了《反对本本主义》中提出来却没有条件深入回答的一系列理论和实践问题。

本本主义、教条主义等主观主义作风的一大特点就是不从实际出发,不进行深入细致的调查研究,只会空洞说教。"实事求是",是毛泽东为扫除主观主义作风为共产党人确立的世界观和方法论。不仅如此,毛泽东还从各个角度通俗地阐述了实事求是的马克思主义作风。他专门提出了"深入群众,不尚空谈"的号召,并亲自为中央党校确定了"实事求是、不尚空谈"的校训,用于教育干部,目的是以这样的干部作风引领中国共产党承担起民族独立和走向复兴的历史重任。

"眼睛向下",是毛泽东为扫除主观主义作风提倡的一种根本态度和着眼点。本本主义、教条主义的一大习惯就是眼睛里只有书本和上级,热衷于唯书、唯上。延安时期,毛泽东极力提倡共产党人不能唯书、唯上,要唯实。要想"合乎实际",就必须"眼睛向下","向群众学习"。这就是毛泽东提倡的调查研究的态度。毛泽东自己以身作则,眼睛向下,甘当群众的小学生。

反思:20 世纪 60 年代反思社会主义建设问题时重新解读

思想路线问题的解决,不是一劳永逸的,本本主义、教条主义这类主观主义的东西,也不是轻易就能退出历史舞台的。在探索社会主义建设道路过程中,本本主义、教条主义的旧残余和新花样,时不时沉渣泛起、翻新再现。针对出现的问题,毛泽东经常结合《反对本本主义》中讲述的一些基本道理,有针对性地提醒党内同志注意防范理论脱离实际的危险。对"大跃进"问题的反思，就是一个很典型的例子。从历史文献中可以看出，发动"大跃进"的是毛泽东，但头脑发热的却是全党上下；而最早认识到"大跃进"问题并主动降温的，也是毛泽东本人。毛泽东严肃批评那些不从实际出发、不实事求是、"吹牛吹得太大"的做法，要求大家"把指标降低"。

随着"大跃进"和人民公社化运动的失误，再加上天灾不断，中国经济社会进入三年困难时期。为找到带领人民走出困境的办法，毛泽东不断总结并深入反思。1960 年 6 月 18 日，他在中央政治局扩大会议期间，写了一份提纲式的《十年总结》稿，第一句话就是从批评党内仍然存在的"洋教条"开始的。鉴于导致"大跃进"中各种错误的一个基本原因是情况不明、脱离实际，毛泽东于 1961 年初号召全党大兴调查研究之风，恢复党的实事求是作风。恰好在这个时候，毛泽东看到了 30 年前写的那篇"老文章"《调查工作》（后改名《反对本本主义》）。

几十年过去了，时过境迁，革命战争年代所做的调查及其总结，是不是还适合社会主义建设时期的情况？对这一点，毛泽东还是极为审慎的，对这篇文章的思想价值和现实作用极为看重、极为珍惜。1961 年 3 月 23 日，他在广州主持召开中央工作会议时，为有利于大家讨论《中共中央关于认真进行调查工作问题给各中央局，各省、市、区党委的一封信》，专门逐节详细解读了《调查工作》这篇文章（印发时已改名为《关于调查工作》）。在解读这篇文章时，毛泽东还为自己近些年来缺少调查研究承担了责任和过错。我们极为少见到毛泽东对自己几十年前写的一篇文章如此重视并在中央工作会议上作如此详细的逐节解读，其重要性及其现实指导作用是不言而喻的。

原载于《毛泽东研究》2020 年第 3 期

马克思《哲学的贫困》中的历史性思想

仰海峰*

在《德意志意识形态》中,马克思和恩格斯一起确立了以生产逻辑为基础的历史唯物主义解释构架,在《资本论》中,马克思更为关注的是资本主义的生产逻辑,尤其是以英国为样本的资本主义生产逻辑,在这里,资本逻辑才是决定性的概念。这里存在的问题在于:从人类学意义上的物质生产逻辑能否直接说明具有历史性规定的资本主义社会的资本逻辑?笔者曾经论证过,这样一种逻辑平移并不可行,这意味着马克思的理论视野发生了转换,即从一般的生产逻辑转向资本逻辑。在这个逻辑转换中,一个重要的方面就是在《致安年柯夫的信》与《哲学的贫困》等为代表的文本中历史性观念的形成。历史性思想对于马克思哲学视野的转变到底起着何种作用,为何只有从历史性思想出发才能真正批判蒲鲁东,这是当前马克思主义哲学研究中还需要进一步展开的问题。

《德意志意识形态》中的生产逻辑:马克思与斯密

斯密的《国民财富的性质和原因的研究》(以下简称《国富论》)所讨论的生产方式当然是他所处时代的生产方式,但由于在当时的思想观念中,资本主

---

*　仰海峰,北京大学哲学系主任、教授、博士生导师。

义的生产方式是最合乎自然的方式，也是最合乎人性的方式，这样一来，一种特定历史条件下的生产方式就直接上升为人类学意义上的生产方式。在这样的视野中，以人的需要与需要的满足作为说明人类历史进展的基础，就是顺理成章的事。

在斯密的讨论中，有几个相关联的前提：第一，斯密的起点是劳动生产力的增进。在他看来，只有劳动生产力的增进，才可能有更丰富的物质产品。只有物质产品丰富了，才能真正地在大范围进行自由贸易。第二，劳动生产力的增进，根本的原因是分工。分工使得技术更加熟练，使工人在生产的某些方面更有技巧。但是，斯密的讨论中有一个理论上的循环论证：即分工产生于人类的互通有无的倾向；产生这一倾向的原因在于，一个人只有在分工中才能更大限度地把个体生产的物品集中为一种集体的资源，从而更好地获得自己无法生产的物品。如果撇开其循环论证，那么斯密讨论了人的需要与物质生产的内在联系。

马克思恩格斯在《德意志意识形态》中关于生产逻辑的讨论与斯密有着相似性。他们在描述人类社会的历史与结构时指出："全部人类历史的第一个前提无疑是有生命的个人的存在。因此，第一个需要确认的事实就是这些个人的肉体组织以及由此产生的个人对其他自然的关系。"①人类要生存，就需要进行物质生活条件的生产与再生产，在此基础上，才能形成一定的交往关系，并从中产生出社会结构和政治结构，产生出思想观念等意识形态。这也是历史唯物主义的一般解释构架。斯密从物质生产出发，走向的是政治经济学的相关议题，而马克思从这里走向了对社会历史的一般解释，这可以看作是对政治经济学议题的哲学提炼。

将物质生活资料的生产作为历史解释的基本前提，这是将政治经济学的研究成果上升到哲学层面，也是从现代生产劳动出发的哲学说明。从经济学的视角来说，将以分工为基础的劳动看作价值的来源，这是斯密经济学的重要贡献。在《1844 年经济学哲学手稿》第 III 手稿"私有财产和劳动"中，马克思从哲学层面对劳动价值论形成过程的讨论，就展现了自斯密到李嘉图劳动价

---

① 《马克思恩格斯文集》第 1 卷，人民出版社 2009 年版，第 519 页。

值论思想的社会历史意义。相比于《1844 年经济学哲学手稿》，在《德意志意识形态》中，马克思的哲学前提发生了重要的改变，即从早期的人本学转向了以历史经验为基础的历史科学，这是对人本学的扬弃，同时也是对黑格尔的批判：马克思不再以人本学的或客观的理性作为整个历史的支点，而是强调客观的物质生产建构出社会存在以及建立于其上的政治制度与意识形态。这里的问题在于：对于斯密与黑格尔来说，现实的市民社会是既定的前提，这个社会对他们来说具有"先验性"，他们都将之作为"自然"事实接受下来。在这样的非历史性语境中，可以将资本主义社会的解释构架作为社会历史的一般解释构架。对于马克思来说，这个社会并不是一个"自然社会"，一旦将对现有市民社会的解释构架作为一般社会历史解释构架时，虽然改变了理论解释的逻辑起点，但并不能真正超越斯密与黑格尔的理论视野。

《贫困的哲学》与蒲鲁东的非历史性视野

非历史性视野带来的理论错误，在蒲鲁东那里表现得较为充分，对蒲鲁东的反思，使马克思更能看到非历史性讨论方式带来的问题。蒲鲁东认为，当下的政治经济学与社会主义思想处于分离甚至对立的状态，它们相互争吵、甚至抱着敌对的信念。蒲鲁东认为，应该存在的事物还没有到来，必须将劳动价值论的原则彻底化，实现财产公有。但在如何公有上，蒲鲁东认为现存的社会主义主张陷入了乌托邦，提不出任何切实可行的解决方案。因此今天要做的并不是简单地二中选一，而是要实现新的综合，协调两者的主张，从根本上来说，就是劳动组织的问题。他认为，这实际上是政治经济学与社会主义理论共同面对的问题，这也是实现人的自由、安定和幸福时需要解决的问题。

为了进一步分析蒲鲁东的非历史性思维，我们再看看马克思和蒲鲁东对劳动的理解。在《1844 年经济学哲学手稿》中，马克思从哲学与经济学的视角看到了劳动对于现代社会及政治经济学的建构意义。从社会发展的视角来说，从重商主义经重农学派到斯密、尤其是李嘉图的劳动价值论，体现了工业劳动的社会建构意义。而黑格尔关于劳动与自我意识建构间关系的讨论，则将劳动提升为一个哲学范畴，把握了劳动在当代社会中的建构性意义。

劳动价值论的彻底化,意味着既然一切产品的价值都是劳动创造的,那么财富也应该归劳动者所有,这是蒲鲁东及后来的蒲鲁东主义者将劳动时间作为分配的原则的理论基础。马克思对蒲鲁东这一方法可能导致的结果进行了批评,即这种时对时、天对天的分配方案,如果真要实行起来,只不过是重新演示一遍资本主义社会是如何生成的,因为这一方案是在不取消私人商品交换的前提下,认为取消货币就可以解决资本主义社会的问题,这本身就是错误的。从方法论上来说,这是将现有的资本主义社会当作天然存在的社会,犯了非历史性的认识错误。当蒲鲁东把当下的社会当作既定的社会时,就会陷入与古典政治经济学同样的理论逻辑,即将人本学意义上的劳动作为整个社会存在的根本,这也是青年马克思在《1844 年经济学哲学手稿》中的逻辑。经过《哲学的贫困》《1857—1858 年经济学手稿》《1861—1863 年经济学手稿》等,到《资本论》时,马克思的思想有了新的变化,他放弃了以劳动主体性为基础的社会存在论,走向了非主体性的、以资本逻辑为根基的社会存在批判理论。在这一转变中,历史性思想的形成是非常重要的一环。

历史性与马克思哲学的新视界

在《致安年柯夫的信》和《哲学的贫困》第二章第一节"方法"部分,马克思通过批评蒲鲁东,集中论述了自己哲学中的历史性方法。从生产逻辑转向《资本论》中的资本逻辑的重要环节,这一转变使马克思意识到人类学意义上的生产逻辑的局限,面对资本主义社会需要建构新的逻辑。从历史性视野出发,可以看到,蒲鲁东的错误在于:

第一,他没有意识到当下的资本主义社会是一个历史性的社会,而不是自然社会。资本主义社会是一个历史性的、暂时的社会,如果把这个社会看作是自然社会,看作是永恒不变的社会,就会把这个社会看作一切社会的样板,这个社会中的人就会成为人的"类"本质的样板。当蒲鲁东从这样的视角出发时,即使他想批判资本主义社会,但在无意识层面仍然站在当下社会的立场上。在《1857—1858 年经济学手稿》中,马克思再次谈到这个问题,并在讨论到斯密与李嘉图等人关于市民社会的思考时指出,斯密、李嘉图、卢梭等从个人出发,把个人看作历史的起点,而不是历史的结果,这是对 16 世纪以来正在兴起的市民社会的预感,同时也意味着他们都没有跳出市民社会的立场,而是将之作为永恒的自然社会,从而把现存的关系看作是不受时间限制的自然规律。

第二,正是上述的错误,蒲鲁东才会将资本主义社会的范畴上升为适用于一切社会的范畴,把产生于资本主义社会的理论看作永恒的真理。从历史性的视角来看,任何范畴、观念都是在特定社会中生长出来的,用马克思的话说就是在"一定的"社会中生长出来的,它既体现了特定社会的特征,同时也体现了人们对这一社会的理解和把握。观念、范畴和历史的关系是一种内在的循环关系,而历史性是这一关系的重要特点。这也意味着,对资本主义社会及其思想的分析,一方面要理解资本主义社会的历史发展,理解其在不同的历史阶段所呈现出来的不同特征;另一方面也要理解建立在这一历史发展基础上的观念与范畴,在历史性的视域中去理解两者的内在关系,对哲学家的思想进行历史定位,形成知识地图,而不是将观念、范畴抽象为超历史的东西。历史性方法是我们理解社会、把握观念的根本方法。

从历史性视野出发,马克思主义哲学有其重要特征:首先,马克思主义哲学的批判性。历史性意味着非永恒性,也意味着任何事物与观念都有其发生、发展、消失的过程,因此,面对资本主义社会,同样需要将之看作历史性的存在,需要对制约着人们认知的前提进行批判。其次,历史性决定了马克思主义哲学的开放性。历史性视野意味着事物本身的非完满性,意味着事物处于一种发展的过程中,这决定了理论本身的开放性。这种开放性决定了马克思主义哲学是一种发展的学说。马克思的思想本身就表现为一个发展的过程。通过对蒲鲁东的批评,历史性成为马克思思想的内在规定,这也意味着人类学意义上的生产逻辑并不能直接运用于资本批判,推动了马克思思想发展过程中最为重要的一次逻辑转变。

原载于《哲学研究》2020 年第 5 期

马克思《评普鲁士最近的书报检查令》文本群的媒介思想探析

吴学琴　　左路平*

马克思对报刊媒介有着充分的认知,他的媒介理论也主要是基于对报刊等传统媒介的研究而形成的,这些思想集中在马克思从 1842 年 2 月初到 1843 年 3 月 18 日退出《莱茵报》的一年多时间里撰写的以《评普鲁士最近的书报检查令》为代表的文本群中。通过揭露和批判隐藏在媒介背后的权力和商业资本,马克思提出媒介传播应当遵循其自身逻辑,坚守客观地报道新闻真相和为广大人民服务的职责,而不应被皇权和资本所裹挟。这一理论深刻揭露了资本主义国家媒介机构和媒介传播的意识形态属性,昭示了马克思的理论从一开始就秉持人民立场,人民立场也成为马克思思想转变的内在动力。

马克思对媒介本质规定和功能的阐释

马克思大学毕业后曾长期从事报刊记者的工作,正是通过这一段经历,马克思发现了报刊有其自身的逻辑和本质规定性,也深刻意识到报刊媒介在表达思想自由、进行知识生产、实现精神交往中的重要作用,这为他进一步理解媒介的意识形态性奠定了坚实基础。

---

* 吴学琴,安徽大学马克思主义学院教授、博士生导师;左路平,安徽大学马克思主义学院讲师。

早在《莱茵报》工作之初，马克思就曾对人民报刊的本质进行过思考，1942 年 3 月发表的《关于新闻出版自由和公布省等级会议辩论情况的辩论》就阐发过这一观点，其基本要点如下：第一，报刊是人民观察和认知世界的另一双眼睛。报刊的内容应源于生活，表达对生活的感悟，它所传递的思想和内容在本质上应当是现实世界的反映，是实践生活在观念世界的表达与呈现，是思想传播与精神交往的中介，源于生活又指导生活。第二，报刊媒介是人民表达意见和展开思想斗争的场域。在马克思看来，报刊媒介是政治思想和人民精神的表达，是思想斗争和政治斗争的场域，报刊媒介"是使物质斗争升华为精神斗争，并且把斗争的粗糙物质形式观念化的一种获得体现的文化"。① 上述分析表明，当马克思在思考媒介本质时，已经隐约感觉精神世界源于现实生活，实践生活是思想和观念等精神内容产生的现实基础，即现实世界是观念世界的生成基础，观念世界的发展又引导和作用于现实生活，这一思考成为他唯物史观萌发的起点，正是在这里，马克思触碰到了让他"苦恼的疑问"。

在《莱茵报》任职期间，马克思看到普鲁士的书报检查令和书报检查官，为了皇权和统治阶级的利益，完全罔顾事实真相，对此，马克思进行了揭露和批判，他通过揭示媒介自身的内在属性和现实功能，阐明了媒介作为人类精神交往手段和工具的独特价值。第一，独立报道新闻真相，自由探寻真理是媒介自身的内在属性。受普鲁士皇权制约的媒介生产是对媒介自身逻辑的悖逆，违反了媒介运作的内在规律，是对新闻出版自由的亵渎和违背。而在马克思看来，媒介应当遵循的自身逻辑，应当是独立自由地表达人民精神，而不是受制于某些外部条件的限制，失去探索真理的精神。第二，报刊媒介是思想传播和精神交往的载体。在批判普鲁士书报检查令名为保障报刊独立自由，实为服务统治阶级后，马克思又阐释了报刊媒介最重要的功能之一，即作为思想的载体，报刊能够帮助人民进行思想传播和精神交往。媒介应该作为人民自由思想和情感表达的传播中介，这种自由的表达能警醒人民，最终会引发人们的反思和批判，进而引导社会朝着更好的方向发展。

---

① 《马克思恩格斯全集》第 1 卷，人民出版社 1995 年版，第 179 页。

马克思对报刊媒介意识形态性的揭示

从马克思对报刊媒介本质、内在属性和功能的论述中可以看出,媒介作为思想生产、思想斗争和思想传播的公共领域,是思想产品的聚居地和精神的高地,而这些思想产品作为现实关系的反映,必然呈现出意识形态属性。马克思1842年在《莱茵报》工作期间,花很大力气批判了普鲁士专制政权对报刊媒介的控制,1843年1月又写作《答一家"中庸"报纸的攻击》,进一步分析和批判政治权力介入媒介领域,以及制度性权力和政府代言人影响媒介传播的情况,从而揭露报刊媒介的意识形态属性。

第一,政治权力通过制定制度和法规实现媒介控制。马克思批评当时的书报检查令,认为书报检查官行使普鲁士专制权力,使得媒介被用来为某些特殊阶层服务而不是关注人民的利益,当媒介成为统治阶级思想控制的工具,把统治阶级的利益装扮成人民的普遍利益,把统治阶级的理智看作人民理性的表达时,媒介传播也就行使了意识形态统治的功能。当然,马克思并没有否定对媒介传播自由进行适当约束的合理性,因为不加限制的自由并不是真正的自由,如果失去一定的制度制约,新闻出版自由也会为恶的言论与行为提供栖息地。

第二,政治权力通过书报检查官对报刊媒介自由言论进行监管和控制。在谈及书报检查令对媒介传播的负面作用后,马克思进一步揭示了书报检查机关和检查官对媒介言论自由的控制。马克思旨在揭示统治阶级通过制度性权力的介入,实现对媒介自由的控制,最终目的仍然是为了控制人民的思想,在必要时还会以牺牲其代言人的方式来维护这种控制思想的制度本身。由于受制于统治阶级政治权力的掌控,媒介领域所传播的思想和知识不再是客观的知识和自由的思想,而是单一化、同质化的思想,其维护的是既定的统治秩序和统治阶级的思想和利益。在马克思生活的年代,虽然人民有机会在报刊上表达自己的观点,但媒介内容的生产和传播主要受统治阶级的控制和支配,媒介实为统治阶级意识形态控制的工具。

在马克思看来,在统治阶级权力控制和商业资本控制下的报刊媒介,一方面不断地为人民制造意识形态幻象,迫使人民生活在幻觉之中,另一方面又不断地推动思想的同质化发展,消除人民的个性以维护统治阶级思想的统治地位。第一,统治阶级借助媒介制造意识形态幻象。马克思在批判书报检查令时,指出检查令作为官方意识形态在法律层面的表现,它试图让人民以为,他们的权利得到了保障,他们可以自由地通过报刊媒介展开对宗教的批判,但这只不过是一种假象而已。第二,统治阶级借助媒介驱动思想的同质化发展。在马克思看来,新的检查令造成了一种对人个性的压抑,普鲁士的法律制度与国家制度都是不合理的制度,因为这个国家是和人民根本对立的。

马克思媒介批判的特征及其评价

马克思的媒介意识形态批判具有多重特征,而其中最重要的特征包括人道主义批判、阶级性分析方法和媒介话语的多元化书写等,尽管此时马克思还没有形成系统的唯物史观,但在某些具体问题的分析中已经展现了唯物主义观点,同时,马克思的媒介意识形态批判也具有重要的现实启示意义。马克思进行的媒介意识形态批判有着三重特征:

第一,对媒介意识形态的人道主义批判。年青的马克思带着对人民的感情,站在人民的立场上,对普鲁士的媒介意识形态进行批判,揭示资本主义的媒介操纵对人类社会道德的背弃和在价值认知上的错误。一方面,马克思在应然与实然的对比中批判书报检查令的伪善。普鲁士的书报检查令对报刊的检查却是一种恶行,它会使报刊阻碍社会的进步与发展,并给社会带来消极的影响,对这类报刊应从道德上加以批判。另一方面,马克思也在批判媒介生产之目的和手段的颠倒中阐发报刊的价值。在马克思看来,不能把目的变成手段,对于媒介作品的生产者来说,创作更好的作品本身就是目的,创作不应该成为作者谋取个人利益的手段,一旦媒介作品成为作者谋取私人利益的工具,作品也就失去了其内在价值。

第二,对报刊媒介意识形态运作的阶级性批判。其一,马克思对媒介权力进行了阶级分析。马克思认为应当从本质上去改善这种统治阶级支配和控制下的书报检查制度,而不应仅从表象出发,把制度的缺点归咎于个人,在实质上,书报检查官只是统治阶级维系统治和进行思想控制的一个中介和工具而已,应当看清事物的本质,从改变这种制度着手,从改变制度背后的普鲁士统治阶级权力控制出发。其二,马克思对政治机构参与媒介思想控制进行了阶级分析。马克思批判了作为统治阶级控制工具的国家机构,它们自以为站在道德和理性的制高点,用自身的标准来衡量一切,包括评判媒介领域自由思想传播的合法性,运用不合理的法律来惩罚人民,控制人民的思想,而本质上它们只不过是普鲁士统治阶级思想控制的工具罢了。

第三,媒介批判话语的多元化书写。马克思在对报刊媒介本质的研究以及对新闻出版自由问题的评析中,运用了极其丰富和精彩的话语表达方式,使得其媒介意识形态批判更具现实批判力,更易被大众理解和接受。其一,马克思擅长用生动形象而又极具辛辣讽刺意味的大众话语来进行媒介批评,他在批判意识形态对媒介的控制时就运用了形象的话语。其二,马克思在对报刊媒介的论述和对官方媒介的批判中运用了大量的反讽手法,借助这种写作方式强烈地讽刺统治阶级政策的内在矛盾和欲盖弥彰。

马克思的媒介意识形态批判理论依然能为新时代媒介意识形态批判和建设提供一些启示。其一,新时代新闻媒介的本质规定性依然是人民性。在新时代,我国媒介的发展应当依循马克思的基本观点,始终秉持为人民服务的价值理念,不断开拓媒介发展新方向,为满足人民的美好生活需要提供更好的服务。其二,进行错误意识形态批判是新时代媒介的重要使命。在新时代媒介及主流媒体应当主动对错误的社会思潮、敌对的意识形态进行批判和斗争,揭示其错误性和虚伪性,进而巩固主流意识形态在思想领域的指导地位。

原载于《安徽大学学报(哲学社会科学版)》2020 年第 6 期

《资本论》与文学经典的思想对话

郗 戈*

文学是马克思本人的毕生爱好。马克思对西方文学经典的研习与化用，不仅满足了他的私人兴趣和个性发展，而且还内在地促进了他的思想发展与理论建构。马克思的理论著作中普遍存在修辞学上的"互文性"：这些文本始终与其所化用、改造和发展的其他文本之间保持着互动开放关系。这种互文性蕴含着马克思与世界文学经典之间持续不断的思想对话。在其最主要的著作《资本论》及手稿中，他大量化用《神曲》《鲁滨逊漂流记》《浮士德》等经典的修辞风格，孕育出了哲学、政治经济学批判与文学之间跨越性对话的独特思想图景。分析《资本论》的修辞学，探究哲学与文学之间的对话关系，对我们重新理解马克思的思想总体性与理论建构机制具有重要意义。

浮士德式辩证意象与《资本论》的主题

从《共产党宣言》到《资本论》，马克思关于资本主义社会基本矛盾与未来走向的理论主题一直与歌德的"辩证意象"之间保持着深刻的隐喻关系。《资本论》的历史批判主题高度形象化地出现在《共产党宣言》第一节关于魔法师与魔鬼的比喻中。在这一比喻中，喻体"魔法师"的本体是资产主义生产关

---

* 郗戈，中国人民大学马克思主义学院教授，博士生导师。

系，"魔鬼"则比喻先进的社会生产力，而"召唤"比喻生产关系对生产力的孕育、激发作用，"不能控制"比喻生产力逐渐脱离生产关系桎梏的扬弃、解构作用。其中蕴含的未来预见正在于，作为资产阶级社会掘墓人的新生主体即无产阶级使得先进生产力从失控转化为重新支配，从破旧的解构力量转换为立新的建构力量。抽象地看，这一比喻的核心逻辑是关于资本主义社会自我扬弃趋势的历史辩证法：主体召唤力量（肯定）——力量的失控（否定）——新生主体重新支配力量（否定之否定）。

关于资本主义社会自我扬弃这一主题的比喻与歌德的辩证文学意象之间的互文关系值得深思。魔法师与魔鬼的辩证意象始终贯穿于歌德的创作历程中，特别是其毕生巨著《浮士德》。从《资本论》及手稿对《浮士德》的频繁引用来看，《浮士德》的核心意象与情节逻辑已经渗入马克思理解资本自我扬弃主题的形象思维中。为了揭示现代文明的内在矛盾与未来趋势，马克思借助了歌德《浮士德》的辩证意象。马克思的历史辩证法与歌德的文学辩证意象具有显著的形式相似性，同时也包含深刻的差异性。虽然马克思非常欣赏歌德的辩证意象，但从实质内涵上看，马克思揭示的是资本关系的历史辩证法，而歌德描绘的则是生命体验的人性辩证法。前者的旨趣在于把握现代社会总体运动的矛盾趋向，后者的旨趣则在于以个体生命历程象征人性的现代变迁。二者间的形式相似性和实质差异性表明，马克思将歌德的诗歌形象不仅当作一种文学修辞，还视作一种时代征候，从而对歌德的辩证意象进行了概念抽象与理论提纯，将个体的生命意象转化为总体的历史辩证法。

其实，这种从文学意象向哲学概念的提升或纯化，早已发生在歌德的《浮士德》与黑格尔的《精神现象学》之间，并进而预示着马克思《资本论》的出场。从文学与哲学的关联性上看，马克思的批判不同于歌德与黑格尔的"分裂—和解"意象的一个突出方面在于，通过"但丁式决绝"来展开批判的理论姿态。但丁的《神曲》充分表现了他旷古烁今的独立与决绝。马克思对但丁意象的化用，除了标明批判态度之外，还有理论内容层面的修辞学考虑。按照当代西方学者的分析，在上述语境中，马克思似乎是在用但丁"下地狱"的行为和路径，来隐喻自己刺穿市民社会表象进入资本主义社会深层即生产领域、进入地狱般的工厂内部的批判性研究。

鲁滨逊式个人图景与《资本论》的历史阐释

随着资本主义社会批判主题展开为历史辩证法,"浮士德"的辩证意象也进一步具体化为"鲁滨逊"个人图景的历史阐释。这一点在《资本论》第一卷"商品"章第四节"商品拜物教及其秘密"中表现得尤为显著:在如上所述化用《浮士德》之后,紧接着就展开对"鲁滨逊"形象的历史阐释。马克思特别重视笛福《鲁滨逊漂流记》中关于市民社会兴起和资本主义出路的预言内涵。在政治经济学批判的历史阐释维度中,鲁滨逊形象既预示着市民社会的大规模形成,又昭示着资本主义生产方式的超越之路。

马克思使用"鲁滨逊神话"这一概念来指称18世纪对市民社会的文学预感或理论预设。这一概念既指向了"鲁滨逊"这个家喻户晓的文学形象,又以"神话"一词标明其虚构性质及其普遍文化意蕴。马克思指出,"鲁滨逊神话"是关于现代"自然原人"的神话性虚构与规范性预设,是对正在大规模形成中的市民社会的预感与表征。在《〈政治经济学批判〉导言》开端处,正是通过对"鲁滨逊神话"的历史性反思,马克思展开了对资产阶级经济学出发点的意识形态批判与历史性还原。

首先,马克思指认出,资产阶级政治经济学当做自然出发点的"个人一般""生产一般"范畴,其实质是"鲁滨逊神话"即非历史化的抽象观念。资产阶级经济学家一般都把研究出发点或第一研究对象规定为"物质生产",例如斯密的"分工"起点论、李嘉图"价值"起点论以至约翰·穆勒的"生产"起点论。这种研究起点的设定,实质上是以自然主义的非历史性思维将"物质生产"直接抽象为"生产一般"范畴。从而,马克思的政治经济学批判与资产阶级政治经济学的对立,首先就表现为历史性思维与自然主义思维的对立。

其次,马克思剖析了鲁滨逊神话对市民社会(DiebürgerlicheGesellschaft,又译为资产阶级社会)的预感,并指出,作为意识形态的鲁滨逊神话,根源于市民社会的历史特性即物象化或拜物教。普遍的物象化或拜物教,构成了现代市民社会或资产阶级社会区别于前现代、前资产阶级社会的关键特性。

马克思关于鲁滨逊神话的分析具有超越修辞学层面的深刻思想意蕴。这种分析直接服务于《〈政治经济学批判〉导言》对"生产一般""个人一般"范畴之不合理抽象的批判，并最终确定了"资本生产"这一研究本题。进而，这一分析也开启了《1857—1858 年经济学手稿》"货币"章中物的依赖性社会形式的分析以及《资本论》第一卷"商品"章关于商品拜物教性质的分析。

随着政治经济学批判的深化，鲁滨逊故事也被发展为关于资本主义社会的"超越"或"出路"的隐喻。马克思在揭示"商品的拜物教性质及其秘密"时，将鲁滨逊的劳作阐释为抽象劳动与价值生产的典型。正是鲁滨逊故事中没有商品交换中介和拜物教性质的生产劳动，被马克思进一步阐释为扬弃了商品交换和拜物教的社会共同生产过程。这里，马克思关于扬弃商品生产及拜物教，以时间的经济、按劳分配为中介而建构简单直接的人格与人格间社会联系的构想，与《哥达纲领批判》中对共产主义第一阶段的预见直接相关。这种商品生产扬弃论的关键在于，鲁滨逊故事本身就可以理解为关于具体劳动抽象化为劳动时间、社会合理调节总体分工的一系列预示。

文学—哲学的"对话"与《资本论》的"总体性"

马克思为什么要在论述《资本论》的理论主题与历史阐释时引用诠释如此之多的文学经典？这不仅是出于丰富表达、美化文风的单纯修辞学考虑，更重要的是通过诠释重构，发掘这些文学经典所蕴藏的时代精神内涵，开启政治经济学批判与世界文学的思想对话。

在唯物史观和政治经济学批判的语境中，从鲁滨逊到浮士德的文学形象演变，既是资产阶级的自我意识史、精神文化史，同时也是现代社会的时代精神形式的演化史。对此，马克思基于唯物史观与政治经济学批判实现了问题把握与思想提纯，将之提升到时代精神的精华即关于现代性问题的历史哲学的高度。

那么，应当如何理解《资本论》中哲学、政治经济学批判与文学的关系问题？首先，可以从精神活动的存在论上看待《资本论》中哲学与文学的对话关系的思想根据。从精神形式上看，文学本身就蕴含丰富的"类哲学"或"准哲学"洞见。哲学与文学的这种对话关系本身就预设了二者间的区别。这种区别在于,作为对人的存在方式及其意义的探询,哲学或多或少都要追求某种意义上的思想确证,而小说只是一些思维练习、叙事游戏和即兴发挥。可见,世界经典文学形象如鲁滨逊、浮士德中蕴含着关于现代人生存及其意义的探询尝试。哲学或政治经济学批判需要理解和反思这种探询,并获得对现代人存在方式的本质性维度的批判性理解。

其次,可以从时代精神发展的历史性视角看待《资本论》中哲学与文学的对话关系的历史展开。哲学可以理解为时代精神之上的"精华",凭借其洞察力、概括力、思想力,以实存为概念反思对象,但并不一定以实存为直接对象。哲学与当代实存之间主要是一种中介的、间接的沉思关系。其中,非常重要的中介环节是文学。哲学思维必须要对文学、宗教和自然科学等精神形式进行吸收、化用与提升。与作为时代精神的精华的哲学不同,文学可以理解为时代精神的"结晶"或"征候",通过一系列观察力、想象力、预感力而表现为不以概念为中介而以形象为载体的理性直观。从青年马克思到成熟马克思,就典型反映出从文学创作到哲学建构的持续思想进程。马克思从时代精神的结晶中不断萃取出批判性精华的思维方式,不仅历时性地贯穿于马克思整个思想历程,还共时性地存在于《资本论》的"多文体"以至"超文体""超文类"的叙述建构中。

《资本论》的根本旨趣是超越资本逻辑,而政治经济学批判的思想意旨是超越政治经济学批判。超越的方向就是基于必然王国的自由王国即艺术、科学等更合乎人类本性的精神活动。说到底,政治经济学研究主要是对必然王国的局部认识,而只以自身为目的的文学艺术创造才真正属于自由王国。政治经济学批判是对必然王国及其资本统治的反思,从而构成了物质现实通达真正的人的科学、艺术的中介和阶梯。正如马克思始终预感到的,在那里,在合理调节自然力量的物质生活的彼岸,科学而审美的人将真正扬弃外在必然性,实现人的全面而自由的发展,寻获人的完整性本身。

原载于《文学评论》2020 年第 1 期

工厂的生命政治学分析

王庆丰[*]

现代资本主义社会生命政治发生的一般场所绝对不是福柯所研究的监狱和精神病院,也不是阿甘本所谓的集中营和难民营,而是工厂。无论是监狱和精神病院,还是集中营和难民营,只是生命政治发生的非典型性状态,工厂才是现代社会生命政治发生的一般场所。在生命政治学看来,与权力密切相关的概念正是"装置"。从去主体化的过程而言,装置通过一系列权力关系网络来规训和惩罚主体,使其丧失自己能动的主体性;从主体化的角度而言,权力装置最终创造出温顺而自由的躯体,这些躯体假定了它们自身的身份和"自由",成为一种具有特定身份的主体。主体化过程正是在去主体化的过程中完成的。

工厂体系

资本主义社会工厂体系的产生是建立在机器大工业基础之上的。马克思从工具(机器)的视角对比了"工场手工业和手工业"与"工厂"的区别。为了使工人能够驯顺地服侍机器,并入机器这一死机构,资本家制定了严格的纪律。马克思把工厂纪律称为"最严格的纪律",是因为这种纪律是一种兵营式

＊ 王庆丰,吉林大学哲学基础理论研究中心暨吉林大学哲学社会学院教授。

的纪律,并最终发展成为工厂制度。这种兵营式的纪律最终造成了现役劳动军自身的分裂。我们知道,无产阶级可以区分为"现役劳动军"和"产业后备军";但由于工厂纪律的出现,工人被划分为劳工和监工,现役劳动军被分裂为"普通工业士兵"和"工业军士"。资本家与工人之间的对抗性关系被资本主义生产方式逐渐转化为现役劳动军与产业后备军以及现役劳动军内部的对抗性关系。

随着早期资本主义步入当代发达的资本主义社会,无产阶级本身及其构成也发生了巨大的变化。1951 年,美国脑力劳动者超过了体力劳动者,成为了无产阶级中的"大多数"。于是,大多数无产阶级的工作场所也发生了相应的进化,无产阶级从工厂厂房的流水线进入到高档写字楼的办公隔间。虽然工作场所发生了转移,但是工作的性质并没有发生根本性的变化。办公室白领们依然承担着类似于流水线上枯燥的、重复的和千篇一律的工作,工厂的生产本质被原封不动地搬到了写字楼中。好像把人放进"格子间"还不够侮辱人似的,为了最大限度地节省办公空间,这些隔间的尺寸还被做得越来越小。当脑力劳动变得"廉价"时,新产生的白领阶层自然是不配享用单独的办公室了,在公司中他们也只是廉价的"技术工人"。现在只是发生了一个"阶级平移":曾经在流水线上拧螺丝的工人平移成了格子间里敲键盘的公司员工,曾经拥有单间的精英管理者们虽然有些沦落为廉价的脑力劳动者,但其中的一部分依然还是有单间的企业中高管理层。

在《规训与惩罚》一书中,福柯通过对监狱的考察提出了一个生命政治学的概念:全景敞视主义。福柯的全景敞式主义来源于边沁的"全景敞式监狱"。边沁就是一个彻头彻尾的功利主义者,无论做什么事情都计算"效用",他所设计的监狱、福利院,也都是完全使建筑在"效用"上达到最大化的。福柯认为,这种具备一座有权力的和洞察一切的高塔的、著名的透明环形铁笼,或许是一个完美的规训机构的设计方案。福柯进一步指出,观察、监视、控制与校正违规行为的"全景监狱理念",蕴含在几乎所有的现代建筑、社会组织和我们的日常生活中。换言之,工厂、学校、兵营、精神病院等众多现代组织的根本原则和组织管理模式都起源于监狱的全景敞式主义模型。白领们的格子间脱胎于工厂流水线生产。因此,白领们的工作也并没有想象中的"自由度",他们不过是在管理者监视下高效流水线上的一颗螺丝钉。现代工厂的设计理念和设计逻辑其实也来源于监狱。工厂体系的本质也是一种全景敞式主义。整个社会正在日益变成一个工厂体系,各行各业就像流水线一样,保证着社会的高效运转。我们可以说,工厂体系已经渗入了整个社会有机体。

工　艺

在资本主义条件下,广泛、异质的智力在资本权力体系下被剥夺了自身的真实表达,不断被控制、扭曲。智力的维度应该作为活劳动的属性实现在自由创造的劳动中,而不是作为死劳动的属性体现在资本主义社会工厂管理式的层级结构中。在显性操作中,工人的活劳动是通过流水线被纳入的;在隐性的层面上,资本主义生产则是通过工艺学实现的。换句话说,流水线的技术支撑是"工艺学"的出现。马克思指出,工艺学就是把生产过程进行分解,分解得越细微,证明这种技术越精细、越成熟。技术的进步非但没有改变无产阶级的命运,反而成为了限制无产阶级的新枷锁。先进的技术让无产阶级工作更加"去技能化",让他们丧失了与资方议价的能力;无论在工厂流水线上,还是在白领办公室中,劳动者的工作整体性在退化,工厂和企业需要的只是不用思考与反思、不停重复执行去技能化任务的"身体"而已。这种精密的工艺学最终被应用到了工厂的管理之中,这使得工厂作为"装置"更加高效。

西方工厂的代表制度就是泰勒制和福特制。恩格斯在《国民经济学批判大纲》中曾经指明了工厂制度和奴隶制的同质性。他指出,"科学管理"与"奴隶制"之间最惊人的相似之处在于"任务观念"的提出,泰勒将其描述为"现代科学管理中最为重要的因素"。其实,"任务制"有着更为久远的历史,它是奴隶制下组织劳动的主要手段之一。所谓任务制,就是被奴役者在持续的监督下在一段固定的时间内劳作并完成被要求的工作量。在任务制之下,被奴役者会被强制要求在一天内必须完成一定的"任务量"或"配额",否则就会受到严酷的惩罚。"任务"一词因其与奴隶制的关系而令"很多人不喜欢"。泰勒制与奴隶制所展现的特性如出一辙,唯一的改善就是加入了工人的基本工资和辞职的权利。泰勒制的核心元素就是工作的去技能化和对工人的严密控制,其对工作流程与工作标准的研究剥夺了工人对生产过程知识的控制,并将这些知识牢牢地控制在管理者手中,让手工业者失去了与雇主博弈的实力,只能任由其摆布。

劳动者拒绝成为流水线上的奴隶是自然而然的事情。所以随着社会的发展,泰勒制在提高劳动生产效率的同时,也引发了广大劳动者的反抗情绪,于是改良版的泰勒制亦即福特制应运而生。相对于泰勒制而言,福特制多了些许"温和",在"奴隶制"的基础上增加了不少激励元素。但是,这并不能改变其"血汗制度"的本质,福特制同样是一套基于工业化和标准化大量生产和大量消费的经济和社会体系。相对于泰勒制和福特制,后福特制更加温和。后福特制主张给予劳动者一定的自主性,它使劳动者觉得自己不再是一颗悲惨的螺丝钉。后福特制通过给予工人高福利、终身雇佣等策略,磨灭劳动者的反抗精神;通过所谓的扁平化管理和小团队化管理,提升基层的活跃度,激发劳动者的工作主动性,但是,后福特制依旧是泰勒制和福特制的延伸和变形。在其"团队工作""扁平化"等理念的背后,依然是资产阶级管理学控制、监视、剥削劳动者的本质。

工厂法

建立在机器大生产基础上的工厂体系以工厂纪律和工厂制度的方式确立了下来,并且在管理工艺学的支撑下更加精细和科学,这种"专制"最终通过"工厂法"获得了普遍的规范性。马克思指出,工厂立法的目标表面上看是对资本主义生产秩序的维护,实际上其所维护的是资本家对工人的管控和剥削。工厂法的出现使得资本家对工人的专制得以最终形成,在科学外衣的基础上,又增加了一件合法的外衣。

工厂法的诞生也是和机器生产关联在一起的。在工厂法的早期制定中,资本家或者说工厂主具备了绝对的主体地位。马克思在《资本论》中引用了恩格斯《英国工人阶级状况》中的论述,指出早期的工厂法根本不考虑工人的利益,完全是为资本家的利益服务的,确切地说是为了维护资本主义的生产秩序,也就是说是为了维持骇人听闻的疯狂的资本主义剥削的顺利进行。因此,早期的工厂法最为核心的内容是对工人的处罚,但是这种处罚并不像是前资本主义时期对劳动者所进行的肉体的惩戒。

在资本主义生产体制的高压下,工人展开了对资本家旷日持久的反抗。这种抵抗最终也取得了一定的有益于工人阶级权益的成果,其中最为重要的就是所谓的"八小时工作制"。但是,就是这样一种被劳动法明确规定的法律,在现代社会中却依然得不到很好的贯彻。黑煤窑、过劳死等现象的存在明白无误地告诉我们,工厂依然像"集中营"一样是一种"法之例外状态"。《例外状态》是阿甘本"神圣人"系列的一本重要著作。阿甘本明确指出,"例外状态"是一个"无法"的空间,其中的关键是呈现为不再具有法律形式者的法律形式,处于一个模糊、不确定、临界的边缘。阿甘本的"例外状态"指的是法之例外或法之悬置,为我们分析"工厂"提供了独特的视角:例外状态作为一个无法区分的模糊地带,所表征的正是"工厂"的存在状态。资本主义正是利用"工厂"这种例外状态使其发挥作用并同时对工人进行规训与治理,这正是阿甘本意义上的"包涵性排斥"。例外状态作为一种包涵性排斥其实质是一种例外状态常态化。无论是包涵性排斥,还是例外状态常态化,都意味着工厂作为例外状态成为了资本主义生产秩序的权力装置。

在马克思看来,工厂立法的普遍化具有两大后果:第一,直接的、无掩饰的资本统治得以形成;第二,由于消灭了"过剩人口"的最后避难所,新社会的形成要素和旧社会的变革要素成熟起来。毫无疑问,马克思的这两个判断都是成立的;但是,在管控和监视技术日益发达的今天,即使资本主义形式的矛盾和对抗成熟起来,即使新社会的形成要素和旧社会的变革要素成熟起来,也无法摆脱资本主义的严密管控。数字资本主义的生命政治管控成为了当代资本主义社会机制新的"安全阀"。

原载于《吉林大学社会科学学报》2020 年第 3 期

"抽象力":《资本论》的"认识论"

白　刚*

学者们从本体论、存在论、价值论和方法论等方面对《资本论》进行了多维解读,但相对忽视了认识论的解读。虽然法国的阿尔都塞较早就对《资本论》进行了"认识论"解读,但他主要是从"认识论断裂"的意义上解读的,并没有真正揭示出《资本论》的认识论的独特性和重大思想史意义。对《资本论》"方法"的误解,实际上并不是方法本身出了问题,而是我们对作为"政治经济学批判"的《资本论》之"认识论"产生了误解。而对《资本论》的认识论的理解,不应从"认识论断裂"的意义上,而必须是在近代哲学"认识论转向"的意义上,并从马克思自己所强调的"抽象力"来阐释。

近代哲学的"认识论转向":
从"客体性逻辑"到"主体性逻辑"

表面上看,西方近代哲学在古代哲学追求"本体"的基础上,实现了"认识论转向",也即从"断言本体"转向了反省对本体的"认识",形成了"没有认识论反省的本体论无效"的理论自觉。但对于这一转向,人们更多的是在哲学"研究对象"不同的意义上进行区分,即古代哲学研究"本体"问题,近代哲学

---

*　白刚,吉林大学哲学基础理论研究中心暨哲学社会学院教授,博士生导师。

研究"认识"问题,这还只是一种外在的理解和把握。而更深层的理解是,这一转向意味着一种人们理解和把握世界的基本方式——"认识方式"的转变,或者说是一种"认识逻辑"的深刻区分和转变。实际上,这一转向凸显的是人的主体地位,表现为从"客体性逻辑"到"主体性逻辑"的转变,或者说是从"形式逻辑"到"思辨逻辑"的转变。正是这一内在的人之主体地位的凸显和认识逻辑的转变,才使近代哲学的研究面貌焕然一新了。

虽然作为近代哲学之父的笛卡尔最早提出"我思故我在",开启了近代认识论转向的先河,但真正推动和实现这一转向和变革的还是康德。在康德的认识论革命这里,哲学不仅可以与神学相提并论,而且是在反对神学了。为此,马克思称康德哲学为"法国革命的德国理论"。而康德之后作为德国古典哲学之集大成者的黑格尔"实体即主体"的真实意义和表达,也是近代认识论转向本质的另一种解释和表达。但仅仅凸显认识主体的能动性还不够,还需在认识形式或认识逻辑上实现根本转变,也即从"形式逻辑"到"思辨逻辑"的转变。黑格尔的思辨思维是在认识的内容与形式的和解与统一中获得了认识的客观真理性。因此,在凸显主体性逻辑的概念领域,黑格尔的思辨思维使近代哲学的认识论转向得以最充分彰显和完成。

马克思的《资本论》作为"政治经济学批判",既不是站在"非批判的实证主义"的古典政治经济学的"表象思维"的立场上,也不是站在"非批判的唯心主义"的近代哲学的"形式推理"的立场上,而是站在实现了认识论转向的德国古典哲学"思辨思维"的立场上。也就是说,要理解和把握《资本论》的认识论,必须是在近代哲学认识论转向所实现和达到的德国古典哲学主体性逻辑和思辨思维的基础上,这是我们必须坚持和遵守的原则立场和应有高度。这一原则区别,直接制约和左右着对《资本论》的认识对象和认识目的以及其认识论的本质和革命意义的理解和把握。

《资本论》的"认识对象":资本主义生产方式

在近代西方哲学实现认识论转向之后,由于认识主体的凸显和认识逻辑的转变,认识的对象已不再是与人无关的作为纯粹的客观性存在的"自在之物",而是人的认识能力所能把握到的作为与人发生一定关系而存在的"为我之物"。在这里,我们既要把"认识对象"与"自在对象"区分开来,更要把《资本论》的认识对象与古典政治经济学和德国古典哲学的认识对象区别开来。在此基础上,我们方能真正理解和把握《资本论》的独特认识对象及其意义。

实际上,被马克思批评为"非批判的实证主义"的古典政治经济学,在近代认识论转向之后,依然主要从经验和实证出发,把感性实在和具体事物当作研究对象,忽视或无视思维规定和思维规律的存在。马克思在作为《资本论》第一手稿的《1857—1858 年经济学手稿》中对此进行了细致的分析和批判。马克思高于经济学家们看到,认识对象表面的客观实在背后,蕴含着诸多支撑其得以客观存在的具体"历史"和"社会关系"因素,离开了这些具体的历史和社会关系因素,认识对象也就失去了其客观实在性,仅仅是一个空洞的抽象。而要把握认识对象的客观实在性,又必须揭示出其背后的历史和社会关系因素。

在《资本论》这里,作为研究和认识对象的"资本主义生产方式",是与其要分析的"经济形式"——劳动产品的商品形式或商品的价值形式密切相关的。在此意义上,我们说《资本论》考察和研究的对象,虽然是从具体的可感"物"——"单个商品"入手,但其最终目的绝不是认识商品本身,而是揭示商品平等交换关系背后所掩盖的人与人之间的不平等关系。在《资本论》这里,作为认识对象的资本主义生产方式以及与之相适应的"生产关系和交换关系",体现的是物与物背后人与人的关系,而这一关系仅靠感性直观是无法理解和把握的。实际上,"资本主义生产方式"作为一种特殊的认识对象,并不是普遍、必然、永恒的,而只是与一定的社会历史发展阶段相适应的一种"生产方式"。也就是说,资本主义社会中资本自我增殖的所谓"客观真理性",只有在资本主义的生产方式中才会被实践地建构起来。因此,作为"非批判的实证主义"的古典政治经济学,根本看不到或理解不了生产方式的本质。古典政治经济学在经济领域里实现了黑格尔在哲学领域里完成的"历史的终结",二者在"抽象"——直观抽象和思辨抽象——对历史作抽象的和独断的表达的意义上合流了。

马克思在《资本论》中还专门以"价值形式"为例,对古典政治经济学进行了批判。马克思发现和揭示了古典政治经济学对虚幻永恒性的"偏好"。古典政治经济学由于看不到或不理解生产方式所蕴含的人与人之间关系的本质，也即是以理解物的方式来理解人，因而也就陷入了马克思批评的"政治经济学的形而上学"独断论的困境。马克思的《资本论》作为"政治经济学批判"，就是通过对作为"现实的人和现实的人类"之间关系所体现的"资本主义生产方式"的深入剖析和批判，最终既超越了古典政治经济学直观抽象的独断论——非批判的实证主义困境，也超越了德国古典哲学思辨抽象的独断论——非批判的唯心主义困境。《资本论》的认识对象之所以与古典政治经济学和德国古典哲学不同，还因为《资本论》作为"政治经济学批判"的目的也与之根本不同。《资本论》分析和研究"资本主义生产方式"及其运动规律，是为了获得"本质的规定"和"现实的东西"，它所要揭示的真理是内涵的逻辑而不是形式的逻辑。这一本质规定性和逻辑，说到底就是要通过"政治经济学批判"，揭示出建立在古典政治经济学抽象劳动价值论基础上的、表面自由平等的等价交换的"价值规律"，如何走向了实际不自由不平等的掠夺和剥削的"剩余价值规律"。

《资本论》的"认识论革命"：从"抽象"到"抽象力"

作为"政治经济学批判"，《资本论》与古典政治经济学和德国古典哲学的区别，不仅在于认识对象和认识目的，还在于认识方法。而《资本论》的认识方法，就是马克思自己强调的既区别又联系于"抽象实在论"和"抽象思辨论"的"抽象力"——批判的和革命的辩证法。在实质性意义上，《资本论》的认识论革命，不在于其"抽象力"不同于古典政治经济学的"实在论"——直观抽象（经验抽象），而在于其"抽象力"不同和超越于德国古典哲学的"抽象"本身——思辨抽象（先验抽象）。可以说，这就是"抽象力"作为《资本论》的认识论（辩证法）的实质所在，也是马克思破解"抽象"之谜之所在。

其实，早在 1845 年春的"包含着新世界观的天才萌芽的第一个文献"（恩格斯语）《关于费尔巴哈的提纲》中，马克思就不仅鲜明地表达了自己的"新世界观"，而且深刻地表达了自己的"新认识论"。在这里，马克思正是通过批评和区别于旧唯物主义只是从客体出发的直观地看待认识对象和唯心主义只是从主体出发的抽象地看待认识对象的各自不同的认识特点和认识方式,来具体区分和阐释自己从主客体统一出发的实践的、感性活动的"新认识论"的。如果说马克思在《关于费尔巴哈的提纲》中还只是从理论层面对其认识论的实质和特点进行阐释,那么等到他对古典政治经济学进行了系统研读之后,就开始通过与古典政治经济学对认识方法的不同理解的具体比较中来阐释其认识论。在《哲学的贫困》中,马克思就专门以"政治经济学的形而上学"为题,从七个方面对蒲鲁东《贫困的哲学》中任意"搬弄"和"套用"作为"抽象"的黑格尔的辩证法而导致含混不清的方法进行了批评和说明。

在《1857—1858 年经济学手稿》中,马克思又通过批评古典政治经济学仅仅从现实事物出发的"抽象实在论"的认识方法,深入说明了自己具体与抽象统一的认识论。马克思区分了两种不同的认识道路——"从具体到抽象"和"从抽象回到具体"。马克思强调"从具体到抽象"的第一条道路是经济学在它产生时期在历史上走过的道路,而"从抽象回到具体"的后一种方法显然是科学上正确的方法。从具体到抽象和从抽象再回到具体,表面上看是一种重复和循环,但实际上却是一种发展和上升。抽象还是那个抽象,但具体已不再是先前那个"具体"。正是这一"具体"与"抽象"之间关系的混淆,不但导致古典政治经济学家看不到或不理解"抽象"的实质和意义,就连德国古典哲学的集大成者黑格尔——其抽象也"陷入幻觉,把实在理解为自我综合、自我深化和自我运动的思维的结果。其实,从抽象上升到具体的方法,只是思维用来掌握具体、把它当作一个精神上的具体再现出来的方式。但绝不是具体本身的产生过程。古典政治经济学和德国古典哲学的错误,就在于要么用"研究的方法"(实在论)取代"叙述的方法"(抽象论),要么用"叙述的方法"取代"研究的方法",从而割裂了二者的联系和统一。而《资本论》的"抽象力"正是二者有机结合的结果。

原载于《哲学研究》2020 年第 3 期

马克思的资本批判内蕴了生命政治批判吗？

高云涌*

20 世纪 70 年代中期,福柯提出了被视为迄今为止最为完善的权力技术形式的生命政治之后,一些左翼思想家对之进行了热烈的探讨,并借此概念和视角对当代资本主义进行了猛烈批判。而国内学界也对生命政治主题关注有加,分别展开了如人物梳理、流派阐述、思想提炼和比较研究等不同方式的理论探索。王庆丰博士所发表的《〈资本论〉中的生命政治》(《哲学研究》2018年第 8 期,以下简称王文),是近来相关研究成果中的典型代表。文章的核心观点认为,马克思的资本批判内在地蕴含着福柯所指认的生命政治的批判。但是,王文在令笔者耳目一新的同时,也令笔者产生了一系列困惑和疑问,在此提出来与庆丰博士进行商榷。

一

王文的基本论点是:"在生命政治的意义上,资本对劳动力的支配权一方面表现为资本家通过纪律对工人的规训和管控;另 方面表现为资本把劳动力本身由'活劳动'变为'死劳动'。生命政治的两种权力技术在《资本论》中获得了完全的意义。"这个论点的展开和论证建立在一个前提基础上——资

---

* 高云涌,黑龙江大学马克思主义学院教授、博士生导师。

本权力既是一种经济权力也是一种政治权力。

分歧的出发点是对"资本权力"的不同理解。由于庆丰在文中明确地将生命政治（或福柯和阿甘本的生命观）视为他审视马克思资本批判的理论视角或视域，本来是作为一种思想资源的生命政治，又构成了他对马克思资本批判理论进行领会或理解的预设构架或视野。而王文分析则脱离了劳动价值论和剩余价值论的概念体系，抛开了量的规定性转而依托生命政治学的概念框架直接把资本权力的本质规定性界定为生命权力。但也正是由于这一界定，使得王文在具体论证过程中不可避免地出现了一系列理论困难。对于王文的理论困难就可以分别从外部理论困难和内部理论困难两个大的方面逐一加以剖析。首先来看王文的外部理论困难。笔者认为至少在如下几个问题上都需要作出进一步澄清。

1. 在"生命政治"的意义上如何合理阐释马克思与福柯的思想史关系？王文一方面指认生命政治话语是由福柯开启的，另一方面又主张生命政治的两种权力技术在《资本论》中获得了完全的意义。这样两个同时做出的判断使得马克思与福柯的思想史关系变得扑朔迷离了。作为一位对马克思如此熟悉和了解的生命政治学家，福柯本人难道看不到"生命政治的两种权力技术在《资本论》中获得了完全的意义"吗？如果福柯也承认这一点，那么我们还能断言"生命政治话语是由福柯开启的"吗？而如果福柯不承认这一点，那么"在《资本论》中获得了完全的意义"的"生命政治"又是何种意义的生命政治呢？或许，庆丰博士会认为这是一种并不完全局限于福柯意义上的，而是经过"综合创新"所得到的更具时代性和解释力的"生命政治"，但如果是这样的话，又如何确证它就一定是"《资本论》中的生命政治"呢？这个需要进一步论证的结论显然在王文中是作为不证自明的前提出场的。

2. 在"生命政治"的意义上如何合理阐释马克思资本理论的批判性和建构性的关系？这里先暂时搁置王文所言"生命政治"究竟是福柯意义上的还是"综合创新"意义上的。王文的核心观点是认为马克思的资本批判内在地蕴含着生命政治批判。但是如果将这种生命政治批判归结为马克思政治经济学批判的应有之义，那么它又该如何同马克思资本批判理论对资本文明的肯定性理解相兼容呢？我们知道，马克思在《1857—1858年经济学手稿》中明确指出了资本的伟大的文明作用——"创造出社会成员对自然界和社会联系本身的普遍占有"，"培养社会的人的一切属性，并且把他作为具有尽可能丰富的属性和联系的人，因而具有尽可能广泛需要的人生产出来"。在"生命政治"的意义上，对此又该做出怎样的解释呢？

3. 在"生命政治"的意义上如何合理阐释资本主义现代企业管理制度的科学属性及其历史进步意义？资本主义的现代企业管理制度同时也具有科学化、民主化的属性——通过科学管理优化企业组织结构、管理方法和管理手段以改善劳资关系，通过企业文化建设最大限度地调动工人的积极性，通过吸收职工参加企业的部分决策、监督、检查和管理尽可能地优化企业运行机制。如何在"生命政治"的意义上看待资本主义现代企业管理制度所包含的科学与人文关怀因素和它对工人的"双重剥夺"之间的关系，也是王文尚未做出合理阐释的重要问题。

4. 在"生命政治"的意义上如何合理阐释资本主义现代"企业工厂体系"内部的经济权力运作和政治权力运作的区别和联系？企业工厂体系内部"资本家对工人的监督和支配"究竟是经济权力运作的体现还是政治权力运作的体现？按照福柯的看法，诸如军营、学校、工厂等规训系统的微观权力运作主要有两种形式——层级化监视和规范化裁决。如果我们把这种微观权力理解为政治权力的话，那么这种微观的政治权力运作与企业工厂体系中的经济权力运作之间究竟是何关系呢？这是王文没有给出明确回答的问题。

二

王文所面临的如上这些外部理论困难，在一定意义上是由其所具有的内部理论困难造成的。这些理论困难之所以具有内部性，主要是因其使用的一些重要概念和判断具有一定的逻辑矛盾使然。

1. 就其理论前提而言，王文所界定的劳动力概念和政治权力、经济权力概念的合理性和可靠性有待进一步澄清。首先，王文一个非常重要的理论前提就是设定了"劳动力（实指生命）"。但是这个设定既非马克思的也非福柯的，只能说是庆丰博士本人的。因为在马克思的著述中我们根本就找不到将劳动力概念界定为生命的论断,同样在福柯的著述中也找不到将生命概念界定为劳动力的论断。其次,王文另一个非常重要的理论前提是对于政治权力和经济权力概念的界定。王文的观点是"资本家对工人的支配力(政治权力)奠基于资本的购买力(经济权力)"。但是,在马克思政治经济学批判的理论语境中,资本权力作为政治权力是支配力而作为经济权力是购买力吗? 如果是这样,又该如何解释马克思所说"资本是资产阶级社会的支配一切的经济权力"呢?

2. 就其理论核心而言,王文所重新界定的"活劳动"和"死劳动"概念难以回到政治经济学批判的原始语境。王文在维尔诺关于劳动力潜能的观点基础上将"活劳动"界定为"自由劳动"而将"死劳动"界定为"机械劳动";认为前者是"人的自由自觉的创造性活动,体现了工人的潜能和创造性",后者是"被资本控制的工人的机械劳动,丧失了人的生命潜能和活力"。这样一种改写确实是一种理论创新,但同时也已经完全脱离了马克思政治经济学批判的语境。在政治经济学批判的理论语境中,"活劳动""死劳动""自由劳动""机械劳动(机器劳动)"都有其具体的历史内涵。当马克思把"活劳动"界定为处于时间中的、过程中的、现在的非对象化劳动,将"死劳动"界定为过去的、空间中的对象化劳动时,都是在抽象劳动的意义上把握两者的规定性的。而当王文从生命政治的视角重新赋予"活劳动""死劳动"以新的内涵时,却是将两者置于具体劳动的层面加以考察的。这就是庆丰博士和马克思的根本区别。

3. 就其理论结论而言,王文提出了与马克思截然不同的判断,认为从生命政治的视角来看,资本主义社会是"以物的依赖性为基础的人的依附性"。那么,就资本主义的劳资关系而言,究竟是人身独立还是人身依附? 在马克思著作的中文版中我们能够看到,他并没有使用过"人身支配"概念,而在使用"人身依附"概念时也是特指农奴制或欧洲中世纪的典型社会关系特征,这种人身依附关系的解体恰恰代表着资产阶级社会的胜利。因此王文认为"工人依附于资本家",不论是间接依附还是直接依附,都不符合马克思"人身依附"概念的本义——人身不自由。

4. 就其理论论证而言,王文在具体阐释惩戒肉体和调节生命这样两种生命政治的权力技术的内涵时,也出现了逻辑不一致问题,主要表现在两个方面。一个方面表现为概念使用的不一致:当王文指认马克思的资本批判内蕴着生命政治批判时,说的是资本对劳动力(实指生命)的支配与规训;当指认雇佣劳动的生命政治内涵时,说的是资本家对工人人身的支配与控制;当指认《资本论》的生命政治后果时,说的是资本家对工人(自然生命)的规训和资本对工人(自由本性)的规训。笔者不禁要问:"劳动力(生命)"等同于"工人(自由本性)"概念吗?"工人人身"等同于"工人(自然生命)"概念吗?另一个方面表现为两种权力技术的针对对象的不一致:在一处提出惩戒肉体针对的是肉体的人、调节生命针对的是活着的人;在另一处提出惩戒肉体是将人作为肉体、调节生命是将人作为抽象的人口;在第三处提出惩戒肉体指向的是人的肉体性生命或自然生命(种生命)、调节生命指向的是人的生活性生命或社会生命(类生命)。

笔者曾经明确区分过马克思主义哲学创新的两种类型:"一种是在哲学反思的层面、运用马克思主义哲学的思想方式去把握和描述世界的工作中的创新;另一种是对已有的马克思主义哲学文本进行考证、分析、诠释、评价的工作中的创新。"根据王文的实际写法,笔者认为王文可以归结为后一类创新,主要属于思想史研究的范畴。王文所遇到的如上这些理论困难,从一个侧面为我们的相关研究提供了经验教训,也提供了十分有益的启发:如果某条思想道路不易通达目标,那么是否可以寻找另外的思想道路——要想达到挖掘《资本论》中有关肉体规训和人口调节的思想资源的目的(其实只有人口调节的技术形式才是福柯眼中的生命政治),是否可以尝试采取其他更为稳妥的研究方式?

原载于《中国社会科学评价》2020 年第 2 期

毛泽东研读《资本论》：理论领悟与实践运用

刘召峰[*]

毛泽东一生多次认真研读《资本论》。通过阅读《资本论》，毛泽东领悟了很多深刻的理论道理。他将这些道理用于指导中国进行社会主义改造、社会主义建设，又进一步推动了马克思主义中国化。本文将详细阐述毛泽东研读《资本论》的过程，分析毛泽东对《资本论》的理论领悟与实践运用。以马克思拜物教批判理论观之，这些理论与实践探究的核心在于，明确了商品生产的存在条件、资本主义商品生产与社会主义商品生产的本质区别。

毛泽东认真研读《资本论》

据《毛泽东年谱》记载，1920年11月7—9日，毛泽东在长沙《大公报》连日刊登的《文化书社通告好学诸君》中提及《马格斯〈资本论〉入门》（美国马克思主义者马尔西著，李汉俊从日文版转译）一书。由此推知，毛泽东1920年可能就已经开始了解《资本论》的相关思想了。据王占仁先生考证，毛泽东可能于1932年在漳州得到并泛读了北京大学教授陈启修1930年翻译的《资本论》第一卷第一分册的中译本。

1937年8月，毛泽东在《矛盾论》中提到了列宁对马克思《资本论》中商

---

[*] 刘召峰，浙江大学马克思主义学院教授。

品分析的介绍（列宁认为，马克思在对商品这个资产阶级社会的"细胞"的分析中，暴露了现代社会的一切矛盾），用于说明"事物发展过程的自始至终的矛盾运动"①。1941年，毛泽东在《改造我们的学习》中提到了马克思的研究与叙述方法（详述于《〈资本论〉第一卷第二版跋》）——"详细地占有材料，加以科学的分析和综合的研究"②。1941年，毛泽东还写了《驳第三次"左"倾路线——关于一九三一年九月至一九三五年一月期间中央路线的批判》一文，其中采纳了马克思在《资本论》第一卷第五章中关于"人和蜜蜂不同的地方"的论述。

据中央档案馆纪国伟、王淑芳披露，毛泽东读《资本论》时非常刻苦用心。他在其收藏的郭大力、王亚南翻译的《资本论》全译本中，对第一卷第1至12章大部分内容都用铅笔进行了圈划，对部分注释也认真读过且做了标注；在第三卷中，他用铅笔、蓝铅笔对第13至20章、第37至39章的一些段落进行了圈划，纠正了原书中的错字，改正了不妥当的标点符号，将漏字一个个添加上去。1954年（由目次页上毛泽东用铅笔写的"1867，距今87年"推知），毛泽东在他读过的另一套《资本论》中，计算了《资本论》德文第一版出版（1867年）至第一个中文全译本出版（1938年）的时间间隔。在读《资本论》的过程中，毛泽东特别注重理解、运用《资本论》的方法。在1941年写的《关于农村调查》一文中，他强调，观察一个农村要运用分析和综合的方法。在读苏联《政治经济学教科书》时，毛泽东指出这本书的缺点是，"先下定义，不讲道理"。

毛泽东对马克思经济学的光辉运用——农业合作化

毛泽东特别注重把研读《资本论》获得的理论认识运用到对中国社会的改造中。这要从1951年中国共产党党内围绕山西省发展农业生产合作社的问题而发生的一场争论说起。

1950年底，部分老解放区的劳动互助组织出现了涣散甚至解体的现象。

---

① 《毛泽东选集》第1卷，人民出版社1991年版，第307—308页。
② 《毛泽东选集》第3卷，人民出版社1991年版，第799页。

中共山西省委在讨论研究后提出，必须加强领导，提高互助组织，引导它们走向更高一级的形式，并决定在长治专区各县试办农业生产合作社。山西省委于1951年4月17日向中共中央、华北局呈递了名为《把老区的互助组织提高一步》的报告。这份报告认为，必须通过建立并逐步扩大公共积累、转为统一经营的生产合作社等办法，战胜农民自发趋势，动摇、削弱私有制。华北局在山西省委的这个报告上写的批复认为这种做法是错误的。刘少奇赞同华北局的意见，不过，他对山西省委报告的批判更为激烈。毛泽东找刘少奇、薄一波等人谈话，明确支持山西省委的意见，批评了那种认为现阶段不能动摇"私有基础"的观点。针对农业集体化要以工业化和使用机器耕种为前提的观点，毛泽东认为，既然西方资本主义在其发展过程中有一个尚未采用蒸汽动力机械而依靠工场分工以形成新生产力的工场手工业阶段，则中国的合作社，也可以依靠统一经营形成新生产力，去动摇"私有基础"。

有了毛泽东通过认真研读《资本论》领悟出来的上述"道理"，才有了在农业机械化之前搞农业合作化的理论与实践。这是毛泽东对马克思主义政治经济学的光辉运用。在《读苏联〈政治经济学教科书〉的谈话》中，毛泽东对上述"道理"做了进一步阐述，强调了"资本主义生产关系"产生了改进技术的需要，从而推动了"工业革命"的发生、发展。不仅如此，毛泽东还从对《资本论》的研读中，从世界历史的发展中，领悟到了更为普遍的道理。毛泽东讲的这些"道理"对于我们理解人类社会发展的一般规律提供了新的启迪：我们不能仅强调生产力对于生产关系的决定作用，而且要重视"生产关系的革命"对于生产力发展的反作用；不仅如此，我们还要重视"上层建筑革命""夺权"对于"消灭旧的生产关系"，从而对于"生产力发展"的推动作用。

毛泽东论商品生产的存在条件

基于对《资本论》的独特领悟，毛泽东对斯大林的《苏联社会主义经济问题》和苏联的《政治经济学教科书》进行了点评，并就"商品生产的存在条件"发表了自己的看法。

在马克思看来，商品是一种"历史性的社会存在"。马克思在《哥达纲领批判》中预见了"商品消亡"的状况:在一个集体的、以生产资料公有为基础的社会里,生产者们不交换自己的产品;劳动不表现为劳动产品的价值,不表现为劳动产品所具有的某种物的属性,个人的劳动直接是社会总劳动的一部分。对于商品、价值的历史暂时性质,毛泽东有着深刻领悟。他不止一次谈及社会主义商品生产、价值规律的"完结"和"死亡"。

1958 年,我国出现了把商品生产与社会主义对立起来,甚至要消灭商品生产的主张。毛泽东并不认为当时的中国已经具备了商品消亡的条件。因而,在 1958 年 11 月召开的郑州会议上,毛泽东批评了"消灭商品"主张。关于需要具备哪些条件才能"废除商品生产",毛泽东说:"只要两种所有制没有变成单一的全民所有制,商品生产就还不可能废除,商品交换也还不可能废除。"[1]这里说的是所有制条件,是延续了斯大林的主张。基于这种认识,毛泽东批评了"我们的经济学家":"现在我们的全民所有是一小部分,只占有生产资料和社会产品的一小部分。只有把一切生产资料都占有了,才能废除商业。我们的经济学家似乎没有懂得这一点。"[2]

不过,关于商品生产存在条件的认识,毛泽东与斯大林并不完全相同。毛泽东在读斯大林《苏联社会主义经济问题》时说:"只有国家把一切生产资料都占有了,社会的产品十分丰富了,才有可能废除商业。""只有当一切生产资料都归国家所有了,只有当社会产品大为丰富了,而中央组织有权支配一切产品的时候,才有可能使商品经济不必要而消失。"可见,毛泽东不仅强调了所有制条件,也强调了生产力条件——"社会产品大为丰富"。毛泽东认为斯大林对商品存在的条件阐述得还不够完整:"两种所有制存在,是商品生产的主要前提。但商品生产的命运,最终和社会生产力的水平有密切关系。因此,即使是过渡到了单一的社会主义全民所有制,如果产品还不很丰富,某些范围内的商品生产和商品交换仍然有可能存在。"[3]

---

① 邓力群编:《毛泽东读社会主义政治经济学批注和谈话》,中华人民共和国国史学会 1998 年版,第 56 页。
② 《毛泽东文集》第 7 卷,人民出版社 1999 年版,第 438 页。
③ 邓力群编:《毛泽东读社会主义政治经济学批注和谈话》,中华人民共和国国史学会 1998 年版,第 40、56、58 页。

毛泽东论社会主义商品生产

毛泽东认为,要把商品生产与资本主义区别开来:"商品生产,要看它是同什么经济制度相联系,同资本主义制度相联系就是资本主义的商品生产,同社会主义制度相联系就是社会主义的商品生产。"①笔者认为,毛泽东的这一观点极其重要。我们甚至可以说:毛泽东是社会主义商品经济理论的先驱者。

毛泽东的社会主义商品生产思想具有重要的理论和实践意义:既可以澄清混淆商品生产和资本主义商品生产的错误,从而避免那种认为发展商品生产就是搞资本主义的"左"倾错误;又可以避免否认社会主义商品生产与资本主义商品生产存在原则差别的右倾错误。

在毛泽东"关于理论问题的重要指示"中,八级工资制、按劳分配、货币交换都是"跟旧社会没有多少差别"、需要"在无产阶级专政下加以限制"的东西,小生产是与资本主义和资产阶级密切相关的势力。这是毛泽东从共产主义的高度对当前社会发展阶段局限性的认知。不过,回顾和总结中国社会主义发展的历史经验与教训,我们有必要明确如下四个要点:一是小生产(小私有制)虽然是资本主义产生和发展的必备条件,但它本身并不就是资本主义;二是商品制度、货币交换也并不就是资本主义,否则,毛泽东提出的"社会主义商品生产"也就不能成立了;三是按劳分配,这是马克思所讲的"共产主义社会第一阶段"区别于资本主义社会的本质特征之一,只有在"共产主义社会的高级阶段"才有可能消除此类"弊病";②四是消灭私有制(从而消灭剥削)、商品消亡、"限制"以至消灭按劳分配——它们是不同历史阶段的历史任务或实践举措,不能混淆,只有这样,我们才能避免超越历史发展阶段的错误。

原载于《毛泽东邓小平理论研究》2020 年第 4 期

---

① 《毛泽东文集》第 7 卷,人民出版社 1999 年版,第 438 页。
② 《马克思恩格斯选集》第 3 卷,人民出版社 1995 年版,第 303—304 页。

《资本论》的辩证法与"两座城市"的变奏

杨淑静*

1859 年,狄更斯的《双城记》出版,该书围绕着内在于资本主义社会的各种矛盾以文学渲染的方式描写了发生在巴黎和伦敦两座城市的故事。无独有偶,21 世纪初,身处最发达资本主义国家的美国学者伯尔特·奥尔曼则以关于两座城市的故事开启了他的马克思主义哲学研究,不仅如此,奥尔曼还将"城市"作为一种隐喻,进而阐释马克思的《资本论》及其辩证法理论,在笔者看来,这是切中《资本论》理论本质的解读。"资本主义"和"共产主义"是"两座城市",《资本论》通过"抽象力"的研究方法谱写了"两座城市"的乐章,展现了辩证法的批判性和革命性的本质,以辩证法的"合理形态"预见了人类文明的发展态势。

辩证法何以表征人的存在方式

要重新诠释马克思的辩证法,必须重新诠释马克思的《资本论》。无疑,奥尔曼的《辩证法的舞蹈———马克思方法的步骤》一书为我们提供了一个新的理解《资本论》的视角,这便是将"城市"隐喻作为阐释《资本论》的核心,从而将《资本论》置换到存在论的平台上。对《资本论》的这种理解直接决定

---

* 杨淑静,东北师范大学哲学院教授。

着对辩证法的理解。辩证法表征人的存在方式,是一种自觉意识,即对资本主义进行自觉的批判,如此,辩证法才能洞见"第一座城市"的本质;同时,作为存在方式的辩证法是人类社会历史的"时间之矢",如此,辩证法才能预见"第二座城市"的到来。

作为集中体现马克思辩证法理论的《资本论》,定义了辩证法的理论性质。在《资本论》第一卷第二版跋中,马克思提到了很多关于辩证法的经典判断,将辩证法置于人的存在方式的理论平台上,加深了对辩证法本性的理解。按照马克思《资本论》的判断,辩证法在其本性上来说是"批判的、革命的"。作为"存在方式"的辩证法从批判的目的、批判的道路、批判的方法三个维度阐释了辩证法的"批判性和革命性",从批判的目的来讲,是推翻一切奴役的关系;从批判的道路来讲,是对现存的一切进行无情的批判;从批判的方法来讲,是在批判旧世界中发现新世界。辩证法要展开"批判性和革命性",前提在于对"使人成为被侮辱、被奴役、被遗弃和被蔑视的东西的一切关系""现存的一切"以及"新旧世界"的理论自觉,这是"城市"隐喻的深层含义,也是奥尔曼将其与《资本论》联系起来的真实原因。换言之,辩证法的理论自觉是谱写"两座城市"变奏的理论前提。

辩证法的理论自觉内蕴着深厚的历史逻辑。作为"时间之矢",辩证法的使命便是从"第一座城市"通达"第二座城市"。在这个意义上来说,马克思既是黑格尔的学生,又超越了黑格尔。当马克思提醒我们,"不能将孩子连同洗澡水一起倒掉"的时候,他保留的便是黑格尔辩证法的"合理内核",即辩证法的理论自觉以及历史逻辑。但马克思又彻底超越了黑格尔。马克思坦言,他的辩证法不仅和黑格尔的辩证法不同,而且与之截然相反,他要实现对黑格尔辩证法彻底的颠倒。显然,这种颠倒不是内容和形式的简单的、外在的、直观的翻转,而是一种革命性的超越。这种超越的实质便是不再将辩证法作为通往绝对真理的理论自觉,而是将其作为通达人类全面解放的理论自觉。不言而喻,贯穿于黑格尔和马克思辩证法的历史逻辑完全不同,黑格尔通过回溯人类历史(直至俾斯麦王朝时期)从而展开社会现实,而马克思则是采取"从后思索"法,即通过剖析、批判"第一座城市",揭示资本主义的本质,让其内在的危机暴露无遗,从而将社会历史的发展方向推至"第二座城市"共产主义。

辩证法何以洞见"第一座城市"的危机

辩证法呈现"第一座城市"的方式是深入其内核,揭示其本质,这是马克思《资本论》的独到之处。海尔布隆纳非常认同恩格斯的判断,并明确阐释了马克思为什么能雄踞人类思想的高峰。在他看来,这主要是因为马克思的《资本论》比亚当·斯密的《国富论》更具有"神奇"的理论洞察力,所谓神奇的理论洞察力不过是在强调只有马克思回答了"资本主义是什么"这一根本性的问题。马克思并不像其他研究资本的学者那样,从阐释资本主义的社会发展史开始,而是从资本主义内部最微小的细胞——商品概念开始,因为在马克思看来,商品是资本主义社会财富的元素形式,从商品入手的目的是为了洞见资本的本性。资本自我增殖的本性以及最大限度地获取剩余价值构成了推动资本主义社会发展最原初的动力。

雇佣劳动使工人和资本家之间形成了一种对抗性关系。工人出卖的并不直接是他自己的劳动,而是他暂时转让给资本家的他的被支配的劳动力。劳动力成为商品,将资本主义推入雇佣劳动这一万劫不复的深渊。马克思深刻地指出,雇佣劳动用劳动价值量将人的存在牢牢黏附在资本的身上,不仅如此,它还大摇大摆的将人的存在摆放在物的平台上,这是资本主义本质的根源,也构成了资本主义最深刻的危机。不仅如此,雇佣劳动还产生了拜物教,使商品、货币、资本以及"特殊的以太"生产充满着"形而上学的玄妙和神学的怪诞"。在这个意义上来说,《资本论》只能是政治经济学批判,而非政治经济学。古典国民经济学家(也包括当代经济学家,如皮凯蒂)没有把握到雇佣劳动真实的理论本质,所以,他们永远也无法回答"资本主义到底是什么"这一根本性的问题。

说到底,这根源于他们不懂得辩证法。正是如此,列宁才有堪称经典的如下判断:不懂得黑格尔的《逻辑学》,就不懂得马克思的《资本论》,这不仅道出了古典国民经济学和当代经济学无法洞见资本所具有的人的属性的真实原因,同时,也验证了列宁那个深深的忧虑,半个世纪以来,没有一个马克思主义者是懂得《资本论》的第一章的。换言之,只有在辩证法的理论高度上,才能真正揭穿资本权力、雇佣劳动的拜物教本质,才能洞见物的外观所内蕴的人的生活以及人的存在的图景。

辩证法如何预见"第二座城市"的诞生

资本主义这座"城市"的危机已经暴露无遗。至此,我们可能会有一个感觉,辩证法是不是走到了尽头,因为它已经将自己的批判性发挥始尽了。但是当我们作出如此判断的时候,一定意义上来说,我们是把辩证法的"批判性和革命性"等同于《巴黎手稿》中作为推动原则和创造原则的"否定性"了。这一点可能是受到了阿多诺的"否定性辩证法"的影响。毋庸置疑,辩证法的本性——"批判性和革命性"——不仅仅是指其"否定性",它还具有"肯定性"。正如马克思所言,辩证法对现存的一切进行无情批判的实质是"在批判旧世界中发现新世界"。显然,辩证法的力量不仅仅在于揭露批判资本主义内在的危机,其更大力量则是在批判旧世界中发现新世界,这是马克思《资本论》辩证法的理论旨趣及其理论使命。

表面上来看,辩证法与共产主义没有任何关系,辩证法也将无法与共产主义建立起任何实质性的理论关联。但是马克思却一直将两者联系在一起。辩证法的理论旨趣是洞见资本主义的本质,从而找寻通达共产主义的理论路径,这便是马克思所讲的辩证法的"神秘形式"与"合理形态"的内在逻辑关系。即只有将资本主义"城市"所展开的"神秘形式"的本质揭示出来,才能真正撼动资产阶级及其空论主义代言人的真正利益,也才能精准地找到让资产阶级为之恼怒和恐怖的"合理形态"的共产主义的辩证法。"合理形态"的辩证法一定是作为存在方式的辩证法,唯其如此,辩证法才能是"共产主义的接生术",从而通达共产主义。

确立了辩证法与共产主义之间内在的关系只是个前提,辩证法要做的事情还很多且很艰巨,这便是要在洞见资本主义危机的同时,昭示共产主义的未来。考验辩证法建构性的历史时刻来临了。要想将共产主义讲清楚,必须让共产主义具有存在论的意蕴,即在共产主义"城市"中,不仅最基本的"工作""家庭""关系"和"物品"一应俱全,同时更重要的是要有奥尔曼所言的"想要的全部自由"。这就要求共产主义不仅应该是资本主义的延续,而且还应该具有新的理论内容。显然，这些新的理论内容不是无中生有，而是由直面资本主义内在的危机而来的。也就是说，共产主义要想达到这样的理论目的，必须找到拒斥商品拜物教和雇佣劳动的理论路径。这是辩证法的理论自觉，也是资本主义自身的规训。

在马克思看来，只有一条路径拒斥资本主义的顽疾——商品拜物教和雇佣劳动——这便是变革资本主义的生产方式。这是因为，在所有的社会形式中，都有一种起决定作用的生产方式，它不仅决定着其他一切生产的地位，而且也决定着其他一切生产关系。唯此，共产主义"城市"的未来才能如《共产党宣言》所言的那样将是一个"自由人的联合体"。要实现资本主义的生产方式的变革，唯一的路径便是从根基上彻底瓦解传统的所有制关系，在此基础上，将无产阶级作为政治的统治阶级，并把一切生产工具集中在无产阶级的手里，从而增加生产力的总量。也就是说，共产主义的逻辑进路完全超越了资本主义，当资本主义用雇佣劳动超越了古典国民经济学的农奴劳动的时候，共产主义根本没有在劳动方式的意义上置换资本主义，而是在生产方式的意义上对其进行彻底的瓦解。如此，共产主义所建构的新的生产方式不仅从根基上拒斥了雇佣劳动，也使人从物的存在中彻底解脱出来。

在共产主义社会中，劳动不再只是谋生的手段，更重要的是，劳动成了生活的"第一需要"。人在劳动中进行自由、自觉的创造。劳动是共产主义社会中人类特有的生产方式。"生产劳动给每一个人提供全面发展和表现自己的全部能力即体能和智能的机会，这样，生产劳动就不再是奴役人的手段，而成了解放人的手段，因此，生产劳动就从一种负担变成一种快乐"①。劳动作为人的本质力量的确证，由于其不再与劳动产品、劳动价值、劳动价值量相互纠缠在一起而具有了解放的意蕴，它直接将人从外在的物的世界重新拉回到人的世界。商品拜物教无处插足，雇佣劳动关系也随之瓦解，资本主义"城市"轰然倒塌，共产主义的"城市"蓝图即将铺开。

原载于《天津社会科学》2020 年第 1 期

---

① 《马克思恩格斯文集》第 9 卷，人民出版社 2009 年版，第 311 页。

《德意志意识形态》"季刊说"源起探析

赵玉兰[*]

以 MEGA[2] 版《德意志意识形态》的出版为标志,关于《德意志意识形态》性质的"季刊说"得到正式确立,而长期以来为学界所秉持的"著作说"则遭到否定。可以说,"季刊说"的出炉在学界引起了不小的震动,许多学者对这个论断的横空出世充满了困惑与不解。那么,"季刊说"是如何诞生的?它是 MEGA[2] 编者的首创物吗?我们应该如何看待这一判定呢?

"季刊说"的隐性存在

随着 1932 年《德意志意识形态》在 MEGA[1] 第 I/5 卷中首次原文完整出版,"著作说"的判定得到正式确立。然而,值得一提的是,就在 20 世纪初期"著作说"逐步确立的过程中,"季刊说"的观点也已如影随形,在个别地方若隐若现了。

首先,就德国社会民主党理论家梅林来说,他早在 1902 年就出版了第一部马克思、恩格斯文献遗产汇编《马克思恩格斯拉萨尔遗著选》(以下简称《遗著选》)。正是在这部文集中,梅林首次明确地把《德意志意识形态》称为一部

* 赵玉兰,中国人民大学马克思主义学院副教授、博士生导师,21世纪中国马克思主义研究协同创新中心研究员。

著作(Werk),而"季刊说"在这里毫无踪迹可寻。然而,早在 20 世纪初写作《马克思传》时,梅林已然对马克思恩格斯在 1845—1846 年所致力于的季刊出版方案有一定的了解。只不过,他非常明确地把季刊出版方案同《德意志意识形态》以及《外国杰出的社会主义者文丛》这一翻译项目区别开来。在他看来,季刊和《德意志意识形态》是两个相互独立、平行并列的出版项目。虽然我们对梅林作出这一判定的依据不得而知,但他的这一立场对于我们今天辨析"季刊说"或"著作说"具有重要参考意义。

其次,就德国社会民主党的另一位重要理论家伯恩施坦来说,他于 1903—1904 年在《社会主义文献》杂志刊印了《德意志意识形态》"施蒂纳章"的部分手稿,这是"施蒂纳章"在世界历史上的首次出版。伯恩施坦似乎并没有完全把《德意志意识形态》定性为一部著作,所谓"文集"的称谓不免让人联想,他是否借此意指马克思恩格斯在 1845—1846 年所从事的季刊出版方案呢? 在十年后的 1913 年,伯恩施坦和党的领导人奥·倍倍尔共同出版了《马克思恩格斯通信集:1844—1883》(以下简称《通信集》)。在前言中,作为编者的伯恩施坦亦涉及了与季刊出版方案相关的材料。

最后,20 世纪二三十年代,《德意志意识形态》之为著作的判定已经在学界成为毋庸置疑的既定事实。然而,尽管"著作说"此时已经在学界取得统治地位,但"季刊说"并非完全无迹可寻。在 MEGA[1] 版《德意志意识形态》导言的结尾处,阿多拉茨基在阐述其编排原则时指出,将按其在 1846 年 7 月出版失败之前马克思和恩格斯所计划的形式再现《德意志意识形态》。即使阿多拉茨基并未对《德意志意识形态》与季刊这两个出版项目的关系特别关注,他对季刊出版方案也必定是较为熟悉的。他很可能和梅林一样认为,这是同《德意志意识形态》出版计划毫不相干的出版项目。

"季刊说"的首次提出

在 1932 年 MEGA[1] 第 I/5 卷正式确立《德意志意识形态》之为著作的判定之后,在近半个世纪的时间里,关于这一庞大手稿的性质问题在学界基本没有产生异议。然而,到了 20 世纪 80 年代,随着 MEGA[2] 书信卷的编辑出版,《德意志意识形态》"季刊说"开始出场并搅动学界,"著作说"逐步受到了质疑。

1975 年和 1979 年,MEGA^2 第 III/1 卷和第 III/2 卷相继出版。就前者来说,它收录了截至 1846 年 4 月的马克思恩格斯书信,就后者来说,它收录了 1846 年 5 月至 1848 年 12 月的马克思恩格斯书信。正是这两部书信卷所收录的新资料——1848 年前他人致马克思恩格斯的书信,为《德意志意识形态》研究开启了全新的视域。1980 年,MEGA^2 第 III/2 卷编者加利娜·格洛维那在《马克思恩格斯年鉴》发表文章《1845—1846 年的季刊项目——关于〈德意志意识形态〉手稿最初的出版计划》,首次通过详细的资料考证重磅推出了"季刊说",从而对传统的"著作说"提出了质疑。

格洛维那指出,马克思和恩格斯起初通过莫·赫斯、之后通过约·魏德迈而与威斯特伐里亚企业主迈耶尔和雷姆佩尔所进行的谈判实际上只涉及出版一份季刊以及外国社会主义者文丛。换言之,这里根本不涉及单独出版两卷本《德意志意识形态》的计划。

首先,就中间人赫斯来说,格洛维那援引了恩格斯晚年致倍倍尔的一封信。格洛维那指出,由于恩格斯并没有明确说明这里涉及的是什么作品,因此学界一直都认为,赫斯在威斯特伐里亚同迈耶尔、雷姆佩尔等人谈判所涉及的正是《德意志意识形态》。然而,MEGA^2 第 III/2 卷出版的通信却表明,赫斯同威斯特伐里亚人所商谈的并不是两卷本的《德意志意识形态》,而是一份季刊。其次,就另一位中间人魏德迈来说,格洛维那指出,MEGA^2 新出版的书信却表明,魏德迈在威斯特伐里亚所进行的仍然是赫斯所开启的有关季刊的出版商谈事宜。

此外,格洛维那指出,正是由于赫斯开启、魏德迈接续的出版谈判事宜涉及的是一份超过 20 印张的季刊,因此,在 1845 年 11 月收到赫斯从威斯特伐里亚传来的季刊获得资助的消息后,马克思和恩格斯便着手准备季刊的文稿。格洛维那引用大量的书信材料证明,在 1845 年底至 1846 年上半年季刊出版方案实施期间,马克思恩格斯向众多友人征集了稿件。自然,由于季刊出版方案最终的失败,这些文稿未能以季刊的形式结集出版。尽管如此,格洛维那指出,季刊事实上应该是一项集体出版计划,其作者除了马克思恩格斯之外,不仅有赫斯,还有维尔特、丹尼尔斯、贝尔奈斯等。这些人的文稿本应与后来构成《德意志意识形态》各章的马克思恩格斯手稿共同组成两卷本的季刊出版物。由此，格洛维那再次强调了《德意志意识形态》手稿其实源于季刊的立场。

可以说，格洛维那提出的"季刊说"是极具震撼力的。这种震撼力一方面源于这一观点本身，另一方面则源于其依据，即 MEGA² 第 III/1 卷和第 III/2 卷收录的 1845—1846 年他人写给马克思、恩格斯的原始书信。毋庸置疑，这些"他人"在 19 世纪 40 年代不仅与马克思、恩格斯关系密切，而且同《德意志意识形态》手稿的诞生和出版有着直接的联系。因此，由这些首次问世的一手文献所佐证的"季刊说"自然具有高度的可靠性。由此，"季刊说"正式诞生，而关于《德意志意识形态》的性质——季刊还是著作——问题亦进入学界的视域。

"季刊说"的逐步接受和正式确立

在 1980 年被正式提出之后，"季刊说"在较长时间里并未产生什么影响，"著作说"依然是学界的主流观点。1989 年，东德马列主义研究院刊物《马克思恩格斯研究论丛》刊发了由时任 MEGA² 第 I/5 卷即《德意志意识形态》卷主编英·陶伯特组稿的五篇关于《德意志意识形态》的论文。在"季刊说"提出近十年之后，陶伯特对于这一观点仍是慎之又慎的。在没有进行彻底研究之前，她决不会抛弃确立已久的"著作说"。不过，陶伯特的观点还是逐渐地发生了变化。

1997 年，《MEGA 研究》第 2 期发表了一组关于《德意志意识形态》的文章，这是以陶伯特为首的特里尔德法 MEGA 工作组在准备 MEGA² 第 I/5 卷过程中取得的新的阶段性成果。陶伯特此时对《德意志意识形态》的性质问题所持立场已经发生了明显变化。在《〈德意志意识形态〉（1845 年 11 月至 1846 年 6 月）的手稿和刊印本。问题和成果》一文的开篇，陶伯特指出，自从梁赞诺夫在 1926 年重构了《德意志意识形态》整部著作的结构以来，流传下来的手稿均作为一部著作（einWerk）而被编辑和解读。但是根据新的研究成果和编辑准则，MEGA² 第 I/5 卷将不再继续这一传统。究其原因，陶伯特认为,如果把流传下来的手稿和刊印稿拼合成一部作为著作的《德意志意识形态》,就相当于完成了马克思和恩格斯本人所未能完成的事情。陶伯特放弃了"著作说"。她不再按照逻辑顺序编排流传下来的手稿,而是将其作为独立的文本实例(Textzeuge)予以收录。如果说陶伯特在这里只是从编排方式角度否定了"著作说",那么在接下来的行文中,她便提出了一个关键问题:马克思恩格斯当年与魏德迈的通信多次使用了"两卷本出版物"(zweibändigePublikation)一词,那么它所意指的确实是一部两卷本著作(Werk)还是一部书丛(Serie)或者文集(Sammlung)。虽然陶伯特没有给出自己的明确回答,但问题的提出表明,她已经对"著作说"产生了疑问。

陶伯特的上述观点最终在《马克思恩格斯年鉴 2003》所收录的 MEGA^2 版《德意志意识形态》先行版中完全延续并进一步深化。陶伯特沿用 1997 年所谨慎使用的表述指出,除了题为《驳布鲁诺·鲍威尔》的手稿之外,先行版所收录的文本实例均源于一部计划中的"两卷本出版物"的第一卷。尽管陶伯特在这里没有明确地使用"季刊"一词,但是在否定"著作说"之后,她显然已经把"季刊说"纳入自己的编辑考量。以此为前提,她指出,与迄今出版的关于"费尔巴哈章"的种种逻辑编排不同,流传下来的手稿将作为独立的文本实例按照时间顺序进行编排。由此,所谓的"费尔巴哈章"亦将不再予以构建。可以说,《德意志意识形态》先行版是对"著作说"的首次明确否定,这既体现在陶伯特对"著作"一词的避讳上,又体现在对"两卷本出版物"的反复使用上。另外,尽管陶伯特没有对"季刊说"予以明确的说明和探讨,但是她显然已经接受了这一观点,从而为其在未来的正式确立扫清了道路。于是,在 2017 年底出版的 MEGA^2 版《德意志意识形态》导论中,我们看到,编者一方面详尽追溯了马克思恩格斯写作《德意志意识形态》的具体过程,另一方面完整重构了他们对这一文本的种种出版设想,其中出现的各个小标题,已然使"季刊说"的确立不言自明。于是,沿循自 20 世纪 80 年代以来的考证结论,MEGA^2 版《德意志意识形态》正式否定了"著作说",确立了"季刊说"。

原载于《马克思主义理论学科研究》2020 年第 5 期

《资本论》的"形式分析"与
马克思"政治哲学"

林　青[*]

马克思在《资本论》中立足于"生产"之上所作的"形式分析",尤其是有关"价值形式"的讨论,为我们理解资本主义社会独特的"社会形式"提供了切入点。正是这种"形式分析"揭示了资本主义社会的历史性和独特性,并且在此基础上为讨论和分析阶级属性、意识形态批判和社会共同体原则提供了基本的支点,从而呈现了马克思"政治哲学"的具体内涵和本有的言说方式。就此而言,不同于一般政治哲学对"平等""正义"等"日常政治"议题的关注,马克思"政治哲学"展示的是一种以扬弃"日常政治"为目的的"宏大政治"。

形式分析与阶级分析

在马克思的"政治哲学"中,阶级是一个基础性的概念。但随着社会现实条件的变化,阶级问题日益在理论话题中"隐退"。这种"隐退"一方面源于对"阶级"议题本身的认识局限,另一方面源于诸多社会理论对于"阶级"概念的消解。这种状况,在很大程度上与对"阶级"议题的经验化分析密切相关。但就马克思本人对"阶级"议题的讨论而言,并不是一种纯粹经验化的社会分

＊　林青,复旦大学马克思主义学院副教授。

析,而是有着更深的社会形式和结构化的思考。

按照马克思的理解,阶级并不是从来就有的,而资本主义社会阶级的结构性存在也是独特的社会形式的结果。因此,对资本主义社会阶级的分析,首先必须基于对资本主义社会形式的形式分析之上。马克思本打算在《资本论》中有所解释,但可惜在开了个头之后便戛然而止。就《资本论》的整体结构和"阶级"小节中马克思的论述而言,我们可以尝试对"阶级"问题做进一步的讨论。在此,马克思要表达的意思是,虽然现代社会的经济结构已经完成,但阶级结构并没有实现纯粹的形式化存在。但他认为这无关紧要,因为资本主义生产方式的趋势和规律将逐渐使其形式化,原因在于生产资料和劳动的分离。马克思认为对"是什么形成阶级"的回答,不能着眼于对阶级的收入及其收入源泉的同一性的分析。这意味着阶级的内涵不能从其内部的"同一性"开始,而是要回到具有一定历史时期的社会"普遍性"的"社会形式"中来展开讨论。因为这种"社会形式"塑造了资本主义社会的阶级的"结构性"存在。

就马克思关于"阶级"的几段铺垫性论述而言,这种"结构性"源于生产资料和劳动的分离,生产资料转化为资本,劳动转化为雇佣劳动。表面上看,"劳资分离"使得资本家成为资本家、工人成为工人,但实质上更为重要的效应是自然经济基础的消亡、发达商品经济的出现和资本主义生产方式的成型。因此,对"劳资分离"的分析,在一定的意义上也构成马克思对资本主义社会形式的形式分析内容之一。而"劳资分离"之于自然经济的消解与发达商品经济学的出现,恰恰也构成马克思在《资本论》中对资本主义生产方式和商品经济讨论的基础。在《资本论》中,马克思一开始从使用价值、价值和价值形式的角度讨论资本主义生产方式,通过分析商品生产和交换过程,从而聚焦于对抽象劳动及其交换价值的讨论。正是在"抽象劳动"的基础上,商品的交换价值才得以可能,而这个表达了不同具体劳动所蕴含的共同性的抽象劳动,使得思考阶级成为可能。

从马克思关于价值、抽象劳动与交换价值所作的"形式分析"来看,资本主义生产方式是建立在这些社会形式基础之上的。资本主义社会的阶级结构与属性也都来源于此,并在此基础上得到合理的理解。无论是资产阶级还是工人阶级,这种社会属性本质上都来源于社会规定性,而马克思所做的"形式分析"就是要展示这种社会规定性。

形式分析与意识形态批判

作为阶级内涵的塑造形式,资本主义的社会形式不仅能够说明阶级的形成机制,同时也成为分析资本主义阶级统治的重要切入点。因为阶级统治不仅是一个现实的过程,也是一个观念的过程。阶级统治必然带来观念的统治,而这是意识形态操作的对象。《资本论》"商品"章中对生产和价值的形式分析,其实就暗含了意识形态批判的指向。"形式分析"是我们寻找意识形态批判与政治经济学批判二者关联的重要环节,通过对资本主义社会形式的分析,一方面可以在宏观的维度上揭示资本主义社会形式的历史性特征,另一方面也可以在微观的维度上揭示古典政治经济学概念体系的特殊性。

就《资本论》"形式分析"的意识形态批判内涵而言,主要是围绕着"商品拜物教"展开。社会形式塑造了阶级,阶级也需要社会形式来实现统治。马克思对资本主义社会的政治经济学批判,在一定意义上也是借助于对抽象化的分析和批判开始的。马克思首先认为,商品所具有的价值形式标识了资本主义生产方式的历史性特征。具体而言,只有在资本主义的生产方式中,以抽象劳动和交换价值为基础的商品价值形式才发展起来并占有主导地位。在此基础上,马克思认为古典经济学家根本不作形式分析,以维护资本主义生产方式的"永恒的自然形式"。马克思在《资本论》中一开始就对资本主义生产方式作形式分析,最终目的是要指向其特殊性和历史性。而古典经济学不仅"无视"这种特殊性和历史性,还致力于意识形态的建构。这个建构的过程不是一个外在的过程,而是内在于整个资本主义生产方式及其社会规范中,从而形成阿尔都塞所说的"理论总问题"。

阿尔都塞认为,资本主义生产方式的这种特殊性和历史性是由其"理论总问题"决定的。在这种总问题的形式中,这是必然"看不见的",是必然的结果。通过阿尔都塞的论述,我们可以从这种必然关系的结构中真实地揭示"看不见的东西"的存在。这种在现实中存在、又在认识中或者观念中不予揭示甚至采取掩盖的东西,就是意识形态的操作对象。由阿尔都塞的论述可见,所谓"看不见"的东西并不是真实不存在的东西,而是在这种"结构"视域中被遮蔽的东西。因此,对"看不见"的东西的认识,就必须从反思总问题的结构开始。对总问题的反思,在一定的意义上就是在对"总问题"本身进行形式分析。在这种操作中,"看得见的东西"则成了社会的外观,是最真实的唯一的东西。而斯威齐认为,马克思的工作就在于指认出这种"外观"并扩大到对资本主义社会的整体性分析。

由此我们可以看到,马克思在《资本论》中所展开的政治经济学批判直接引出了对资本主义社会的意识形态批判。商品拜物教的性质和秘密,不仅仅是对资本主义生产方式历史性的揭示,也是在一般意义上展示现代社会中观念意识和现实的关系。正如马克思在商品拜物教的分析中所指出的:"形式""范畴"作为"客观的思维形式"本身是具有社会效力的。对观念范畴所具有的社会效力的分析,不能仅仅立足于一般的纯粹理论分析,而是要还原为阶级关系的分析。换言之,通过价值形式分析所揭示的阶级关系,必然要求观念意识即范畴的统治。就资本主义社会而言,观念范畴具有社会效力意味着资产阶级的观念必然成为社会的总体观念,所以马克思说这些"形式"取得了"社会生活的自然形式的固定性"。这一过程的核心在于形式分析,一方面体现为对范畴及其历史性的揭示,另一方面体现为对意识形态及其抽象统治的揭示。所有这些内容,都可以构成我们分析构建社会共同体的一般内容。

形式分析与社会共同体的重建

在对商品、生产的形式分析的基础之上,马克思在《资本论》"商品拜物教的性质与秘密"中特意提到了四种"共同体"形式,这为我们思考社会共同体的基本原则提供了一种不同于一般政治哲学的讨论。

虽然马克思对"商品拜物教"的分析没有直接使用"社会共同体"概念,但就马克思在此设想的"自由人联合体"而言,我们可以将此问题的讨论纳入到"社会共同体"的范畴中。在马克思为数不多的关于"社会共同体"的讨论中,可以窥探马克思共同体思想的一些基本原则。其关于商品拜物教的讨论,从资本主义特有的生产形式即商品生产形式开始,最后衍生出对建立在这种生产形式之上的共同体话题的讨论,并且在此基础上展开了对不同社会共同体形式的比较。在马克思看来,社会共同体的内涵就必定与劳动的社会关系与形式密切相关。私人劳动通过"等同的人类劳动"即抽象劳动来互相发生关系,这意味着资本主义的社会共同体生活的内在机制就是物的抽象关系。在这种模式中,人的存在、人的现实生活过程并没有出场。当这种原则成为资本主义社会共同体的支配性原则之后,这种社会共同体则被一个外在的间接物所规定。

当一个社会共同体的目的在物而不在人时,马克思称之为"虚假的"社会共同体。私人劳动在这种模式中之所以具有社会的性质,并不是因为其自身的原因,而是因为"物"的原因。一切劳动及其社会关系围绕"物"展开,所以马克思要对这个"物"及其之上的社会展开政治经济学批判,以揭示这种"虚假性"。这种"物"的关系不仅规定劳动者,同时也规定资本家。在这种模式中,整个社会的一切要素都围绕着"物"在运动,由"物"所主导而建构起来的资本主义社会共同体是第一个完整意义上的共同体。此"完整"是指"物"对所有社会要素的吸纳,从而使得所有人、所有物都处在同一种关系中,只是这种关系最终采取了一种间接的形式。

马克思的社会共同体思想原则,在对这种社会形式的形式分析和批判中得到了具体的体现。在"商品的拜物教性质及其秘密"中,马克思提出了一个关于"自由人联合体"的设想,其出发点就是从生产领域开始。首先,马克思指明了"自由人联合体"生产的基础是对生产资料的公共占有,而不是生产资料的私人占有及其与生产者的分离。其次,他认为劳动直接作为社会劳动得到体现,劳动产品作为社会产品由联合体成员共同占有。最后,马克思倒转了资本主义生产模式中由物支配生产过程的逻辑,代之以"自由联合的人"支配"物质生产过程",从而消灭了资本主义生产的抽象性质以及建立在此基础上的神秘属性。

原载于《厦门大学学报(哲学社会科学版)》2020 年第 2 期

《哲学的贫困》之思想主线再考察

杨洪源*

在标志着其"新世界观"公开问世的《哲学的贫困》中,马克思以个人与社会历史关系的阶级化透视为主线,通过与蒲鲁东的思想论战,详尽阐释了现实的个人的社会历史地位及作用、各种关系相互依存的社会有机体、个人与共同体的关系、阶级分析方法,极大地丰富了唯物史观的内容。然而,当前的《哲学的贫困》研究仍然按照马克思主义哲学史的传统解释框架,普遍阐述唯物史观与政治经济学批判的结合及其重要性,偏重于理论表达与概念阐释的精确化,既缺乏对个人与社会历史的关系的系统论述,也没有结合新时代人的自由全面发展的现实问题,阐发文本的时代价值。有鉴于此,本文尝试"补齐"这一研究"短板",借此深化相关理论的现实意义,以期引起学界的进一步探讨。

现实的个人及其社会历史地位

我们首先应当明确个人在社会历史中的存在方式。早在辨析人的解放与政治解放的关系之时,马克思已明确提出"现实的个人"概念。他指出,人的解放的真正完成有赖于以下两个条件:其一,现实的个人把政治解放的产物——利己的独立个体和抽象的公民——复归自身,使自己成为其经验生活、

---

* 杨洪源,中国社会科学院哲学研究所副研究员。

个体劳动、个体关系中间的类存在物;其二,所有的个人均意识到社会力量是自身的固有力量,从而让这种力量不再以政治力量的形式同个人分离,真正把社会力量组织起来。这里的"现实的个人",与黑格尔的"实体即主体"、鲍威尔等人的"自我意识"、费尔巴哈的"实在的和完整的人的实体",是截然不同甚至对立的。在马克思看来,这些哲学家们的"通病"在于,抹杀了以现实的个人为起点的社会历史发展的真实进程,没有看到现实的个人的真正社会历史地位及作用。也正是通过对过去的哲学思维方式的全面清算与彻底批判,马克思将现实的个人确证为社会存在和历史发展的前提。

经由上述的思想"沉淀"过程,马克思得以在社会历史的总体结构中,进一步明确现实的个人所"扮演"的历史"剧中人"与"剧作者"角色。除此之外,现实的个人在社会历史中的地位还表现为,绝不囿于已经存在的社会形式。一味地维持已经取得的生产力成果,非但丝毫无助于人类文明成果的保存,反而可能直接阻碍社会历史的进步。

以上内容正是蒲鲁东无法理解的、更无从证明的。他尽管意识到社会进步是在历史变迁中实现的,但并未看到个人发展与社会进步之间的真正关联,而把它们错误地解释为截然不同的、相互分离的、毫不相干的事情。为了解决历史变迁或社会进步与个人发展之间这种所谓的矛盾,蒲鲁东只得诉诸无人身的普遍理性。在他看来,不是现实的个人而是观念创造历史。相应地,个人成了观念的化身,他们的理性只能发现而无法创造真理。究其实,蒲鲁东的上述观点只是一种假设,距离德国观念论哲学甚远。除了表达对观念的绝对推崇,再无其他见解。否认现实个人的社会历史地位构成了蒲鲁东的主要理论症结。马克思认为,强调普遍理性这个纯粹的以太"生成"了先于生产关系而存在的经济范畴,只会得出神圣的、观念的社会历史发展序列,也就是毫无历史可言的停滞不前的抽象运动。

各种社会关系相互依存的有机体

现实的个人构成的社会整体究竟以何种形式存在和发展,是马克思探究个人与社会历史关系问题的另一个前提。准确理解《哲学的贫困》中的社会有机体思想,概念分析是极为必要的。当然,问题的关键不在于概念的形式差别,而在于它的内容深浅。马克思此时认为,所谓社会,简言之就是现实的个人之间的交往活动的产物。人们在社会生产活动中形成的基本关系和由此衍生的一切关系,决定了社会形式绝不可以由个人自由地选择,而受生产力发展水平的制约。社会生活的各个领域及其相互联系所形成的序列、个人与共同体的关系、现实的个人与上述社会生活序列之间的联系,共同构成了社会历史发展的实质内容。相应地,有机体则是关于上述一切关系的具有活力的系统。由于生产力对社会形式起着决定作用,且自身处于不断的发展变动中,所以社会有机体是一个动态的过程。

客观而言,蒲鲁东也在一定程度上将社会视为一个有机体。他认为,"只有依靠沉默和冷静的深思"才能解开"社会机体的秘密",经济矛盾的体系则是"打开"这一"不解之谜"的"锁钥"。然而,社会生产关系并非观念的结果,它终究只是历史的产物;只有在其所属的特定社会形式中,社会生产关系才能构成一个统一的有机整体。马克思据此指出,蒲鲁东构建的经济矛盾的体系看似逻辑严整,实则割裂了各个经济范畴之间的真正联系。经济范畴作为社会生产关系的理论表现,须置于一定的社会形式中才能被透视清楚。蒲鲁东社会有机体研究的方法缺陷为:用政治经济学诸范畴的简单排列组合构筑某种意识形态的"大厦",实属对社会有机体各个环节的割裂。至于将这些环节分别变成同等数量依次出现的单个社会形式,更是无稽之谈。单凭运动、顺序和时间的唯一逻辑公式,根本不能解释清楚社会有机体的现实形态。

个人与共同体的关系之考辨

将社会和历史的出发点从无人身的观念复归现实的个人,绝不意味着现实的个人就是社会历史的主体。现实的个人所归属的共同体,才是历史演进中的社会的主体。因此,考辨个人与共同体的关系,是把握个人与社会历史关系的必要环节。在《哲学的贫困》中,马克思对个人与共同体关系问题的探讨聚焦于以下两个维度:一是思想的延续,秉承之前所作的相关分析尤其是全面清算"旧的哲学信仰"时形成的基本观点;二是公开的批判,通过驳斥蒲鲁东的政治经济学的形而上学方法,正面阐释对个人与共同体关系的理解。由此可见,我们不可仅限于《哲学的贫困》中呈现的微言大义而进行概念推导,应将其置于马克思早期的思想演进历程中详加考察。

马克思指出,个人归属于阶级的现象,和分工所导致的个人力量转化为物的力量是内在一致的。因此,上述现象的消除,须诉诸共同体的形式以使个人重新驾驭物的力量,不能依靠将相关的一般观念从人们的头脑中消除。换言之,个人唯有在共同体中方可获取全面发展的手段,从而具有实现自由个性的可能。然而,过去的种种"冒充的共同体""虚幻的共同体",则成为个人自由而全面发展的新的桎梏。从"虚幻的共同体"到"真正的共同体"绝不是一蹴而就的。无产者在这个漫长的过程中进行的不同程度的联合,例如工人同盟、革命政党等,作为消灭"虚幻的共同体"的重要手段和实现"真正的共同体"的必要环节,具有充分的合理性。可是,蒲鲁东却公然宣称罢工和工人同盟的无效性及危害性,歪曲个人与共同体的关系,否定无产阶级的社会历史地位。为了避免蒲鲁东的理论将工人运动乃至整个社会主义事业引入歧途,马克思对它进行了彻底的批判。

构筑于阶级对抗之上的社会,不管表现为何种形式,被压迫阶级的存在都是它的必要条件。这样,被压迫阶级的解放必然表征着新社会的建立。按照马克思的理解,一方面,革命阶级本身是一切生产力中最强大的一种,因此,被压迫阶级的解放必须使既得生产力和现存生产关系不再并存,也就是消灭与生产力发展不相适应的生产关系。另一方面,政权是市民社会内部阶级对抗的正式表现。随着劳动者消灭一切阶级来实现自身解放,创造出一个新的联合体来代替旧的市民社会,原来意义上的政权就不复存在了。在此之前,无产阶级同资产阶级的对抗仍是阶级反对阶级的斗争,后者的最高表现是一种适应于社会发展的全面的政治革命。任何试图调和无产阶级与资产阶级矛盾、否定无产阶级斗争合理性的学说,均是不可取的。

考察社会历史的阶级分析法

鉴于阶级在个人与共同体关系中的作用,阶级分析便成为马克思考察社会历史的重要方法。从阶级分析方法的确立到将它运用于《哲学的贫困》，马克思经历了深刻而复杂的思想淬炼过程:(1)为了解决所谓物质利益问题而转向政治经济学批判;(2)概括出异化劳动的四重规定;(3)把共产主义确定为扬弃异化劳动的现实运动;(4)剖析资产阶级社会两大对立阶级的自我异化及其表现;(5)阐述无产阶级在扬弃异化劳动的道路中的地位;(6)明确无产阶级之于"自由人的联合体"的作用;(7)揭示无产阶级从"自在的阶级"到"自为的阶级"的过程;(8)将消灭一切阶级及阶级对抗看作无产阶级实现自身解放的必要条件;(9)论证"自由人的联合体"建立前的阶级斗争与社会政治革命的必要性。

概括而言,阶级分析方法在《哲学的贫困》中的运用主要有以下几个方面:首先,用阶级立场的标准揭示了蒲鲁东社会主义学说的实质。其次,用阶级对抗的事实批判了蒲鲁东构成价值论的虚构性。最后,用阶级发展的趋势驳斥了蒲鲁东对社会政治革命的否定。

不仅如此,马克思通过阶级分析得出的社会革命理论在《共产党宣言》《关于自由贸易的演说》中实现了进一步发展。正是在此意义上,他才言明其见解中具有决定意义的观点在《哲学的贫困》中首次得到科学的概述。值得注意的是,在运用阶级分析法考察新的社会历史时,绝不能直接照搬马克思著作中的个别论断,以致把暴力革命视为解决阶级对抗的唯一途径。这种教条主义给改造现实世界的社会运动带来的灾难,至今依然历历在目。马克思本人坚决反对将他的学说理解为看待人类全部历史和特定民族发展的"万能钥匙"。因此,在新的历史条件下,应当遵循马克思进行阶级分析的思路,结合不同民族国家的具体情况,审视阶级矛盾缓和的各种表现是否改变了阶级对抗的实质,探究新阶级的产生原因和发展趋势,阐明社会革命新的时代内涵,更好地理解当下个人与社会历史的关系。

原载于《哲学动态》2020 年第 10 期

五、马克思主义哲学基础理论研究

马克思与亚里士多德：实践理论范式的转换

丁立群*

马克思的思想具有实践理论的特点，这是学术界逐渐认可的结论。然而，实践具有不同的涵义，实践哲学具有不同的传统，这使得对马克思实践理论的理解仍然歧义颇多，从而，对马克思实践理论在哲学史上和批判资本主义现实中的革命意义的理解也成为问题。另外，学界的马克思思想研究也忽略了马克思与古希腊哲学，特别是与亚里士多德实践哲学的思想联系。本文力图说明马克思的实践理论根源于亚里士多德创立的"伦理—政治"的实践哲学传统，同时，马克思又以"劳动—社会"的新范式超越了传统的实践哲学，从而构建了社会革命和人类解放的新的实践理论。

两种实践哲学传统："伦理—政治"的与"科学—技术"的

亚里士多德对理论、制作和实践第一次作了区分，使实践哲学从理论哲学和形而上学中独立出来，一定程度上克服了前亚里士多德哲学的"伦理—认识平行论"性质和"美德即知识"命题对知识与美德的混淆。实践哲学的最核心内容和终极旨趣就在于如何促进人的"自由"和"完善"，即促进人的德性（潜能）的实现，促进人的生长和完整性。理想的城邦和制度应当涵育人的德

---

* 丁立群，黑龙江大学哲学学院、实践哲学研究中心教授，博士生导师。

性,为人的完善提供充分的条件,正像亚里士多德所说,"城邦正是由自由人组成的共同体"。① 于是,政治学的目的与伦理学的目的是一致的,都是属人的至善。由此,他划定了理论哲学、制作哲学和实践哲学的理论分野。这种区分也使我们对实践哲学传统的理解具体化了。

首先,实践哲学与理论哲学截然不同。理论哲学是关于永恒和必然的知识,其知识形态是形而上学、数学和物理学;实践哲学是变化的人事领域的特殊知识,其知识形态是伦理学、政治学和家政学。理论哲学的核心问题是"永恒"和"必然"问题即"神"的问题;实践哲学的核心问题是关于个人的完善和善治问题,即关于属人的善的问题。理论哲学追求的是普遍的"真理";实践哲学追求的是特殊的"意见",在亚里士多德的著作中亦称"真理"。

其次,实践哲学与制作哲学也截然不同。实践哲学处于"人事"领域,探究的是人的德性的实现活动即实践;制作哲学处于"物事"领域,探究如何依据自然的原理生产一种物品。实践哲学研究人的道德活动,重在于"行",着眼于特殊性(特殊境况);制作哲学重在于按理性和原理操作的品质,重在于"知",着眼于普遍性。实践哲学所谓实践理性(实践智慧)在于凭借丰富的生活经验把握和筹划对自身完整的善;制作哲学的理智作为一种技艺,目的是生成某种物体,属于局部的善。实践哲学所谓实践是目的内在于自身的活动,而制作哲学的制作则是目的外在于自身的活动。实践是无条件的、自由的活动;制作是有条件的、非自由的活动。

培根不满意古希腊哲学家以及由此发端的轻自然哲学、重道德哲学和政治哲学的学术传统。他力图扭转这一传统。首先,把实践哲学由注重道德哲学转向注重自然哲学。其次,把实践哲学由超功利性转向功利性。实践由此开始转变涵义,变成了技术(制作),而技术则变成了科学的应用。随之而来,理论与实践的关系变成了理论(科学)如何应用于实践(技术)的问题。科学—技术实践论的 个典型特征是把实践由主体间关系置换为主客体间关系,以此作为获得知识(必然性)的一个中介。这一特征借用康德的话来说,就是用自然的必然性规范意志的因果关系。这种实践处于理论理性的活动区

---

① 亚里士多德:《政治学》,颜一、秦典华译,中国人民大学出版社2003年版,第84页。

域,科学—技术实践论实质上不属于实践哲学,而属于地道的理论哲学。科学—技术实践论和伦理—政治实践论两种实践哲学传统在康德哲学中形成了理论理性和实践理性的对立。这就是马克思的实践理论创立时面对的哲学史上的实践哲学思想资源。

马克思的实践理论继承了亚里士多德实践哲学传统

马克思的实践理论无论是从精神气质还是从思想场域,无论是从兴趣取向还是从终极关切,无不与亚里士多德实践哲学密切相关。古希腊文化、古希腊哲学特别是亚里士多德实践哲学构成了马克思思想产生的重要背景,是马克思思想的重要来源。换言之,在科学—技术实践论与伦理—政治实践论两种实践哲学传统中,马克思继承了亚里士多德的实践哲学传统。

马克思的"理论"概念来源于古希腊和亚里士多德。在古希腊哲学资源中,理论与实践概念在哲学和文化中居于核心地位。依据这两个概念,古希腊产生了理论哲学和实践哲学。这两种哲学形态在古希腊哲学的集大成者亚里士多德的思想中,得到了系统建构。同时,理论和实践又是实践哲学的核心概念:实践哲学的基本构建围绕这对概念展开。理论从古希腊到现代,有一个从神学概念到知识学概念的嬗变过程,而这一过程就是理论的宗教神秘性逐渐"祛除",知识涵义逐渐"凸显"的过程。马克思对理论的看法也同理论在西方思想史上的演变过程相类似,成熟期的马克思通过批判理论的思辨性和神秘性,逐渐把理论转换为以知识为主要内容的批判理论和实践理论。

马克思的实践概念同样继承了古希腊,特别是亚里士多德实践哲学的内在精神。众所周知,马克思以劳动这一为古希腊实践哲学拒之门外、备受轻视的活动代替了实践,并作为实践的根本内容。这一点曾备受西方学者诟病。但是,认真考察马克思赋予劳动的性质,可以看出,劳动实际上具备了实践的本质涵义。劳动概念在马克思的思想中具有广义和狭义之分。广义的劳动概念在马克思思想的早期和成熟期都使用过。早期马克思认为,人类的一切创造性活动,甚至包括哲学研究、诗和艺术创造等都是劳动。成熟期马克思把广义的劳动作了划分,区分了体力劳动和脑力劳动,在《德意志意识形态》中又称"物质劳动"和"精神劳动"。在谈到共产主义时,他又回到早期的观念,把一切创造性的活动都归结为劳动。在广义的劳动概念里,最关键的涵义是自由和创造,这与古希腊尤其是亚里士多德实践哲学的实践概念是相通的。

马克思关于人的本质及其生长和完善的思想继承了亚里士多德实践哲学的基本精神。早期马克思偏重于从人的角度谈问题,从人的角度批判社会,带有强烈的人道主义色彩;成熟期马克思则侧重于从社会结构上构建使人获得完整性和彻底解放的理想社会——这就是我们通常理解的马克思的人道主义与科学主义的"矛盾",这一矛盾导致西方马克思主义中科学主义流派与人本主义流派的尖锐对立。这一矛盾可以在实践哲学的范式里加以整合。

马克思转换了传统实践哲学的理论范式

马克思对实践哲学传统进行了一场革命,主要体现为实践范式的重要转换。突出标志在于:马克思的实践理论改造了传统实践哲学的核心概念,以"劳动"代替实践作为全部实践哲学的基础和出发点,使实践成为人类普遍的本质活动;转换了实践哲学的存在场域,在理论上用"社会"范畴取代传统实践哲学的"政治""伦理"范畴,拓展了实践理论的广度和深度;用人类解放代替了狭隘的政治解放(阶级解放),使实践理论成为无产阶级革命和人类解放的理论。通过这种理论范式的转换,构造了"劳动—社会"的实践理论。

马克思改造了传统实践哲学的核心概念,以"劳动"代替实践作为全部实践理论的基础和出发点,使实践成为人类普遍的本质活动,赋予劳动阶级以一种无上的主体性,使实践不再仅仅是一种"精英"主义的贵族活动。首先,马克思使劳动实践成为人的普遍本质,为构建"劳动—社会"的实践理论奠定了独特的存在论基础。其次,马克思以劳动代替实践,赋予劳动阶级以创造性活动的主体性,进而成为革命的主体。

马克思转换了实践理论的存在场域,在理论上用"社会"范畴取代传统实践哲学的"政治""伦理"范畴,拓展了实践理论的广度和深度。社会在古希腊属于由劳动和家庭的联合而产生的私人领域,社会性并不是人的本质特征,而只是人与动物的共同属性,因此,社会也不可能是人的实践领域。因此,传统实践哲学坚持把实践限制在"伦理—政治"领域，从亚里士多德到阿伦特都持这种观点。

马克思以生产劳动为起点，改变了实践哲学的存在场域：由伦理—政治领域进入社会领域。"社会"在马克思的思想中，有狭义和广义之分。狭义"社会"就是指"市民社会"。广义"社会"是一个总体性概念。它不是与政治和国家分离的领域，而是包括政治和国家在内的总体性领域，可以称为"人类社会"。广义"社会"包括狭义"社会"即"市民社会"（经济基础）蕴涵的一切关系和原则。它们是整体和部分的关系，其中，狭义的"社会"即"市民社会"是广义的"社会"即人类社会的决定者和基础。在这种决定关系的基础上，马克思是用广义的社会共同体代替了传统实践哲学的政治共同体。从社会总体结构上确定社会和政治的关系，克服了社会与政治的二元化。

马克思重构了"实践"的终极旨趣，用社会解放（人类解放）代替了狭隘的政治解放（阶级解放），使实践理论成为无产阶级革命和人类解放的理论。在马克思看来，政治革命恰恰是不彻底的革命，它往往只是一个阶级的解放，而不是人类的解放。马克思重构了"实践"的终极旨趣，其使命不是使社会的一部分得到改造，而是使全社会得到改造；不是使一部分人获得解放而是使全人类获得解放。所以，马克思把政治革命纳入到社会革命之中，作为社会革命的一个环节。马克思把人类实践活动拓展到人类的基本活动——生产劳动活动之中，使实践理论由原来的伦理—政治领域，深入到伦理—政治的基础—总体性层面——社会领域。由此，这种"劳动—社会"的实践理论所主张的革命，就不仅是一场政治革命，而更是一场彻底的社会革命。

原载于《哲学研究》2020年第6期

社会发展视域中的国家治理

丰子义 *

健康的社会发展有赖于有效的国家治理。国家治理的好坏直接决定着社会发展的成败。从"发展"的视角对"治理"问题加以认真审视并作出相应的理论阐释,对于提高治理的理论自觉,进而推进国家治理体系和治理能力现代化,有其重要的意义。

治理:社会发展的内在要求

对于一个国家的发展来说,治理主要扮演着两种角色:一是作为发展环境、条件的治理。这是发展的前提。二是作为发展内在要素的治理。就此而言,治理是发展的内在要素。不管是作为环境、条件,还是作为内在要素,治理都是发展所不可缺少的。发展需要有效的治理,发展的程度取决于治理的水平。所以,治理现代化是整个社会现代化的必要制度体系和能力保障,是现代化建设的重要内容和组成部分,是现代化强国的突出标志和重要表征。

治理,古已有之,于今为烈。虽说任何社会都离不开治理,但严格意义上的治理只是在当今时代才逐渐凸显出来的。从现实的发展来看,现代化的成败、国家的兴衰与治理密切相关。各个国家在推进现代化的历史进程中,虽然

---

* 丰子义,北京大学哲学系教授。

发展的理念、模式、具体方式千差万别，但有些特点还是共同的，其中重要的一点，就是发展的结果源于治理的效果。一般说来，现代化水平高的国家大都是治理比较好的国家，现代化发展比较缓慢的国家基本上是缺少有效治理的国家。这在发展中国家的发展中表现得尤为明显。我国的发展既有时代发展潮流的大背景，又有自身发展的内在逻辑和鲜明特点。历经70多年新中国的不断建设和40多年的改革开放，我国的经济社会发展取得了巨大成就，令世界刮目相看。现在，我国进入了新时代。新时代面临新情况、新问题，需要新的治理。

就其发展而言，我国主要处于这样几个重要时期：一是发展的关键期。面对百年未有之大变局，我国正处于实现"两个一百年"奋斗目标的关键时期，发展的环境和条件正在发生深刻变化，既有机遇，又有挑战。二是社会主要矛盾的转化期。经过长期的经济快速发展，我国社会主要矛盾已经转化为人民日益增长的美好生活需要和不平衡不充分的发展之间的矛盾。这是关系全局的历史性变化，对发展提出了许多新要求，不仅对经济发展提出了更高要求，而且在民主、法治、公平、正义、安全、环境等方面也提出了更高要求。这就要在继续推动发展的基础上，大力提升发展的质量和效益，更好满足人民各方面日益增长的需要。三是社会转型期。我国目前的转型，不是某一方面的转型，而是全面的转型。其转型的特点是结构转型与体制转轨同步、发展与转型并行、市场作用与政府作用相互交织。无论转型所涉及的范围还是所达到的程度，都是空前的。其产生的影响也是巨大的。社会转型期同时也是利益调整期、矛盾凸显期，能否妥善处理好这些利益、矛盾，事关转型和发展的成败。总体说来，我国发展的各方面任务之繁重前所未有，面临的风险挑战之严峻前所未有。只有防范化解风险，才能保证发展顺利进行。为此，必须加强治理，推进国家治理体系和治理能力现代化。

治理的规律性原则

国家治理，涉及的中心问题是"制"与"治"。"制"，即制度。在我国，现在的国家制度就是党和人民在长期实践探索中形成的科学制度体系，由其根本制度、基本制度、重要制度所构成。"治",即治理。它既表现为治理的活动,即治理实践,又表现为治理的效果,即治理效能。完整的国家治理,就是由"制"与"治"共同构成的。

"制"与"治"并不是各自孤立存在的,而是内在联系在一起的。一方面,"制"是"治"的根本依据;另一方面,"治"是"制"的体现和实现方式。"制"与"治"相辅相成、相得益彰。治理国家,制度无疑起根本性、全局性、决定性的作用。反过来,治理对制度又有着极为重要的影响与作用。国家制度和国家治理不能完全相等同,不是国家制度越健全,国家治理的水平就自然而然地越高。只有不断提高国家治理能力,才能充分发挥制度的效能,彰显制度的优越性。而且,治理能力和水平的提高,也会使制度进一步发展、完善。"制"与"治"的统一是在实践中形成的,并按规律性的要求发展的。

研究"制"与"治",重点是做好二者的转化工作。要使制度优势变为治理效能,关键是加强转化这一中介环节。实际上,从"制"到"治"的转化也是有规律、有其内在逻辑的。一般说来,根本的、基本的制度往往是通过体制来体现的,体制是通过特定的机制来运作的,而一定的机制又是通过各种具体的法规、规则、规范和相应的方式来构成和展开的。因此,治理应当按照这种规律性的逻辑关系,环环紧扣,切实抓好转化的每一环节。而要实现这种转化,关键是要提高制度执行能力。制度是通过制度执行能力而影响治理效能的。只有切实提高制度执行能力,才能有效增强治理能力,变为治理实际效能。

治理的主体性原则

从社会发展看国家治理,不仅要求治理合规律性,而且要求治理合目的性。人正是在改造世界的活动中,不断丰富和发展自身,创造和实现自身的价值,这种追求和创造活动便形成了社会发展。因此,社会发展的实质是人的发展。由社会发展的实质所决定,治理的最终目的就是为了促进人的全面发展。离开了人的发展,社会发展和国家治理就失去了真实意义。研究治理必须突出主体性原则、突出人的发展。

按照这样的原则,在治理上应当关注和明晰一些重要问题。

一是治理的理念问题。治理理念作为治理的观念形态,主要反映的是治理的价值取向,它在治理过程中起着凝聚治理共识、规范主体行为、引导治理发展的重要作用。在价值取向上,首先要坚守人民立场;其次要把人民对美好生活的向往作为治理的工作导向;再次是促进公平正义的实现。

二是治理的主体问题。治理与管理的不同,管理的主体比较简单,这就是各级政府;而治理的主体则不仅是政府,同时还包括各种社会组织和广大群众。人民是历史创造的主体,当然也是国家治理体系中最重要的主体,在国家治理体系中发挥着当家作主的作用。当然,强调人民主体的作用,并不意味着轻视政府的作用。既然政府、民众以及社会组织都是不可缺少的治理主体,那么在多元主体共治中就必须实现相互协调。如何协调?完全因具体情况而定。因为不同的治理对象,会有不同的主体牵头,有的是政府牵头为好,有的是社会组织牵头为好,还有的是群众自我出面效果更好。因此,要使人的因素和作用得到充分发挥。

三是治理的参与问题。要加强国家治理,必须为民众有效参与管理国家各种重要事务提供便捷条件,疏通各种渠道。扩大参与的过程,就是一个扩大民主的过程。这就是要赋予民众以更多的权利,包括知情权、参与权、表达权、监督权,让民众通过各种正当权利的行使,参与到国家治理和社会治理中来。扩大参与的过程,也是一个激发社会活力的过程。国家治理既要确保社会稳定发展和公共利益合理维护,又要尊重差异、包容多样,在维护宪法和法律权威的前提下承认合理合法的个性化追求,保障个人自由,让社会充满生机活力。为此,要充分发挥人民首创精神。

治理的方法论要求

在社会发展过程中,不同的领域、不同的问题治理的方法不同,不同的学科、不同的部门考虑的重点也不同,但推进治理现代化还是有其共同的基本要求的。从总的原则来说,治理必须与社会发展相适应,而在具体推进上,则必须注意这样一些方法论的要求,即这样几个结合。

一是治理与发展相结合。如前所述,治理既是发展的社会环境,又是发展的内在要素。这样,治理与发展就不仅仅是一种外在的关系,而是不可分割的内在联系。与之相适应,治理不能游离于发展之外,发展也不能离开治理。二者不应成为两张皮,而应融为一体,即在治理中发展,在发展中治理。

二是长远制度建设与解决突出问题相结合。国家治理得好坏,最根本的是靠制度建设;而要形成一套比较完备的制度体系,需要较长甚至很长的历史时期。因此,加强国家治理,必须着眼于长远制度建设,这是实现国家长治久安最为可靠的基础和保障。但是,在长远制度建设过程中,每一时期又有不同的重点和需要关注的主题,这种重点和主题就是由该时期社会发展的突出问题决定的。这样一来,要推进治理,必须长短结合,即把长远制度建设和解决突出问题相结合,既着眼长远,又应对当前。

三是顶层设计与分层对接相结合。推进国家治理体系和治理能力现代化确实是一项复杂的系统工程,需要协同联动、系统集成。系统集成,重点是要实现总体布局的综合集成、发展战略的综合集成、制度体系的综合集成、制度执行的综合集成,并在其发展过程中,实现系统功能的整体发挥和系统形态的有序演化。系统集成客观上要求顶层设计。只有加强顶层设计,才能使各项举措在政策取向上相互配合、在实施过程中相互促进、在治理成效上相得益彰。要使顶层设计落到实处,必须处理好顶层设计与分层对接的关系。分层对接就是通过根本制度、基本制度、重要制度的衔接和各项具体制度的配套,使制度的顶层设计精准落地,真正发挥制度效能。要处理好顶层设计与分层对接的关系,在实际工作中就是要搞好上下左右、方方面面的配套,注重各项工作的协调推进、相互配合。

四是独立探索与开放借鉴相结合。能否坚持走自己的路,对于一个国家的治理至关重要。当然,强调独立探索,绝不意味着排斥开放借鉴。虽然国家治理没有统一模式,但毕竟有其诸多共同的特点、要求乃至遵循的一般规律,这些都是需要学习、关注的,需要遵守的。而且,一些国家在国家治理过程中所创造的成功经验和做法,也是需要吸收借鉴的。因此,推进国家治理体系和治理能力现代化,必须善于把独立探索与开放借鉴相结合。

原载于《教学与研究》2020 年第 11 期

马克思和恩格斯对正义概念的两种用法

段忠桥 *

从伍德提出"马克思并不认为资本主义是不正义的"这一论断的论文,即发表在《哲学与公共事务》1972 年第 1 期的《马克思对正义的批判》,和为那一论断作辩护的两篇论文,即发表在《哲学与公共事务》1979 年第 8 期的《马克思论权利和正义:对胡萨米的回复》和发表在《中国社会科学》2018 年第 6 期的《马克思反对从正义出发批判资本主义——对段忠桥教授的回应》(以下简称《回应》)来看,他在论断中讲的"资本主义",指的是以资本家剥削工人为基本特征的资本主义分配关系。马克思认为资本主义分配关系是正义的,还是不正义的? 对于这个问题,伍德的回答是"正义的",笔者的回答则是"不正义的"。在笔者看来,导致我们分歧的一个深层原因,是伍德没有弄清马克思和恩格斯在相关论述中对正义(或公平)概念的两种用法。

在谈到资本主义分配关系时,马克思和恩格斯虽然多次使用正义概念,但却从没给它下过一个定义,也没对它的含义作过任何说明。由此我们只能作这样的推断,他们对正义概念的使用是沿袭了当时人们通常的用法,即用它来指称"给每个人以其应得"。认真阅读他们的相关论述我们可以发现,他们对于正义概念实际上有两种不同的用法。

第一种是基于历史唯物主义用法。由于正义的含义是"给每个人以其应

---

* 段忠桥,陕西师范大学哲学与政府管理学院特聘教授。

得"，因此，在涉及资本主义分配关系时，正义是一种道德评价。凡被认为是正义的分配关系，也即要求从道德上予以赞扬的分配关系，凡被认为是不正义的分配关系，也即要求从道德上予以谴责的分配关系。根据历史唯物主义，道德评价属于上层建筑中的意识形态，是由一定社会经济基础，即生产关系的总和所决定的。在基于历史唯物主义的用法中，马克思和恩格斯讲的公平指的是人们对从属于生产关系的分配关系的道德评价。正是基于这种用法，他们认为不能从公平出发而只能从资本主义生产力和生产关系的矛盾运动和必然趋势出发，去说明和批判现存的资本主义制度，并一再强调无产阶级的解放事业不是基于某种公平观念的实现而是基于历史的必然性。

马克思和恩格斯关于正义的第二种用法，是基于不同阶级或社会集团的分配诉求。在资本主义社会中，由于资本主义分配关系给处于不同地位的阶级或社会集团带来不同的利益，而"正义"概念本身的含义是"给每个人以其应得"，因此，尽管不同阶级或社会集团对"每个人应得什么"存在不同的，甚至截然对立的理解，但他们都把"正义"或"公平"作为自己的分配诉求。在基于不同阶级或社会集团的分配诉求的用法中，马克思和恩格斯讲的公平指的是不同的阶级或社会集团提出的"给每个人以其应得"的分配诉求。正是基于这种用法，他们在谈到正义或公平时总要加上"资产者的""工人的""各种社会主义宗派分子的"这样的定语，以表明不同阶级和社会集团虽然都把"正义"和"公平"作为自己的分配诉求，但由于他们对"每个人应得什么"的理解是不同的，他们讲的正义或公平在内容上是各不相同的。

仔细读一下伍德的三篇论文我们可以发现，他虽然没有弄清马克思和恩格斯对正义概念有两种用法，但实际上也是基于这两种用法来阐释和使用马克思和恩格斯著作中的正义概念的。

我们先来看看伍德基于历史唯物主义的用法对马克思和恩格斯著作中正义概念所作的阐释：第一，正义是一个司法或法律的概念。第二，正义是从司法角度判断社会事实合理性的最高标准。第三，正义是每种生产方式衡量自身的标准。第四，正义只服务于统治阶级的利益。可以看出，伍德对马克思和恩格斯著作中正义概念的这些阐释，与笔者讲的马克思和恩格斯对正义概念的基于历史唯物主义的用法既存在一个明显的共同之处，即都认为正义属于上层建筑;也存在一个明显的不同之处,即伍德认为正义在马克思和恩格斯的著作中是一个法权概念,笔者则认为正义在马克思和恩格斯的著作中是一个道德概念。

我们再来看看伍德基于不同阶级和社会集团的分配诉求的用法对马克思恩格斯著作中正义概念的阐释和使用。仔细读一下伍德的三篇文章我们可以发现,他先后谈到出现在马克思和恩格斯著作中的七种不同阶级或社会集团所诉求的分配正义:一是社会主义思想家讲的正义;二是李嘉图式的社会主义者讲的正义;三是资产阶级经济学家讲的正义;四是英国银行家和经济学家吉尔伯特讲的正义;五是小资产阶级讲的正义;六是工人群众讲的正义;七是马克思本人讲的正义。

不难发现,伍德讲的前六种不同阶级或社会集团所诉求的分配正义,都与笔者讲的马克思和恩格斯基于不同阶级和社会集团的分配诉求的用法有明显的共同之处,即正义在他们那里意指的都是"给每个人以其应得",都是一种道德评价,尽管由于对应得什么的理解各不相同,他们的分配诉求,即他们讲的正义,在内容上实际上是各不相同的。但第七种,即马克思讲的正义,却与笔者讲的马克思和恩格斯基于不同阶级和社会集团的分配诉求的用法明显不同,因为它的含义不是"给每个人以其应得",而是一种交易(即资本家剥削工人的交易)与现存的资本主义的生产方式相符合,进而言之,它不是一种道德评价,而是一种事实判断。

马克思在《〈政治经济学批判〉(1857—1858 年手稿)》中分析劳动和资本的关系时明确指出,"认识到产品是劳动能力自己的产品,并断定劳动同自己的实现条件的分离是不公平的、强制的,这是了不起的觉悟,这种觉悟是以资本为基础的生产方式的产物,而且也正是为这种生产方式送葬的丧钟,就像当奴隶觉悟到他不能作第三者的财产,觉悟到他是一个人的时候,奴隶制度就只能人为地苟延残喘,而不能继续作为生产的基础一样。"①马克思这里说的"认识到产品是劳动能力自己的产品,并断定劳动同自己的实现条件的分离是不公平的、强制的",无疑是指当时工人对资本主义剥削的道德评价。从马克思

① 《马克思恩格斯文集》第 8 卷,人民出版社 2009 年版,第 112 页。

对这一道德评价的赞扬——"了不起的觉悟"可以推断,马克思本人是高度认可这一道德评价的;而"认识到产品是劳动能力自己的产品"无疑含有这样的意思,即工人的劳动能力是属于工人自己的,因而劳动产品应归工人所有,资本家依靠对生产资料的占有而无偿占有工人生产的剩余产品,因而是不公平的。这段话表明,马克思不但也认为资本主义剥削是不正义的,因为它无偿占有了本应属于工人的剩余产品,而且还高度评价了工人的这种觉悟,因为它是为资本主义生产方式送葬的丧钟。

虽然马克思、恩格斯反对当时的社会主义者把道德运用于经济学的做法,但他们并不反对后者的道德意识,并且认为这种道德意识是有意义的。进而言之,马克思恩格斯同当时的社会主义者一样,也认为资本主义剥削是不公平的,其理由也是"产品应当属于真正的生产者"。从这段话还可以推断,马克思以及恩格斯之所以很少谈及资本家对工人的剥削是不正义的,以及为什么是不正义的问题,这首先是因为当时的社会主义者已多次谈过这一问题,而且他们认同这些人的看法;此外还因为,他们认为共产主义的实现不是基于某种道德意识,而是基于历史发展的客观必然性,因而不能只停留在对资本主义剥削的道德谴责上,而应超越这种道德谴责去深入研究揭示这种客观必然性的政治经济学。

笔者在《辨析》一文提出,马克思对资本主义剥削是不正义的"并无明确的表述,而只是通过他在相关论著中多次把资本占有剩余价值说成是对工人的'盗窃'和'抢劫'间接地表明了他的看法。"马克思之所以认为资本占有剩余价值是不正义的,说到底是因为"工人是他自己的劳动时间的正当的所有者"。[①] 伍德反对笔者的观点,他在《回应》一文中说道:"然而,我们应该更仔细注意马克思在这个问题上的说法。政治经济学家阿道夫·瓦格纳(Adolph Wagner)声称,马克思之所以认为资本家对剩余价值的占有是错误的或不恰当的(Ungebührlich),是因为马克思觉得,靠资本赚钱是'对工人的抢劫'。就像'段文'一样,瓦格纳也从'马克思认为剩余价值是抢劫'这个前提出发,推出如下结论,即马克思认为资本对剩余价值的占有是不恰当的或错误的。因

---

① 段忠桥:《对"伍德命题"文本依据的辨析回应》,《中国社会科学》2017 年第 9 期。

此,'段文'对马克思的解读就跟瓦格纳的并无二致。如果'段文'是对的,那么马克思就应该赞成瓦格纳的推论,即如果资本家对剩余价值的占有是'抢劫',那么这种占有就是错误的、不正义的。可是,马克思同意瓦格纳对他的观点的论述吗?不,他不同意。马克思对瓦格纳非常不满。他抗议瓦格纳对他观点的误解,因为瓦格纳把并不属于马克思的观点强加到马克思的头上。瓦格纳甚至是一个'蠢汉'(Dunkelmann),他混淆了真实情况,错误地表达了马克思的看法。"①

马克思在其相关论著中多次把资本家占有剩余价值说成是对工人的"盗窃"和"抢劫",而你能从某人那里"盗窃"和"抢劫"的东西,只能是完全属于那个人的东西,因此可以推断,马克思之所以认为资本家占有剩余价值是不正义的,实际上"暗示着工人是他自己的劳动时间的正当的所有者"。说得更明确一点就是,马克思是从工人的劳动能力是属于工人自己的,因而工人的劳动产品应"属于唯一的、真正的生产者,即工人"这一道德原则出发,谴责资本家无偿占有工人生产的剩余价值是不正义的。而伍德引用的马克思的两段话讲的却是,依据商品等价交换的原则,工人生产的剩余价值应归资本家而不归工人。可见,笔者的观点与马克思在这两段话中表达的观点涉及的是完全不同的两个问题,而且它们之间并不存在冲突,但伍德却把马克思的这两段话作为否定笔者的观点的论据,这显然是没有道理的。

以上表明,伍德对马克思恩格斯著作中正义概念存在两种误解,一是在基于历史唯物主义的用法中将正义阐释为"司法概念"而不是"道德概念",二是在基于不同阶级和社会集团的分配诉求的用法中认为马克思从未谴责资本主义的不正义。鉴于伍德在中国学界的影响,澄清这种误解显得尤为必要。

原载于《中国社会科学》2020年第6期

---

① 艾伦·伍德:《马克思反对从正义出发批判资本主义——对段忠桥教授的回应》,《中国社会科学》2018年第6期。

劳动、可行能力与人的尊严

吴向东　高　影[*]

吴向东　高　影[*]

马克思在 1835 年的中学毕业作文《青年在选择职业时的考虑》和时隔 45 年后的《路易斯·亨·摩尔根〈古代社会〉一书摘要》中,对人的尊严作出了两种迥然不同的界定:"崇高的品质"和"较高的性格属性"。显然,从应然的价值评价到实然的属性描述是马克思的研究转向在尊严问题上的具体反映。但马克思晚年并未实际建构起一种与作为历史科学的《资本论》相匹配的价值论,其尊严观也就由此变得晦暗不明,而一种由纳斯鲍姆所发展,在研究范式和核心范畴上都与马克思思想具有亲缘性关系的能力尊严观,为马克思与尊严问题的研究打开了新的思路。

马克思与尊严问题的悬而未决

究竟该如何看待马克思的尊严观,这一论题依然是开放性的。在当代政治哲学中,一种无论在研究范式还是在中心范畴上都以马克思的观点为思想来源的可行能力理论为推进马克思与尊严问题的深入研究提供了独特的视角。

---

* 吴向东,北京师范大学哲学学院、价值与文化研究中心教授,博士生导师;高影,北京师范大学哲学学院 2015 级马克思主义哲学博士研究生。

古典伦理学专业出身的纳斯鲍姆在《女性与人类发展：可行能力进路》（2000）、《正义的边界》（2006）、《寻找有尊严的生活》（2011）等多部著作中将马克思的劳动概念与亚里士多德的行动理论相结合，阐述了劳动、可行能力与人的尊严关系的一个基本观点：基于亚里士多德人是政治动物的定义，合乎人性尊严的生活要求以一种实践理性的方式运作劳动这一属人的自然力，但这种能力的运作方式不会自动向所有人开放，它因此需要社会在制度层面上为人的核心能力发展提供必要的支撑。值得一提的是，在《物化》一文中，纳斯鲍姆将物化女性的现实逻辑类比于《1844年经济学哲学手稿》中工人之于劳动的异化逻辑，进而说明了否定女性的自主性、工具化地对待女性、把女性降到交易价值的水平是"物化"概念之于性别正义的基本要旨，并构成了女性获得和运作可行能力的实质性障碍。这一点可以看作是马克思劳动尊严观在现实问题上的具体运用。

尽管马克思的"劳动"概念是纳斯鲍姆可行能力理念的构成性要素，但纳斯鲍姆发展出有别于劳动解放理论的能力正义论的根本原因在于其独特的问题意识。尊严是纳斯鲍姆建构可行能力方法的基本理念，纳斯鲍姆的尊严观是在批判罗尔斯式契约论内含的能力缺陷问题中完善和成熟的，它起始于社会正义的两个关联性思考：个体尊严观的维系和提升当以何为继；一个不羞辱人的社会制度在最低限度上应该承诺什么。因此，既然马克思和纳斯鲍姆都以自由主义的契约正义为批判对象，那么，以纳斯鲍姆自己提及的马克思对古典自由主义契约正义的批判为蓝本，考察纳氏可行能力视野中的马克思尊严观，进而在历史唯物主义的立场上对这一批判取得的成效和存在的不足加以评述，会有助于我们深化对马克思尊严观的理解和把握。

可行能力视野中的马克思尊严观

在对人的尊严的理解上，马克思和纳斯鲍姆的尊严观与罗尔斯主张的契约正义论呈现出两种分庭抗礼的立场，而马克思和纳斯鲍姆的尊严观之所以具有亲缘性，其原因在于他们在核心范畴上的"家族相似性"以及在此基础上实现平等尊严的基本共识。

纳斯鲍姆在《正义的边界》中指出,自由主义的契约正义论是能力缺陷者问题产生的结构性根源。社会正义是政治哲学的重要议题,而社会契约论是西方传统中最持久的理论之一,经罗尔斯创造性改造后成为通达社会正义进路的最强版本。就此而言,对罗尔斯式契约论的批判是批判契约主义理论的一把钥匙。纳斯鲍姆对罗尔斯式契约论的激烈批判反证了马克思对古典自由主义的批判力量,马克思对古典自由主义契约正义论的结构性批判事实上是以批判黑格尔哲学为中介的。

纳斯鲍姆在《女性与人类发展:可行能力进路》中指出,基于人性尊严的可能能力进路是从马克思《1844年经济学哲学手稿》(以下简称《手稿》)中"现实的因而是真正的人"出发的。所谓"真正的人",用马克思的话说就是一个能以人的感觉或按人的方式占有自己的全面的本质的"完整的人"。同时,基于对残障者正义问题的反思与辩护,纳斯鲍姆认为一个体面的政治秩序和合乎尊严的生活方式的最低限度问题最终都可以转换为一个人可以做什么又能成为什么的可行能力问题。在此基础上,纳斯鲍姆将可行能力界定为可以选择的已经实现或可能实现的机会总和,并认为可行能力维系了人的尊严。因而,最为基本的价值原则便是每个人都应该拥有这样的选择机会和行动自由,否则就无法过上一种合乎人性尊严的生活。纳斯鲍姆的论述启发我们,马克思的尊严思想与《手稿》中对"何以为人"的回答直接相关联。

在马克思看来,人的理想生存状态是使人、人的劳动获得人的身份和尊严。每个人的尊严都应当是平等的或者说都应当受到平等的尊重和对待。与马克思自然主义和人道主义相统一的思想遥相呼应,纳斯鲍姆试图超越罗尔斯式契约论,提出了实现人际正义和种际正义的和谐统一的理论规划。

首先,马克思关于人是类存在物的观点为国际正义问题的解决提供了一种可能。所谓"类存在物"也就是"人把自身当作普遍的因而也是自由的存在物来对待",人所共享的类本质是"我们"的同质性根据,可行能力进路的跨文化应用正源于尊严这一人类共享的文化价值。按照纳斯鲍姆的说法,对尊严的解释除了诉诸人的活动本质外还可以诉诸诗性正义的文学想象,因此尊严除了是人的一阶属性,它还是悲剧艺术中能够引起共鸣的直觉性观念,并存在于任何一种文化中,而正是藉由文学畅想所引发的同情共感以及在此基础上培养出的"诗人裁判"才证明了可行能力进路跨文化、跨国界应用的可行性。因此,从人所共享的类本质出发,纳斯鲍姆认为"核心能力清单"既体现了政治自由主义的基本原则也彰显了对多元文化的尊重和包容,进而可以为人权问题的跨文化研究提供一个相对统一的测度标准。

其次,马克思关于人的动物性需要的观点为种际正义的证成提供了理据。基于马克思的论述,纳斯鲍姆从可行能力的角度提出了"动物性尊严"的命题。这一命题以承认人性中的动物性为逻辑前提,虽然人因其理性"脱颖而出",但人的理性并不像康德所说的那样是不变的,而是与人的自然机体一样会成长、成熟和衰亡。基于理性和动物性的不可分割性,纳斯鲍姆认为,有感知力的生物也应当是正义的主体,在我们制定各种政治原则以协调人与动物的关系时,应当考虑到那些有感知能力的动物,并认为它们也应当有机会过一种繁荣的生活,这种生活能够与该物种所具有的尊严相称;而且所有具有感知能力的动物都应当能拥有某些积极的机会去过一种繁荣的生活。

马克思对能力尊严观的承认与批判

基于可行能力进路对马克思尊严观的理解,劳动、可行能力和人的尊严的关系可以表述为:可行能力是劳动运作的"门槛值"或临界值,二者共同构成了人之尊严生成、发展以及实现的决定性环节。因此,人的尊严就是人"本性中特有的东西",因而是人的本质规定。纳斯鲍姆的能力进路借助马克思的劳动概念为罗尔斯契约正义论中遗留下的三个悬而未决的正义问题提供了一套具有可行性和现实性的解决方案,并为我们重新认识马克思的尊严理论开启了富有启发意义的新语境。但这并不表示纳斯鲍姆的理论建构是完美的,这其中的问题就在于纳氏片面地理解了马克思的尊严概念。

纳斯鲍姆从《手稿》中找到了马克思以劳动或人的类本质定义尊严的话语表述以及马克思据此批判异化劳动的文本依据,这一点的确是纳斯鲍姆的敏锐之处。但遗憾的是,纳斯鲍姆并没有充分地意识到她所借鉴的正是马克思所要克服的。实际上,后来随着唯物史观的确立,以人的类本质为根据的尊严概念作为"我们从前的哲学信仰"被纳入了"清算"的范围,由此表明马克思对自己在《手稿》中的尊严定义或者更准确地说是对劳动概念的理解是不满意的。因为在把劳动概念一般地规定为体现人和自然界之间的物质变换关系的对象性活动的同时，他又预设了行为主体与其世界在本源上的天然统一，以蕴涵先验价值设定的"劳动"概念为出发点的批判，实际上并未超出古典自由主义抽象尊严观的历史限度。因此，从马克思后来着手历史唯物主义的建构以及专注于政治经济学研究来看，这样的哲学尝试无疑构成其研究转向的最初前提。

概言之，人的尊严归根结底是由物质生产决定的，因而并不存在一种固定不变的尊严，它的任何一种内涵都是哲学家继承历史传统、回应时代需要对其进行规范性建构的结果。人类历史发展的各个时期都存在与其对应的尊严形态，只有在之后的时期我们才能看到前一个时期的不足。由此反观纳斯鲍姆的能力尊严观，它虽然全面，但不深刻；尽管独到，但不够审慎，这一评价不仅体现在纳斯鲍姆与马克思的尊严观的比较中，而且也体现在西方学界对纳氏理论的批评中。首先，就尊严观的时代性问题而言，一种超越自己时代的能力尊严观是可疑的。其次，就尊严观的构成而言，纳斯鲍姆思想中的亚里士多德主义与马克思主义是相互排异的。最后，就尊严观所欲解决的问题而言，三个正义问题依然"悬而未决"。

总的来说，尽管我们并不完全赞同纳斯鲍姆对马克思尊严观的阐释，但这并不意味着我们可以无视纳斯鲍姆的问题意识，因为在物质日益充裕的今天，我们依然面临马克思时代的尊严问题：如何"在社会方面把人从其余的动物中提升出来"，进而使人过上合乎人性尊严的生活。对于纳斯鲍姆的能力尊严观所面临的种种诘难，我们抱有同情的理解，毕竟一种为动物伸张正义、谋求尊严的理论，在当下具有一定的理想性。但正如马克思所言，光是现实本身力求趋向思想是不够的，思想首先应当竭力体现为现实。因为所有的历史经验已经或正在证明，除非人们在现实性的基础上去试图抵达"不可能的世界"，否则将无法实现"可能的世界"。

原载于《山东社会科学》2020 年第 6 期

人与环境的和谐统一：
唯物史观的生态哲学意蕴

康渝生　赵金凤*

中国共产党第十八次全国代表大会第一次概括地阐释了中国特色社会主义建设"五位一体"的总体布局，依据人民群众的根本利益和共同愿望，在经济建设、政治建设、文化建设、社会建设齐抓并举的基础上，将生态文明建设纳入了发展的视野。理论的成就从来都必须接受实践的检验，当代中国共产党人关于生态文明建设的理论诉求不仅遭遇了某种程度的误读甚至曲解，新冠肺炎病毒对人类肆无忌惮的侵害和荼毒，更是在实践层面上对生态文明建设理论提出的新挑战。显然，无论是完善理论之必需，还是应对实践之必然，我们都有必要求教于马克思，重新梳理内蕴于唯物史观的生态哲学意蕴。

人与环境关系问题的理论溯源

事实上，与当代思想家旨在通过人与自然之间的相互关系去认识世界和解释世界的生态哲学诉求迥然相异，马克思并没有构建一个生态哲学的完整理论体系。然而，透视马克思以社会实践为理论旨趣的唯物史观，生态问题却

*　康渝生，黑龙江大学哲学学院教授，博士研究生导师。

始终是隐含于人与环境关系视野中的理论主题。究其实质而言,唯物史观并非以自然与社会的绝对对立作为理论分野而得以确立的,在人所面对的生存环境中,不仅包括人与自然之间的关系,即自然环境,而且包括人与人之间的关系,即社会环境。马克思关于人与环境关系的理论考量,尽管还没有所谓"生态学"的理论标榜,却凸显出生态哲学的理论意蕴,为当代哲学侧重生态问题展开的深入探讨开掘了深厚的学术渊薮。

追溯人类哲学发展历史,人与环境关系的问题意识早已植根于中外哲思的理论传统。早在古希腊哲人的自然哲学逻辑中,人与整个宇宙就被视为一个和谐有序的整体,彰显出生态哲学的原初意蕴。作为理论成熟的标志,以孟德斯鸠的"地理环境决定论"为代表,18世纪法国启蒙思想家和唯物主义哲学家对人与环境的关系问题进行了哲学的反思。尽管他们的机械唯物论立场造成了立论的偏颇,甚至在极端意义上导致了转向唯心主义的倾向,但其在人与环境关系问题上的理论诉求仍难能可贵。囿于科学技术发展的长期迟滞,中国古代的哲人墨客并没有给予人与环境的关系问题以特殊的理论观照。毋庸置疑,作为中国传统哲学的核心理念,"天人合一"主要是用来阐明人之为人的道德义理,并不包含把客观实在纳入道德关怀的主动旨趣。

概括而言,在人类哲学发展的历史上,关于人与环境关系问题的探讨存在着两种必须予以纠正的理论偏颇。一是仅仅着重于人与自然环境的相互作用,而忽略了社会环境对于人的发展所具有的影响,最为典型的即是孟德斯鸠"地理环境决定论"所表现出的机械唯物论倾向;二是以近代以来的人类中心主义为代表,片面强调了"人定胜天"的价值取向,表现为人与环境关系问题上的唯心主义立场。然而,马克思主义哲学肩负的历史使命恰恰在于不仅摈弃唯心主义的理论谬误,而且克服旧唯物主义的认知偏颇。正是因为如此,着眼于人与环境的关系,马克思开拓了内蕴着生态哲学理论旨趣的致思理路。

唯物史观的生态哲学理论旨趣

诚然,在马克思生活的年代,人与自然之间的矛盾、人与人之间的矛盾比肩并存,但影响社会发展的最突出问题并非人与自然之间的矛盾,其激化程度尚不足以导致全面生态危机的爆发。当然,随着工业革命的日益进步与资产阶级的巧取豪夺,人与自然之间、人与人之间的关系裂隙不断加剧,生态环境的恶化初见端倪。与同时代的许多思想家一样,马克思敏锐地觉察到了这一发展动态,并表达了对于人类未来命运的深刻忧患意识。马克思立论的基础并非单纯执着于人与自然之间的关系和谐,也没有简单诉诸人与人之间关系的改善,而是将解决生态问题的思路聚焦于自然主义与人道主义双重理论维度的一致性。概括唯物史观的生态哲学理论底蕴,主要表现在如下几个方面:

第一,人与环境的关系是唯物史观的基本理论问题。在唯物史观的构建过程中,马克思不仅明确提出,在人与环境即外部世界的关系中,不仅直接彰显着人与自然之间的自然关系,而且也深刻蕴含着人与人之间的社会关系。事实上,人与人之间的社会关系甫一生成即渗透于一切人类改造自然的活动中,并且决定着人类改造自然的实践取向与旨归。换言之,人与自然之间的改造与被改造关系,只有通过人与人之间的社会交往协作才能实现。马克思所谓"环境的改变和人的活动或自我改变的一致",正是内在地蕴含着人与自然之间以及人与人之间双重关系的彼此制约和相互影响,从而深刻地诠释了马克思主义的生态观。

第二,"能够生活"是唯物史观的实践价值取向。在唯物史观的理论视域中,人与环境和谐统一的基本诉求表现为"能够生活",而蕴含于其中的生态问题恰恰聚焦于人类的"物质生活需要"与"满足这些需要"的条件之间所存在的差异和矛盾。人类的生产劳动无疑是克服这一矛盾,实现"能够生活"价值目标的基本手段。

第三,"重新生产自己生命"是唯物史观的基本理论诉求。人的生命的生产与再生产,无疑是对历史发展实践内容的生动标榜。依据唯物史观的致思逻辑,人们每天都在从事"重新生产自己生命"的实践活动,从而构成了人们"能够生活"的基本内容。在马克思主义哲学的视野中,区别于旨在生命延续的"生存方式",所谓"生态问题"则是对"生命的生产"所作的理论研判。旨在生态和谐的"生命的生产"并非依据某种孤立的关系而奏效,其社会发展目标必然是通过自然和社会双重关系的交互作用得以实现。

第四,"共同活动方式"是唯物史观的核心范畴。在马克思主义创始人看来,面对错综复杂的外部环境,任何个体的力量都不足以克服外来的侵害与干扰,也很难完全接受他者的积极作用与影响。因此,实现人与环境之间的和谐统一,只能借助"共同活动方式"来完成。所谓"共同活动方式",是对社会实践的本质表达。通过"共同活动方式",人们在相互联系、彼此影响中形成了推动社会发展的力量,并因此与自然相互联系、彼此影响。正是人与人之间、人与自然之间的和谐沟通,最终奠定了生态环境日趋优化的坚实基础。

第五,"真正的共同体"是唯物史观的实践旨归。马克思的"真正的共同体"思想彰显着唯物史观的实践旨归,也是概括马克思主义哲学生态底蕴的重要依据。"真正的共同体"必将实现人与环境之间真正的和谐统一,而只有在这样的条件下,"个人自由"才能得以实现。显然,实现人与环境的和谐统一并非个体力所能及,而必然彰显出人类命运与共的社会实践旨趣。正是遵循这样的致思逻辑,马克思的"真正的共同体"思想深刻诠释了唯物史观的理论真谛,不仅对人类社会未来发展的前景作出了科学的理论展望,也为我们破解当代生态危机的哲学思考提供了实践指南。

马克思主义生态哲学思想的当代回响

从某种意义上说,正是崛起于20世纪下半叶的全球生态运动,赋予当代生态学研究全新的视角,也为回归马克思的哲学反思奠定了现实性的基础。在当代西方诸多以生态环境为主要诉求目标的生态理论中,生态学马克思主义以其把生态学同马克思主义相结合,试图以马克思主义理论解读当代生态危机的致思理路而独树一帜,成为最具影响力的社会思潮。当然,生态学马克思主义并非包医资本主义社会弊病的"灵丹妙药",究其基本理论,仍然存在着诸多不合时宜的局限性:首先,尽管生态学马克思主义意识到生态危机的根本原因在于资本主义制度,但他们却将导致生态环境恶化的主要根源归咎于科学技术的进步,这种认识显然是有失偏颇的。其次,生态学马克思主义倡导

"稳态经济发展模式",试图通过遏制异化消费现象实现维护生态平衡的目的,同样也是一种不切实际的幻想。最后,生态学马克思主义以生态危机理论取代经济危机理论,将人与自然的矛盾渲染为资本主义的主要矛盾,也是对社会现状的片面性理论误判。

与单纯着眼于生态危机现象的生态学马克思主义不尽相同,当代中国共产党人将马克思主义的生态哲学思想诉诸中国特色社会主义的发展实践,进一步推进了马克思主义中国化的进程。在中国特色社会主义砥砺前行的发展进程中,中国共产党逐步形成了新时代中国特色社会主义的生态观,为人与环境关系的不断改善提供了卓有成效的思想指南,更是以生态文明建设的理论与实践推进了马克思主义中国化的时代进程。

一是"天蓝、地绿、水净"的生态文明观,不仅揭示出了人与环境之间的息息相关,而且着眼于二者联系的普遍性与客观性,辩证诠释了生态文明建设的全局视野。正是通过关于"美好家园"的理论诉求,党的十八大着重阐发了当代中国共产党人的生态文明观,明确提出了生态文明建设的实践目标,深刻彰显了中国共产党以人为本、科学发展的执政理念。

二是"人与自然和谐共生"的生态自然观,全面揭示了人与自然内在共生关系。中国共产党的生态自然观不仅充分展示着生态文明建设的实践旨趣,而且为根本消除人与自然的相互对立提供了理论指南。

三是"绿水青山就是金山银山"的生态价值观,不仅生动描绘了"美丽中国"未来发展的蓝图,而且积极倡导了以"创新、协调、绿色、开放、共享"为主旨的新发展理念,从而确立了新时代中国特色社会主义以优化生态环境为实践旨趣的绿色发展方式。

四是"生态兴则文明兴,生态衰则文明衰"的生态发展观,从人类社会文明形态转换的历史视野思考生态发展问题,超越了西方生态学家仅仅停留于理论范围内诠释生态环境的狭义生态观。"生态兴则文明兴,生态衰则文明衰"的规律性概括浸润着当代人类通过对人与自然关系的认知所取得的全新科学共识,不仅是对当代中国生态文明建设实践经验的理论总结,而且也是对马克思主义哲学生态意蕴的倾情传承和弘扬。

五是"环境就是民生"的生态民生观,充分表现出"以人为本"的执政理念与责任担当。中国特色社会主义的"绿色"发展理念不仅铸就了中国经济社会发展的根本导向,而且对国际社会产生了示范和引领作用,推进了人类对工业文明以及科学技术的自觉反思,标志着当代社会生态意识的又一次历史性飞跃。

原载于《学术交流》2020年第9期

马克思主义人的发展理论
形成和发展的文本溯源

陈新夏*

马克思恩格斯创立的人的发展理论是人的发展理论的思想源头，这一理论是在反思和批判资本主义社会中的人生存发展现实问题及其产生原因过程中形成的，它伴随着马克思恩格斯社会历史理论研究的深入而经历了一个萌芽、形成和发展的逐渐展开、逐步深化的过程。本文将以文本溯源的方式还原这一过程，以加深对人的发展理论生成和发展逻辑及其趋势的理解，并为人的发展理论的当代建构和发展提供有益的参照和启示。

人的发展理论的萌芽

人的发展理论萌芽是从马克思的博士论文到《关于费尔巴哈的提纲》的时期。在这一时期，马克思恩格斯在实现两个转变的过程中，对人的认识经历了由人道主义和复归人的本质向人的彻底解放的转变。

由于人道主义和启蒙思想的影响，马克思的理论和实践活动一开始就体现着对人的关注，这种关注始终驱动着他理论研究的兴趣，引领着他理论研究的重点，使其社会历史研究经历了一个不断演进的过程：从宗教的批判到社会

---

* 陈新夏，淮北师范大学讲席教授，首都师范大学马克思主义学院教授。

政治哲学的批判再到政治经济学的批判;从确立人的发展价值取向到实际地探索无产阶级和人类解放的条件和途径。对人的解放和发展的追求像一条红线,始终贯穿于马克思的社会历史研究过程中。

在博士论文中,马克思揭示了伊壁鸠鲁原子学说中所蕴含的事物自我运动的辩证思想,肯定伊壁鸠鲁哲学克服了德谟克里特的机械决定论而阐发的人对现实世界的能动原则,以及伊壁鸠鲁肯定偶然性的存在进而肯定自由意志的观点。在《莱茵报》时期,马克思开始了对专制制度的批判。退出《莱茵报》之后,马克思开始了对市民社会与国家关系等"苦恼的疑问"的思考。在《〈黑格尔法哲学批判〉导言》中,他揭示了人的社会性,提出应当由宗教批判转向社会政治的批判,认为对资本主义既要进行理论的批判,更要进行物质的批判即进行现实的改造,并指出无产阶级是对资本主义制度进行物质批判的主体力量。在《论犹太人问题》中,他揭示了资产阶级革命实现的"政治解放"与他所追求的"人的解放"之间的本质区别,揭露了资本主义制度和资本逻辑的根本缺陷,揭示了彻底批判和改变资本主义制度的必要性。

《1844年经济学哲学手稿》对人性、人的异化、人的本质力量的实现(对象化)等的讨论,比较充分地展现了马克思对人的哲学思考,确立了马克思主义关于人的理论的哲学基础。在《神圣家族》中,马克思恩格斯提出了社会存在决定社会意识这一唯物史观的根本观点,指出"'思想'一旦离开'利益',就一定会使自己出丑"①。揭示了体现在物之上的人与人的关系,提出了生产方式是理解历史发展的基础等唯物史观思想。在《英国工人阶级状况》中,恩格斯在对英国工人阶级亲身观察和亲自交往的基础上,揭示了他们的悲惨境遇,然而资产阶级却根本无视和竭力掩盖这一切。

人的发展理论的形成

人的发展理论形成于《关于费尔巴哈的提纲》《德意志意识形态》和《共产党宣言》时期。在这一时期中,马克思恩格斯建立了科学的实践观,明确提出

---

① 《马克思恩格斯文集》第1卷,人民出版社2009年版,第286页。

了人的发展概念,比较全面地阐述了人的发展含义,确立了人的发展价值取向和科学认识,使人的发展理论初步成型。

在《关于费尔巴哈的提纲》中,马克思建立了科学的实践观,主张从实践出发理解人与客观对象的关系,并在此基础上提出了关于人的本质以及人与环境关系的科学理解。实践观的确立和关于人的社会性的论述,使现实的、从事实际活动的人的理论建构成为可能,为对人的认识和人的问题的解决提供了理论前提,赋予了人的发展理论彻底性,奠定了人的发展理论的哲学基础。

《德意志意识形态》是人的发展理论形成的标志性文本,在该文本中,马克思恩格斯在全面论述历史唯物主义主要观点的过程中,提出了关于人的发展的理论:明确提出了人的发展概念,揭示了人的发展的内涵,确立了人的发展价值取向和科学认识。一是提出了"个人的全面发展"等人的发展概念,确定了人的发展的根本含义、目标和要求。二是提出了"现实的人"。他们批评费尔巴哈从抽象的人出发理解社会历史问题,并反其道而提出应当从现实的人出发,为人的发展理论之主体的"人"做出了科学的定位。三是指出了人的发展的社会条件,揭示了人的发展的社会制约性。四是阐述了个人发展与共同体发展之间的关系。五是阐述了人的解放与人的发展以及个人解放与阶级解放的关系,将"人的解放"目标提升和转变为"人的发展"目标,并以人的解放和发展为尺度,提出了消灭资本主义私有制的任务。

在《共产党宣言》中,马克思恩格斯从唯物史观基本原理出发,分析了资本主义社会形成、发展的过程,阐述了资产阶级在历史上的革命作用,揭示了资本主义必然灭亡的趋势。他们在批判资本主义制度的过程中,揭露了资产阶级"自由"和"个性"主张的虚伪。他们认为,实现真正的自由和个性,就必须消灭私有制,即无产阶级通过革命使自己上升为统治阶级,并以统治阶级的资格用暴力消灭旧的生产关系和上层建筑,消灭阶级对立和阶级本身的存在条件。在此基础上,他们提出了对消灭阶级之后的未来社会人的发展理想状态的理解,确立了未来理想社会将是"自由人联合体"的设想,并将"每个人"的自由发展确立为未来理想社会的总体目标和特征,使人的发展价值取向具有了完整性。

在这一阶段,马克思恩格斯对人的关注已经从符合人性、人的解放上升到人的发展,他们关于人的发展诉求已经从此前的思想萌芽演变成更为成熟的理念。《德意志意识形态》最为集中并比较全面地阐述了人的发展思想,既确立了关于人的发展的价值取向,又将对人的发展的理解建立在对社会历史科学认识的基础之上,界定了人的发展的基本的含义与内涵,设定了人的发展目标,就此而言,人的发展思想在《德意志意识形态》中得到了最为充分的展开和比较成熟的表达。《德意志意识形态》既为马克思主义人的发展理论提供了比较全面的研究纲领,也凸显了人的发展理念在马克思主义理论中的重要地位。《共产党宣言》则在《德意志意识形态》的基础上,对人的发展思想作出了最为简洁的经典表述。因此可以说,马克思恩格斯人的发展思想成型于《德意志意识形态》和《共产党宣言》。

人的发展理论的发展

在《共产党宣言》之后,人的发展理论得到了进一步的发展。在这一时期中,马克思恩格斯在《经济学手稿(1857—1858 年)》《资本论》《哥达纲领批判》《反杜林论》和《社会主义从空想到科学的发展》等论著中,对人的发展问题作出了进一步阐述,将对人的发展的理解同对社会历史发展的认识有机地结合起来,进一步丰富了人的发展的内涵,深化了对人的发展的科学认识。

在《经济学手稿(1857—1858 年)》中,马克思进一步丰富了对人的发展的科学认识。一是从唯物史观出发,揭示了人的发展的社会条件及其社会历史性。二是从历史发展的宏观尺度上确定了人的发展阶段,并以人的发展程度为标志,区分了社会演进的三个阶段,即人的依赖关系、物的依赖性和人的自由全面发展。第一个阶段"人的依赖关系"是资本主义社会以前的人与人之间的关系。第二个阶段"物的依赖性"是资本主义社会中人与人之间的关系。三是强调人的发展的前提之一是必要劳动时间的减少和自由时间的增加。

在《资本论》中,马克思论述了资本与人的本质的关系即资本增殖与人的价值贬值问题,分析了资本主义分工背景下人的悲惨生存境遇,特别是资本主义分工造成了人的片面、畸形的发展。人们拥有的自由时间与他们的发展空间和发展程度成正比,自由时间越充裕,他们能力、个性以及社会关系发展的空间就越宽广,发展的程度就越高。他还深刻地指明了实现人的自由全面发展的社会物质基础,以及相应的社会关系特别是生产关系条件,探讨了消除人的能力片面发展的现实条件和路径。

在《哥达纲领批判》中,马克思反对抽象地谈论人的权利及其实现。他认为,人的发展有赖于社会进步,既有赖于生产力的增长,也有赖于社会制度的合理化,还有赖于消灭传统的私有观念以及消灭脑力劳动和体力劳动的对立等。因此他指出,只有在共产主义社会,在劳动超越了谋生的手段而成为生活的第一需要之后,在生产力高度发展、集体财富的一切源泉都充分涌流之后,才能有个人的全面发展。

在《反杜林论》中,恩格斯进一步指明了人的发展的现实条件和实现途径,丰富了人的发展的内涵。他认为,生产力的发展将推进人的发展,使人可以过同自然和谐一致的生活,可以参加社会的理论的和实际的公共事务,将人与自然的和谐、协调发展以及参加社会的公共事务视为人的发展的组成部分。他还提出了人的发展有赖于文化进步的观点,指出了文化进步是实现人的发展的重要条件和途径。

在《社会主义从空想到科学的发展》中,恩格斯科学地揭示了人的发展的社会历史性以及人的发展的社会条件,宏观地预测了未来消灭私有制之后社会演进的趋势,展望了在这一过程中人的地位的变化、人自由全面发展的前景以及人的发展的意义,指出,一旦消灭了生产资料私有制并消除了社会生产的无政府状态,人们之间的生存斗争就将停止。由此人们才能熟练地运用自然和社会的规律,才开始完全自觉地自己创造自己的历史,才能实现从必然王国向自由王国的飞跃。

原载于《马克思主义理论学科研究》2020 年第 5 期

实践哲学的理性之维

阎孟伟 *

本文谈到的"理性之维"是基于这样一种看法:即便我们不像康德那样把人们的理论思维区分为"知性"和"理性",也不应忽视人类理性的两个基本层次:一个是与经验世界密切相关的理性,这种理性为人们把握经验事实提供思维形式和方法,以探索存在于经验世界中的普遍规律(如自然科学);一个是完全不依赖于经验世界的所谓"纯粹理性",它可以用于经验世界,但却不是出自经验世界,而是来自我们的理性能力,为我们提供逻辑上具有普遍性和必然性的命题。前一种理性是我们所熟知的,并且一直被倡导,后一种理性则似乎被看作是形而上学的无意义的文字游戏,几乎失去了存在的合法性。

从休谟的难题说起

18世纪英国经验论哲学家休谟曾提出了一个著名的难题,即从"事实判断"中推不出"价值判断",或从"是如此"推不出"应如此"。这个难题提出之后,很多学者试图进行破解,力图消解事实判断(命题)与价值判断(命题)之间的对立。但迄今为止没有一个是成功的。美国哲学家希拉里·普特南在《理性、真理与历史》和《事实与价值二分法的崩溃》两本书中对休谟难题做出

---

* 阎孟伟,南开大学马克思主义学院、哲学院教授,博士生导师。

逻辑分析,试图消解"事实"与"价值"的对立。不少人认为休谟难题已被普特南细致精到的逻辑分析推翻了,但在我看来,普特南对休谟难题的颠覆是一个不大不小的学术乌龙事件。休谟难题分明是讲两种命题之间的关系,即认为从以"是"或"不是"为连接词的命题中推导不出以"应该"或"不应该"为连接词的命题,尽管我们可以说前者是关于"事实"的命题,后者是关于"价值"的命题,但关于事实的命题不等于"事实"本身,关于价值的命题亦不等于价值本身。普特南的全部问题就在于把两种命题之间的关系归结为命题内容即"事实"与"价值"的关系,从而简单地把不能从事实判断中推导出价值判断归结为不能从事实中推导出价值,并据此否认休谟关于"事实"与"价值"二分的合理性。

普特南所说的价值与事实的相互缠绕并没有错,但他混淆了一个至关重要的问题,即他把事实与价值的关系等同于事实判断与价值判断的关系。即便包含这种价值评价因素的事实本身也只是一个可以描述的事实,对这样的事实的描述也只能是一种用"是"或"不是"为连接词的事实判断,而不是用"应当"或"不应当"为连接词的价值判断。问题不在于事实本身是否与价值相互缠绕,而在于与事实相缠绕的价值评价是从哪里来的? 之所以从关于事实的判断推导不出关于价值的判断,是因为任何关于事实的判断本身都不包含价值判断的根据。即便事实与价值在现实中相互缠结,但只要你追问该事实的价值成分时,就会发现其根据必然在该事实之外。

然而,人们普遍地忽视了一个问题:这种并非来自经验的命题却可以用于经验。所谓用于经验,不是说在经验观察中发现这些命题,而是说可以用于人们的经验性的实践活动。通过演绎推理获得的普遍性必然性的知识,虽然在经验事实中得不到验证,但却能够成为人们实践活动的原则,使人们确信,按照这个原则产生的实践结果在现实中是可能的。唯如此,我们人类才能把自然界中最不可能的可能性变成现实。

实践哲学中的纯粹理性

几何命题的实践效用,足以提醒我们从一般意义上理解实践哲学的理性之维，亦即对道德实践和政治实践来说，那些真正能够构成实践原则的东西，到底是来自经验的归纳和概括，还是来自我们的理性能力。这里首先必须弄清的是，道德哲学和政治哲学作为传统意义上的实践哲学，其原则性的东西不外是一系列对人的道德行为和政治行为具有约束力的价值规范。这些规范对任何人以及任何人所做的任何事都具有普遍有效性，也就是说，任何人都可以凭藉自己的理性发现这些规范。这种命题的普遍性、有效性显然不是通过归纳概括经验事实形成的，经验世界永远也不会为人们的道德行为和政治行为提供具有普遍性、必然性的命题，而是来自我们自身的理性能力，或用康德的话说，来自我们的纯粹理性，如果我们必须排除上帝的启示之类的说教。

如果说作为道德实践和政治实践的实践哲学的基本目的是获得美好生活和稳定和谐的社会秩序，那么，它所需要的就是这种具有普遍性和必然性的规范性命题。这里所说的普遍性和必然性是说这些命题仅仅同一个理性地设定的前提有关，是从这个前提中合乎逻辑地推导出来的，它们完全不在乎经验中发生的事情是否与它们相符合。因此，康德认为，道德法则不同于自然法则，自然法则需要我们在经验世界中找到根据，而道德法则只能合乎理性地建立在先验原则之上才能被理解为必然的，如果道德法则的内容仅仅是那些来自经验的东西，那就会失去道德的含义。

进一步的问题是，什么东西可以通过人的理性的设定而成为实践法则（包括道德法则和权利法则）的前提。康德认为，理性设定的前提必然与人的理性的本质相一致，这就是人的"自由"。至少从康德开始，人的自由或自由意志就成为人们思考和建立道德原则和法权原则的不言而喻的前提。康德之后，费希特把"绝对自我"视为一切经验的先验根据，而"自我"设定自身便是自我的"原始本能行动"，同时也是本原意义上的自由。这种本原意义上的自由，同时也是任何一个行动着的自我所具有或追求的"自由意志"，它构成了所有道德行为的终极目的。谢林同样是把自由确立为他思想体系的核心，尽管他的自由概念是与神学的信仰主义融在一起，但他依然是把自由视为人类的本质，并且是政治哲学和历史哲学的先验起点。黑格尔的法哲学理论直截了当地把自由意志设定为全部法哲学理论的不言自明的前提。

当然，把自由设定为推导道德法则和法权原则的理性前提，并不是几位哲学家头脑风暴中的主观臆想,而是在人类的社会实践和人类文明的漫长发展过程中锤炼出来的。我们可以说,人从其诞生的那一天起,在本性上就是自由的。但人能够真正认识到自己的自由本性却是经历了相当长也相当坎坷的历史发展过程的,这个过程充满了少数人对多数人的压迫、剥削和奴役。在这个过程中,人们也体会到自由的可贵,因为没有人愿意在受屈辱、受奴役的境况中苟延残喘。终于,在反抗封建专制的斗争中,人的自由本性在人的意志中觉醒,"人生而自由"这个强烈的呼声成为反抗专制暴政的思想武器。

作为马克思实践哲学前提的自由理念

应当说,在马克思之前,德国古典哲学在理论上十分明确地把自由确定为道德哲学和政治哲学的前提,由此推导和论证道德实践和政治实践的一系列原则规范,这堪称是对人类文明史的巨大贡献。马克思秉承了这一传统,他的实践哲学,确切地说,他的政治哲学,同样是以人的自由为前提并把实现人的自由即人的解放作为最终目的。只不过马克思并不像康德那样把人的自由本质建基在纯粹理性的自我批判中,也不像黑格尔那样,把自由意志设定为某种可以通过思辨运动来实现自身的客观精神,而是从人的感性活动或人的生命活动中发现和确证人的自由本质,用他的话说:"一个种的整体特性、种的类特性就在于生命活动的性质,而自由的有意识的活动恰恰就是人的类特性。"①

马克思把人的自由确立为自己全部理论的基本前提,从而也就必然要从人的自由本质出发理解人的全部历史活动和历史命运。当马克思把人的感性活动确定为自由的根基时,马克思就创立了彻底的实践哲学。这种实践哲学不仅仅是传统意义上的道德实践和政治实践,更是把人们的最基本的感性活动即改变世界的物质生产活动纳入实践哲学的范畴中,使实践哲学拥有了自然与历史相统一的宏大视野,并从人们的物质生产活动出发,把人的自由理解为一个随着物质生产活动的发展而不断现实化的过程。

---

① 《马克思恩格斯全集》第3卷,人民出版社2002年版,第273页。

黑格尔的法哲学其实也反对把人的自由看成是一个抽象的概念,强调自由意志作为理念是自由的概念及其现实化的过程。在他的哲学中,自由的现实化不过是一个思辨理性自我运动的过程,这个过程终究在日耳曼精神的统治中达到终点。马克思则是从人的感性活动即劳动中,特别是物质生产活动中探索人的自由的现实化过程。因此,在《德意志意识形态》中,马克思从人的生产活动的内在矛盾出发阐释了使人的自由本质得以现实化的历史过程及其规律。从这个观点出发,马克思也推导出了他对"正义"的基本理解。如在《资本论》中,"正义"和"非正义",从根本上说,就是人的"自由"和"不自由"。当生产方式与生产力相适应的时候,这种生产方式就是人的自主活动和自由活动的条件,因而是正义的;反之,就是非正义的。对于"何为正义",只有同人的自由本质相联系,才能得到确切的解答。

马克思并不是从人的自由意志出发,而是从人在其感性活动特别是物质生产活动中体现出来的自由本质出发,来揭示正义的历史内涵。在他看来,康德也好,黑格尔也好,都没有意识到,他们的理论思想不过是由一定历史阶段上的物质生产关系所决定的意志为基础,是由在这种生产关系中产生出来的物质利益在理论上的表达。正因为如此,马克思从来不否认资本主义政治制度和法律制度所具有的历史进步价值和历史正义性。尽管马克思并不把资产阶级的争取自由的政治解放看成是"一般人类解放的最后形式",但当自由主义运动遭到封建主义势力的贬损和抗拒时,马克思依然毫不犹豫地把摧毁封建专制的斗争作为整个革命运动的首要任务,以维护自由主义运动的积极成果。与以往强调人的"自由意志"并把人所获得的形式上的自由与平等视为终极意义上的自由与平等的思想家不同,马克思立足的不是"市民社会",而是"社会化的人类",其出发点是"自由的社会个人",关注的是人的实质意义上的自由与平等的实现,这也是马克思正义观的最基本内容。

原载于《武汉大学学报(哲学社会科学版)》2020 年第 4 期

论国家治理现代化的一般规律

董德刚[*]

　　2013 年 11 月,党的十八届三中全会通过的《中共中央关于全面深化改革若干重大问题的决定》提出:"全面深化改革的总目标是完善和发展中国特色社会主义制度,推进国家治理体系和治理能力现代化。"这是在党和国家重要文献中第一次把国家治理体系和治理能力与现代化联系起来,提出了国家治理现代化问题,并且把它作为全面深化改革总目标的一个基本方面。党中央提出的国家治理现代化问题,是针对中国特色社会主义的实际情况,旨在解决我国的现实问题,这个特殊性比较明显。但是,任何特殊都包含着一般,这个一般具有重要的规范和导向的意义,研究中国的国家治理现代化问题需要注意一般规律。换言之,任何国家要实现治理现代化,都必须遵循一定的基本规则,这些规则十分值得研究。

国家治理现代化一般规律的概念界定

　　国家治理现代化一般规律这一短语,包含"国家治理""现代化"及其"一般规律"等多个概念,需要作出简要界定。我们先谈"治理"概念。对此,现有两种不同的理解:第一种是内含肯定性价值判断的解释,把"治理"看作是当

＊　董德刚,中共中央党校(国家行政学院)教授、博士生导师。

代世界比较先进的管理方式和过程,其含义接近"善治"。这是现在大多数学者的看法。第二种是把"治理"当作中性词语,不含褒贬意味和价值评价,系指一般的管理、处置等。那么,党中央所说的"国家治理现代化"中的"治理"是哪一种含义呢? 笔者认为,主要是在第二种含义上使用的。假如是在第一种含义上使用的话,那么,这种"治理"更接近善治,它在很大程度上已经现代化了,就没有必要再提现代化了。"推进国家治理体系和治理能力现代化"这一命题本身,就已经表明这里的"治理"尚未实现现代化。大多数学者所持有的关于"治理"就是"善治"这种理解,其实表达的是人们的理想目标和价值追求,其"民主治理"的取向可嘉,但毕竟是一种主观意愿。

我们再来谈"国家治理"中"国家"的所指。可以把"国家治理"视为倒置的动宾结构词组,这里的"国家"是动词"治理"的宾语,即"治理"指向的客体、作用的对象。它是包含经济、政治、文化、社会、生态在内的整个国家生活、社会生活,因此称之为"国家治理"。国家治理主要涉及两个方面:一是国家制度和体制等社会生活规则,二是国家治理主体运用、调整和完善这些规则,实际规范和调整社会公共生活的过程及其结果(包括作出重大决策、调控人们的行为、选拔和使用各种人才、实行一定的奖惩等),它在国家治理主体方面表现为治理能力。概而言之,国家治理就是处理社会关系的实践活动,是对社会关系的规范和调整。国家治理的政治色彩浓厚,但与政治不能简单等同:其一,国家治理还包括经济、文化、社会、生态诸领域的制度、管理等其他内容,它们显然不同于政治。其二,国家治理虽然涵盖政治领域的大部分内容,包括政治制度、政治活动,但还有政治文化等其他方面并未全部统摄在内。

一般地说,所谓现代化,系指达到当时世界各国发展的先进水平。它体现着世界历史眼光和广阔视野,具有浓厚的国际比较意味。倘若仅仅局限在一个国家范围内,尽管也有发展水平高低之分,但却是无所谓现代化的。一般规律中的规律系指社会规律。它像自然规律一样,作为偶然性中的必然性,具有客观性(不以人的意志为转移)、普遍性(可重复性和可检验性)、不可逆性(必然性,非如此不可,只是时间早晚而已)。不过,社会规律通常不是表现为具有百分之百必然性的严格的因果关系,不是有些人所理解的类似于 $1+1=2$ 那种绝对的必然性,而是主要表现为社会发展的大趋势、较大可能性、主要倾向等。所谓一般规律，是相对于特殊规律而言的。经济、政治、文化、社会和生态等各个领域的治理各有其特殊规律，这些特殊规律与一般规律是个性与共性的关系：前者比较具体、丰富，后者则比较抽象、单纯。这些一般规律对于各个领域具有普遍指导意义。至于国家治理现代化之一般规律，是指要把国家治理提升到当代世界的先进水平，就必须要走不可避开的"必由之路"。只有坚定不移地走上这条"必由之路"，才能够实现国家治理的现代化，前者是后者的充分必要条件。

国家治理现代化一般规律的主要内容

可以把国家治理现代化的一般规律简要概括为科学化、民主化、法治化。从字面上看，这"三化"不算什么新提法，它们甚至可以追溯到一百多年前的五四运动，是对五四运动所大声疾呼和极力倡导的"科学"和"民主"理念的继承、弘扬和发展。这个概括，既有党的重要文献有关论述为佐证，也有历史与逻辑依据。

在中国现阶段，国家治理的关键是共产党如何执政。从党中央关于我们党应当如何执政的重要论述，可以看出国家治理现代化的一般规律和基本要求，因为前者是对后者的反映。国家治理要科学化、民主化、法治化的思想在党的十七大之前已经形成，散见于党的全国代表大会报告和有关文件中，只是没有把它们集中到一起表述。党的十七大报告比较早地提出了"提高党科学执政、民主执政、依法执政水平，保证党领导人民有效治理国家"[1]。党的十九大报告在第六部分"健全人民当家作主制度体系，发展社会主义民主政治"中还提出，要"推进科学立法、民主立法、依法立法，以良法促进发展、保障善治"[2]。在以上引文中，党中央关于国家治理问题反复强调的关键词就是三个：科学、民主、法治。

国家治理的科学化是现代社会生产和社会生活的客观要求，具有历史的

[1] 《中国共产党第十七次全国代表大会文件汇编》，人民出版社 2007 年版，第 28 页。
[2] 《中国共产党第十九次全国代表大会文件汇编》，人民出版社 2017 年版，第 31 页。

必然性。第一,现代物质生产正向更高水平的机械化、自动化和智能化发展,科学技术更是突飞猛进、日新月异,精神生产也取得了可与之媲美的巨大进步,它们为国家治理提供着日益增多的先进的物质技术手段和科学理论,使人们认识社会和改造社会的能力不断提高,从而为国家治理的科学化创造了客观条件和主观条件。第二,物质生产和精神生产愈发展,社会生活愈复杂,中国与世界的联系愈紧密,也愈要求对它们实行科学的管理,仅凭狭隘有限的"老经验""老办法"已经捉襟见肘、无能为力了。第三,国家治理主体自身也愈来愈复杂化,组织机构交错,管理人员众多,管理成本巨大,亟须科学地予以协调,方能提高效率和效益。

无论是领导、精英,还是普通民众,都必须依靠科学、依靠法治,这就有个科学化和法治化问题。法治是一种法律具有高度权威、严格依法办事的国家治理原则和方式。由于法治是众人之治,在一定程度上反映了社会各个阶层的利益和意志,相对比较公正,因此,法治又是公正之治。法治主要与人治相对。所谓人治,是依靠个人意志进行治理,个人权威至高无上,不受任何法律和规则约束,实行个人专断和独裁,不是无法可依,就是有法不依,经常表现出随意性、多变性、偏狭性,既可"一言兴邦",也能"一言丧邦",不仅严重损害人民和国家利益,而且伤及统治集团、领导集团的整体利益。因此,从人治走向法治已经成为绝大多数社会精英和民众的共识,成为当代世界的主流趋势。

国家治理的科学化、民主化和法治化三者之间的关系,实际就是科学、民主和法治之间的关系。在国家治理中,这三者总体上相互补充、相互支撑,这是主要方面,同时也有一定的矛盾和制衡。从人们把握世界的方式看,科学化主要强调真理性和合理性,民主化主要强调价值性和人民性,强调符合人民即社会绝大多数成员的利益和愿望。如果延伸到实践领域,就离不开规则、程序即法治与否的问题,以增强其确定性并且划定行为边界。可见,法治化强调的是规范性和稳定性。所以,科学化、民主化和法治化三者之间的关系,就是真理性、价值性、规范性的统一。其中,科学化是基础、民主化是核心、法治化是保障,它们是对国家治理过程比较全面的把握。

衡量国家治理现代化的基本标准

国家治理现代化究竟有无客观标准？回答是肯定的。如果把全部社会生活看作是一个大系统，把国家治理体系看作是其中一个子系统，那么，衡量国家治理是否现代化就具有两个方面的标准：第一，国家治理子系统对社会大系统起什么作用；第二，国家治理子系统的本质特征，相对地说，前一方面是目的和目标，后一方面是手段和保证。偏离了前一方面，后一方面就失去了意义和价值；而离开了后一方面，前一方面则只能流于空想，它们是统一在一起的。

按照公认的现代系统论的观点，系统的功能是由系统的结构决定的，有什么样的结构，就有什么样的功能，结构与功能是一种因果关系。人们要达到理想的功能，就必须有相应的结构来予以保证。这突出表明了结构性标准的重要性，它是上述两个标准的"牛鼻子"。

再进一步说，在以上两个标准中，功能性标准不问国家治理子系统的内部结构，仅仅把它当作"黑箱"，只看它对社会大系统的"输出"和作用。这个标准固然十分重要，但毕竟没有回答国家治理现代化到底是什么样子，没有揭示其内在属性和本质规定。而结构性标准则深入到国家治理子系统的内部，指明了其本质特征，它们构成了国家治理现代化的三维立体架构和根本标志，从而成为衡量其是否现代化的基本标准。质言之，国家治理现代化与国家治理科学化、民主化、法治化其实是一回事：前者是总体概括，后者是实质内容，二者是"名"与"实"的关系。这"三化"是我们推进国家治理现代化的着力点、关键点、基本要求。

现在，我们需要参照这些标准，特别是按照《中共中央关于坚持和完善中国特色社会主义制度　推进国家治理体系和治理能力现代化若干重大问题的决定》所提出的"补短板、强弱项"的要求，注重研究和解决如何切实监督和制约公共权力、有效预防和惩治严重腐败、真正保障人民的法定权利等问题，推进我国国家治理现代化。

原载于《党政干部学刊》2020 年第 12 期

现代化社会治理的四维结构研究

乔瑞金　吴　凯*

从唯物史观的基本观点来看,现代化社会治理系统似乎可以归纳为具有内在密切关联的四个主要变量或构成要素,即生产方式、流通机制、社会主体关系以及体现社会形态的社会制度形式。正是这紧密关联和相互制约的四维空间结构影响或左右着社会治理系统的运行。社会治理的本质是在维护现存社会结构良性运行的基础上提升社会主要构成要素的品质并丰富其内涵,推进社会形态向着更有利于社会主体生存和发展的方向进步。

生产方式变革承载社会治理的基础性历史使命

对于马克思而言,生产方式不仅是一个政治经济学术语,更是一种广泛的历史学范畴,是区分不同社会结构的标准和依据。从生产力和社会关系两方面解读人类社会的变迁历史,是马克思能够超越资产阶级意识形态的关键所在。他极力反对脱离特殊、具体的社会形式而只对物质生产做一般抽象论述的庸俗经济学者。生产方式本身不是一个僵化的理论概念,它在动态的历史进程中决定着社会的性质和面貌,其本身带有一种内在对抗性的历史张力。

---

*　乔瑞金,山西大学马克思主义哲学研究所所长、教授、博士生导师;吴凯,山西大学马克思主义哲学研究所博士研究生。

作为理解现代社会结构核心概念的生产方式,一方面表现为物质生活资料的获得,即从生产使用价值方面来看的生产过程,强大的物质基础是社会治理的根本支柱。另一方面,生产关系产生于生产方式基础之上,不同的生产方式形成相异的生产关系。面对现实世界所发生的巨大变化,马克思并没有将历史进程简化为技术进步或者生产力的提高,而是强调必须把人类历史放置于说明生产关系的作用和发展的范围内进行。

以生产方式为基础来认识研究社会结构,能够有力地批判资产阶级学者将资本主义生产方式归结为从来就有并将永恒存在的观点。诚然,18世纪下半叶,进步和发展成为资产阶级反对封建地主的思想旗帜,但是随着人类历史向前推进,资本主义生产方式在其发展的一定阶段必然与日益提高的社会生产力发生尖锐矛盾,成为阻碍生产力进步的因素。资本主义并不是现代性的同义词,对于资产阶级的意识形态要批判和反思地看待,不能简单地将其纳入历史进步与发展的标尺之中。而在现代化社会治理中,不断创新生产方式是承担社会治理伟大历史使命的首要环节,是社会治理秩序化依托的基础。

完善的流通机制是文明社会治理的现实要求

现代国家是一种复杂而独特的政治经济系统,表现出形式化和结构化的特征;现代社会发展依存于以物品流通、资本流通和信息流通等为特征的市场自由和商业贸易。离开畅通的流通机制,社会化生产和扩大再生产就难以实现。无论出于天然性和自发性,利己性还是交换性,人类利用产品、资本、劳动和经营方式的变革来达到效益最大化,是商品经济的最主要特征。回顾西欧现代化的进程,商品经济的逐步发展是实现工业化的首要保证,为西欧国家提供了广阔的市场、充足的劳动力供应以及先进的科学技术,并且要求政府制定相关的政策和制度,来支撑市场化的进一步深化和发展。因此,商品经济在生产力和生产关系两方面驱动着人类社会不断走向成熟。就生产关系而言,由于交换关系的普遍化和经常化,以共同体为组织形式的传统社会形式发生动摇,人与人之间狭隘的、宗法式的依赖关系被打破,财产所有权和自由竞争斩断了物质生产的非经济纽带,这一切都导致了新型社会的出现。

第一,"商业化模式"成为资产阶级学者解释资本主义起源的主要理论依据。这些关于资本主义本质特征的解释,实质是在阐明循着市场自由运行的逻辑,伴随着生产力的提高和经济总量的增加,资本主义的出现是商业贸易发展的必然结果。由此而来的结论是,资本主义的兴起不涉及社会根本性质的转变,仅仅是商业贸易数量上的增加,这就是所谓的"商业化"模式。该模式拥有广泛的拥护者,其实质是以自由主义政治和经济思想为前提,突出强调商品流通方式这一社会结构因素。新自由主义市场规制理论正是从这一点出发,要求弱化国家在经济运行、社会管理中的作用。

第二,完整意义上的商品经济是商品生产和商品流通的统一体。在马克思看来,经济社会形态中,生产、分配、交换、消费并不是孤立的、毫无关联的存在,而是辩证的统一体。对于资本主义的理解和批判不能像某些资产阶级经济学家那样,纠结于消费、分配以及交换和流通等第二性环节,必须要深入到商品生产过程中,才能真正把握人类社会内部的运行规律和主要矛盾,这也正是马克思超越资产阶级古典经济学、异质于庸俗经济学的根本所在。

第三,社会主义与资本主义是商品经济发展的不同模式。与早期社会主义者不同,马克思和恩格斯所创立的科学社会主义,没有简单停留在对资本主义的道德批判和重建传说中的理想国的空想之中,而是认为社会主义因素作为资本主义自身发展的结果,产生于资本主义内部。然而,世界社会主义发展的历史表明,只有从生产力和生产关系的矛盾运动中才能找到问题的答案。从这个意义上来讲,社会主义与商品经济、货币关系的结合是发展生产力所必须的。从我国现实存在的客观经济条件出发,社会主义未来发展前途的关键问题是如何实现社会主义与商品经济的完美结合。

发展人民利益的社会主体关系是社会治理的实践旨向

和谐的社会主体关系是社会治理的目标所在。从社会的终极目标来看,人类社会的最高阶段应该是"自由人的联合体",只有每个人都实现了全面而自由的发展,才能充分发挥主观创造力,进而凸显人类的主体地位。将人民群众作为推动社会历史进步的主体,同样是马克思批判资本主义的基本点。马克思生活在阶级压迫残酷不堪的早期资本主义时期,亲眼目睹了资产阶级给无产阶级和广大劳动人民带来的深重灾难。他站在穷苦群众的立场上,深刻剖析了资本家剥削工人剩余价值的丑陋行径。统治者将工具性的意识形态作为愚弄人民的一种手段,所谓的普世价值背后是帝国主义和霸权主义的侵略行径。资本主义民主政治在形式和内容上出现断裂,无论其采取什么形式,生产资料私有制决定了它本质上都是资产阶级维护和巩固自身财产所有权和政治统治的工具。

相对于资本主义,社会主义追求的是政治、经济、文化方面的平等与公平,实现人类本性的完全复归和全人类的彻底解放。在社会主义社会中,主体之间的关系得到彻底改变,以尊重人来代替尊重财产,以公众福利来代替营利社会,以"社会主义的人"来代替资本主义象征的"经济人"。社会主义以唯物史观为理论指导,强调作为实践主体的人民群众才是真正推动历史前进的核心力量,任何社会都是由不同种类、阶层的社会群体所构成,而每个主体的能动性都融合在人类历史发展的合力之中。现代社会中,经济的飞速发展为人类提供了广阔的活动空间,也促使不同主体的欲望层次逐步提高。因此,社会主义的本质要求必须重视每个主体的作用和全体人民的利益,才能保证社会环境稳定和政治经济的持续进步。

实践活动将人和动物区别开来,马克思主义学说理论价值的终极关怀是人的解放,而这种全面解放只有在社会主义和共产主义社会中才可以实现。当前中国正处于一个农业社会向工业社会、一元社会向多元社会发展的阶段,构建和谐的主体关系与这一转型过程密切相关。社会主义和谐社会以发达的工业体系为经济基础,目标是构建完善的法治社会,任何一个社会成员都享有主体平等地位,只有保证不同利益主体的合法权益都能得到切实和充分的尊重,才能维持整个社会发展的和谐、稳定与进步。

社会制度创新是升华社会治理的有效保证

适时调整社会制度是现代化社会治理趋好的有效保证。社会制度是主观因素和客观环境相互作用的结果,人作为社会性动物,首先受到经济理性支配,具有在各项利益的比较中选择自我利益最大化的倾向。不同利益主体有着相异的价值取向和目标追求,而制度则是协调这些不同利益集团之间相互关系的规则。在现实的历史境遇中,它通过调整分工协作体系中不同集团、阶层和阶级之间的利益关系,解决政治和经济实践中人与人的相互关系,使社会结构稳定存续。

首先,社会制度是为了满足人类的社会需要,在一定的历史和现实条件下形成的社会关系。马克思通过对资本主义社会的剖析,指出现代社会是以人的生产活动为基础的社会关系体系,其中最基础的是物质生产活动所形成的生产关系,它决定着法律、政治等其他一系列社会关系的存在和变化。社会关系是人在实践中以生产关系为基础的各种关系的总和。社会治理体系本质上是一系列规范社会关系、维护公共秩序的制度体系。在现实维度上,它表现为维护社会关系的稳定性;在价值维度上,社会制度旨在营造和谐、健康的主体关系和状态。在现代化的社会结构中,良好的社会制度可以为行为主体确定公平的竞争规则,以保证社会和谐,维护社会稳定,从而在整体上达到增加社会财富的目的。

其次,社会制度本身是一个动态系统,其变迁是合目的性与合规律性的统一。一方面,社会制度虽然具有主观性,能够表现人类的创造性和能动性,但它的变迁总是建立在一定的客观规律之上;另一方面,社会制度是一个理性建构的过程,应充分表现人的积极主动性和创造力。

再次,社会制度创新对于后发国家实现现代化具有决定性的现实意义。对于后发国家的现代化进程而言,以本国国情为基础条件,继承并充分利用资本主义的一切积极肯定的成果尤为重要。回顾世界各国尤其是社会主义国家的现代化建设,其成功的关键正是在于以本国特点来设计有利于现代化发展的社会制度。有鉴于苏联"大爆炸式"的激进式改革,我国采取了渐进式改革的道路,其根本特点是以社会主义根本制度为前提,逐步改革传统的经济体制,从而取得了举世瞩目的建设成就。

原载于《江海学刊》2020年第2期

马克思基于生产劳动的资本
所有权批判与理想社会构想

李淑梅*

马克思对资本主义经济规律的揭示与对资本所有权的批判密切联系在一起。马克思立足于生产劳动的观点,从一般生产劳动和一定历史阶段生产劳动特殊形式之间的区别和联系的视角,阐明了资本所有权的历史形成及其强制性,批判了资产阶级经济学家对资本所有权永恒合理性的辩护。马克思透过流通关系探究生产关系,论证了资本对工人劳动力的所有权。他用生产关系说明分配关系,批判了分配是不同所有者各自应得的观点,阐明资本主义社会的分配是剥削者对工人创造的剩余价值的索取和分割。马克思论证了消灭资本主义私有制、使劳动者占有自己的剩余劳动、实现每个人自由发展的历史必然趋势。

资本所有权的历史形成及其强制性

资产阶级思想家把资本主义生产方式永恒化,把资本家的财产权作为始源性的、天经地义的“自然权利”。针对这种观点,马克思考察了资本的起源,追溯了资本所有权形成的历史,阐明资本的原始积累是以暴力掠夺方式拆解

---

* 李淑梅,南开大学马克思主义学院教授。

个体劳动者与生产资料的联系的过程。资本家的财产权是对劳动者个体生产资料所有权强行剥夺的结果,是生产资料所有权规律向资本主义占有权规律的转变,劳动者付出了惨重的代价,毫无平等权利可言。

为了论证资本所有权的合法性,资产阶级经济学家混淆简单商品经济和资本主义市场经济的区别,用简单商品经济中交换双方的权利平等关系论证资本所有权的合理性。马克思承认,价值规律是商品交换的一般规律,在任何存在着商品交换的社会都起作用。但是,在不同的历史时期、不同的社会制度下,价值规律发挥作用的方式不同。资本主义商品生产和交换以资本的价值增殖为目的,资本的价值增殖规律起着主导作用,价值规律是服务于价值增殖规律的。受资本价值增殖规律的制约,价值规律改变了在简单商品交换时期的实现方式和表现方式,简单商品交换中的平等权利被资本对劳动的支配所代替。

马克思通过对资本的历史产生过程的追溯,批驳了资产阶级经济学家将资本永恒化的观点,阐明了资本关系不是社会生产的一般形式,而只是一种特殊历史阶段的生产形式,是生产资料所有权关系的历史转变的结果。资本主义文明是以野蛮的、暴力掠夺的方式为自己开辟道路的,因而它只是社会生产过程的一个过渡性的历史阶段,它终将会被更高的社会文明形态所代替。

资本对劳动力的所有权

在资本主义社会,商品流通表面上体现着买方和卖方之间平等的权利,而马克思深入到流通领域背后的生产领域,揭露出资本主义生产实质上是资本对劳动力的所有权。马克思认为,追逐资本增殖是资本主义生产的目的和特征,为了实现资本增殖,资本迫使工人创造超出自身劳动力的价值的剩余价值。工人为了维持生存,不得不反复出卖自身的劳动力,因此,工人是依附于资本的,是受资本所有权支配的,资本主义制度就是工人从属于资本的雇佣劳动制度。

资产阶级经济学家热衷于从流通领域考察人与人的关系。从流通领域看,货币占有者和劳动者都是独立自由的主体,不仅货币占有者有对货币的支配权,而且劳动者要出卖劳动力,也要有对自身劳动力的支配权,还要有人身自由。在劳动力市场上,买卖双方是按照自由协议的形式相互交换的,表现为自由、平等、互利的交易。在马克思看来,物质生产劳动是人们在一定社会关系下进行的改造自然的活动,人与自然的关系和人与人的社会关系互为中介、交互作用。马克思首先考察了劳动过程,进而考察了资本的价值增殖过程。价值增殖过程是资本主义生产的根本特征,而劳动过程不过是价值增殖过程的手段。资本家之所以雇佣工人,正是为了榨取工人的剩余价值,实现价值增殖。因此,工人只有可以创造剩余价值、提供无酬劳动,才会被资本家雇佣,才能维持自身的生存。在资本主义社会,工人好像只在一定时段出卖自身劳动力的支配权,因而他们仍然拥有自身劳动力的所有权,法律上也承认他们具有人身自由,而马克思则揭示了"资本对劳动力的所有权"①。

工人对资本的依附同资本不断积累的本性密不可分。劳动力的再生产被并入资本,成为资本积累的环节和手段。然而,资本有机构成的变化和技术构成的提高,使得资本家用于不变资本的费用不断增加,从而形成资本利润率下降的趋势,这会使资本家逐步丧失利益的驱动力,从而使生产趋向于停滞。经济危机造成的生产周期性震荡,也会加剧资本利润率下降的阵痛。这样,资本就成了阻碍生产发展的力量,就预示了它终将走向解体的历史命运。

资本所有权与产品分配

生产不仅是流通的基础,而且决定着分配。马克思揭示出,生产规律和分配规律是同一规律的不同表现形式,分配关系是生产关系在分配上的体现。在资本主义社会,工人与生产资料分离的生产前提制约着生产的过程和产品的分配,探讨分配关系也就是从分配角度考察生产关系。资产阶级经济学家受到资本主义产品分配表面形式的影响,宣称年总产品的价值分配是以不同职能的生产承担者各自的所有权为依据的,利润、地租和工资分别是资本家、土地所有者和工人应得的收入。马克思通过揭露资产阶级经济学家混淆生产

① 《马克思恩格斯全集》第44卷,人民出版社2001年版,第662页。

一般和资本主义的特殊生产形式、混淆生产的物质要素和物化社会关系,阐明了资本所有权的对抗性在产品分配上的表现。

在萨伊看来,资本带来利润,土地产生地租,劳动取得工资,这具有因果必然联系,即利润、地租和工资分别是资本、土地和劳动的必然结果,因而利润、地租和工资等收入来路正当、合理。他还认为工资、利润和地租是产品价值的源泉。萨伊把"资本—利润"改成"资本—利息",将劳动—工资、资本—利息、土地—地租作为三位一体的公式,这是因为"利润"还会使人在一定程度上看出资本的牟利性,而"利息"则进一步隐藏了资本的剥削本质。

马克思指出,三位一体公式用表面上"整齐的对称"形式将"不对称的东西"拼凑在一起,在不能通约的东西之间建立比例关系,使资本家获取利润、土地所有者获得地租具有了应得的合理外观。资本固然体现在生产资料等物质要素上,但是资本并不是物,而是特定历史阶段的社会关系,它通过榨取工人的剩余价值而增殖。劳动—工资的公式把工资作为劳动的价格,好像工人的劳动全部获得了报酬,然而,工资不仅是分配范畴,而且是生产范畴。三位一体公式是对生产当事人日常观念的理论再现。资本主义经济关系是以物化形式颠倒地表现的,作为生产当事人的资本家和土地所有者被资本主义经济的表面现象所迷惑,从物质方面理解资本和被垄断的土地,认为他们是通过原材料、机器、土地等生产要素的所有权而获得利润和地租的。资本家、土地所有者和工人看上去分别依靠各自的收入生活,因此,作为收入形式的利润、地租和工资就被当作产品价值的源泉了。萨伊将其理论化、系统化,把它们放入因果必然性的永恒公式之中,以此论证资本主义制度的永恒合理性。

劳动者占有剩余劳动,实现每个人的自由发展

资本主义私有制是资本家无偿占有工人创造的剩余劳动、剩余价值的制度,只有根本变革资本主义私有制,建立公有制,才能消除剩余劳动的对抗性,实现剩余劳动的创造和占有的统一。社会主义社会实现了劳动者占有自己的剩余劳动,使剩余劳动用于造福人民,但是,由于受到主客观条件的制约,个人消费品的分配还带有阶级社会的遗迹。只有在共产主义高级阶段,随着社会

生产力高度发展,社会关系更加完善,才能进一步调节必要劳动和剩余劳动的比例,节约劳动时间,增加自由时间,实现每个人的自由发展。

马克思是从每个现实的个人出发理解未来社会生产资料公有制的,这种公有制是对劳动和生产资料所有权分离的超越,它以扬弃的形式包含着小生产者的劳动和所有权同一、从事独立劳动的合理因素,但又不同于小生产的分散的个人所有制,而是每个社会化的个人自主联合的所有制,是在"生产资料的集中和劳动的社会化"基础上"重新建立个人所有制"①,是"社会所有制"、公共所有制。在未来的理想社会,不仅实现了必要劳动和剩余劳动的统一,而且随着生产力的提高,必要劳动和剩余劳动之间的比例会具有新特点,必要劳动时间缩短,剩余劳动时间在工作日中的比例增大。由于理想社会的剩余劳动取之于民,用之于民,因此,过去阶级社会的部分剩余劳动也就可以纳入扩大了的必要劳动。

马克思预示的未来理想社会是超越资本文明的高级文明形态,是共产主义社会。共产主义社会是一个漫长而又艰巨的建设过程,社会主义社会是共产主义社会的第一阶段,其分配方式是公有制在个人消费品分配上的体现,是对以资本主义私有制为基础的分配方式的根本变革,劳动取代资本成为分配的尺度和原则。在共产主义的高级阶段,物质生产的自然必然王国中包含人与自然和人与人关系的自由。通过生产者的联合,人们将自觉地调节社会生产,调节人与自然的关系,个人消费品的分配将超越资产阶级法权框架的限制,实现各尽所能,按需分配。生产力的高度发展,工作日的缩短,会为每个人运用自由时间发展自身能力开辟广阔的空间,为自由王国的繁荣提供根本条件,实现必然王国和自由王国的统一。

原载于《福建论坛(人文社会科学版)》2020年第9期

---

① 《马克思恩格斯全集》第44卷,人民出版社2001年版,第874页。

掌握发展的四种方式

邱耕田*

在马克思主义发展哲学看来,人和发展之间实际上存在着一种"掌握"或"把握"的关系——这种掌握表达了人对待发展的态度问题,而这种态度主要体现在四个方面,即实践、观念、价值和情感,由此形成了人掌握发展的四种方式:实践的方式、观念的方式、价值的方式和情感的方式。这几种方式充分表现了人对待发展的基本关系形态。研究人掌握发展的具体方式及其关系,对于我们认识并从事发展活动具有十分重要的理论和实践意义。

掌握发展的实践方式

作为发展主体的人,是实践主体、观念主体、价值主体和情感主体的"四位一体",因而,从人的角度看待发展,就要从发展主体的上述"四重角色"入手。在社会发展中,人首先是一个实践者,由此形成了人以实践的方式对待或掌握发展的关系形态。所谓掌握发展的实践方式,是人以直接现实的社会实践活动特别是物质生产活动来促成和实现发展的一种方式,这种方式把人的局域性的实践活动转化成持续性的社会发展活动,把人的实践力升华为发展力,从而为社会发展提供最为根本的物质基础和手段。掌握发展的实践方式是人对

---

* 邱耕田,中共中央党校马克思主义学院教授。

待发展的最为重要的方式,它揭示了社会发展和社会实践之间的内在关系。

社会实践和社会发展相互依存、相互作用、相互转化的情形体现着它们之间的统一性关系。实践与发展相互依存,实践离不开发展,实践是发展中的实践,只有在发展中实践才能呈现出其完整的形态和真正的意义,如果离开了发展,实践就不具有其历史的动态性和过程的生成性;发展也离不开实践,发展的基础和基本的物质手段就是实践,从实践学的角度看,所谓社会发展,就是指社会有机体在人的社会实践基础上所表现出的合乎人的自主需要和目的,从而有着特定方向和内在规律的一种运动变化形式。实践和发展的相互依存导致了它们的相互作用、相互转化。基于正面分析,实践的成果——无论是物质性的还是精神性的,都转化为社会发展所需要的动力、资料、手段、条件以及表征社会发展水平与程度的诸多标志性要素。

发展和实践之间的统一关系是辩证统一而非直接同一,就是说,发展和实践之间还具有明显的差异性。第一,从主体角度看,实践主体和发展主体具有一定的重合性但并非完全相等,实践主体肯定是发展主体,但发展主体反过来并不完全是实践主体。第二,从属性看,实践具有直接现实性,或者说它是一种物质的、感性的活动,这种直接现实性就使得人的实践活动和人的观念活动、情感活动等有了区别。第三,从形态角度看,社会实践特别是物质生产实践主要包括常规型实践、重复型实践和创新型实践等形态。第四,实践具有正负两重效应,其正效应为社会发展提供支持和推动力,而其负效应则阻碍和损害发展。

掌握发展的观念方式

没有实践,发展无以践行。但具有直接现实性的实践方式在掌握发展时却存在其"局限性",例如,对于发展"是什么""怎么样"之类的问题,实践本身就无法回答,这就需要跳出实践的"圈子"而上升到思想或理论观念的高度,通过对发展的认识活动及其形成的理论观念来回答上述问题,而正是这种思想观念赋予人们以理性支配发展的特性。

所谓观念把握,是在实践把握的基础上,人们在思维观念中对社会发展的一种再现、反思、建构、展望以及提供方法论指导等活动。观念把握属于发展认识的活动，人们正是在对于发展存在的认识中形成了关于发展的一定的理论观念，使发展实现了由实践向理论、由感性向理性的升华。观念把握就是通过深刻把握发展的本质、规律、属性、趋势等属于发展本身或深藏于发展现象背后的东西，才有可能为人们提供关于发展的正确认识和科学指导。

人们对发展的观念掌握主要体现在四个方面：观念反映、观念建构、观念塑造和方法论指导。观念把握的目的在于不断排除谬误，获取关于发展的真知，从而使人们在一种科学发展理论的指导下从事发展创造。观念把握对于社会发展的促进作用主要表现在：对于社会发展的知识论的支持功能；对于发展主体优化提升的功能；对于社会发展的说理功能；对社会发展的规约功能；对于社会发展的维护功能。

掌握发展的观念方式，不同于掌握发展的实践方式。首先，掌握发展的实践方式，是人以现实的感性物质活动实现和推动发展；而掌握发展的观念方式，本质上是人的主观性的精神活动。其次，人掌握发展的实践方式是独立于人的精神之外的客观过程，因而它能直接实现发展；而在掌握发展的观念方式中，人们只是在思维观念中反映和建构社会发展，这种思维活动本身并不能直接推动发展。最后，人们以实践的方式掌握发展，使用的是物质手段，以客观的工具系统为中介；而人们以观念的方式掌握发展，使用的是概念及其系统，以语言陈述体系为中介。总之，人掌握发展的实践方式，追求的是合乎人的需要和目的的发展进程及其发展结果；人掌握发展的观念方式，追求的是人的思维理念符合发展的实际进程及其结果。当然，在现实的发展进程中，人对发展的实践掌握和观念掌握并非泾渭分明、互不相干，而是属于同一过程中人们掌握发展的两个方面，它们是既有联系、又有区别地统一于现实的发展活动中的。

掌握发展的价值方式

发展的价值把握是对发展于人而言的意义或效用问题的一种认识和揭示。价值把握原本属于观念把握的一部分，谓之为"价值性观念"，但鉴于价值把握的重要性、特殊性，我们有必要将其从观念把握中单列出来予以专门研究。通过发展的观念把握我们在知道了发展"是什么""怎么样"之类的问题之后，自然还要进一步追问关于发展的"为什么"一类的问题，即人为什么需要社会发展？社会发展对于人而言意味着什么？它有什么样的意义或效用？这些关于社会发展的价值功能或价值属性问题，需要通过对发展的价值把握予以揭示和回答。

人是发展的主体，发展是人的存在方式之一，这其实已经表明，发展于人而言是必不可少的或有意义的。发展的价值性和实践的价值性具有共同之处，即在人的实践和发展的背后存在着共同的利益"触发机制"，或存在着共同的"利益中轴"或"利益杠杆"的支配规律。但发展的价值把握显然不是一般化、模糊性地揭示发展于人而言的意义性或价值性问题，它需要从与实践价值相区别的角度深入探究发展究竟是在什么方面、何种程度上于人而言是有意义的。或者说，它还要在"合理性"的维度上进一步揭示我们应该实现什么样的利以及如何实现利的问题。在发展的价值视域中，相比于实践价值或实践之利，发展之利从其内容到实现方式具有这样几种规定性：全民之利、全面之利、长远之利、复合之利、人类之利。

当今人类在发展中面临着一系列发展问题，而诸多发展问题的实质都是实践基础上的利益问题，具体而言是指实现利益的实践手段的不当性问题，这种不当性主要表现在三个方面：其一，从主体角度看，将自我利益最大化，从而损害了他人或他国的利益，乃至于损害了整个社会和人类的利益；其二，从利益结构角度把握，将眼前利益最大化，从而损害了人的长远的可持续的利益；其三，从人与自然角度分析，将人的利益最大化，从而损害了自然生态的权益。正由于在当前发展中所存在的将人的眼前的自我利益最大化的现象，因而导致了目前所盛行的互害型的发展形态。基于当前人类发展的现实，我们通过发展的价值把握，要设法实现向互利型发展的转变。这种互利型发展表现为人与人、人与自然、人的物质和精神的全面协调可持续的发展，其实质是要倡导和实现发展的共利性。

掌握发展的情感方式

发展的价值性并不必然意味着它就是天然合理的，换言之，我们不能仅仅基于价值层面来把握发展的意义，不能完全依据发展所应该具有的内在价值尺度去把握其共利性特别是利民性的本质和实际效果。那么，我们何以能真正清晰地知晓发展的利民性效果呢？这就需要深入到发展的情感把握层次，实现由共利向共情的升华。

基于人的精神结构角度分析，发展主体或人的精神世界是知、情、意的统一，发展主体自身内在能力的发挥进而整个发展力的生成和增强不仅取决于发展主体的理论认知因素，而且总是伴随着发展主体对发展实践的情感体验和意志努力。在富有激情的发展主体的主导下，社会发展当然不是一个枯燥、冰冷、纯理性的过程，它还渗透并体现着人的情感、意志及信念等非理性的因素，因而，我们有必要从人的非理性因素，特别是情感角度来把握社会发展。

关于发展的情感把握体现着人们对于社会发展的主观评价、心理体验和感觉直观。所谓发展评价，是发展主体在对发展现实特别是发展结果进行认知的基础上，把自身需要的内在尺度运用于现实发展中，对发展主体与发展活动特别是发展结果之间的价值关系进行某种检验评判。所谓发展的心理体验，是指人们通过感受或参观发展的过程特别是现实的发展结果而生发的自豪、兴奋、骄傲、喜悦与否的情感反应。由于发展主体拥有的主客观条件不同，致使情感把握具有多样性、差异性、多变性。发展情感把握的差异性、多样性要求我们，一方面要站在广大人民的立场上，把握那种具有"最大公约数"或"最大同心圆"的主流性的情感形态，以这种主流性情感来衡量和评判社会发展及其成果；另一方面还应认真关注与主流情感相异的"亚情感"或不良情感，要设法解决这些"亚情感"或不良情感背后的现实利益问题，争取在整个社会形成一种健康向上并能积极促进社会发展的"共情"。在这种情感认同中，会把"我"变成"我们"，会对社会及其发展起到一种感染、烘托、催化的作用，而积极的"共情"会产生强大的向心力、聚合力。

原载于《社会科学战线》2020 年第 3 期

关于马克思主义哲学价值观问题的探讨

倪志安[*]

人的实践活动之所以是自觉的、从而是自由的,其标志是人在自己的实践活动中能够做到三种尺度的统一:一种是客体的规律性和规定性,即真的尺度;一种是主体的目的性和规定性,即善的尺度;一种是和谐性的规律性和规定性,即美的尺度。这三种尺度的统一,即求真、达善、合美(合规律性、合目的性、合和谐性)的统一,是人的实践内在的尺度。实践作为人类的生存方式和发展方式,是以改造客观世界、满足人类自身生存发展的需要为目的的活动。这样,实践的问题,就既是一个真的问题,又是一个善和美的问题。在马克思新唯物主义看来,不仅真理的问题应从实践去理解,而且价值的问题也应从实践去理解。由之,怎样把握价值以及价值和实践的一致性,就构成马克思主义哲学(实践的唯物主义)的价值观同一切旧哲学的根本区别之一。

学界关于马克思主义哲学的价值观念及其缺陷

毋庸置疑,"价值"是一个极为普遍的概念,它渗透于人的全部的实践活动和认识活动之中,可以说,人类社会生活的一切领域都存在价值的问题。正因为如此,人们不仅相对于社会生活的不同领域,如经济、政治、文化等领域,

---

[*] 倪志安,西南大学马克思主义哲学研究所、马克思主义学院教授。

在使用着不同含义的价值概念;在不同的学科领域,如经济学、伦理学、哲学等领域,也在使用不同含义的价值范畴。笔者认为,这些作为对复杂的价值现象的观念反映,应属于一种正常的现象。但是,在我国的马克思主义哲学领域,由于论者思考价值问题的思维方式不同———所使用的不同含义的价值观念,则是一个应该而且必须加以澄清的重大理论问题。

关于马克思主义哲学的价值观念,在传统马克思主义哲学教科书的解读模式中,由于强调客体性原则、忽视主体性原则而使价值问题得不到凸显,曾导致忽视对价值问题的研究。自20世纪80年代以来,我国学界虽对马克思主义哲学的价值论进行了较为深入的探讨,但由于马克思主义经典作家,并未对"价值"范畴作出过马克思主义哲学意义的、明确的规定性,导致我们以下讨论的、在此过程中形成的这三种具有倾向性观点,都很难说它们是一种具有本真意义的、马克思主义哲学的价值观念。

"需要—属性"论者,主要从主体的需要与客体相应的属性方面去界定"价值",把价值理解为客体的属性对主体的需要的满足、或客体的属性对主体的需要、目的的有用性(或效用性)。这种论者的依据,大多是从马克思在《资本论》中关于商品"使用价值"的相关思想去推衍而来的。这样理解的马克思主义哲学的价值观念的根本缺陷是:第一,"推理方向"对马克思主义的倒置。第二,必然会导致价值的多元论。第三,必然导致人的价值的失落,把人的价值归结为物的价值。

"意义—关系"论是以对"需要—属性"论的否定形式出现的,它不赞同"需要—属性"论关于价值是客体的实体性属性对主体需要的满足的观点,认为价值既不是客体的实体性属性、也不是主体的主观需要,而是主客体之间的一种意义或者关系,从而把"价值"理解为客体的存在属性、作用等对主体的实际意义。这样理解的马克思主义哲学的价值观念的根本缺陷是:如果从这种交换的"意义—关系"去理解马克思主义哲学的价值范畴,不仅连最为基本的人伦道德的价值都无法承载,甚至连我们所提倡的"奉献论"的价值,也从其价值观念的原理中推导不出来。

"本质—实践"论是以对"需要—属性"论和"意义—关系"论的否定形式出现的,它主要是从人的本质或者实践来界定价值。"本质—实践"论者认为,价值就是人的本质之实现,或人的本质力量的确证;价值是一个特定的实体,即历史和实践中的人。这种观点是从他们对马克思的人的本质理论的误读中引发出来的。这样理解的马克思主义哲学的价值观念的根本缺陷是:在马克思主义哲学的实践唯物主义视域里,人不是作为"历史和实践中的、实体性的人",而是作为实践的"历史性、过程性"的人,即马克思所说的"社会的人类"或"社会化的人类"。① 显然,作为价值的人,即便是历史和实践中的、实体性的人,也是一种马克思所批判的、旧唯物主义的思考问题的方式。

马克思主义哲学对价值的本质(属性)的实践理解

马克思主义哲学实践的价值观认为,价值的本质是实践的、或实践是价值的本质,就是说,价值是实践的内在规定性和人的本质力量的展开与实现。从实践的唯物主义视域和意蕴看问题:(1)在劳动未创生出人类之前,纯粹自然界中的物对物的关系,是一种完全遵从自然的必然性的自在关系。这种物对物的自然而然的关系,无所谓只有人对客体(包括物、人等)才可能具有的价值可言。(2)"价值"不仅是对人和外在物的关系而言的,而且是对人的实践而言的。由于一切价值现象、价值关系的发生发展的秘密,均在于人的实践活动,因此,必须从实践理解价值的本质。从实践理解价值的本质,其基本的内涵是:第一,实践生成了最为原初的价值关系。第二,价值是实践的内在规定性。第三,价值是实践主体的本质力量的对象化。

价值的客观性是指价值的生成、创造和发展的客观性。价值的客观性主要体现在:首先,从价值的生成说,客体所具有的自然属性只有进入实践范围,成为主体改造和认识的对象,它才具有对人的活动而言的对象的价值;物的自在意义的自然属性只能满足动物的需要,只有为实践改造了的、主体化客体的新属性,才能满足人的需要。其次,从价值的创造、发展说,价值不是自然的非生命物自己的运动、生物的自然进化,而是由人的实践对象化活动所创造的,实践的过程性决定了价值不是静态的、凝固不变的,而是随人的实践的推进而

---

① 《马克思恩格斯选集》第 1 卷,人民出版社 2012 年版,第 136、140 页。

动态地发展的。

价值的主体性是指价值是人的本质力量的对象化的属性。在实践唯物主义看来,现实的人的本质是实践的,人的本质力量即人的实践力量。价值的主体性主要体现在:首先,人类的价值不存在于抽象的人类自身中,而在于作为社会化的人类的本质力量的对象化,所创造的人类世界(包括人化自然的、人类社会的、人自身的和在这个过程中创造的精神文化成果)的价值。其次,人民群众的价值,不存在于抽象的人民群众中,而在于作为历史主体的人民群众,它的本质力量对象化所创造的人类社会历史的价值。最后,个人价值也不存在于抽象的个人的价值中,而在于个人的实践本质力量对象化,对他人、社会及人类历史所创造的价值,即他通过对象化自己的实践本质,对他人、社会和人类历史所尽到的责任和所做出的贡献。

价值的社会历史性是指价值随社会历史的发展而变化的性质。价值的社会历史性主要体现在:首先,价值的生成、创造和发展是社会历史性的。其次,由于人的本质力量在现实实践中的展开和实现具有社会历史性,这就决定了作为人的本质力量的展开和实现所创造的——人类世界及其一切事物的价值,就必然会具有社会历史性。

价值的多维性或多样性是指价值所具有的、为实践所规定的多维属性。价值作为实践内在规定性和人的本质力量的展开与实现,具有为实践所规定的多维性质:首先,实践是主体能动地改造客体的求真、达善和合美相统一的活动,为实践所创造的新客体的价值,就具有真、善、美三维的价值属性。其次,实践是人能动地改造自然、社会和人自身的活动,为实践所创造的新客体的价值,就具有对自然、社会和人自身的三维的价值属性。最后,由于价值是人的实践本质力量的展开和实现,其所创造的价值,就必然具有社会生活领域方面的价值的多维性或多样性。

马克思主义哲学对价值的实践评价

按照传统马克思主义哲学(以"需要—属性"论者为代表的)对价值评价的理解,就是人们对一定客体是否具有满足主体需要的属性所作的肯定或否定的评判。这种马克思主义哲学教科书所讲的对价值评价的认识,传统马克思主义哲学的价值评价论,就具有以下的严重缺陷:首先,"传统的价值评价论"造成了马克思主义哲学的"真理的判别标准与价值的评价标准"的对立或不统一。其次,"传统的价值评价论"使人丧失其创造价值的主体地位,使人的价值沦为客体之间的相互利用的工具性价值。最后,在传统的价值评价论的视域里,评价的尺度是从单维度的主体需要——目的性中引出来的,它不是从"实践理解问题"的旧唯物主义思维方式。

按上述我们阐述的马克思主义哲学"实践的价值本质(包括属性)论"及其所蕴含的"实践的价值规律论""实践的价值实现论"和"实践的价值理想论"等,可以把"价值评价"规定为人们对一定历史性实践所创造的人化客体的价值所作的肯定、否定或价值量大小的评判。在从实践理解价值评价问题的视域里,作为价值评价对象的客体,不是指自然的客体或自然客体的自在属性,而是指作为人的实践本质力量对象化的新客体——即通过人的实践所创造的"人化客体"所具有的价值。这里的人化客体的价值,既包括物质性的——人化自然的事物、人化社会的事物和人化自身(作为客体的人的)的事物的价值,也包括精神性的——作为人类实践创造的精神文化成果的价值。

在马克思主义哲学"实践的价值评价论"看来,既然价值的生成、创造和发展都是由实践所内在规定的,价值是人的实践本质力量的展开和实现。那么,人们评价价值的客观尺度,就只能是"实践"这个价值的内在尺度。按马克思的思想,实践作为价值的内在尺度是合客体规律性(真的尺度)、合主体目的性(善的尺度)与合和谐性(美的尺度)这三种尺度的统一。实践作为价值的评价尺度,也应是真、善、美相统一的。这样理解的马克思主义哲学的价值评价论,不仅坚持了价值评价的实践标准,实现了真理的判别标准与价值的评价标准的统一,而且还有助于拓展深化马克思主义哲学的实践观。

原载于《教学与研究》2020 年第 2 期

资本逻辑的现代性悖论及其合理规制

杨生平　　张晶晶*

资本逻辑是资本所呈现出的反映生产关系本身的一种内在联系,它不仅是资本增值和扩张的内在需求,也是吸收先进科技革命成果的必然选择,成为资本主义运行发展的根本作用机制,在推动生产力发展和创造社会财富方面发挥着不可或缺的重大作用。随着经济全球化的深入发展,资本在全球范围内的配置效率显著提升,资本与科技的融合日益转化为现实的生产力,成为推动社会发展进步的重要力量。但与此同时,资本逻辑带来的文化冲突、生态危机、贫富差距等问题也日益凸显,亟须对其进行有效规制。在社会主义市场经济条件下,资本助推经济进步的作用不容忽视。因而,如何在肯定资本逻辑正面效应的前提下,有效规避其负面影响,最大限度地利用资本逻辑是现代社会的全新课题。

资本逻辑的内涵及其本质规定性

所谓资本逻辑,指的是资本作为占据主导和支配地位的生产关系本身所呈现的谋求最大化利润的运行机制。它包含自身增值和对外扩张的双重内涵,主要呈现三种历史形态:即资本本性的逻辑(实体形态)、生产方式矛盾的

---

* 杨生平,首都师范大学哲学系教授,博士生导师;张晶晶,首都师范大学哲学系博士研究生。

逻辑(表现形态)和私有制的逻辑(本质形态)。本质上是以资本为中心,以最大化利润为半径的存在系统,是维系资本主义社会的内在灵魂。资本逻辑揭示了资本主义基本制度和生产方式的产生、运动及其发展的矛盾过程,是资本理性与形而上学的联姻。

资本逻辑是市场经济运行规律发挥作用的必然产物。市民社会的出现、物的生产关系及其总和逐步走进人们的视野,进而催生了市场经济的发展。马克思通过对亚细亚、古典古代、日耳曼三种形式的考察,认为只有在日耳曼形式中,才具备产生市民社会的条件,即劳动者和生产资料的分离。而资本成为这一分离过程的催化剂,从而使得市场的规模日益扩大。市场经济坚持市场配置资源的决定性作用,遵循价值规律的基本原则,即价格以价值为轴心并围绕其上下波动。随着市场经济的深入发展,效益的最大化日益成为人们经济活动的出发点,在供需矛盾和价值规律的支配下,资本永无止境地追求高额利润和无限制的价值增殖,从而使得资本逻辑成为经济社会发展的根本指导原则。

资本逻辑是生产方式本身内在矛盾运动的必然结果。相比于封建社会,资本主义生产方式在助推生产力解放方面发挥着重要意义,也是社会进步的有效载体。但日益扩大的生产社会化要求,却被生产资料的私人占有所束缚,进而衍生出资本主义基本矛盾,成为资本主义生产方式自身无法克服的内在弊病。这一基本矛盾也推动着资本主义的历史变迁。

资本逻辑是资本增值本性在全球视域内的必然选择。资本的本性必然要求谋求高额的社会利润和丰厚的剩余价值,这种价值增值过程本身就反映了资本对劳动的榨取和占有,同时也是三大资本之间无限循环运动和内在转化的结果。借助工人的"活劳动",资本这一"死劳动"实现了对剩余价值的榨取和占有。资本家借助资本这一运行逻辑,不断以技术创新的手段占有更多的相对剩余价值,从而催生了资本原始积累的内在需求。

资本逻辑的现代性悖论及其内在批判

资本作为一种生产要素,是创造社会财富的重要源泉,但作为一种生产关系,深刻诠释着人与人之间权力的不对等。资本的二重性质本身就蕴含着资本逻辑的现代性悖论,在促进现代性解放的同时也造成了资本主义社会的全面异化。当这种生产关系本身不能驾驭自己创造的生产力,反而阻碍生产力发展进步时,资本逻辑将走向自我扬弃。这是资本逻辑发展的必经阶段,是资本自身无法逾越的内在界限,资本逻辑的现代性悖论即根源于此。资本逻辑批判构成了马克思现代性批判的核心之主旨。马克思超越了意识形态桎梏,开辟了资本逻辑批判的实践路径,发掘了资本本身所蕴含的自反性力量,形成了资本逻辑独特的内在批判视角。

首先,从资本逻辑的实体形态出发,揭示了这一内在批判的前提条件,即不否认资本逻辑存在的历史正当性。资本在自身发展的过程中开拓并建立了国际市场,打破了地域发展的时空界限,民族历史转变为世界历史,推动了民族国家间的相互交往,开辟了人类文明发展的新时代。资本扩张加速了世界历史发展进程,国家公民日益转变为世界公民。马克思并不否认资本的正面效应及其历史进步性,但更多呈现的是超越资本逻辑的内在旨趣。资本创造了一个文明的社会,这个社会比任何一个时代都能改变世界落后的面貌,但资本的野蛮也造就了工人的剥削和奴役。这正是资本逻辑二律背反之根源,是资本主义条件下,生产方式本身所无法克服的内在弊病。不仅如此,资本增值与环境承载力之间存在不可调和的矛盾,再加之人类欲望的无限扩展,必然打破人与自然之间的生态平衡。科学技术的迅猛发展进一步拓展了资本逻辑的空间场域,无限增值的逻辑必然导致政治经济发展的不平衡。

其次,从资本逻辑的关系形态出发,揭示了这一内在批判的核心本质,即对资本主义生产关系的深度批判。马克思透过资本逻辑,深入剖析了资本主义制度的剥削本质,揭开了资本主义生产关系的内在秘密。工人在生产力日益资本化的"资本逻辑"面前处于被动地位,只剩下出卖劳动力这一条路径。资本主义生产的目的在于价值增值,资本家要做的就是如何在保持已有财富的基础上创造更大价值,这本身也是资本主义生产关系的内在需求。资本逻辑恰恰遵循了这一增值的内生要求,适应了经济运行的基本规律,却无法克服社会化的生产要求与劳动资料私人占有之间的根本矛盾。当今世界全球性的生产过剩就是最好的例证,这是资本逻辑本身无法掌控的事实。

最后,从资本逻辑的观念形态出发,揭示了这一内在批判的价值旨趣,即指向人的自由全面充分发展。资本逻辑打破传统意义上人对物的占有方式,相比于封建社会人与人之间的等级体制,其本身就是一种历史的进步。但在这一过程中,却生产了劳动对资本的依赖,劳动者创造出来的剩余价值不仅被无情榨取,反而成为奴役自身的力量,从而带来物的增值与人的贬值之间的二律背反。在马克思看来,分析资本主义必须借助资本逻辑这一实施载体,揭示个人和集体的全面异化。唯有彻底的批判资本逻辑,超越资本主义生产方式的私有制,才能全面扬弃异化,实现每个人的自由全面发展。

资本逻辑的合理规制及其超越路径

资本逻辑批判是马克思现代性批判的核心,资本作为一种"有用且有限"的社会原则,理应运用社会主义的制度优势趋利避害,合理规制,积极利用其正面效应,克服其消极影响。社会主义初级阶段的国情决定了我们必须依靠资本逻辑发展自身,但如何合理有效地规制资本逻辑,驾驭谋求最大化利润的合理空间,进而超越资本逻辑是我们必须面对的现实问题。

合理规制资本逻辑,要以社会主义市场经济为导向,建构多种所有制经济竞相繁荣的生动局面。发展的元价值在于经济社会进步与人的自由发展的协调统一,市场经济最大限度地实现资源的优化配置,调动了生产者的主动积极性,进而促进了人的自我完善。资本与市场的融合可以利用先进的信息科技,占据广阔的市场资源以实现资本增值的需求。实践证明:市场经济不仅推动了社会主义经济的迅猛发展,也显著提升了人们的获得感,生活质量和水平得到了有效改善。因而,合理规制资本逻辑,需要坚持社会主义市场经济的正确方向,丰富基本经济制度形式。资本增值效应的发挥离不开市场的合理引导,更离不开政府科学的宏观调控,要把两者紧密结合,有意识地调节和按比例协调推进,提升国家治理能力,营造良好的市场竞争环境。同时继续鼓励、支持和引导非公经济的健康发展,为民营企业发展资本,利用市场提供有利条件,进而形成市场、政府和社会的良性互动机制。

合理规制资本逻辑,要以社会主义共同富裕为本质,建立和完善"以人民为中心"的制度保障。"以人民为中心"的发展理念不仅是党执政的力量源泉，也是社会主义现代化建设的重要支撑，更是社会主义这一路走来的重要积淀。人民群众是实践的主体和社会历史的创造者，也是社会变革的决定性力量。资本逻辑的"效用原则"和"增值原则"加速了对自然资源和生态环境的破坏，在创造剩余价值的同时，却日益忽略人的主体价值，使得社会生活深深打上了物质化、利益化的印记。因而，我们要超越资本逻辑弊病，打破利益化的藩篱，要把实现群众对美好生活的向往作为我们前行的动力，真正在制度设计上面充分考虑主体需求，把群众利益作为检验工作成功与否的重要指标。资本逻辑所引发的一系列社会现实问题，也是现代性发展过程不可逾越的历史阶段，我们要在坚持社会主义制度的前提下，以共同富裕为本质，建构以人的自由主体性为核心、以人的发展为目标的有效制度体系。超越资本逻辑不仅需要有效的制度安排，更需要坚实的法律保障，将资本与权力关进制度和法律的笼子，为规约资本逻辑，实现社会公平正义奠定基础。

合理规制资本逻辑，要以法治理念和法治精神为轴心，培育资本的伦理精神以营造良好的文化氛围。资本虽然是物，但物的背后更深层次的是人与人之间的关系，尤其是资本逻辑在现代科技的催化下，日益面临大数据和人工智能的挑战。现代市场经济本质上是一种法治经济，规制资本逻辑离不开法律制度的完善，更要注重培育资本的伦理精神和人本情怀。社会主义制度条件下，我们要以核心价值观为引领，培育资本的文明精神、共享精神和法治精神，正确处理财富创造与公平分配之间的关系，让资本创造的财富让益于民。合理规制资本逻辑，不仅需要挖掘传统文化精髓，也要正确处理与民族文化、地域文化和外来文化的关系问题，尊重文化自律与文化他律的统一，助推核心价值观走向全民的深度实践。同时也要规制追求利润最大化的合理空间，兼顾资本的社会效应，使经济属性服务于民，提高政府管控资本的能力，不让资本僭越道德底线。在尊重发展规律的前提下，充分考虑人的主体需求与生态环境的承载力，努力实现社会效益和生态效益的有机统一，进而为规制资本逻辑提供健康的文化氛围。

原载于《河北经贸大学学报》2020 年第 2 期

论马克思的"人性"概念

周世兴　程琳琳 *

马克思主义固然是反对资产阶级抽象人性论的,但它既不否认人性的客观存在,也不一般地反对对人性作合理的抽象;不谈人性的马克思主义,不是真实的马克思主义,也是没有生命力的空论主义的马克思主义。思想史的考察也表明,虽然马克思的理论主题在不同时期各有侧重,但他对人性的关注却是始终如一的,其一生的理论和实践,都是围绕着追求作为"人性的社会"的共产主义这一崇高目标而展开和深化的,以至于可以说,人性是马克思主义的应有之义,真正的马克思主义者应当理直气壮地谈人性。将能够典型反映这一历史发展过程的"人性"概念确立为唯物史观的基本范畴并给予高度重视和认真研究,科学阐明马克思主义与人性的关系,建构马克思主义的具体人性论,并以此作为与当代西方哲学、西方马克思主义展开有效对话的平台,作为创新发展马克思主义的一个重要切入点和突破口,就不仅是应当而且是必须的。

马克思人性论的理论特质

作为对资产阶级抽象人性论的超越,马克思人性论是具体人性论,其关于

---

* 周世兴,华侨大学哲学与社会发展学院教授,博士生导师;程琳琳,华侨大学哲学与社会发展学院博士生。

人性的论说具有独特的理论品质。

首先,马克思人性论以"人性的社会"为明确的价值指引,集中体现了马克思对下层工人群众"非人的"生存状况的深切同情和关注,凝聚着他对现代无产者未来命运的深厚人文关怀。马克思充分肯定人性的存在及其价值,认为"整个历史也无非是人类本性的不断改变而已"①,并以此展开对资本主义的价值批判和对未来社会的科学建构。

其次,马克思人性论是作为对资产阶级抽象人性论的超越的具体人性论。与资产阶级思想家抽象地谈论理性、意志、爱等"一般人性"不同,马克思是具体地谈论人性,谈论具体的人性,认为对人性的理解不应停滞于"一般人性"这种抽象上,而是应当对之作出具体的理解,才能达到人性具体的认识高度。如果说资产阶级抽象人性论把"一般人性"理解为理性、意志和爱等"单个人所固有的抽象物"②,那么,马克思具体人性论则把"一般人性"理解为作为"人的类特性"的劳动、作为"人的本性"的需要,认为现实的人性乃劳动和需要在每个时代的历史发展中的具体展开和深化,并最终体现在历史地变化了的和实际地发展着的个性之中。因此,马克思具体人性论与资产阶级抽象人性论的根本区别,不在于是否可以对人性作出一定的抽象,而在于作出一种什么样的抽象,不在于是否承认抽象人性的存在,而在于是否将这种抽象进一步上升到具体进而达到具体人性的认识高度。

再次,马克思人性论具有深厚的历史底蕴,奠定了讨论人性问题的历史唯物主义基石。以马克思之见,资产阶级抽象人性论的错误不在于肯定作为对所有人的共同点的抽象的"一般人性"的存在和价值,而在于其人性观念是一种有意识的非历史的"虚构"或"编造",在于它否认人性的社会历史性,即否认人性在具体的社会历史条件下的变化、否认各个历史时代的人性的差别,其目的是把资产阶级的理想的人性当作一般人性并把它非历史化、普遍化,从而为资本主义制度的永恒性作论证。

最后,马克思人性论奠立于"革命的实践"基础上,是实践唯物主义人性

---

① 《马克思恩格斯选集》第 1 卷,人民出版社 2012 年版,第 252 页。
② 《马克思恩格斯选集》第 1 卷,人民出版社 2012 年版,第 135 页。

论。马克思之所以能够实现人性论上的革命变革从而超越资产阶级抽象人性论，就在于他不是从某种抽象的人性观念出发来解释人性的现实表现和状况，而是始终站在现实历史的基础上，从物质实践出发来解释各种人性观念。正因如此，所以马克思把人性理解为人的感性活动即实践的产物和表现，并通过对处于"资本—雇佣劳动关系"中的工人群众的劳动、需要、个性等具体多样的人性表现的经济学研究，把他们"非人性"生活状况的变革诉诸全部目的在于消灭私有制的"革命的实践"即无产阶级的共产主义运动，以建立共产主义这一"人性的社会"。

总之，马克思的"人性"概念并不神秘，它不是像青年黑格尔派哲学家们那样根据某种抽象的"一般人"的概念所作的理想设定，而是马克思基于对工人群众苦难生活的经验观察和实证研究的科学概括。因此，在马克思的以"改变世界"为根本旨趣的理论语境中，"人性"是作为现存的"非人性"的资本主义制度以及工人群众"非人性"的生活条件的对立面而存在的，是对"非人性"的资本主义社会的否定；而既然资本主义私有制是造成一切"非人性的东西"的根源，那么它也就存在于消灭私有制的无产阶级的共产主义运动这种"'革命的'、'实践批判的'活动"①之中，本质上是对这个"非人性"的"颠倒的世界"的"再颠倒"，即对现存世界的"革命"和"改变"，因为被排斥于社会之外从而以"非人的"方式存在的无产阶级"只有在革命中才能抛掉自己身上的一切陈旧的肮脏东西，才能胜任重建社会的工作。"②

马克思对人性的新理解

马克思不仅对"人的一般本性"作出了新概括，认为所谓"人性"或"人的一般本性"就是作为"人的类特性"的劳动、作为"人的本性"的需要、作为"人的个体特性"的个性，而且通过对劳动、需要、个性的实证的科学研究，对人性作出了基于现实生活的具体的、历史的和实践的新理解。

---

① 《马克思恩格斯文集》第1卷，人民出版社2009年版，第499页。
② 《马克思恩格斯文集》第1卷，人民出版社2009年版，第543页。

把一切时代的人的一些共同点抽象出来，那么"人性"也就是一个合理的抽象。因此，对人性作出一定的抽象并不是一件难事，真正的困难是如何把握人的"真正的共同点"并把它作为"人性"确定下来。因为正是劳动这种为人所特有而为动物所不具有的感性对象性活动把人与动物最终区分开来，所以，所谓"人性"或"人的一般本性"也便应当是而且只能是作为"人的类特性"的劳动。正因为可以对劳动从而对人性作出上述抽象的理解，所以马克思在《资本论》第一卷中指出，无论什么性质和形式的劳动，都具有"自由的有意识的活动"或"自主活动"这种普遍的和一般的性质，而与之相比，直接的物质生产劳动则不过是人借以实现自己的"类特性"的具体的特殊的形式。因此，劳动的特殊形式中所体现着的"自由的有意识的活动"或"自主活动"这种劳动的一般性质，正可以把它看作是作为"人的类特性"的"人性"，即所谓"人的一般本性"。

然而，抽象的逻辑分析毕竟不能等同于也不能代替客观的社会现实，因为虽然可以对直接的物质生产劳动的共同性或一般本质作出合理的抽象，把它看作是与动物本能活动有本质区别的"人的类特性"即"自由的有意识的活动"或"自主活动，但在现实的社会生活过程中，任何性质和形式的物质生产劳动都不可能是单纯的人与自然之间的物质变换过程，而是自然过程和社会过程的统一，因此，对劳动的考察不能止于"劳动一般"这种抽象，对人性的把握也不能止于"人的一般本性"即劳动这种一般的抽象认识，还必须从抽象上升到具体，对一定历史时期的具有特殊性质和形式的劳动作具体的研究，揭示出其独特的历史内涵和特殊发展过程和规律，才能够说是达到了"劳动具体"从而"人性具体"的认识高度。

"人的类特性"是人类相对于动物而言的独特性，但是在人类范围内，"人的类特性"就成为人自身的规定性即"人的本性"，而"人的本性"则要由"需要"来说明和规定。在马克思关于"人性"的论说中，既有关于劳动是"人的类特性"、"人的类本质"的论断，又有关于需要是"人的本性"的主张，那么，"人性"究竟是要由"劳动"还是要由"需要"来说明和规定呢？一种合理的回答是：需要和劳动的相互作用是人性发展的终极原因。坚持人的需要即人的本性的观点，就是坚持用需要这种客观的社会力量来说明人性的历史唯物主义观点。以马克思之见,人们的需要以及满足需要的方式不同,其人性表现也就不同,不同时代以及同一时代不同的人的人性之所以不同,就在于他们的需要以及满足需要的生产方式不同。因此,马克思所谈的作为"人的本性"的需要,是现实的人的具体的历史的现实需要。

需要随生产的发展而发展,人性也随之发展,其总的发展趋势是一个进步的过程。然而,在以往的存在着阶级对立的旧社会特别是资本主义社会,需要从而人性却始终是在对立中发展的,人性的对立也表现为需要的对立,人性的异化也表现为需要的异化。以马克思之见,需要的异化发展到顶点,就会产生扬弃这种异化的需要即无产阶级革命的需要,这正是"他们的需要即他们的本性"①的历史辩证法使然。

作为"人的一般本性"的"人的类特性"只是思维对各个历史时代所有人的共同点的抽象和概括,并非一种独立的实体性存在,而是要通过个体并在个体中表现出来,这便是标志个体独特性的"个性",即作为"人的类特性"在个体生活中的具体表现的"人的个体特性"。

"人的一般本性"与"个性"、"人的类特性"与"人的个体特性"的关系是普遍性和特殊性、一般和个别的关系,现实的人性是"人的类特性"与"人的个体特性"的统一,二者既相互区别又相互联系,统一于人们的现实生活过程之中。因此,所谓人性,本质上乃作为"人的一般本性"的"人的类特性"在现实的个人的生活实践中的历史性展开,因而是既体现人类共同性又蕴含个体独特性的"个性"。

原载于《西北师大学报(社会科学版)》2020年第4期

---

① 《马克思恩格斯全集》第3卷,人民出版社1960年版,第514页。

论马克思生态哲学视域中的劳动幸福

高慧珠[*]

　　"劳动幸福"是一个有着深刻理论和现实意义的问题,它既关涉对马克思主义哲学理论的守正出新,又关涉人民美好生活和"中国梦"的实现。总体来看,关于"劳动幸福",理论界已做了多方面、多视角的理论探讨,均有利于推动中国特色社会主义在实践中不断拓展,并深化人民群众的劳动幸福感。但当我们进一步深入研究马克思恩格斯有关劳动问题的经典论述后,便会发现,从历史唯物主义的生态维度(或马克思主义生态哲学视域)对劳动与劳动幸福进行研究,尚未引起理论界的足够重视,故本文对此予以初步探讨,以期引起哲学界同仁的共同关注。

劳动幸福的自然基础和自然前提

　　劳动幸福有没有自然基础和自然前提呢? 或者说,在劳动者已"当家作主"的今天,这些自然基础和自然前提是否更应引起我们的关注和重视呢? 进而言之,对劳动幸福的判定,是否需要引入生态维度呢? 对此,结合马克思恩格斯经典著作中的有关论述,答案是肯定的。其根据就在于:

---

*　高惠珠,上海师范大学 21 世纪马克思主义研究中心研究员,上海师范大学知识与价值科学研究所研究员。

第一，马克思认为人是"有生命的自然存在物"。论及劳动幸福的自然基础和自然前提，首先要澄明的问题就是作为劳动者的人是何物，即何谓人？事实上，在马克思对黑格尔和费尔巴哈的批判中，已渗透了人是自然性和社会性的统一的思想，即人既是能动的自然存在物，又是类存在物。在这种统一性中，虽然双方同时存在，但从存在论的视角看，自然性是前提，没有人的自然性，何来社会性？对劳动幸福而言，人的生命存在，是劳动幸福的自然基础和自然前提。

第二，马克思认为人必须依靠自然界才能生存。在《手稿》中马克思就已阐明了这一点：在《资本论》中，对于人与自然的关系，马克思又进行了深入剖析。首先，马克思将"自然"概念区分为人的"自身自然"与"身外自然"，也就是说，自然内含两种类型，即人的"自身自然"与"身外自然"，这是基于人的立场区分的，并指明人需要他身外的自然。其次，马克思明确指出人的生命活动有能动性和受动性。再次，马克思还揭示了人的精神生活离不开自然界的存在。以上情况，足以说明自然界是人肉体和精神的自然基础，人依其生存，受其制约。所以，人作为能动的自然存在物，是能动性与受动性的统一。人的"受动性"使人的物质生活和精神生活都必须遵守自然规律。

第三，马克思认为劳动是"感性对象性活动"。在《手稿》中，马克思对人是能动的自然存在物的"能动性"进行了解释，认为这一"能动性"在精神方面，是指人特有的天赋、才能和欲望，而在行为方面，就是指人的劳动。马克思在《手稿》中称劳动是"对象性活动"，在《德意志意识形态》中，又称劳动为"感性活动"，故我们在此可把劳动称为"感性对象性活动"。研读马克思的《1844年经济学哲学手稿》《德意志意识形态》《资本论》和恩格斯的《自然辩证法》中关于"劳动"范畴的论述，可以看到经典作家对"劳动"做了三个理论定位：其一，指出劳动是人和动物的本质区别，是人独有的生命活动；其二，劳动使自然界改变并"使自然界为自己的目的服务"；其三，劳动是"感性对象性活动"。

"劳动幸福"的存在论根据：马克思的物质变换理论

马克思透过劳动的各种具体历史形式，在最一般的意义上点出了劳动的存在论实质——物质变换，即劳动本质上是人和自然之间的一种物质变换关系。虽然劳动的形式和类型可以多种多样，但物质变换是其存在论的本质。在马克思的劳动理论中，这一物质变换过程具有三重要义：

要义之一，这一物质变换过程具有双向同步性和辩证性。劳动作为人与自然的物质变换过程，是人借助体力与脑力与"身外自然"相互作用、相互变换的过程。所谓物质变换过程的辩证性，主要是指在这一物质变换过程中，人与自然虽然同时存在、相互作用，但仍存在主导方与被动方、作用与反作用以及物质变换结果效应的有益与有害的二重性等辩证关系。物质变换过程中的作用与反作用，是指人在劳动过程中作用于自然，自然也反作用于人。自然的反作用既体现为对人自身的反作用，也体现为对社会的反作用。作用与反作用，本是物理学的定律，劳动作为一种物质变换的过程，反作用在这一"变换过程"中是不可避免的现象，关键是人类如何分析和科学处理这一反作用，才能使劳动真正获得幸福或提高劳动的幸福程度，而这需要对劳动结果进行辩证分析。劳动成果作为物质变换的结果，其二重性是不可避免的。所谓物质变换结果的二重性，是指其有用与无用、有害与无害的二重结果。从生态哲学的视域看，劳动作为人以自身的活动来引起、调整和控制人与自然之间的物质变换过程，必然会产生两类物质，即有用物质和无用物质（即废料），从而引发有益与有害的双重效应。国内外环境问题日益严峻的情况作为人与自然进行物质变换的负面成果对社会劳动幸福造成冲击。

要义之二，劳动的幸福指数与物质变换的历史类型紧密相连。人与自然的关系和人与人的关系是相互制约的，这两种关系的相互制约，就导致了劳动幸福指数的历史性变化。这一变化可以借用"倒 U 型"的"库兹涅茨曲线"来描述。在最初的农业文明时代，社会经济发展水平较低，劳动过程中的废物排放较少，自给自足的农耕经济使劳动者拥有较高的朴素幸福感。随着农业文明向工业文明的发展，剥削制度尤其是资本主义制度产生，社会经济发展水平随着工农业生产的发展而大幅提高。随着劳动效率的提升，废物排放量也随之增长，异化劳动的不断加深使劳动者的劳动幸福指数逐步下降，以致在第二种社会形态的晚期——垄断资本主义阶段达到"U"形曲线的底部。随着第三种社会经济形态的来临，社会主义从初级阶段发展到高级阶段，异化劳动被消灭以及劳动中人与自然、人与社会关系实现和谐发展,劳动者的劳动幸福指数也将逐步攀升,并在共产主义社会中的全面发展的劳动者那里实现劳动幸福指数的历史最高值。

要义之三,劳动幸福的判定,生态维度不可或缺。在以上要义的分析中,我们已看到劳动幸福指数既和社会经济形态相关,又和自然环境与生态质量紧密联系,在劳动作为物质变换的过程中,人的自身自然和身外自然的状况,以及劳动成果与废弃物的状况,都与劳动幸福指数相关。这已初步证明了劳动幸福的判定生态维度不可或缺。但在此,我们更要强调的是,从历史唯物主义生态哲学的视域看,共产主义不仅扬弃了异化劳动,而且也是以人与自然关系的和谐为特征的。之所以强调生态维度不可或缺,主要着眼于以下三点:首先,马克思指出了劳动幸福指数可达到历史最高值的共产主义社会,是人和自然、人和人之间矛盾得到真正解决的社会,我们以劳动是物质变换的理论理解之,人和自然矛盾的真正解决,就是使人的自身自然和身外自然达到真正的和谐,即全面发展的人处于优质的自然生态环境中。其次,从劳动者为实现共产主义而奋斗的行为导向看,合理性是调节人与自然的物质变换行为的要求。再次,从对劳动者的行为标准看,要求其以最小的能量消耗达到行为质量最适合人类本性的目标。

以马克思生态哲学思想认知"劳动幸福"的重要现实意义

通过以上分析可见,从生态哲学的视域进一步研究"劳动幸福"问题,对于我们落实党的十九大精神,全面建设中国特色社会主义,增进全体社会主义劳动者的福祉,具有重要的现实意义。

第一,有助于在理论上完整理解"劳动幸福"的深刻内涵,纠正某些认识上的片面性。在马克思主义生态哲学视域中,人作为有生命的自然存在物是靠以物质变换为内容的劳动在自然界中求得生存,即人的自身自然与身外自然在劳动中都参与了物质变换。在劳动中人与自然双向作用,既是同步的,又具有正负双重效应,因此,应从"双类、双向、双重"的维度认识作为物质变换的劳动。那么劳动幸福就不能仅仅用无异化的劳动、自觉劳动、高效率高质量劳动来衡量了，必须加入生态维度，劳动幸福的光芒应笼罩整个物质变换的全过程。只有人的自身自然与人的身外自然在这一物质变换过程中都得到优化，所产生的废物得到合理、科学的处理，劳动幸福的指数才是既合社会规律又合自然规律的。在我们以往对文明的理解中，往往侧重人与人、人与社会的和谐，而生态文明把人与自然、人与自身的和谐作为文明的重要标准，这标志着人类文明发展进入了新时代。由此也说明，在劳动幸福的判定中纳入生态维度，有助于完整理解新时代劳动幸福，提高真正实现劳动幸福的自觉性与全面性。

第二，有助于在社会建设中坚持全面性，克服实践上的片面性，促进劳动幸福的总体实现。马克思的"劳动是物质变换"的理论，已明确揭示了劳动并非人单向支配自然、使用自然，而是人与自然的双向互动、共同进化。这些年，在习近平总书记"绿水青山也是金山银山"思想指导下，GDP至上的片面倾向已得到了一定程度的遏制，但是对劳动中物质变换所具有的"双类、双向、双重"特征，人们的认识仍不全面。今天，生态已成为国家和城市的重要竞争力，在社会建设中必须坚持全面性、总体性，以使"劳动幸福"的质量越来越高。

第三，有助于劳动者克服对"劳动幸福"的单向认识，增强做全面发展的新时代劳动者的自觉性。众所周知，我国的教育方针是培养德智体美劳全面发展的社会主义新人。实际上，这也是对新时代劳动者的要求。在以"物质变换"为特征的劳动中，人的自身自然获得正负双重效应，如前所述，其中负面效应来自社会和自然两个方面。就劳动者自身而言，负面效应往往与劳动过程中忽视健康安全保护和日常体能锻炼，缺少劳动知识和技能训练有关。因此，必须增加劳动者自身的全面发展意识，克服只求报酬的"谋生劳动"的片面认识，提高自己的各种后天能力，以适应不同的劳动需求，并在这种适应中使自己的类本质得到确证进而得到深层愉悦体验，这样才能提升劳动的幸福感。在此，需要强调的是这种"类本质"，这正是人从根本上区别于动物的类本质。人正是在这种类本质的作用下使自己逐渐成为"全面发展的人"，即除了道德的发展之外，人自身自然的诸方面均获得高度发展。

原载于《上海师范大学学报（哲学社会科学版）》2020年第4期

价值形式：马克思商品
拜物教批判的理论定位

吴　猛*

历史唯物主义当代化的要旨是通过在历史唯物主义视野中把握现实而实现历史唯物主义理论形态的当代化，因此要澄清历史唯物主义当代化的工作原则，一个重要的切入点就是考察马克思在历史唯物主义视野中把握现实的方式。马克思在其一生的工作中，为我们提供了大量这方面的范例。从思想传播史的角度看，这些范例中最具代表性的就是商品拜物教批判。

当代西方左翼思想中的商品拜物教
问题与历史唯物主义当代化

一般说来，以历史唯物主义为思想旗帜的西方左翼思想家，按照对待历史唯物主义的态度，其工作大致可被区分为"重释历史唯物主义"和"重建历史唯物主义"两个方向：前者旨在对马克思的思想材料进行重新解释，进而重新理解马克思所表述过的历史唯物主义思想，这一方向以卢卡奇为代表；而后者更多地要求"弥补"经典历史唯物主义的"不足"，"重建"特定意义上的历史唯物主义理论，这一方向以哈贝马斯为代表。第二种方向并不属于本文所讨

*　吴猛，复旦大学哲学学院暨当代国外马克思主义研究中心教授。

论的历史唯物主义当代化的问题域,因为就"重建历史唯物主义"这一口号本身而言,表面上似乎与"历史唯物主义"有关,但如果仔细分析哈贝马斯和其他"重建"派思想家的著作的话,会发现他们的理论与历史唯物主义的交集其实只是广义的现代社会批判,无论是理论出发点还是理论视野都很难被理解为历史唯物主义的。

从商品拜物教问题出发进行当代资本主义批判的西方左翼思想家们,最后往往要么从主体性方面寻找变革资本主义社会的可能性,要么将资本主义批判转变为一般商品社会批判,而这些思考方向显然与历史唯物主义从客观性层面,即生产方式的内在矛盾方面历史性地理解资本主义社会变革可能性的思路并不一致。

如果我们对产生这一问题的理论根源进行探究的话,会发现尽管这些西方左翼思想家思考商品拜物教批判的角度各不相同,但都将马克思所批判的商品拜物教理解为资本主义时代的某种基本事实。而对于从"社会事实"角度理解商品拜物教的进路来说,由于它将物的关系对人的关系的"表现"本身视为一种"现实关系",那么接下来的问题就是,如何消灭这种将人与人的关系颠倒为物与物的关系的"表现"? 关于这一问题的思考有两条路径。第一条路径是,通过直接呈现人与人的本真关系的方式消灭物的关系对人的关系的"表现"。第二条路径是,通过揭示商品拜物教本身的运作机制而消灭这种表现关系。

上述西方左翼思想家的工作都是在"马克思所批判的商品拜物教是资本主义社会的基本事实"这一预设下开展的,而这种预设就意味着:从理论建构的角度来看,资本主义批判的前提似乎就应当是对"物与物的关系"之取代或掩盖"人与人的关系"这一"现实"的批判,而这样一来,资本主义批判的一个基本目标就被理解为消灭那种"非本真"的物与物的关系,或重现某种"本真"的人与人的关系;而从思想资源的角度来说,似乎商品拜物教问题是一个可以从马克思的政治经济学批判的整体中直接"抽取"出来的问题。既然问题在于恢复某种"本真"关系,那么对某种抽象的革命主体予以设定或对某种纯粹否定性的革命行动进行想象就是题中应有之义;而既然根本问题来自以"物与物的关系"为基本内容的流通领域,那么将马克思的资本主义批判改造为一般商品社会批判也就不足为奇了。

马克思商品拜物教批判的原初语境

西方左翼思想家之所以会普遍将马克思在政治经济学批判中讨论的商品拜物教理解为资本主义时代的"基本事实"，自然有多方面原因。就文本方面来说，一个重要的原因是，马克思在人们所熟悉的《资本论》第一卷第一章第四节中关于这一思想的讨论，无论从论述方式还是论述内容上来看，似乎都可被视为既独立于前面的第三节关于价值形式的分析，也独立于后面的第二章关于交换过程的分析，因而表现为马克思在关于商品和货币的论述之间穿插进去的关于资产阶级社会的本质特征的理解。但文本学的考察将表明，这一问题并不像表面上看上去那样简单。

马克思所说的"价值形式"的含义，就是使一件商品能够实际地与其他一切商品进行交换的形式前提或充分条件。古典政治经济学预设了商品的可交换性，但却并没有探讨这种可交换性的前提。而这种探讨之所以必要，正在于，只有通过这种探讨，才能离开价值作为"范畴"的抽象性，揭示和呈现使这种范畴的抽象性（也就是商品可交换性的"必然性"）得以成立的现实运动。古典政治经济学家们正是没有价值形式的视野，因此只能停留在社会生产的"永恒的自然形式"这种抽象层面，而无法达到具体的历史性层面。将商品拜物教理解为资产阶级社会的基本事实，不仅不符合马克思关于商品拜物教问题的原初语境，更忽视了马克思商品拜物教批判的深层问题意识，从而无法理解马克思商品拜物教批判把握现实运动的基本方式。

形式分析：马克思在商品拜物教批判中
把握现实运动的基本方式

在商品拜物教批判中，马克思探讨了价值形式分析结果的现实运动前提，形成了一个复杂的理论结构。而引领我们进入这一结构的线索，自然就是价值形式分析的第四个环节。作为马克思价值形式分析的最后一个环节，关于

"一般价值形式"之普遍化的分析所揭示的是,政治经济学家直接作为理论出发点的"商品具有价值"这一观念,其形式前提(也就是使这一观念得以成立的充分条件)在于所有商品都能够作为一般等价物的商品世界,而这也就意味着,所有商品间都能够进行自由交换。这样,"所有商品间的自由交换"就是这种商品世界的"形式规定"或抽象的一般规定。马克思的商品拜物教批判其实就是从这种形式规定出发对其历史性前提进行的分析。

马克思的商品拜物教批判所直接呈现的第一种面相可称为"生产者拜物教"批判。对于马克思来说,价值形式分析中的第四种价值形式所呈现的,实际上是一种兼具交换者身份的"生产者"视野。在这里,本不具有生命的商品之间何以可能建立起普遍的"社会关系"或价值关系? 由于物的社会关系表现为一种通过价值对象性建立起来的关系,其中似乎并没有"人"的位置,因而这种社会关系就成了可以独立于人的社会关系而存在的关系。这样一来,人手的产物就神秘地表现为物(Sache)与物(Sache)的关系,"商品间的自由交换"也就成为令人费解的现象。马克思之前的政治经济学家们已经注意到这一问题并试图加以解释,并催生出马克思的商品拜物教批判的第二种面相。

商品拜物教批判的第二种面相是对于"政治经济学拜物教"的批判。古典政治经济学打算解决的商品间自由交换的可能性或价值对象性的来历问题,与其说被解决了,不如说被进一步神秘化了。换句话说,在政治经济学的视野中,商品世界的形式规定无法得到合理说明。古典政治经济学将价值对象性理解为一种现成的实体性对象,并按照因果律探寻这种对象的来历,这就导致了政治经济学拜物教的出现。要打破政治经济学拜物教的枷锁,就要在新的视野中重新审视生产者拜物教。

这就形成了商品拜物教批判的第三个面相:以历史性的普遍交换为核心的商品拜物教批判。这其实是马克思以自己的方式、而非以古典政治经济学的方式对丁商品之谜的分析。对马克思来说,问题的关键在于,我们不能停留于政治经济学视野中,即停留在交换的抽象可能性层面来理解问题,而应深入历史性现实运动中探讨作为商品世界形式规定的自由交换的可能性前提。具体说来,如果从商品间社会关系的独立性外观出发,那么可以看到,交换在商品世界中所建立的这种社会关系如果不具有普遍性,就无法产生对于私人劳动的社会关系的必然遮蔽，因而商品间社会关系也就无法具有独立性，而由于这种物的社会关系的主要内容就是价值关系，因此价值关系的普遍化乃是人与人的关系被遮蔽的前提。马克思在商品拜物教批判中对于现实运动的把握，不是通过对作为"现实"的商品拜物教进行直接"批判"而实现的，而是通过在形式分析中展现特定历史性维度而实现的。

从马克思的商品拜物教批判出发理解历史唯物主义当代化的工作原则

如果说马克思的商品拜物教批判实质上不是对资本主义社会"基本事实"的批判，而是对于价值形式分析的成果也即"由一般等价物建立的商品世界"这一理论对象所作的以把握历史性现实运动为方向的进一步形式分析的话，那么这一分析从方法论和理论视野两个方面为我们澄清了历史唯物主义当代化的工作原则。

就第一个方面即方法论来说，马克思在商品拜物教批判中清晰而完整地展现了他把握现实运动的特殊方式即形式分析，呈现了历史唯物主义在历史性现实运动内部把握这种现实运动的方法论上的唯物主义原则，在历史唯物主义当代化的工作中我们不能忽视这一原则，应摒弃抽象的理论态度，叩问当代现实运动本身，从中探寻把握现实运动的方法。

就第二个方面即理论视野来说，马克思的商品拜物教理论展现了深入分析作为商品流通领域本身表现机制的资本主义生产领域的必要性，并开启了从生产方式层面分析资本主义时代的自否性的可能。历史唯物主义当代化的工作应展现马克思的这种历史唯物主义的超越性理论视野，也就是说，这一工作不应被局部性经验现实所限制，而应深入具有根本性的理论层面考察当代现实运动。

原载于《中国社会科学》2020 年第 4 期

经济决定论的历史唯物主义评判

沈江平[*]

作为马克思两个伟大发现之一的历史唯物主义是人们认识和把握人类历史发展的科学理论。自诞生以来,历史唯物主义便受到诸种误读诘难、批判甚至重建。将历史唯物主义解读为"经济决定论"或"经济唯物主义",这种现象在马克思和恩格斯逝世后,尤为明显。这股思潮时间持续久远,涉及诸多学者,最早明确提出"经济决定论"的是德国资产阶级学者巴尔特,历经第二国际以及李凯尔特、俄国经济派、波普尔、柯林武德、威廉姆、哈贝马斯等学者的不断演绎,当前仍有类似观点存在。无论是蓄意曲解还是误解,都指称历史唯物主义为经济决定论,尽管他们都没有对经济决定论的理论本质加以分析。经济决定论似乎成为对历史唯物主义最常见的误读。马克思与恩格斯以及之后的一些西方马克思主义者都对经济决定论进行过回应和批驳。解析和批判"经济决定论"是理解和把握历史唯物主义不可回避的重大课题。

"经济决定论"的演进及其实质

用"经济决定论"范式解读人类历史进而理解历史唯物主义由来已久。马克思逝世以后,第二国际主流派在理解和传播马克思主义的过程中,逐渐将

---

* 沈江平,中国人民大学马克思主义学院副教授。

历史唯物主义对资本主义的解读实证主义化,将唯物辩证法解释为经验主义发生学,将历史唯物论解释为经济决定论,而进化主义和折中主义成为其主流走向。19 世纪 70 年代末马克思对法国"马克思主义者"的批判,包括恩格斯晚年遭遇的理论问题都与"经济决定论"相关。

经济决定论的产生具有深刻的现实背景和理论诉求。理论上,当时西方学界实证主义大行其道,伯恩施坦、考茨基、拉法格等第二国际理论家深受实证主义的影响,将恩格斯对历史唯物主义的阐释和发展搁置一旁,把它曲解为"经济决定论"。他们用"唯一"代替了恩格斯所言的"归根到底",把经济因素作为社会历史发展的唯一决定要素,机械化、绝对化地对待经济因素与非经济因素的关系,缺乏辩证思维,忽视乃至否弃非经济因素在历史进程中的作用。经济决定论在当代西方学者那里也有很大影响。比如,罗素就称历史唯物主义为"经济史观",认为马克思的历史哲学过分强调经济的决定作用,忽视其他经济因素如英雄、民族、科学等的决定作用。

在哲学史上,古代哲学"独断论"的"理智"和近代哲学的"自我",先后成为理论的基点。秉承"还原论"的方法论和思维范式,"经济决定论"将"经济"因素看成是诠释社会现实中其他一切因素的绝对基点,政治、道德、宗教、艺术等其他因素的存在都能够"还原"为"经济"而得以澄明。而马克思批判唯心主义将历史视为"想象的主体的想象的活动"时,指向的正是传统理论哲学认知历史的"还原论"思维范式。"经济决定论"在历史事实和理论之间的这种断裂集中体现在它对社会有机体的人为切割和重构上。作为一种基于传统理论哲学进路理解人类历史的理论,诉诸"基础主义"和"还原论"的思维,"经济决定论"将理论构造的法则看作是整个人类历史过程的本质,其逻辑和现实都行不通。

对经济决定论的批判与澄清

对经济决定论的批判并非当代理论产物,在马克思主义创立伊始马克思和恩格斯等经典作家便已启动。马克思对"经济决定论"没有直接的专门著述,但不能因此断言马克思认可"经济决定论"或没有表明立场。历史唯物主

义的创立本身已表明马克思与"经济决定论"存在本质分歧。恩格斯在晚年
还批判了当时德国青年过于看重经济、把历史唯物主义看作"套语"和"标签"
的做法,并强调"所有这些先生们所缺少的东西就是辩证法"。恩格斯不仅论
述了历史唯物主义的基本内容,还以书信的形式纠正了人们对历史唯物主义
的诸种误解。尤为重要的是,他对历史唯物主义方法论性质即历史辩证法的
重视和揭示。在批判俄国经济学派的自发经济决定论时,列宁认为,决不能因
为经济的决定作用而得出否认政治斗争重要性的结论。

　　早期西方马克思主义者从其特定的哲学文化境遇出发,走上了一条主体
性逻辑的批判路径。在以伯恩施坦和考茨基为代表的第二国际主要理论家那
里,历史唯物主义变成一种纯粹的经验科学或实证的"历史科学和经济科
学",社会发展乃至一切都由物质生产、经济条件所决定,人就成为历史发展
演进的寂寞看客,主体已然缺位。第一个扬起批判大旗的是葛兰西,他把矛头
直指第二国际的"经济决定论"见物不见人的错误观点,褒扬在社会历史发展
中人的主体力量。为了批判"经济决定论",卢卡奇提出了"阶级意识"理论。
柯尔施则认为,历史规律必须通过作为主体的人的能动创造来实现,历史唯物
主义超越了作为主体的人受制于外部经济环境的境况,以此来驳斥"经济学
体系"等怪论。20世纪50年代,以阿尔都塞为代表的西方马克思主义者试图
站在"科学"的角度,指出历史的发展不是仅仅依赖于经济因素,也不是单纯
依赖于上层建筑因素,应是它们相互作用的结果。阿尔都塞由此提出了"多
元决定论"。与之类似,捷克新马克思主义哲学家卡莱尔·科西克针对"经济
决定论"的"经济因素论"即把经济因素看成唯一真实的存在并决定其他因素
的产生,是社会存在的最终根源,提出用"经济结构论"取代"经济决定论",来
解答"经济本身的起源问题"。

　　"经济决定论"颇具影响,对经济决定论的批判同样历史悠久。从某种层
面上讲,这意味着修正马克思主义还是坚持发展马克思主义两种截然不同的
态度。在肯定西方学者为批判"经济决定论"从而丰富历史唯物主义理论视
野作出巨大贡献的同时,也要看到,由于自身理论的局限性和对历史唯物主义
缺乏准确和完整的理解,注重细节却又陷入认识和实践分裂,导致这种批判成
为后来者需要再反思和"再批判"的对象。

历史辩证法：历史唯物主义的应有之义

《〈政治经济学批判〉序言》中有关历史唯物主义基本规律的概括是经典表述，关于这点学界已达成共识。但它具有时代特征，1859 年是马克思思想发展的重要节点，当时面临的任务仍然是确立不同于历史唯心主义的根本原则。因此，马克思重点关注生产力决定生产关系、经济基础决定上层建筑，以及它们之间的矛盾如何推动社会形态的更替，至于生产关系对生产力的反作用，上层建筑对经济基础的反作用，并非重点。恩格斯后来对此总结指出，早期他和马克思都把注意力放在经济决定论的作用上，以便反对历史唯心主义，对其他社会因素的作用没有予以全面论述，这是时代任务产生的必然局限性。"经济决定论"忽视马克思主义创始人艰辛的理论创建历程和理论变革的世界观意蕴，经济学说成为理解和接受历史唯物主义的出发点和落脚点。这与历史唯物主义建构过程的顺序正好相反，导致他们曲解马克思主义哲学的革命意义，也就无法理解马克思的辩证法与以往辩证法的不同。

社会发展从来不是单一的经济因素作用的结果，而是多因素起作用，在诸多合力相互作用下发展，但经济起着基础性作用。历史唯物主义不是多因素论，因为它在多种因素中抓住其中起基础性作用或言决定作用的因素即经济因素。像阿尔都塞的多元决定论显然走入误区，只有多点论没有重点论。恩格斯则提出"中轴线理论"，将经济形象地比喻为中轴线，起最终的决定作用；其他影响因素则归根到底围绕在经济这个中轴线周围发挥作用。事实上，历史辩证法是历史唯物主义的题中应有之义，两者共同构成了马克思的经典资本主义理论的方法论基础。将历史唯物主义看成历史决定论，这几乎是所有反对历史唯物主义者的共同借口。

"经济决定论"反思的当代意蕴

梳理和反思"经济决定论"争论史，其价值在于如何正确对待历史唯物主义。它启示我们不能教条地理解时代变化，停留于变化的外在现象层面，以此来否认历史唯物主义、剩余价值理论、马克思主义辩证法,进而彻底否弃马克思主义,把洗澡水和小孩一起倒掉;而应与时俱进,秉持马克思主义的方法和基本原理来研究新现象、新问题,用新的结论丰富和发展马克思主义。诠释和运用历史唯物主义必须紧扣辩证法特质,抓住作为人类社会基础的物质生产实践与生产力发展这个硬核。在此基础上来理解政治活动、政治架构、政治关系以及在经济和政治基础上的文化建设、精神建设,尤其要重视文化、政治对经济所起的巨大的能动作用,它们之间是一种基于物质资料生产基础的整体互动关系。

反思经济决定论有利于深入理解和把握蕴含创新驱动机制的中国特色社会主义生产方式。重复性机制和创新性机制是人类社会发展的两种基本机制。人类社会的进步,包含新的生产工具的发明、文化的发展和科技的进步在内,常常是依靠社会的创新推动。社会进步的速度与受制于生产方式的创新动力密切相关。历史唯物主义有关生产力与生产关系、经济基础与上层建筑的辩证诠释为人类理解创新提供了新视角,也为我们深入理解和把握蕴含创新驱动机制的中国特色社会主义生产方式奠定了理论基石。

反思经济决定论在中国融入全球治理、贡献中国智慧进程中构建人类命运共同体亦具有理论指导和方法论意义。全球化进程日益加快,各个国家各个民族要素禀赋各异,有各自特长,也有各自短板。世界普遍交往程度越来越高而且越来越重要,愈加凸显世界交往整体性协调性的重要性。历史地解析普遍交往这种历史关系,离不开历史唯物主义整体性、协调性的辩证特质。历史唯物主义为我们理解当今世界普遍交往,理解当今世界人民互相进行友好的经济政治文化往来,以政治协商解决问题,提供了巨大的方法论启示和理论指导。

原载于《中国社会科学》2020 年第 1 期

实践功能论视域中的意识形态真假性标准再阐释

鲍　金*

一般认为,马克思恩格斯关于意识形态真假性标准问题主要是从认识论视域来切入的,这首先源自于他们的经典论述,这些论述都毫无疑问地将判断意识形态之真假性标准放置在人的意识、观念活动中,也由此促成学界更多地从认识论视域来把握意识形态的真假性标准。然而,"全部社会生活在本质上是实践的"①,归根结底来看,人们所有的观念意识活动都要从实践生活中汲取自身得以独立和据以成长的力量,尤其是对于以调整利益关系、调控人们思想行为为指向的意识形态来说更是如此。

意识形态真假性判断标准:从实践功能论的视域看

按照马克思恩格斯的观点,意识形态在本质上是对阶级利益的普遍性表达。意识形态不同于一般的社会意识形式,它最为本质的因素是对阶级利益的普遍性表达。首先,意识形态是普遍性的形式,是普遍适用于所有社会成员的观念形态;其次,意识形态又不是一般的观念形态,而是要为某种阶级利益

---

*　鲍金,华东师范大学马克思主义学院教授、博士生导师。
①　《马克思恩格斯文集》第 1 卷,人民出版社 2009 年版,第 501 页。

作辩护或批判某种阶级利益,因此始终不具有自足性,始终要从阶级利益中获得辩护或批判的力量和指向。这一本质因素决定了意识形态的根本功能,就是以普遍性形式追求阶级利益的实现,这已经明显是一种实践论意义上的问题,而不仅仅是认识论意义上的问题。因此意识形态表现出社会意识的身份属性;不过就整体运作形态来看,意识形态最突出的特征是以普遍性形式实现阶级利益,这意味着意识形态不再是静态的观念形态,而是蕴含着极强的实践指向和实践功能,是人们实践活动和利益结构中发挥引导作用的能动环节。

以马克思实践论的视域来看,意识形态在直接意义上是社会意识,而这种社会意识绝不是独立的、可以在实践活动中孤立存在的观念形态,它总是在实现阶级利益的实践活动中与实践因素高度融合的环节,这些环节或者牵引着实践活动,或者支撑着实践活动,或者作为实践活动的无意识动因……总之,当人们按照意识形态的要求去行动的时候,就像是出自他们的本能或他们的自我要求一样,这就是意识形态在实践世界展现出来的"现实性和力量"。就此而言,我们把意识形态的身份属性界定为"功能性的观念形态"或"实践结构的观念性环节",这一界定与意识形态的社会意识之身份具有根本的一致性,更为关键的是,这一界定为科学把握意识形态的虚假性问题提供了入门。

实践功能论视域中的意识形态真假性空间

我们还是从作为意识形态之现实基础的特殊利益谈起。作为对特殊利益的普遍性表达,意识形态兴起和贯穿于特殊性原则占据主导的时代,这个时代的突出特征便是社会成员成为追求特殊利益、以特殊利益至上的特殊利益主体。特殊性原则占据主导的时代之所以到处充斥个人私利却没有陷入混乱,就是因为每个特殊性的实现与其他特殊性的实现"相关",由此培育出一种特殊性基础上的普遍性。这种普遍性既作为促使特殊性实现的强制性的结构性中介,成为特殊性的内在组成部分,又作为限制特殊性过分膨胀的强大束缚,成为特殊性与特殊性之间关系处于稳定和平状态的外在保障。这种特殊性和普遍性并行的时代,给予特殊利益主体的最大启示便是,欲要实现特殊利益及其最大化,便需要借助特殊利益相互交换的普遍性平台加以实现,进而这又转化为对意识形态的最大启示,即不能以特殊性的理由来追求特殊利益的实现,而必须以普遍性的形式追求特殊利益的实现,以此才能调动最大多数特殊利益主体的力量为自己的特殊利益服务。

正是在这样的历史过程中,意识形态的真假性问题才产生出来,表现为两个高低不同的标准。与学界多从认识论意义上来衡量意识形态之真假的做法不同,我们是从实践功能论的角度来衡量意识形态之真假。这一做法具有三方面特征:首先,在意识形态功能的基础上揭示出意识形态与实践世界的真实关系。从实践功能论出发,才能够发现实践世界对意识形态的根本决定性,发现意识形态对实践世界的意向性。其次,在特殊性原则的基础上揭示出意识形态的张力结构。无论是意识形态真假性的低阶标准还是高阶标准,都不排斥特殊利益主体所坚持的特殊利益至上原则,进而言之,只有建立在特殊利益主体追求特殊利益的基础上,才会产生作为特殊利益之相互交换的普遍利益,由此才能以普遍利益为参照衡量意识形态的真假。最后,在真实普遍性的维度上测绘意识形态的未来方向。我们提出意识形态之真假的两个标准,本身便默认了一种对现代人类历史发展的理解,这就是现代人类历史将会从特殊性占据主导的形式普遍性、实质特殊性时代过渡到特殊性与普遍性高度融合、特殊性联合为实质普遍性的真实普遍性时代。正是以对现代人类历史走向的普遍性理解为根本尺度,我们才能提出意识形态之真假的标准,而以真假标准为参照,才能进一步透视意识形态与实践世界、利益冲突的复杂关系。

意识形态真假性的具体体现 I:
低阶标准中的拜物教真假性问题

作为观念形态,拜物教首先表现为商品生产当事人把"劳动的社会性质"误认为"劳动产品本身的物的性质"的主观意识,换言之,拜物教不仅在社会关系的表象上表现出来,而且必然在人们的主观意识上表现出来。作为"客观的思维形式",拜物教采取了观念形态。如果采取纯粹认识论意义上的意识形态真假标准,就会发现拜物教倒是非常符合经验性的现实,因为社会关系的物化体系是每一个人在资本主义社会生活中必然遇到的直接现实,而拜物教正是对这种现实的"正确"反映,因此以认识论意义上的标准来衡量将会导致对拜物教的无意识认同和膜拜,"资产阶级经济学"和常识意识正是囿于认识论意义上的标准,才陷入对社会关系的物化形式而不自觉,这正表明了拜物教对人们思维的强大的"社会效力"。如果从功能性的观念形态角度出发,就会发现拜物教"有社会效力"意味着人们认同了商品所采取的物化形式,这表明拜物教是功能性的观念形态。把商品的物化形式当成是资本主义生产方式的自然而然的规定性予以接受,把商品的天然属性当成是社会化生产的永恒的自然规律,这是拜物教成为意识形态的关键之处。

既然拜物教是意识形态,那么同其他意识形态一样,拜物教也存在真假的问题。按照意识形态之真假的低阶标准,拜物教如具备最低限度的真实性,其需要满足的条件是社会关系所采取的物化形式能够促进广大特殊利益主体的真实普遍利益。我们知道,拜物教的典型特征就是把社会关系所采取的物化形式当作人类生产的永恒的对象性形式,就物化形式仅仅是人类生产发展到资本主义阶段才出现的特定现象而言,这种把物化形式"自然化""非历史化"的做法当然是歪曲了人类生产的本来面目。在这种意义上,彻底地否定拜物教,实质上就是彻底否定商品经济、否定广大特殊利益主体的生存基础。

作为功能性的观念形态,拜物教的本质特征是"拜物",根本功能是把历史形成的特定形式"自然化"为永恒形式、非历史形式。我们在看到拜物教的真实普遍性的同时,也要看到拜物教的物化形式阻碍真实普遍性的实现、阻碍广大特殊利益主体之特殊利益实现的虚假性方面。这些方面表现为以下几点:首先是掩饰着特殊利益主体之间社会关系的本来面目,从而对广大特殊利益主体从特殊性中的解放造成障碍。其次是夷平了特殊利益主体丰富的价值世界,使得特殊利益的价值维度变得单一和狭隘。最后是钝化了特殊利益主体的生命感觉,使得特殊利益主体对利益之外的生活世界麻木不仁。

意识形态真假性的具体体现 II：
高阶标准中的拜物教真假性问题

下面我们将考察高阶标准视域中拜物教的真假性问题，即拜物教物化形式所维护的资本增殖利益是否能够促进普遍利益。拜物教是资本主义社会"最普遍"的普遍性形式。然而，这还只是问题的一个方面，甚至是一个表象，因为在拜物教的普遍形式之下，其所维护的不是与普遍形式相对应的普遍利益，而是以资本增殖利益为核心的资产阶级特殊利益，如果资本增殖利益能够代表普遍利益的未来，那么拜物教则具有最高限度的真实性，反之则不具备最高限度的真实性，即在真实普遍性的视域观照下，拜物教既有虚假性，同时也有满足低阶标准的真实性。拜物教作为弥散于现代社会的观念形态，是社会关系在社会化商品生产条件下必然采取的物化形式以及广大特殊利益主体对这种物化形式的集体无意识膜拜，资产阶级并不是拜物教得以产生的客观基础。进而言之，资产阶级同样陷入于对拜物教的无意识膜拜当中，资产阶级以其追求资本增殖利益的强大驱动无意识地造就了商品生产在社会化尺度上的展开，由此在客观上导致了社会关系的物化形式的社会化铺展，资产阶级同样迷惑于商品生产和交换所采取的物化形式。

在拜物教由认识论意义上的观念形态转化为功能论意义上的观念形态的过程中，资产阶级发挥着至关重要的驱动作用。正是在这种意义上，拜物教成为资产阶级特殊利益得以实现的意识形态之普遍性形式，换言之，资产阶级对拜物教之产生的"无责任性"并不能免除其对拜物教成为意识形态的"责任性"，正是在拜物教与意识形态的连接点上，我们可以以拜物教真假的高阶标准来衡量资产阶级特殊利益与社会普遍利益的关系。上述关系可以表述为，拜物教物化形式所维护的资产阶级特殊利益由于固执于资本增殖的维度，因此在直接关系层面上不仅无法促进普遍利益，而且阻碍众多特殊利益的实现，但是在辩证扬弃的层面上，由于资本增殖终将违背自己的意志从而超越特殊性原则、为具体普遍性的实现创造条件，因此它就成为普遍利益得以实现的不自觉工具。

原载于《马克思主义与现实》2020 年第 4 期

马克思主义"现实性"思想三原则解析

李昕桐*

在马克思主义理论中,现实性思想具有基础性的价值。对现实的研究关乎马克思对思辨的形而上学的超越、哲学和政治经济学的融通,及历史唯物主义研究的进一步深化;而且就现实意义而言,也关乎对当代中国和世界现实问题的战略思考。笔者认为,"现实"概念经历了马克思对黑格尔和费尔巴哈思想的扬弃,又经历了马克思自身思想的演变,以及后继承者对"现实性"思想的发展,最终确立了以唯物史观为思想核心的内在结构和思想原则。

现实的辩证总体性原则

马克思主义现实的辩证总体性原则源于黑格尔的哲学思想。从黑格尔的"现实性"思想的论证可以看出,辩证运动形成了现实的综合特征,也就是存在因其自身分裂产生张力而具运动性,或者说存在的两分性使得存在不只是其本身,而总是具有向外自我实现的趋势,并被包括在推动其向前发展的变化进程中。因此本质与实存属于一个交互作用的领域,这种交互作用就是矛盾的源泉:存在的内在割裂性产生趋向统一的张力,便形成自我的否定之否定的运动性,推动着事物朝着它们的发展潜能方向运动。正如花

＊ 李昕桐,黑龙江大学哲学学院副教授。

朵开放时花蕾消逝,结果时花朵又成为虚假的存在形式,但它们的流动必然构成了完整的统一生命体一样,事物内在性与外在性的差异赋予了"现实"走向超越外在直接性的驱动力,并赋予其自身发展的、联系的、过程的自我确定的辩证性,而现实自身的辩证运动性又必然被理解为无法拆分的开放的总体性。

马克思继承了黑格尔现实的历史发展辩证的总体性思想,即现实不是静态的或结果性的给定物,而是通过对历史的追溯达到对未来展开的必然性的把握。但马克思批判了黑格尔把现实"作为自我综合、自我深化和自我运动的思维的结果"①,颠倒了其"头足倒置"的思想,将黑格尔现实性思想的起点由实体的抽象形式回归到了现实世界的丰富内容中,并将意识作为"存在的意识"赋予其历史性特征。马克思把历史的全部运动理解为"既是它的现实的产生运动——它的经验存在的诞生活动——同时,对它的思维着的意识来说,又是它的被理解和被认识到的生成运动"②。进而,马克思通过"从抽象到具体"的辩证法对具有动态历史性的现实总体加以阐述。进而,马克思通过"从抽象到具体"的辩证法对具有动态历史性的现实总体加以阐述。"从抽象到具体"就是理论抽象上升到思维具体,即凭借思维的范畴、概念,在逻辑上呈现社会总体的产生、发展的历程,使现实总体在思维上具体再现的科学方法。

马克思切中现实的辩证总体性方法——"从抽象到具体"——就是通过逻辑思维的综合力量,把事物各个方面的本质认识按照它们固有的关系连接起来,将现实历史复杂的演化过程在思维中呈现出来,并把它们综合成一个各方面相互联系、相互制约的统一总体,亦即就社会而言具有总体性特征的社会现实。这里我们可以看出,"从抽象上升为具体"如同黑格尔的存在自身分裂与统一、循环往复、扬弃的辩证关系一样,不是单一的线性思路,而是通过在"抽象与具体"之间的往来波动和交相映证所形成的一种对事物"总体"的把握。马克思对资本主义社会的研究和对资产阶级古典经济学

① 《马克思恩格斯选集》第 2 卷,人民出版社 2012 年版,第 701 页。
② 马克思:《1844 年经济学哲学手稿》,人民出版社 2000 年版,第 81 页。

的分析批判,就是现象总体中抽象出某种结构,并在头脑中具体再现资本主义社会的现实。马克思《资本论》的整个科学理论体系也是运用这种方法建构起来的。

"现实"如同一个没有边缘的整体,由历史滚滚而来,又不断地向那个由于自身矛盾体的否定之否定的扬弃而"必然"地向未来展开着,但无论如何,这个"现实"意味着一个总体发展的趋势。这就是黑格尔通过存在的自身分裂得出的承载着社会性和历史性的现实的辩证总体性原则,后被马克思及马克思的后继者批判继承。马克思主义者去除了黑格尔"绝对精神"给予现实的先验结构,真正地从社会实存出发,并通过辩证法的合理性把握社会现实。

现实的经济本质性原则

从以上论证我们看到,黑格尔赋予了"现实"以辩证历史运动特征,并通过"现实"是"本质与实存的统一"昭示了其批判纯粹主观思想,强调必须通过内外统一于自身的现实事物展现其本质的"现实"观点。然而,作为现实事物(实存)所依据的内在本质却被理解为一个"先验的结构",而且作为这个先验的本质被确立为神秘抽象的"绝对精神",使得作为内外统一于自身的"现实事物"成了这个神秘的内在本质的自我对象化体现,使得具有真正丰富内容的社会经验现实作为抽象神秘的绝对精神的异化(外化)以及异化返回自身而被扼杀,使得黑格尔的现实性思想成为抽象无根的空中楼阁,也因此使得黑格尔试图摈弃纯粹主观思想而接近的"现实"仍是被思想遮蔽的、空洞的、远离现实的"现实"。

在《黑格尔法哲学批判》中,马克思针对黑格尔"国家决定市民社会"的颠倒,批判了黑格尔将"抽象的现实"替代"真正的现实"。马克思认为,现实本身存在着本质层面,但绝不是黑格尔理解的从先验的虚幻的绝对精神那里获得的"抽象本质",而是应该从真正的社会现实中获得的"真正的本质"。那么这里就需要论证两个问题:什么是真正的社会现实? 由什么来确定现实的本质?

　　什么是"真正的社会现实",即社会现实的内涵是什么呢？马克思对社会现实的理解不是一蹴而就的。马克思的社会现实理解经历了早期与自我意识对峙时期的直观的、非反思的"现实"理解,而后借鉴费尔巴哈"感性的对象性"和"现实的人"的思想,把欧洲自柏拉图以来将现实所归于的理念世界拉回到了具有确定性的、以自身为根据的、感性经验的"现实的人"的世界。只有从事物质生产活动所具有的社会性意义的活动主体——"现实中的个人"——才能超越费尔巴哈"类"的抽象性,才能作为构建"现实"的主体,同时也只有作为"现实中的个人"的主体从事的全部活动所构建的历史才能被称作"现实"。这就是"现实中的个人"以物质生活的感性存在作用于对象的创造活动的生存。

　　这样,以"现实的个人从事物质生产所创造历史"立论的"现实观"突破了纯粹意识的内在性,将人的本质深刻地确立起来,现实的主体与世界完美的统一。这个社会现实终于被理解为生动的、具体的、不断生成的统一体,在其中存在者现实地存在,而存在者的现实存在就是历史的生产。从这里我们也可以看出,马克思现实观的确立与历史唯物主义思想紧密相连。马克思的"现实",应该是真正地从现实的个人出发,从现实中个人的物质生产出发,从内容丰富的社会实存出发的经验的人的现实。这样,社会现实的内涵就最终被马克思理解为:从事物质生产的个人所创造的全部历史。

　　社会现实的内涵被确立为产生历史经验的全部运动,或者说从事物质生产的个人所创造的全部历史,那么,社会现实的"真实本质"就应该从这个具有真正丰富内容的社会经验实存(社会现实)中获得,即从这个由现实中的个人所从事的物质资料生产而创造的历史中获得。进而需要我们掌握的就是由此而产生的下一个问题:由什么来确定社会现实的本质呢？亦即社会现实依据什么在其中必然展开呢？在马克思的历史唯物主义的视野中,社会的现实本质乃是生产方式,它从人的关系中产生,并在改造人的关系中起作用。这种生产方式也可以称为人类社会基本结构的"生产关系",但无论如何生产方式在历史中自身生成和变化发展,所以社会现实就是生产方式变动结构的历史整体。

现实的劳动实践性原则

马克思把现实理解为自身发展辩证的历史过程,一个一直处于否定之否定的扬弃运动中的总体,并认为可以通过社会实存的历史性和内在本质(经济结构)的理解来把握现实发展。而这个内在本质所内蕴的强烈活性就是人们的劳动实践活动。马克思认为,黑格尔辩证法否定之否定环节中的"真正的活动和自我实现的活动",虽然是抽象的、逻辑的、思辨的精神劳动,人的本质的对象化不过是在意识思维中的占有,但是应充分肯定黑格尔作为推动原则和创造原则的否定性。这便确立了劳动作为人的本质的现实性观点:在劳动中,一切对象对人来说成为他自身的对象化,成为确证和实现自我的对象,因而成为人自己本质力量的现实。人作为现实的类的存在物,实现自我的全部类力量,只有在通过人的活动创造历史的现实中,这种力量才能彰显。马克思抛弃了黑格尔"劳动的抽象精神活动本质"——自我意识,继承了黑格尔"把劳动看作人的本质"思想,劳动作为人的自我确证的本质,劳动在现实层面上表现为人的对象化,是在思维中反映出对象化的表现,并且在对象性中实现自我的思想。

一方面,马克思认为本体论意义上的劳动还包含着社会关系,劳动是社会存在的基础,劳动创造人的社会和人的历史。马克思将劳动看作现实的人的基础性或者说第一性的实践活动;另一方面,劳动本身的范畴被扩大,除了作为基础的生产性内涵,同时也作为社会政治活动、社会革新而成为社会现实总体充满生机发展动力的内蕴。总之,劳动伴随着、实现着社会历史的人的发展,人在劳动中不断丰富和展现他的主体性和能动性,人在劳动中不仅形成现实性的自然属性、精神属性和社会属性,而且生成着以劳动性为基础的实践活动的其他形式:政治活动、伦理活动。所以,马克思实践概念的核心内容——劳动,既包含着物质生产活动,也包含着物质生产活动之上的政治思想活动。不仅物质劳动创造价值,而且政治思想活动也生产着价值,整个人类社会都因这些活动(劳动)而成为历史性的存在和主体性的存在。

原载于《哲学动态》2020 年第 11 期

构筑马克思政治哲学的理论基石

刘 梅*

如何揭示马克思思想中政治经济学批判与政治哲学的内生关系。这就要求我们一方面重新理解包括《资本论》及其手稿在内的政治经济学批判,尤其是揭示其中的政治哲学内涵;另一方面把西方(尤其是洛克以来)政治哲学纳入政治经济学批判的理论视域中重新审视,最终在政治经济学批判与西方政治哲学的相互阐释中重新理解马克思政治哲学的理论内涵。基于此,本文尝试从劳动所有权这一近代政治经济学和政治哲学的根基性问题入手,通过对劳动与所有权从同一到分离乃至对立的发展历程的考察,深入揭示资本主义所有权背后的剥削关系,以期为马克思政治哲学的当代建构提供可能的参考路径。

劳动所有权的悖谬:一个自由主义的难题

劳动所有权是近代西方政治哲学与政治经济学共同关注的焦点问题,也是整个西方自由主义的理论根基。在哲学史上,首先提出劳动所有权并将其作为一个政治哲学范畴使用的人是洛克。在《政府论》中,他从个人对自身人格和劳动的原始所有权出发探讨了财产权问题,即个人如何通过劳动获得所

* 刘梅,中央民族大学哲学与宗教学学院讲师。

有权。在《剩余价值论》中,马克思特别摘录并评价了洛克的这一经典表述。正是基于人以劳动的方式对物所施加的创造,才确证了人对物的占有关系(即所有权)的合法性。因而,与生命权一样,由劳动确立的所有权也是人的自然权利的一部分,是人格中本身就有的东西。正是出于这个原因,洛克特别强调劳动本身的创造性,甚至刻意抹杀物本身的质料因素,并试图以劳动的创造性取代物品的整体价值。在洛克看来,只有这样,物才能以绝对被创造的方式归属于劳动者所有。

事实上,洛克有关劳动所有权的观点并未形成系统的理论,他所谓的"劳动"说到底只是农业劳动,尚未真正形成"一般劳动"概念。这个任务是由亚当·斯密完成的。然而,作为斯密口中"财富的源泉",劳动在国民经济学中只是一个抽象的起点,所有权也只是一个如几何公理般的理论前提,很少真正引起国民经济学家的重视。在谈到资本时,他们甚至直接否认了"劳动是资本的来源"这一事实。在《国民财富的性质和原因的研究》(以下简称《国富论》)中,斯密认为,虽然劳动是财富的重要源泉,但是,作为资本的财富最初来源于资本家个人的节俭。正是基于此形成了资本的原始积累,因此,资本所有者有权要求占有劳动产品的主要部分。在自由竞争的条件下,这将最终导致生产力的发展、社会产品的丰富和全体社会成员生活的改善以及道德情操的提高。于是,最大限度地追求利润就成为资本家进行社会再生产的首要目的。

问题在于,随着私有制产生并成为普遍现象,劳动与所有权的这种原始同一性就逐渐丧失并最终走向分裂和对立。以往社会中可以凭借自身劳动直接占有劳动产品的现象消失了,取而代之的是作为劳动价值象征的工资。《国富论》中,斯密就已经不自觉地触及了这一问题,所以他在充分肯定了劳动所有权之后,从第 6 章开始论及"商品价格的组成部分"时,似乎又承认了劳动、资本和土地三种所有权同时并存的事实。其实,早在 17 世纪,洛克就已经察觉并在事实上承认了这一点,即在私有制条件下,劳动者与劳动、劳动产品、小块土地三种所有权已经走向了分离。可见,在洛克和斯密那里,劳动与所有权的同一性问题始终没有得到最后解决。

劳动所有权批判：马克思政治哲学的出场路径

在《法哲学原理》的第三篇"伦理"章中，黑格尔第一次在市民社会的历史境遇中考察了所有权问题，这也是他对所有权问题之阐释的最后完成。事实上，早在《精神现象学》中，黑格尔就试图超出近代政治哲学自然法和契约论的解释框架考察劳动所有权问题，即在世界历史意义上理解劳动所有权问题。马克思充分肯定了黑格尔的历史贡献，同时也敏锐地发现了其所有权理论存在的问题。由于黑格尔对市民社会的理解仍然停留在伦理的意义上，无法触及更深层次的社会历史关系，因此，他的所有权理论最终也没有摆脱自由主义所有权的形式规定。

马克思批判了黑格尔主谓颠倒的所有权理论，也批判了自由主义所有权的超历史性：所有权的发展是与不同时代的社会关系相关联的，"要想把所有权作为一种独立的关系、一种特殊的范畴、一种抽象的和永恒的观念来下定义，这只能是形而上学或法学的幻想"①。在批判黑格尔和自由主义所有权理论的基础上，马克思得出结论："法的关系正像国家的形式一样，既不能从它们本身来理解，也不能从所谓人类精神的一般发展来理解，相反，它根源于物质的生活关系。"②要揭示这种"物质的生活关系"就必须深入政治经济学中，对资产阶级政治经济学展开批判。马克思发现，在资本主义条件下，所有权总是与私有制勾连在一起，在其自由平等的表象下隐藏着"迄今为止最发达的社会关系"——资本，这才是造成劳动与所有权分离的深层社会根源；而揭示这一根源及其发展规律并寻求超越的现实路径，正是以《资本论》为代表的政治经济学批判的根本任务。

与私有财产的现代形式一样，所谓"自我所有"的个体工人从共同体和生产资料中脱离出来本身就是一种历史的创造。因此，资本原始积累实质上就是把本来具有自然同一性的劳动者、劳动与所有权强行分离的历史过程，独立

① 《马克思恩格斯文集》第 1 卷，人民出版社 2009 年版，第 638 页。
② 《马克思恩格斯文集》第 2 卷，人民出版社 2009 年版，第 591 页。

存在的雇佣劳动力和货币资本由此产生。经此分离,劳动所有权被资本所有权取代,相应地,价值规律转化为剩余价值规律,商品生产的所有权规律转化为资本主义的占有规律。这是所有权问题在资本主义条件下的进一步深化。对这一问题的揭示,直接揭开了隐藏在资本主义自由平等表象下的剥削的秘密,也解开了资本主义生产方式起源之谜。在这样的前提下,洛克基于"自我所有权"的自然权利所确立的财产权只能是一种理论上的臆想,斯密有关资本主义经济终将带来人与人之间的和谐友爱的道德情操论也注定落空。

《资本论》与马克思政治哲学的当代建构

劳动与所有权问题无疑是以《资本论》及其手稿为代表的政治经济学批判的重要议题,也是理解和构建马克思政治哲学的关键所在。在揭示出资产阶级劳动所有权同一性的虚假事实之后,马克思进一步提出了消灭资产阶级所有权以及重建个人所有制的历史任务。实际上,马克思区分了两种不同类型的所有权:一种是建立在个体劳动基础上的所有权,这种所有权不会带来剥削和支配,因而是要保护的;另一种是依靠剥削手段获得的所有权(如资本所有权),它本质上是所有权的异化。对于后者,马克思恩格斯主张要坚决消灭,即"共产主义并不剥夺任何人占有社会产品的权利,它只剥夺利用这种占有去奴役他人劳动的权利"①。在资本主义条件下,正是这种占有他人劳动的权利逐渐成为现代政治的主导力量。

在政治经济学批判尤其是后来的《资本论》中,马克思发现了现代政治的本质——权力与资本共谋。与封建专制强权的直接占有形式不同,资本主义政治权力是一种看不见的"构序力量"和"关系线",它在资本关系的生产和再生产中展开自身,并在根本上服从于资本增殖的逻辑。因此,对马克思来说,传统政治哲学中诸如公平、正义、国家、权力等普遍概念就不再是第一位的、原初的、完全既定的对象,而是必须在与资本的相互关系中才能获得自身的规定性。换言之,正是资本主义政治现实的异质性结构在根本上决定了传统政治

---

① 《马克思恩格斯文集》第2卷,人民出版社2009年版,第47页。

哲学概念的无效性。作为资本对劳动的剥削关系合理化的产物,近代西方政治哲学所谓的自由、平等、人权说到底都只是在维护有产者的特权,它既不能带来普遍的、现实生活的自由,也无法对现代社会中普遍存在的劳动与资本的对立作出合理的解释。基于此,马克思政治哲学与政治经济学批判就不是基于某种需要的"外在嫁接",而是一种根本意义上的"内生关系",不是我们非要从马克思思想中开辟出一个政治哲学的学术向度,而是资本主义政治现实的异质性结构内在地要求政治经济学批判。也正是在这个意义上,我们可以说,一切试图绕开与资本的关系、回避政治经济学批判的政治哲学建构都无法对现代政治作出根本的解释——或者说,没有经过政治经济学批判的政治哲学是无效的。

因此,构建马克思政治哲学首先就要突破传统规范性政治哲学的束缚,在资本的生产和再生产过程中深入揭示资本主义政治现实展开的内在逻辑,这是《资本论》的隐性"现实",也是马克思政治哲学的理论前提。在马克思看来,正是资本统摄着现代社会的一切问题,构成了现代政治中合作、对立、冲突、强制等现象背后的现实根源。在现代社会,也正是传统的宗法统治、国际依附、生态结构与资本主义剥削共同构成了一个相互关联的结构体系,它们在根本上都受到了资本逻辑的先行定向。换言之,正是资本构成了现代政治的根本规定,在这个意义上,当代政治哲学研究就不能不加批判地承认西方政治哲学有关自由、平等、正义、法权等抽象原则,而是要在深入揭示资本关系即在政治经济学批判的基础上对这些概念作出重新解释。

在《资本论》中,通过商品、货币、资本、劳动等政治经济学概念取代自由、平等、权利等传统政治哲学概念,马克思政治哲学的核心就从"劳动与所有权"问题转化为"雇佣劳动与资本"问题;进而,有关"资本主义占有规律"的研究取代"商品生产的所有权规律"便成为问题的关键。也正是在这个意义上,我们说,马克思政治哲学是内在于政治经济学批判之中的,是哲学批判、政治学批判和政治经济学批判的内在统一。

原载于《哲学动态》2020 年第 6 期

六、马克思主义哲学中国化研究

"小康中国"的历史方位与历史意义

吴晓明[*]

中国即将全面建成小康社会。这是中国自近代以来历史性实践的必然产物,是中华民族伟大复兴事业的一个划时代的里程碑。这个里程碑可以用"小康中国"来命名。它既意味着某种到达,即特定历史性任务的完成与实现;又意味着某种开启,即向着一个新目标的筹划与出发。因此,这个里程碑所标志的乃是一个具有重大意义的历史性事件。而作为这样的历史性事件,"小康中国"有它的过去、现在和未来。就此需要深入理解的是:"小康中国"的本质来历;"小康中国"所处的历史方位;"小康中国"再出发的未来前景。

"小康中国"的本质来历

小康社会的全面建成,标志着"小康中国"的实际到来,而这一到来乃是真正历史性的。所谓"历史性的",是指它作为历史事件包含本质的和必然的环节(用当代哲学的术语来说,是"命运性的")。如果说小康社会的建设是中国自近代以来历史性实践的产物,是中华民族伟大复兴事业的一部分,那么,在这一过程中,居于本质性和必然性地位的规定就是:现代化;马克思主义中国化;由上述两个规定而来的中国特色社会主义。

---

* 吴晓明,复旦大学哲学学院教授。

首先是现代化这一规定，它本质重要地出现在中国自近代以来的历史性实践中，并且成为中华民族复兴事业的持久基础。之所以如此，是因为现代性在特定阶段上的"绝对权力"，是因为以资本和现代形而上学为主干的现代性在开辟出"世界历史"的同时，也布局了现代世界之基本的支配—从属关系。马克思将之更明确地表述为：它迫使一切民族——如果它们不想灭亡的话——采用现代的即资产阶级的生产方式，也就是说，迫使一切民族进入现代资本主义的文明之中。

对于中华民族复兴事业的历史进程构成本质规定的，不仅有"现代化"，而且还有"马克思主义中国化"。虽说马克思主义中国化这个规定较为晚出，但它同样是关乎本质的规定，是不以人的意志为转移的必然规定。以五四新文化运动为起点，中国近百年来的历史性实践在展开其现代化进程的同时，揭示出这一进程与马克思主义开始建立起本质的关联。这种本质关联的核心在于：中国的现代化事业必须经由一场彻底的社会革命来为之奠基，而这场社会革命历史地采取了新民主主义—社会主义的定向。不仅如此，与中国近百年的历史性实践建立起本质关联的，不仅是一般而言的马克思主义，而且尤其是中国化的马克思主义，是在中国的历史性实践中不断生成并不断获得生机的马克思主义。

由此我们可以清晰地看到，对于自中国共产党成立以来近百年的历史性实践来说，它的本质的、必然的规定是现代化和马克思主义中国化。这两个规定同样也构成"中国特色社会主义"的基础领域，这个基础领域是指现代化任务的继续执行和马克思主义中国化进程的持续开展。改革开放标志着中国特色社会主义道路的积极开启，而建设小康社会的目标正是在这一道路的开启中被提出来的。这条中国特色社会主义道路的阶段性目标具有一个中国特色的名称——"小康"。现实的历史道路不仅是目标，而且是目标的实践展开或付诸实行。如果说中国特色社会主义在 20 世纪的最后 20 年中，实现了从贫困到温饱、从温饱到总体小康的积极跨越，那么，21 世纪的头 20 年，就是全面建成小康社会的历史进程，就是从较低水平的、尚不全面不平衡的小康，决定性地抵达小康社会的全面建成。在这个意义上，小康中国的历史性实现，既可以看作改革开放以来历史进程的阶段性完成，也可以看作建党和新中国成立以来更长久历史进程的重大成果。

"小康中国"所处的历史方位

中国特色社会主义是一个波澜壮阔的历史进程,而在这一进程中构成基本实践的正是小康目标的提出、展开、深化和全面实现。正像2020年将以"小康中国"作为里程碑而载入史册一样,这个里程碑是以中国特色社会主义的全部历史性成就来铸造的。从历史性意义上来概括这种成就则可以在深度和广度上举出两个要点来加以提示。

第一,全面建成小康社会,从纵深上来说要求彻底消除贫困。它是全面建成小康社会的基本目标之一,甚至可以说是其最基本的目标。近年来如火如荼推进的"脱贫攻坚战",最为坚决并且卓有成效地致力于脱贫目标。这一目标的达成将是真正历史性的:不仅因为消除贫困对于全部中国的历史来说是史无前例的,而且因为如此大规模人口的迅速脱贫在世界史上同样是——并且尤其是——史无前例的。如果说,中华人民共和国成立之初的"扫盲"(消除文盲)所取得的成就曾经得到过国际社会的高度评价,那么,小康中国被称为奇迹的脱贫成就,则是无论怎样评价都不为过的。

第二,全面建成小康社会,从广度上来说是"五位一体"发展理念的决定性达成。所谓"统筹推进"经济建设、政治建设、文化建设、社会建设和生态文明建设,正意味着以上诸方面的建设只有成为一个有机的和彼此促进的整体,才能构成全面发展、可持续发展的坚实基础。在现代化的一般进程中,特别是在这一进程的展开之初,不同领域的推进往往是参差不齐的。这种情形,只有在发展的特定阶段上才能被清楚地意识到,并且得到多方有效的整合。如果说全面建成小康社会的历史性实践,使我们很快明确了诸领域统筹推进的本质要求,那么,"五位一体"的发展理念就会作为小康中国的主要理论表现而得以确立和巩固。这同样是一项重大的历史性成就,因为就像此前的历史性进程发展出这一理念并付诸实践一样,未来的实践展开将首先依循这一理念来起步投足,并反过来使理念本身得到充实和提高。

全面建成小康社会意味着某种完成,意味着小康中国的历史性到达。但是，就其作为一种真正的历史性到达而言，它必定同时就是一种积极的开启，是一种以以往建设的全部成果作为前提的再出发。就此而言，小康中国总是标志着一个既作为终点又作为起点的转折。如果说，重大的历史转折是由我们身处其中的时代状况和立足其上的历史方位来规定的，那么，我们就有理由问：小康中国处在怎样的时代状况中，并居于怎样的历史方位呢？为了回答这个问题，必须对时代的变迁形成本质的洞见。党的十九大报告就当今时代给出了一个根本的历史性判据："经过长期努力，中国特色社会主义进入了新时代，这是我国发展新的历史方位。"①由此可以形成两个基本判断。第一，伴随着全面建成小康社会的历史进程，中国特色社会主义进入"新时代"；第二，已然建成的小康中国，正处在"我国发展新的历史方位"上。

新的历史方位是做出这种历史性估量的坚实基础。党的十九大报告明确地将新的历史方位揭示为一个三重的意义领域，它是由（1）对于中华民族的意义，（2）对于世界社会主义的意义，以及（3）对于人类整体进步的意义来构成的。然而，新的历史方位不只是由这一意义线索构成的。中国特色社会主义进入新时代，还"意味着科学社会主义在二十一世纪的中国焕发出强大生机活力，在世界上高高举起了中国特色社会主义伟大旗帜"②。这是一个关于世界社会主义的历史性叙事，尤其是一个关于中国特色社会主义和世界社会主义特定联系的历史性叙事。不仅如此，新的历史方位还有第三条意义线索，它是和世界历史的整体发展本质相关的。这一线索的历史性呈现，是由于中国特色社会主义在各个方面（特别是道路、理论、制度、文化）的不断发展，拓展了实现现代化的途径，提供了不同国家和民族谋求发展的全新选择，从而"为解决人类问题贡献了中国智慧和中国方案"③。

"小康中国"再出发的未来前景

"小康中国"处在新的历史方位上。这个历史方位不仅表明小康社会的

---

① 《习近平谈治国理政》第三卷，外文出版社 2020 年版，第 8 页。
② 《习近平谈治国理政》第三卷，外文出版社 2020 年版，第 8 页。
③ 《习近平谈治国理政》第三卷，外文出版社 2020 年版，第 9 页。

全面建成,对于中华民族的复兴事业具有深远的意义,而且开始显现出中国特色社会主义的历史进程对于世界社会主义、对于人类文明的整体进步所具有的意义。虽说后一种意义还只是初露端倪,但就其性质而言却是至关重要的。它意味着中华民族自近代以来所开辟的现代化道路,尤其是中国特色社会主义道路,在它的进程中抵达了一个转折点;在这个转折点上,中国道路的历史性成就开始具有"世界历史意义":特定的民族在特定的历史阶段上承担起世界历史任务;由于这种任务在世界历史中具有更高的普遍性,因而便展现出它的世界历史意义。

中国道路之所以能够在特定的阶段上展现出这样一种意义,最关本质地,是由于中华民族的伟大复兴在完成现代化任务的同时,正在开启一种新文明类型的可能性。在中国特色社会主义的展开过程中,在全面建成小康社会的历史性实践中,那种能够标示新文明类型之可能性的基本要求和重要主张,已时而在我们眼前积极地呈现出来。这种可能性的识别标准是:它以占有现代文明的积极成果为前提,但它的本己性质不能不越出现代性的规定之外。如果我们的观察完全囿于现代性的眼界,那么把握这种可能性的前景从一开始就变得毫无希望了。如果说,现代性视域中的晚近观点被归结为"文明的冲突"(亨廷顿),那么"文明的互鉴"则在新文明类型的可能性中具有积极的生存和真实的意义。我们通过上述例证无非是表明,当中国特色社会主义发展到特定阶段时,特别是当这个阶段开始展示新的历史方位时,在我们眼前继续推进的现代化进程,便不可避免地呈现出新文明类型的可能性。事实上这样的例证是很多的,它们仿佛是在这一历史进程中不可遏制地涌现出来:"以人民为中心"的发展理念是如此,"人类命运共同体"的理念也是如此。

原载于《中国社会科学》2020 年第 12 期

以哲学把握经济的基本方式

韩庆祥*

中国特色社会主义进入新时代,需要对我国经济活动、经济问题进行总体反思。这种反思首先要回到经济哲学研究的原点,依据马克思主义经典文本,对"经济哲学"给出全面深入的理解。总体来讲,理解"经济哲学"有五个维度,分别从本体论、认识论、辩证法、价值观、人学切入,具有环环相扣的逻辑关系。这五个维度,实际上也是哲学把握经济的基本方式。

对经济活动的本体论理解:追问劳动的本质

当面对经济活动、经济问题与经济学时,首先要追问经济活动的本体之维——对劳动本质的理解。改革开放之初,我国一些地方往往把经济建设仅看作"项目经济",又把项目经济仅看作"金钱经济"。这种理解是对经济建设的本质在认知上出现了偏差。在这种把追求经济项目、GDP 增长当作唯一的进程中,从事经济哲学研究的学者强调,不能把经济增长和经济发展仅理解为GDP 的增长,还要关注经济增长和经济发展中的"公平正义""人的价值"。后来,中央也提出了"以人为本的科学发展观"。党的十八大以来,习近平同志又提出以人民为中心的发展思想。这些,都体现了对我国经济活动、经济发

---

* 韩庆祥,中共中央党校(国家行政学院)一级教授,原中共中央党校校委委员。

展、经济问题之本质的哲学反思和追问,具有重要的学术价值和实践意义。

对经济活动的认识论分析:追问经济问题的哲学之道

自觉从哲学之"道"的层面来认识和理解经济活动、经济问题,或者自觉理解和把握经济活动、经济问题中的哲学之"道"。追问经济活动的本体离不开人的认识,需要借助人的认识来进行,因为认识是达到对事物本质的认识。

马克思主义哲学认识论的核心观点,就是强调人的认识是在实践基础上达到对事物之本质的认识。要达到这一目的,一般要经过两个阶段:一是从感性认识上升到理性认识,这是第一次飞跃;二是从理性认识回到实践,这是第二次飞跃。感性认识所认识的是事物的现象,理性认识则是认识事物的本质。对事物和对象的认识,首先是对其现象的认识,最后要达到对事物、对象之本质的认识,这种认识的成果就是"道"。先看社会主义市场经济。把社会主义制度和市场经济有机结合起来,已被党的十九届四中全会列入我国现阶段的基本经济制度。"利益",并非市场经济的真正之"道"。要真正认识和理解市场经济之"道",必须进入哲学层次。如果从哲学层次来认识和理解市场经济之"道",那么,市场经济就是追求"利益—能力—理性—自立"四者的有机统一。

再看分配制度。分配是马克思主义政治经济学的一个核心问题,它涉及人的根本利益。按照能力和业绩进行的所谓第一次"市场"意义的分配应有其边界。这时,就必须超越对分配仅仅作经济学或"市场"意义上的狭隘认识和理解,进而从哲学所讲的"正义"层面来认识和理解分配,这种分配实际上就是人们所讲的第二次分配。这种分配主要是在政治领域进行的,因而在这种分配中,政府必须出场。就是说,政府要基于哲学理念上的"正义"原则,运用公共权力和公共政策,通过财政和税收等手段,对人们之间过大的收入差距进行合理调节。显然,上述所讲的第一次分配实质上是解决经济效率问题,体现的是"公平",它有助于"做大蛋糕",促进经济发展;而第二次分配实质上是致力于解决社会稳定问题,体现的是"正义",它有利于"分好蛋糕",使经济社会发展具有稳定性和可持续性。

最后看当代中国经济快速发展的奇迹。从"哲理"来看,创造中国经济快速发展奇迹的哲学之道,可以理解为在中国共产党领导下的"权力""劳动""资本"三大根本要素之合力的结果。这三个要素具有严格的界定。"权力",这里仅指中国共产党集中统一领导的力量,具体体现为中国共产党运用"权力",动员、组织和集中国家资源和力量办大事。这里所谓的"资本",主要是"国家掌握和驾驭的资本",当然也包括被国家允许、鼓励和引导的民营经济中的"资本"。"劳动",指的是中国特色社会主义事业的建设者,具体来说是指从事整个社会财富创造的中国广大劳动人民群众及其人民主体力量。

对经济活动的辩证法阐释:经济问题的哲学分析

无论是理解和把握经济活动的本体,还是理解和把握经济活动、经济问题中的哲学之"道",都需要借助辩证方法。列宁曾讲过,辩证法也就是马克思主义的认识论。《德意志意识形态》《共产党宣言》《资本论》,是用辩证方法分析经济问题的典型样本。这种用辩证方法分析经济问题之重大成果,就是实现了哲学变革、经济学变革和政治学变革。

在《德意志意识形态》中,马克思恩格斯通过对经济问题的哲学分析,创立了唯物史观,从而实现了"哲学变革",即通过对经济问题(肉体组织的需要—吃喝住穿—物质生活资料—物质生产劳动)进行哲学上的辩证分析,从而创立了唯物史观。在《资本论》中,马克思运用唯物辩证法的矛盾分析方法,从分析和揭示经济学中最基本的事实和细胞——"商品"开始,一步一步地揭示出剩余价值的来源或产生的秘密,从而创立了剩余价值学说,创立了以劳动人民为本的马克思主义政治经济学,实现了"经济学变革"。在《共产党宣言》中,马克思恩格斯运用唯物辩证法及唯物史观,分析和揭示了资本主义社会的现实逻辑,创立了科学社会主义,实现了"政治学变革"。

当面对经济活动、经济问题时,也要注重对其作哲学分析和"批判"。新时代中国特色社会主义建设的一个基本事实,就是要经常处理其发展过程中必然遭遇的一系列基本矛盾关系,诸如"社会主义制度和市场经济""政府和市场""效率和公平""劳动和资本""又快又好""跨越式发展和循序渐进""经济全球化和独立自主""经济发展和环境保护"等。能否正确处理这些矛盾关系,事关新时代中国特色社会主义建设事业的成败。要正确处理这些矛盾关系,就必须运用辩证方法。善于运用辩证分析正确驾驭和处理好这些关系,中国特色社会主义建设就容易走向成功,否则,就会遭遇曲折。

对经济活动的价值观解读:经济问题的价值评价

把握经济活动的本体,理解经济活动、经济问题中的哲学之"道",对经济活动进行辩证分析,总体上属于对经济活动"事实"维度的理解;"价值"与"事实"相对应,在对经济活动的"事实"维度给以理解时,还应对经济活动作价值评价。

《1844 年经济学哲学手稿》《共产党宣言》是对经济问题作出价值评价的典型样本。马克思在《1844 年经济学哲学手稿》中指出,国民经济学只讲经济事实,也只对经济事实作实证分析,不作价值评价。他既尊重经济活动、经济事实、经济问题的"本性",这遵循的是事实尺度;同时又对经济活动、经济事实、经济问题作出价值评价,给出价值导向,这注重的是价值尺度。在《共产党宣言》中,马克思恩格斯同样运用历史尺度和价值尺度辩证统一分析批判资本主义社会。他们从价值尺度批判资本和资本主义社会,认为在资产阶级社会,资本具有独立性和个性,而资本却占有劳动,使活动着的个人没有独立性和个性。

在马克思主义哲学看来,任何事物和对象既具有原本的"事实"属性,也具有对于人而言的"价值"属性,或者说既具有"自在规定",也具有"关系规定"(即为人而存在的规定性)。只有坚持事实尺度和价值尺度、实证和规范相统一,才能达到对事物和对象真正完整的认识,达到真正完整的"知"。改革开放以来,许多人注重从经济谈经济,一讲经济就是 GDP,就是项目经济,就是金钱经济,就是资本投资。这说明在经济活动中,价值评价相对缺位。随着我国经济社会的整体转型升级,我国哲学界逐渐具有一种超越精神,即以学术探索精神,以价值关怀,自觉主动去研究经济发展中的代价,研究"发展与代价"的关系,超越"资本"的逻辑,提出了经济发展要树立以人为本的价值取向;我们中国共产党人也具有哲学反思精神,从价值观高度,提出了以人为本的科学发展观和以人民为中心的发展思想,从而把我国的经济发展引向了正确航道。

对经济活动的人学追问:对人的本性、人的本质的理解

把握经济活动的本体,理解经济活动、经济问题的哲学之"道",对经济活动进行辩证分析和价值评价,主体都是"人",最终目的也都是为了"人",所以,对经济活动的人学追问,是经济哲学研究的出发点和落脚点。

在西方经济学研究的传统中,有一个人性假设问题。这种人性假设,核心是确定从事经济活动的人之本性,而不是人的本质。这种"人性假设"中所谓的"人的本性",核心是指"每个人追求其利益最大化"或"自我利益驱动",西方经济学的理论体系就是建立在这种"人性假设"基础上的。它们由此认为,从事经济活动的人都是追求其利益最大化的人,对这样的"人",不宜作价值判断。由此就产生了自由主义经济学、功利主义经济学及其诸多变种。马克思主义政治经济学不作"人性假设",而注重谈论从事经济活动的主体和前提。马克思是把"现实的人"作为经济学研究的出发点,因而对经济活动进行人学追问,就要分析研究经济活动中人的需要、人的实践活动、人的社会关系和人的个性。"出发点"与"人性假设"是两个截然不同的概念:"人性假设"中的"人"是抽象的、固定不变的,而"出发点"中的"人",是处在社会关系总和中的现实的、发展变化的人,如在《1844年经济学哲学手稿》《关于费尔巴哈的提纲》《德意志意识形态》《哲学的贫困》《共产党宣言》《资本论》中所讲的"人",都是现实的人。正因如此,马克思的政治经济学既具有政治立场和价值导向,也具有浓浓的人文情怀,当然,更是建立在唯物史观基础之上的。

原载于《哲学研究》2020年第11期

走向空间正义:中国城市哲学原创出场
十年史的理论旨趣

任　平*

马克思说:"一切划时代的体系的真正的内容都是由于产生这些体系的那个时期的需要而形成起来的。"①中国城市哲学的出场就是如此。10 年风雨兼程,贯穿其中的一条红线正是对"空间正义"价值的追求;10 年出场史,经历着原创空间正义概念切中现实、再从现实走向哲学系统表达,以及从借助"他山之石"即西方城市学派马克思主义理论到自主原创中国学术的双重历程。今天,站在新的历史方位上,我们更需要用哲学全面巡览、梳理和反思中国新型城镇化发展全程,揭示空间生产和空间正义的相互关联,以及这一关系中显现的中国道路和中国逻辑,为人类空间生产提供新文明发展的中国方案。

呼唤"空间正义":中国城市哲学出场的原初语境

如果说,新现代性的中国道路构成世界复杂多元现代性道路之一,与此相似,城市化的中国道路与世界城市化道路相比既有共性,更有个性。就共性而言,无论是资本逻辑现代性还是社会主义现代性道路,都必须通过工业化和城

*　任平,苏州大学政治与公共管理学院教授。
①　《马克思恩格斯全集》第 3 卷,人民出版社 1960 年版,第 544 页。

市化来实现,这是普遍规律。就个性而言,究竟选择怎样的工业化和城市化道路,各国不尽相同,主导价值理念和宏观政策大相径庭。城市化包括"农地非农化"和"农民非农化"两个方面。城市化造就城市格局大规模"空间再造"、城乡人口结构大规模"空间变革",在深度改变城乡格局的同时也在深刻变革中国社会结构,强力促使"乡村中国"变成"都市中国"。空间结构变速是中国现代化发展速度的主要标志。中华人民共和国成立70年来城市化率提升了近50%,初步实现了无数仁人志士期盼的从"乡村中国"向"都市中国"转换的伟大梦想,建成了一批世界一流的现代化大都市以及享誉全球的长三角、珠三角、京津唐等都市群,创造了世界城市史上的奇迹,走出了一条中国特色新型城镇化道路。

然而,泱泱大国探索空间转型之路并非一帆风顺,所遭遇的问题、得到的教训与付出的代价是空前的。究其原因有多种因素。其一,一个从"农村包围城市、最终夺取城市"革命道路走出来、原初以乡村农民出身为主的成员构成的政党先期严重缺乏指导大国空间转型的经验,而中国特色新型城镇化道路探索又是前无古人的事业;其二,高速增长带来矛盾和难题的积累,产生倍增效应,难度之大堪达世界城市史之巅;其三,在片面GDP政绩标杆化、市场功能无限化的导向催化下,资本逻辑无孔不入地侵蚀;其四,资本逻辑与高度依赖土地财政驱动的政府部门共谋,等等。上述因素的存在注定导致中国城市化道路不平坦。可以说,只有经过问题和教训的考验,才能杀出一条中国特色新型城镇化之路。呼唤"空间正义"、建构中国城市哲学,正是对资本逻辑遮蔽人民至上逻辑、城市化过度依赖市场化偏向进行深刻反思的结果。

追求空间正义:中国城市哲学十年出场史的内在旨趣

贯穿中国城市哲学出场十年史的一条主线,就是追求"空间正义"。在中国走向新型城镇化道路进程中,如何在一个发展中大国实现空间正义,是中国城市哲学追求的价值目标。10年来,以苏州大学城市哲学学科为主干,城市哲学研究者与《中国社会科学》《哲学动态》《江海学刊》《苏州大学学报》等刊物联合召开了7次有关城市哲学的高层论坛,主题涉及空间正义的方方面面,每一次主题不离初心，又步步深入，成为引领全国城市哲学研究走向的最热点话题。因此，论坛主题成为贯穿中国城市哲学研究的轴心走向的最显著标识。最初论坛冠名以"空间理论与城市问题"，意指一方面深度阐释和应用马克思主义空间生产与空间正义理论，另一方面则指向现实的城市问题，将理论与现实两极深度对接。

2010年首届论坛主题为"空间生产、城市正义与中国问题"，围绕城市正义与空间生产的内在关联，从反思的问题学出发，系统梳理和分析城市化进程中存在的中国问题，高扬空间正义的思想旗帜。2011年，第二届论坛主要围绕"城市与空间哲学的理论建构"这一主题，从哲学高度深度分析中国高速城市化进程中的空间生产的资本化所造就的一系列严重的城市问题。2012年，第三届论坛主题为"在哲学层面上关注城市问题"，标志着从反思的问题学进展到城市哲学的理论建构。2013年举办的第四届论坛主题为"空间权利与社会正义：经典研究与当代问题"。会议主题强调一个宗旨：为了给建构中国城市哲学提供足够的思想资源支撑，我们必须"回到马克思"，全面梳理和总结马克思主义经典作家有关空间生产、空间权利和社会正义的思想资源，考察这些思想对于当代空间生产的重大意义。第五届（2015年）主题为"当代城市空间拓展中的主体性迷思"，围绕"谁为城市主人、主体"，"空间拓展是谁的权力"等要害问题，诉诸理论，直面现实。第六届（2017年）主题为"马克思主义城市观与当代城市发展"。在批判地反思中国城市化进程中由于资本逻辑疯狂逐利与部分政府部门依赖土地财政和GDP政绩观产生共谋而导致的种种空间生产和分配的非正义现象之时，追求"空间正义"的中国城市哲学必然要明晰一个基本的理论前提：马克思主义城市观。第七届（2019年）论坛主题为"全球化与区域化：当代社会发展中的城市逻辑"。

综上所述，贯穿中国城市哲学十年出场史的红线和理论旨趣就是空间正义。如果说，没有资本批判就没有马克思；没有21世纪的资本批判就没有21世纪的马克思主义；那么，大规模空间生产就是资本在21世纪的创新逻辑的主要样态，而弘扬空间正义观就是马克思主义在21世纪进行资本批判的主要旗帜和在场方式。空间生产创造的暴利撩拨得资本所有者激情澎湃，敢于践踏人间一切法律和一切道德底线。在极其疯狂、极其猖獗的资本空间化时代，批判资本空间化和弘扬空间正义的中国城市哲学事业才刚刚起步,未来依然在路上。

中国城市哲学的三大转变与三大标识:原创之路与学派崛起

回望十年出场史,中国城市哲学经历着三大转变,也因此形成三大标识。所谓第一重转变即从实践的反思探索向理性自觉的哲学表达的转变;第一标识即中国城市哲学成为中国特色新型城镇化道路的理性自觉和哲学表达。第二重转变是从外国"城市学派"马克思主义理论向中国原创的城市哲学的转变;第二标识就是城市哲学在空间生产和空间正义领域成为中国原创理论星丛中的一颗耀眼明星。第三重转变是从以重大问题为导向的反思的问题学转向具有相对稳定领域、系统理论体系的城市哲学;第三标识即标志着一个具有中国气派的学术体系、学科体系、学派体系的形成。

从实践批判到哲学反思,表明中国城市哲学出场绝不是"无病呻吟"、不是空疏的形而上学玄思,而是来自中国现实、实践强烈的呼唤。就事实而论,中国城市哲学的出场是在大规模空间生产领域发生的一场与来势汹汹的资本空间化势力短兵相接的"遭遇战"。我们扮演的角色是坚定的为民抗争者和资本挑战者,在十分强大的空间资本化巨人对手面前没有屈服、没有失声,勇敢地高举一支仅仅像蜡烛般燃烧着的空间正义的星星之火,倔强地用自己的声音高喊着真理之名。中国特色新型城镇化道路从感性开始,在"摸着石头过河"中逐渐找到规律,进而达到理性自觉,叩响哲学的大门。因此,中国城市化道路从盲目感性实践走向实践自觉的中国特色新型城镇化道路的历史,与最初自发的、茫然无觉的感性经验到中国城市哲学的出场之间,呈现内在紧密相关、相互缠绕的两条共进线。最终,中国城市哲学成为中国特色新型城镇化道路的哲学表达。进而言之,一种道路,只有在上升为哲学高度时才能达到它的理性自觉;反之,一种哲学理念只有成为道路探索时才能转化为实践自觉。

从起初更多借鉴和依仗西方马克思主义城市学派的理论见解剪裁中国现实、反思批判现实到转向中国学术和话语的建构,走上原创中国学术之路,这是一个重大转折。中国城市哲学,以空间正义为思想旗帜,就有了自己独特的灵魂、立场和原则。双脚站在中国大地上,在新的历史场域和方位上,原创理论话语,就有了中国城市哲学自己的理论自信。在为数不多的原创中国学术之中,中国城市哲学呈现出较为典范的样态,具有标示性意义。我们从反思的问题学出发,以中国城市化重大问题为起点,哲学切入现实,步步深入地触及问题的本质性向度。但是,反思的问题学存在的一个明显缺陷就是不够系统。如果我们的犀利的穿透现实的思维工具不能整合为一个系统,效果就会大打折扣。为此,中国城市哲学作为原创学术体系的出场,就势在必行。

中国城市哲学的知识体系建构经历了中国化的完整逻辑,包括以下关键环节。首先,必须要有中国问题。聚焦为民、正义、绿色、和谐的中国特色新型城镇化道路探索,为中国城市哲学的出场提出了时代之问。其次,必须坚守中国立场和人民立场。究竟站在何种利益的立场上? 是坚决维护最广大人民的空间权益立场,还是资本空间化立场? 这既是对我们政府的最严峻考问,也是中国城市哲学出场必须明确的立场选择。其三,必须要有中国经验。经验和教训是基于实践呈现的直接知识,也是理论构建的直接知识基础。中国城市哲学来源于中国空间生产道路探索的经验,又高于经验。其四,必须要有中国视域。它就是中国化的马克思主义城市观、理念和方法。概而言之,就是"空间正义"这一核心概念。知识体系无非是视域在内容中的展开。其五,必须要有中国理论。中国城市哲学就是以"空间正义"为核心的一整套概念、范畴、知识、原理体系。不能形成这样一个知识体系,就不能称之为中国城市哲学。最后,必须要有自己的话语体系。在这一原创理论中,形成自己的话语,则为现实的哲学表达提供了可能。我们对"空间正义"概念有自己的阐释。

原载于《探索与争鸣》2020 年第 12 期

共同富裕取得更为明显的
实质性进展:新的庄严承诺

张　峰*

党的十九届五中全会审议通过的《中共中央关于制定国民经济和社会发展第十四个五年规划和二〇三五年远景目标的建议》(以下简称《建议》)明确提出:"全体人民共同富裕取得更为明显的实质性进展"。这是《建议》的一个突出亮点,更是中国共产党向全国人民作出的新的庄严承诺,意味着以现行标准下农村贫困人口全部脱贫为主要标志的全面建成小康社会之后,我国开始转向以中等收入群体显著扩大为战略重点的"橄榄型"社会建设。

兑现全面脱贫承诺为作出新承诺奠定坚实基础

共同富裕是社会主义的本质要求,是人民群众的共同期盼,也是中国共产党的长期奋斗目标。在如何实现共同富裕的问题上,中国共产党坚持言必行、行必果,慎重对待党对人民作出的庄严承诺。在实现共同富裕的问题上,中国共产党作出的庄严承诺是以现行标准下农村贫困人口全部脱贫为标志性指标的全面建成小康社会。

---

* 张峰,中央社会主义学院原副院长、教授、博导,北京市习近平新时代中国特色社会主义思想研究中心特聘专家。

"小康"的概念由邓小平同志提出，并以其描述"中国式的现代化"。按照这一战略部署，我国农村全面推行家庭联产承包责任制，基本解决了温饱问题，农村贫困人口从1978年的2.5亿人减少到1994年的8000万人。为了解决剩余农村贫困人口的温饱问题，我国从1994年起开始实施大规模扶贫开发行动。经过五年的努力，到1999年尚未解决温饱问题的农村贫困人口减少到4200万。2001年5月，中央扶贫开发工作会议宣布：贫困人口占农村总人口的比重从1978年的30.7%降为2000年的3%左右。至此，国家八七扶贫攻坚计划已基本完成，党中央、国务院确定的在上个世纪(20世纪)末基本解决农村贫困人口温饱问题的战略目标已基本实现。随后，2001年6月13日，国务院印发《中国农村扶贫开发纲要(2001—2010年)》，提出今后十年我国扶贫开发的奋斗目标。经过十年的努力，到2010年底，按1274元的扶贫标准计算，全国贫困人口下降到2688万人，贫困发生率从10.2%下降到2.8%，提前五年实现了贫困人口减半的联合国千年发展目标。

党的十八大以来，以习近平同志为核心的党中央高度重视兑现脱贫的承诺，把脱贫攻坚摆到治国理政突出位置，打响了一场脱贫攻坚战。2015年10月，在扶贫开发到了攻克最后堡垒的阶段，党的十八届五中全会把"扶贫攻坚"改成了"脱贫攻坚"。2016年底，按照调整后的农民人均纯收入3000元为标准，全国农村贫困人口尚有4300多万人。从结构上看，多为自然条件差、经济基础弱、贫困程度深的地区和群众。为打赢脱贫攻坚战，中央要求脱贫攻坚任务重的地区党委和政府把脱贫攻坚作为"十三五"期间头等大事和第一民生工程来抓，签订脱贫攻坚责任书、立下军令状，层层压实责任，级级传导压力。经过不懈的努力，我国"十三五"时期，农村贫困人口已从2015年底的5575万人减少到2019年底的551万人；贫困发生率从5.7%降至0.6%，预计2020年底将全部脱贫。党的十九届五中全会审议通过的《建议》宣告：脱贫攻坚成果举世瞩目，5575万农村贫困人口实现脱贫。党的十九届五中全会后，随着贵州省宣布9个县退出贫困县序列，我国832个国家级贫困县全部脱贫摘帽。

现行标准下贫困人口的全部脱贫，意义极为重大。正如习近平总书记所述，"这个成就，足以载入人类社会发展史册，也足以向全世界证明中国共产党领导和中国特色社会主义制度的优越性。"①这个成就是中国共产党信守诺言、兑现承诺的典型范例,就实现全体人民共同富裕目标来讲,不仅能够为不断满足人民日益增长的美好生活需要创造更为坚实的物质经济基础,也为作出"共同富裕取得更为明显的实质性进展"的新承诺积累了经验,增强了信心,奠定了基础。

我国进入新发展阶段表明作出新承诺时机已成熟

作出"共同富裕取得更为明显的实质性进展"的新承诺,是实事求是、符合发展规律的。马克思恩格斯在对人类社会历史的考察中发现,"一个社会的分配总是同这个社会的物质生存条件相联系"②,分配方式取决于可供分配的产品的数量;真正公平的分配方式是共产主义社会的"各尽所能,按需分配",但这一分配方式的实现必须以物质产品的极大丰富为前提。

马克思恩格斯所揭示的共同富裕的规律既是整个人类社会历史的历时性规律,也是现时代世界各国发展的共时性规律。1963 年,诺贝尔经济学奖获得者库兹涅茨提出"倒 U 字形"假说,即一个国家收入分配的不平等会随着早期经济发展而恶化,达到最高点后,又会随着后期经济发展而改善。也就是说,贫富差距最大的区间既不在早期的贫困阶段,也不在后期的富裕阶段,而在既不穷又不富的中间阶段。库兹涅茨的这一假说被世界银行 2006 年在《东亚经济发展报告》提出的"中等收入陷阱"所证实。

党的十八大后,如何防止陷入"中等收入陷阱",解决贫富差距加剧问题,成为当代中国面临的重大课题。2015 年党的十八届五中全会提出,要坚持以人民为中心的发展思想,把增进人民福祉、促进人的全面发展、朝着共同富裕方向稳步前进作为经济发展的出发点和落脚点。缩小贫富差距成了党和国家工作的着力点。习近平总书记提出了防止陷入"中等收入陷阱"的问题,并对世界上部分发展中国家深陷"中等收入陷阱"的原因作出深刻分析。我们党

---

① 《习近平扶贫论述摘编》,中央文献出版社 2018 年版,第 23 页。
② 《马克思恩格斯选集》第 3 卷,人民出版社 2012 年版,第 527 页。

深刻总结并吸取国际社会经验教训,形成了"十三五"时期落实共享发展理念的思路。归结起来就是两个层面的事:做大"蛋糕"和分好"蛋糕"。这两者是辩证统一,互为条件、相互促进的。做大"蛋糕"是分好"蛋糕"的前提,是推进我国经济总量尽快走出中等收入国家阶段,最终实现共同富裕的雄厚基础;分好"蛋糕"是要根据现有条件不断缩小收入差距,积小胜为大胜,渐进式地推进共同富裕的进程。

党的十八届五中全会关于制定"十三五"时期规划的建议提出:到2020年国内生产总值和城乡居民人均收入比2010年翻一番。党的十九届五中全会审议通过的《建议》宣告:决胜全面建成小康社会取得决定性成就。经济实力、科技实力、综合国力跃上新的大台阶,预计2020年国内生产总值突破一百万亿元。从经济发展能力和条件看,我国经济有希望、有潜力保持长期平稳发展。在即将全面建成小康社会之际,以习近平同志为核心的党中央作出"十四五"时期我国将进入新发展阶段的重大判断。中国进入新发展阶段,表明党作出共同富裕取得更为明显的实质性进展新承诺的物质基础条件已经具备,共同富裕成为时代中心课题。中国共产党坚持以人民为中心的发展思想,自觉主动地缩小地区差距、城乡差距、收入分配差距,坚决防止两极分化,更加积极有为地促进全体人民共同富裕。

扩大中等收入群体成为党作出新承诺的战略重点

缩小贫富差距,促进共同富裕,仅有良好的愿景是远远不够的,还必须有切实可行的战略举措。总结国内外的成功经验,这一战略举措可以概括为"提低、扩中、调高",即提高低收入群体收入水平,扩大中等收入群体比重,调节过高收入。其中,扩大中等收入群体是对于实现全体人民共同富裕具有长远战略性、全局性的重大任务。使中等收入者占多数,是世界各国在解决贫富差距,实现现代化过程中表现出的规律性现象。

中等收入群体,一般是指收入保持在全社会中等水平、就业相对稳定、生活相对宽裕的群体。具体来说,主要包括企业和社会组织管理者,科技人员、教师、律师、医生等专业人员,以及公务员、新型职业农民等,其群体特点是从事专业化技能较强的复杂劳动，以劳动收入为主，也有一部分财产性收入。党的十九届五中全会审议通过的《建议》展望 2035 年远景目标，提出"中等收入群体显著扩大"新的更高要求。这预示着扩大中等收入群体将成为"共同富裕取得更为明显的实质性进展"新承诺的一个重要指标，像"现行标准下农村贫困人口全部脱贫"的承诺一样具有了实质性的意义。

新发展阶段，扩大中等收入群体的重大战略意义，概括起来主要有三点：

一是夯实党执政的阶级基础和群众基础的必然要求。过去我们党号召人民群众起来革命是为了翻身得解放，现在是要让人民过上幸福美好的生活。中国共产党要巩固长期执政地位，就要适应社会结构变化的趋势，不断提高广大劳动群众生活水平，使其上升到中等收入群体行列，这不仅要紧紧依靠工人、农民、知识分子等群体，还要把新的社会阶层紧密团结在党的周围，使之成为"自己人"。

二是坚持创新驱动发展、全面塑造发展新优势的必然要求。新发展阶段是高质量发展阶段，要切实转变发展方式，推动质量变革、效率变革、动力变革，从主要依靠简单劳动、扩大投资、大量投入能源资源转向更多依靠创新驱动发展，从主要依靠制造业转向更多依靠现代服务业，从主要依靠传统产业转向更多依靠战略性新兴产业。在这一过程中，需要企业家、科技人员、技术工人发挥更大作用，需要更多的教师、医生、律师、金融从业人员、信息服务人员、社会组织者等参与其中。随着经济结构的逐步优化，中等收入群体也必然逐渐壮大。

三是维护社会和谐稳定、国家长治久安的必然要求。习近平总书记指出："中等收入群体作为经济发展的稳定受益者，他们对社会秩序和主流价值观认同感较强，比较理性务实，一般不希望看到既定社会秩序受到破坏，对社会能起到稳定器作用。"[①]维护社会稳定和安全，是开启全面建设社会主义现代化国家新征程的重要条件，构建中等收入群体占多数的"橄榄型"社会结构，能够为社会稳定提供更加雄厚的社会基础。

原载于《人民论坛·学术前沿》2020 年第 24 期

---

① 《习近平关于社会主义社会建设论述摘编》，中央文献出版社 2017 年版，第 40—41 页。

"研究阐释好"新时代重大理论：何以可能

徐俊忠*

　　"研究阐释好"新时代重大理论,是中国的哲学社会科学学人参与中华民族复兴伟大事业的应有使命。问题在于:何以可能? 这里仅就我国哲学社会科学的主体应有状态的调整,谈点看法。笔者的基本判断是:国内理论界对于"研究阐释好"新时代重大理论的态度是积极的,但要在这一工作上达成"好"的境界,仍要增强价值观的自觉,增强走出学科规制下狭小的"学科土围子"束缚的自觉,增强走进实践、走进生活的自觉。一句话:主体的应有状况需要做出必要的调整。

增强与党和人民同心同向的价值自觉

　　在这个问题上,需要廓清前些年在"党"是否具有自身利益问题上的模糊认识。"党"在中国传统词汇中,并不是一个好字眼。所谓"结党营私""党同伐异""君子不党"等,都说明了这一点。在西方"政党政治"视野下,关于"政党"有一个被认为虽不全面,但不失为最好的定义,即强调"政党就是试图在和一个或一个以上类似组织所进行的竞选中赢得公职的组织",因而,它本身就是一个利益集团。这些意义上的"党",不仅为持有正义良知的知识分子所

*　徐俊忠,中山大学马克思主义哲学与中国现代化研究所暨哲学系教授。

不屑,也为中国怀有人民情怀的政治家所反对。孙中山先生晚年明确提出中国不应重蹈西方"政党政治"覆辙的思想,就是突出代表之一。中国共产党接脉于马克思主义,公开宣示党是中国工人阶级的先锋队,是中国人民和中华民族的先锋队,并努力以这一定位塑造自身。所谓"中国工人阶级的先锋队",就是信奉并践行只有解放全体中国人民,最后才能解放自己的伟大理想。所谓"中国人民的先锋队",就是要超越人民这个由不同阶级、阶层、族群所组成的"非同质性"人群的特殊利益,在其之上聚合共同利益,并发挥好"统筹兼顾、合理安排"他们之间利益的作用。所谓"中华民族的先锋队",就是带领全国人民,对外抵御外国列强,维护国家独立,对内以正确的民族政策,协调多民族之间的关系,促进各民族共同发展,维护中华民族的大团结。因此,这样的"党",既不同于中国传统语词中的"党",也不同于西方"政党政治"中的"党"。只有"立党为公""为民奉献",才是"先锋队"品格的写照。

中国共产党的政治品格决定了新中国全新的政治类型。新中国是中国共产党带领全国人民浴血奋斗的政治成果。中国共产党坚持立党为公的政治品格决定了新中国的政治既不是西方式的"政党政治",也不是孙中山先生基于"群众阿斗论"的"精英政治",更不是由一党一派垄断政治权力的"独裁政治",而是中国共产党领导下、由全体中国人民共同建设的"人民政治"。"人民政治"以人民为主体,坚决拒绝一切怀有党派利益的集团和政治野心家对于公共权力的染指;"人民政治"坚决摒弃把政治变成周期性的"选主",即几年一次选择政治统治者的游戏,而努力把民主引向探索人民群众全面参与政治、经济、社会、文化等实际管理的试错性、创新性和建设性的政治建设过程;"人民政治"正视人民构成的"非同质性"实际,因此,它坚持以"统筹兼顾,合理安排"的方针,去处理涉及人民内部的各种重大利益关系,有效防止社会各方陷入利益的激烈博弈与争斗,确保社会和谐与稳定。中国共产党不是垄断这一切资源的政治组织,它的先锋队作用发挥的最重要体现之一,就在于它代表全体人民利益而努力平衡"非同质性"人民中各个阶层与不同人群之间的利益。没有中国共产党这一核心领导地位作用的充分发挥,那么"人民政治"的有效实施,以至于与这种政治密切相关的新中国独立自信地屹立于世界民族之林,都是不可想象的。

正是基于上述意义,我们强调,在中国,坚持中国共产党的立场就是坚持中国人民的立场。增强摒弃套用西方"政党政治"的学术逻辑来研究分析新中国政治做法的自觉性,提高坚持党的立场与人民立场相一致的自觉性,明晰新中国的"人民政治"与西方"政党政治"的分野等,是"研究阐释好"新时代重大理论问题的重要前提,因为"没有正确的政治观点,就等于没有灵魂"。

增强走出学科规制下的"学科土围子"的自觉

党的理论创新,尤其是重大理论创新,都是着眼于革命、建设和改革的重大问题的,也是植根于历史、国情、世情与实践的。要有效参与、把握、阐释、发挥这样的重大理论,唯具有复合多元的知识结构和经验结构才是可能的。问题在于,在时下的学术规制下,我们的人才培养、学术评价、学术规范等,都以所谓的"学科"为基本口径。这是学界应该加以正视和反省的一个重要议题。

其实,世界发展呈现出来的只有问题,而没有学科。学科是人们在认知世界过程中,当知识积累到一定程度,为了知识传授的方便而做出的知识分类。习得某一学科的知识,得到的是知识世界中的某一单元,它有助于人们形成对于世界的认识,但仅有某一单元的知识,是不足以把握普遍联系的复杂世界中的问题的。这个道理应是学界应有的自觉,从而推动学界适时进行教育改革和学术管理制度改革,也推动学者不断完善自身的知识结构。

探索如何走出"学科土围子",我国学术先驱付出了不懈的努力。新中国成立以来,钱学森先生也在关于中国科学院究竟是以"学科"还是以"问题"设立研究所的问题上,明确强调应以"问题"为导向设立研究所,而不应以"学科"作为设立研究所的根据。他还指出,学科绝不是坐在房子里专门想发展学科写出来的,而是在不断解决发展中的实际问题中实现的。

现实的世界只有问题,而没有学科。学科仅是服务于人们的知识积累和传播的一种,只是分类,因而在本质上它属于观念形态,而不应具有独立存在的意义。我们应根据社会发展,根据人们的生活方式和生产方式的变化以及技术进步,不断更新和调整这种分类,以完善人类知识积累,服务人们的学术创新,而不是相反,把这种分类变成一种刚性规范,进而异化为一个个彼此相隔离的"学科土围子"，更不应把学术工作和人才培养羁绊于各个"土围子"，从而把自己也把学生塑造成知识结构上"单向度的人"。新时代要推动理论创新，必须改革这种以"学科"为规制的学术与学术管理制度，解决"学科性学术"不适应与研究处于普遍联系中的现实问题的"问题性学术"之间的张力，否则，所谓"研究阐释好"新时代重大理论问题，就只能沦为一种难有实际效用的激情呼吁而已。

增强走进火热实践与多彩生活的自觉

呼吁走出"学科性学术"的羁绊，目的在于促进学者形成多元复合的知识结构。然而，真正的社会发展的重大创新理论，多数产生于实践提出新的需要和实践经验的升华，而不是来自既往的理论演绎。缺乏对于实践的参与和关注，无法真切感受实践的力量与逻辑，也难以把握时代的脉搏和倾听人民的呼声，学术活动就只能局限于对既有理论的抽象演绎。套用一句惯常谚语：理论是灰色的，只有生活之树长青，我们也可以说，游离于实践和生活的学术活动，只能是一套封闭于灰色的理论王国里的概念、判断、推理的抽象游戏。尽管有时这种活动也被冠以某种神圣的光环，但其中的绝大多数，对于人们的生活和实践，对于社会的发展，甚至对于文化的传承与积累而言，都是无关痛痒的自娱自乐。

自 20 世纪 80 年代以来，我国哲学社会科学界过于消极地吸取过往理论活动、纠缠于现实政治运动的教训，追求所谓"纯学术"，这成为许多人的基本取向。加上这些年来许多学术单位奉行以论文数计发业绩的学术评价，诱发了"为论文而论文"的严重现象，加重了学术研究脱离实际、闭门造车的倾向。同时，在相关学术单位包括许多承担高层次人才培养使命的高等院校的制度安排上，基本没有把社会实践作为人才培养必不可少的环节。科研人员参与社会实践，接触实际工作的机会不足，尤其是大量被作为教学研究人员来培养的研究生，基本上走的是一条"家门—校门—学术机构门"的路子，经验结构的单一和单薄成为学界的普遍弱点。这也严重弱化了学术界理论与实践的联系，甚至时常出现各种背离常识、不合世理、有悖人情的雷人高论，而为社会所诟病。

其实,从 20 世纪"新教育"兴起以来,走向社会、走向生活、走向实践,一直是重塑我国人文知识人群的一种努力和呼声。"新教育"的最大特点是走出"解经注经"的学术方式的束缚。把学术从"经与我"或"我与经"的狭小天地中解放出来,变成探求社会、自然和人类自身及其相互关系,进而不断获取新知的过程。因此,学术既是读书、积累、不断接受科学思维训练的过程,更是面向外部世界,既包括人们生产方式、生活方式、思维方式等属人的世界,也包括与人的世界不断发生能量交换的自然世界,不断探索未知领域,获取新知的过程。在这种新的知识方式下,疏离社会,远离实践,脱离生活,闭门演绎既有理论,甚至闭门造车等,就只能成为一种缺乏学术上近代化转型的遗迹。

新时代要推动理论创新,必须正视我国时下学术研究群体普遍存在社会实践参与不足,疏离社会生活的短板,并努力补齐这一短板,以促进学术活动与社会实践的脉动,提高学术群体对于实践、生活和社会的感悟能力。本文建议"下乡下厂下基层"应纳入哲学社会科学类研究生的培养规制,加以落实;也建议对哲学社会科学领域的科研人员应有周期性参与社会实践的制度性要求。

原载于《毛泽东邓小平理论研究》2020 年第 6 期

中国道路的探索历程和经验启示

郭建宁*

道路决定命运,道路就是党的生命。党的十八大以来,习近平总书记多次指出:"中国特色社会主义不是从天上掉下来的,是党和人民历尽千辛万苦、付出巨大代价取得的根本成就。"①当前,世界面临"百年未有之大变局",中国特色社会主义的生机和活力进一步彰显。回顾中国道路的探索历程,总结历史经验,具有重要现实意义。

以毛泽东同志为主要代表的中国共产党人 对社会主义道路的探索

20 世纪 50 年代,围绕什么是适合中国国情的社会主义建设道路问题,以毛泽东同志为主要代表的中国共产党人进行了艰辛探索,取得了宝贵经验,集中体现在两篇文章和一次会议上。

《论十大关系》是探索适合中国国情的社会主义道路的起点。《论十大关系》的主题是"以苏为鉴",探索适合中国情况的社会主义建设道路,文章开宗明义地指出,"特别值得注意的是,最近苏联方面暴露了他们在建设社会主义

---

* 郭建宁,清华大学马克思主义学院教授、博士生导师。

① 习近平:《在庆祝中国共产党成立 95 周年大会上的讲话》,《人民日报》2016 年 7 月 2 日。

过程中的一些缺点和错误,他们走过的弯路,你还想走? 过去我们就是鉴于他们的经验教训,少走了一些弯路,现在当然更要引以为戒。"①这意味着,《论十大关系》开创了探索适合中国国情的社会主义道路的新起点,具有重大的理论和现实意义。但同时,也要看到,《论十大关系》虽然提出了"以苏为鉴",但是实现对苏联模式的真正超越是党的十一届三中全会后的改革开放,是在坚持和发展中国特色社会主义的时期。

党的八大是判断和提出我国社会主义社会主要矛盾的起点。1956 年 9 月召开的中国共产党第八次全国代表大会,是在生产资料所有制社会主义改造基本完成,我国进入社会主义建设时期召开的一次重要会议。会议提出随着社会主义制度在我国基本建立,主要矛盾"已经是人民对于经济文化迅速发展的需要同当前经济文化不能满足人民需要的状况之间的矛盾"。1981 年党的十一届六中全会通过的《关于建国以来党的若干历史问题的决议》,对我国社会主要矛盾作了更为规范的表述:"在社会主义改造基本完成以后,我国所要解决的主要矛盾,是人民日益增长的物质文化需要同落后的社会生产之间的矛盾。"2017 年,党的十九大报告提出:中国特色社会主义进入新时代,我国社会主要矛盾已经转化为人民日益增长的美好生活需要和不平衡不充分的发展之间的矛盾。几十年来中国共产党人关于社会主要矛盾的认识和判断不断深化,以人民为中心的价值旨归更加凸显。

《关于正确处理人民内部矛盾的问题》是尝试探讨国家治理问题的起点。1957 年 2 月,毛泽东同志在最高国务会议上作了《关于正确处理人民内部矛盾的问题》的报告。报告指出必须区分敌我矛盾和人民内部矛盾这两类不同性质的矛盾,强调正确处理人民内部矛盾是国家政治生活的主题,还提出了正确处理人民内部矛盾的一系列具体方法,比如"统筹兼顾,适当安排""百花齐放,百家争鸣""互相监督,长期共存"等。这些论述实际上已经开始涉及社会主义条件下的国家治理问题,具有重要意义。当然今天面对新时代新形势新发展,推进国家治理体系和治理能力现代化有了更加丰富的内涵,正确处理人民内部矛盾也需要有新的理念和视野,这就是全面深化改革,促进社会公平正

---

① 《毛泽东文集》第 7 卷,人民出版社 1999 年版,第 23 页。

义,建设法治国家,完善和发展中国特色社会主义制度,推进国家治理体系和治理能力现代化等。

改革开放与中国特色社会主义在新时代的发展

"周虽旧邦,其命维新",中华民族是一个充满变革和开放精神的民族,中华文明是人类历史上唯一一个绵延5000多年至今未曾中断的文明。一直以来,中国人民胸怀伟大梦想,不仅创造了博大精深的中华文明,也创造了新中国70多年来的光辉成就,改革开放40多年来的伟大奇迹。经过长期努力,中国特色社会主义进入了新时代。

改革开放是我们党的一次伟大觉醒,这个伟大觉醒孕育了我们党从理论到实践的伟大创造。中国特色社会主义不断取得重大成就,进入新时代,具有丰富意义。从中华民族的历史维度看,意味着近代以来历经磨难的中华民族迎来了从站起来、富起来到强起来的历史性飞跃;从社会主义的发展来看,意味着社会主义在中国焕发出强大生机活力并不断开辟发展新境界;从中国道路的世界意义来看,意味着中国特色社会主义拓展了发展中国家走向现代化的途径,为解决人类问题贡献了中国智慧、提供了中国方案。

今天的中国,是世界第二大经济体,制造业第一大国、货物贸易第一大国、外汇储备第一大国。2019年国内生产总值达到99万亿元,人均国内生产总值70892元,按年平均汇率折算达到10276美元,突破1万美元大关。全世界超过2/3的高铁轨道铺设在中国,高速公路总里程位居世界第一。更值得一提的是,中国共产党已向全国人民作出郑重承诺,2020年如期实现现行标准下的农村贫困人口全部脱贫。从温饱不足走向全面小康,从一穷二白走向繁荣富强,从百废待兴走向伟大复兴,在中国共产党的领导下,中国人民创造了彪炳史册的伟大奇迹,谱写了惊天动地的奋斗史诗。

改革开放前的30年是铺垫、是准备、是积累,为以后的发展打下了基础。改革开放后,特别是党的十八大以来,是腾飞、是巨变、是飞跃。这其中,从中国社会主义基本制度的确立,到改革开放的伟大实践,再到中国特色社会主义进入新时代的历史进程,社会主义发展道路贯彻始终,是发展的阶段性和路线连续性的统一。

历史与现实证明,只有社会主义才能救中国,只有中国特色社会主义才能发展中国,只有坚持与发展中国特色社会主义才能实现中华民族伟大复兴的中国梦。伟大奇迹不是天上掉下来的,也不是别人恩赐的,是中国共产党带领中国人民推进理论创新、制度创新、科技创新、文化创新以及其他各方面的创新取得的。改革创新,革故鼎新,守正创新,我们开创了中国特色社会主义新局面,开辟了 21 世纪马克思主义、当代中国马克思主义新境界。方向决定前途,道路决定命运。我们要始终把命运掌握在自己手中,就要有志不改、道不变的坚定。一以贯之坚持和发展中国特色社会主义,坚定不移推进改革开放,砥砺奋进实现中华民族伟大复兴。我们走在大路上,意气风发、斗志昂扬,没有任何力量能够阻挡中国人民和中华民族的前进步伐。

中国特色社会主义道路发展历程的经验启示

历史是清醒剂,历史是教科书。深刻总结新中国 70 多年来社会主义发展道路的宝贵经验,对于启示我们在新的历史起点上把新时代中国特色社会主义继续推向前进,具有特别重要的意义。

必须坚定不移走自己的路,始终坚持和发展中国特色社会主义。在一个拥有 5000 多年文明史、14 亿人口的大国进行社会主义建设,找到适合自己的发展道路实属不易。中国道路是独特性和综合性的统一。一方面,独特的历史背景、独特的文化传统、独特的基本国情,决定中国发展道路的独特性。正如习近平总书记所指出的,当代中国的伟大社会变革,不是简单延续我国历史文化的母版,不是简单套用马克思主义经典作家设想的模板,不是其他国家社会主义实践的再版,也不是国外现代化发展的翻版。中国道路既不是传统的,也不是外来的,更不是西化的,而是我们"独创的",是一条人间正道。另一方面,文明因交流而丰富,因互鉴而多彩。我们以世界的眼光,开放的胸怀,平和的心态,包容的态度,吸纳人类文明一切优秀成果,博采众长,为我所用。

中国特色社会主义的实践表明了以下几点。首先,中国道路是一条脉络清晰的现代化之路。从一穷二白到解决温饱,从全面小康到基本实现社会主义现代化,再到建设富强民主文明和谐美丽的社会主义现代化强国,层层推进。其次,中国道路是一条带领中国人民站起来富起来强起来的振兴之路。以实现经济高质量发展、强国强军为目标,将创新发展放在国家发展全局的核心位置,把关键技术、核心技术牢牢掌握在自己手里,占领发展的制高点,赢得国际竞争的战略主动权和比较优势。再次,中国道路是一条为人类文明作出新贡献的正义之路。中国道路是独立自主的创新,为人类社会的更好发展提供了中国智慧、中国经验、中国方案。最后,中国道路是一条永远在路上的行进之路。要注意掌握马克思主义思想方法和工作方法,抓住主要矛盾,善于化危为机,办好自己的事,在探索开拓中不断发展壮大。

必须坚持以人民为中心,把人民对美好生活的向往作为奋斗目标。"以人民为中心"是中国共产党人的根本宗旨和价值追求,是中国共产党人最大的"初心"。具体表现为,以人民为中心的发展理念,集中体现了习近平新时代中国特色社会主义思想的显著特征和价值取向;依靠人民创造历史伟业,集中体现了中国共产党的执政之基、力量之源;带领人民创造美好生活,集中体现了中国共产党的初心使命、奋斗目标;以造福人民为最大政绩,集中体现了中国共产党人的政绩观、价值观、人民观。

"得民心者得天下",民心连着党心,中国人民是中国共产党执政最大的底气,也是最深厚的根基。要始终坚持群众路线这一党的根本工作路线,始终同人民群众保持血肉联系,顺从民心、尊重民意、关注民情、致力民生,将人民对美好生活的向往作为党员干部的奋斗目标。

越是长期执政,越不能忘记党的初心和使命,越不能丧失自我革命精神。我们即将迎来建党 100 周年,作为一个拥有 9000 多万党员的百年大党,只有继续保持勇于自我革命的本色,才能始终保持我们党的先进性和纯洁性,才能始终发挥中国特色社会主义制度的最大优势,才能始终保证中国特色社会主义这艘巨轮保持正确方向,战胜一切惊涛骇浪,驶向更加广阔的远方,拥有更加美好的未来。

原载于《前线》2020 年第 4 期

跨越马克思政治哲学与当代
中国社会现实间的鸿沟

叶险明 *

在中国,如果马克思主义政治哲学在整体上没有以"前提性批判"的形式不断介入政治体制改革和思想文化的变革,从而为中国政治体制改革在国家层面上的稳妥推进提供方法论的支持,就不能说中国文化语境中的马克思主义政治哲学已经出场。但中国文化语境中的马克思主义政治哲学何以没有出场? 中国文化语境中的马克思主义政治哲学何以出场? 本文拟就这两个相互关联方面的问题,从学理层面上谈一些浅见。

中国文化语境中的马克思主义政治哲学何以没有出场

政治哲学是以国家与公民的关系为主要对象的,其中内含着国家与社会间的关系、国家与公民组织间的关系、公民与民间组织间的关系、公民与公民间的关系等,进而言之,如果政治哲学(确切地说是当代政治哲学)的主要对象不确定为国家与公民的关系,那么,政治哲学就失去了其存在的合法性。当然,国家与公民关系的涵盖面或涉及面是十分广泛的,其中哪些普遍性问题能够提炼为政治哲学问题,探讨这些问题具有何种本体论、历史观、价值观和认

---

* 叶险明,内蒙古大学马克思主义与全球化研究中心特聘教授。

识论的意义,则是政治哲学需要进一步展开的逻辑。从方法论上看,对马克思主义政治哲学也应作如是观。

从方法论上看,中国文化语境中的马克思主义政治哲学尚未出场,其原因是多方面的,但其中有一个重要原因就是:在学界相关的研究中,存在着马克思(和恩格斯)政治哲学与当代中国社会现实间的鸿沟。正是这种鸿沟堵塞了中国文化语境中的马克思主义政治哲学的出场路径。笔者以为,这种鸿沟主要表现在以下三个方面。

"表现一":反复重复马克思(和恩格斯)政治哲学如何正确,论证其有多么重要的现代意义或启示,并猛烈抨击西方学界有些学者对马克思政治哲学的曲解,但就是在当代中国社会现实面前"晃来晃去",不切入其中,从而使马克思政治哲学(以下也称"经典")与当代中国社会现实"隔岸相望",两不相干。笔者并不否认马克思政治哲学所具有的跨时空的世界历史意义,然而,对于中国来说,这种跨时空的世界历史意义只有在中国马克思主义政治哲学研究"切入当代中国社会现实"的过程中,才能彰显出来。

"表现二":把马克思政治哲学的相关论述,如关于资本逻辑政治经济学批判和政治哲学批判的论述,直接照搬到中国,而无视前资本主义的落后、腐朽的关系和因素仍然对中国社会有根深蒂固的影响,从而在方法论上造成了马克思政治哲学越来越远离当代中国社会现实的状态。这种表现,从其形式上看,似乎是不想再让马克思政治哲学"隔岸相望",但实则却使其与当代中国社会现实渐行渐远。如果说,"表现一"使马克思政治哲学思想成为"云山雾罩""不着边际"的论说的话,那么"表现二"则把马克思政治哲学进一步搞得"不在场"。用马克思政治哲学的相关理论或论述去套当代中国社会现实,在方法论上必然会产生两个相伴而生的结果:一方面马克思政治哲学相关论述被扭曲;另一方面当代中国社会现实在"自以为的马克思政治哲学框架"中被扭曲。要言之,这种"双重扭曲",既阻隔了马克思政治哲学走向当代中国社会现实的路径,也使当代中国社会现实以非现实的形式出现在人们面前。

"表现三":把马克思政治哲学的价值目标,视为当代中国社会现实,从而在逻辑上使跨越马克思政治哲学与当代中国社会现实间的鸿沟几乎成为不可能。这种表现在我国学界比较典型的话语是：中国共产党领导的国家是人民当家作主的国家，而人民当家作主的国家自然实现了真正的平等、正义、公正等。应当承认，中国共产党为"人民当家作主"一直在做着不懈的努力，并取得了伟大成就。但"人民当家作主"不是一个完成了的状态，而是在越来越大的程度上不断实现的过程。进而言之，这一过程的顺利延伸，是需要由一系列民主和法治环节构成的制度来保证的。没有这种保证，"人民当家作主"就难以在许多方面落到实处，从而实质上的平等、正义、公正等的不断实现必然会被遏制。这是被中国共产党执政实践的经验所充分证实了的真理。因此，用"中国共产党领导的国家是人民当家作主的国家"，直接引申出"实现了平等和公正等"，实际上就是在逻辑上把需要不断实现的"价值目标"，等同于既定的、已经实现了的状态了。所以，可以认为，上述话语在逻辑上否定了中国共产党领导中国人民对当代中国社会现实不断改造的过程，从而也在逻辑上否定了中国共产党为实现上述"价值目标"而不断进行的艰苦卓绝的奋斗过程。

如果说，"表现一"还只是把马克思政治哲学搞得"云山雾罩"，使其远离当代中国社会现实，而"表现二"既扭曲了前者也扭曲了后者，从而使它们之间的鸿沟越来越大，那么"表现三"则把被扭曲的马克思政治哲学与当代中国社会现实捏合成为一个"被扭曲的整体"。与前两种表现相比，"表现三"的危害更大。20世纪社会主义正反两个方面的经验表明：国家的政治经济越是相对落后，前资本主义的关系越深厚，国家官僚机器越庞大，工人阶级政党掌握国家政权后遇到的"防止社会公仆变为社会主人"方面的困难也就越大。毫无疑问，在等级观念和专制主义文化根深蒂固的国家，这种"盲目崇拜"（与"官本位"紧密相连）要盛行得多。因此，没有从根本上触及政治体制和思想文化的变革，不在建立和发展"真正民主的国家政权"上下功夫，以保证社会公仆不退变为社会主人，即便最初走上了社会主义发展道路的落后国家，也迟早会发生退变。

综上所述，必须要创造性地继承与发展马克思政治哲学的基本思想和方法，构建中国文化语境中的马克思主义政治哲学，否则，"经典"与当代中国社会现实间的鸿沟就难以跨越。

中国文化语境中的马克思主义政治哲学何以出场

在这方面，只有一条路径可走，即在直面当代中国社会现实的过程中提炼和剖析真问题，使马克思政治哲学的本真精神融入当代中国社会现实，从而在方法论上推动对相关中国问题的正确认识和解决。跨越"经典"与当代中国社会现实间鸿沟的过程，是马克思主义政治哲学在中国丰富和发展的过程，也是中国文化语境中的马克思主义政治哲学出场和构建的过程。那么，对于当代中国来说，何谓马克思政治哲学的本真精神？批判性地汲取和创造性地转化"资本主义制度的一切肯定成果"，在不断增大的范围内和程度上实现正义、公平、平等、法治、自由、民主等的过程中，有效地防止国家权力异化为压迫公民、侵占公民利益和生存空间的力量，发展和完善"真正民主的国家政权"，使国家管理机构成为"在社会中的管理机构"，从而更广泛地实现人民当家作主，这就是马克思政治哲学的本真精神。坚持马克思政治哲学的本真精神，既不是对其意义的空乏阐述，也不是对其具体论述盲目的无条件照搬，更不是将其视为一种已经实现了的现实状态，而是一种需要在对当代中国社会现实改造和构建的过程中不断加以贯彻的现实批判精神。

"在直面当代中国社会现实的过程中提炼和剖析真问题，使马克思政治哲学的本真精神融入当代中国社会现实，从而在方法论上推动对相关中国问题的正确认识和解决"，既是"跨越'经典'与当代中国社会现实间的鸿沟"的必要条件，也是"跨越'经典'与当代中国社会现实间的鸿沟"的充分条件。不过，其中的"在直面当代中国社会现实的过程中提炼和剖析真问题"，是这一必要条件和充分条件的最为重要、关键的构成环节。因为，如果不能"在直面当代中国社会现实的过程中提炼和剖析真问题"，那么，"使马克思政治哲学的本真精神融入当代中国社会现实，从而在方法论上推动相关中国问题的正确认识和解决"，就只能流于空谈。而这种空谈对中国文化语境中的马克思主义政治哲学构建的危害是很大的。因此，本文这里侧重谈谈何谓"在直面当代中国社会现实的过程中提炼和剖析真问题"。

这里所说的"直面当代中国社会现实"，是指研究主体的一种基于当代中国社会现实、改造当代中国社会现实和超越当代中国社会现实的状态。具体说来就是：研究主体是从作为世界历史的一个构成部分的当代中国社会现实出发，而不是从某种普遍的政治哲学原则出发；研究主体直接反思的是中国国家与公民关系中存在的问题，而不是淡化甚至掩盖中国国家与公民关系中存在的问题；研究主体旨在为正确认识和改造当代中国社会现实提供马克思主义政治哲学的方法论支持，而不是仅仅专注于对马克思政治哲学各主要概念或范畴的内涵及其相互关系做"知识性"的论证。可见，"直面当代中国社会现实"由"出发点""对象""旨趣"三个要素构成，缺一不可，否则，就不可能真正地"直面当代中国社会现实"。对于中国马克思主义政治哲学研究来说，要"直面当代中国社会现实"，就不能掩盖当代中国社会的矛盾，不能回避党和国家的领导体制、方式和观念及其机构与当代中国社会发展不相适应的方面，否则，就必然会模糊甚至扭曲真正的当代中国社会现实。

"直面当代中国社会现实"不等于"提炼和剖析真问题"。"'提炼'和'剖析'"在方法论上是紧密联结在一起的。前者是指：在错综复杂的社会政治现象中，科学抽象出政治哲学层面或意义上的问题，如关于政治体制改革背景下的中国竞争民主与中国协商民主关系中的本体论和认识论问题、关于政治体制改革背景下的中国政治理想与中国政治现实关系中的历史观和价值观问题等。对这类问题的科学提出，是以中国国家与公民关系为主要研究对象的中国文化语境中的马克思主义政治哲学的构成部分。后者是指：把"提炼"出的中国政治哲学问题，置于中国政治体制改革和思想文化变革的大背景下加以全面地批判性分析，并在方法论上探索这些问题产生的原因及其解决的路径。不能"提炼和剖析真问题"，政治哲学意义上的中国问题就不能真正呈现在人们的思维中。只有在直面当代中国社会现实的过程中提炼和剖析真问题，使马克思政治哲学的本真精神融入当代中国社会现实，从而在方法论上推动对相关中国问题的正确认识和解决，我们才能跨越"经典"与当代中国社会现实间的鸿沟，丰富和发展马克思主义政治哲学，亦即构建中国文化语境中的马克思主义政治哲学。

原载于《学术界》2020 年第 3 期

21世纪马克思主义初探：
基于人类命运共同体的思考

钟明华　缪燚晶*

2015年12月在全国党校工作会议上的讲话中习近平提出"21世纪马克思主义"，旨在为马克思主义的未来走向问题提供答案轮廓，此后，又在许多场合提出"不断开辟21世纪马克思主义发展新境界"的要求。要创新发展21世纪马克思主义，澄明其出场语境和基本特征成为首要前提，在此基础上，我们才能更好地把握其中的重要范畴与理论内核，进而实现理论的深度耕耘和创新发展。

21世纪马克思主义的出场语境和基本特征

两大社会形态"并立"、抗争是21世纪马克思主义出场的实践语境。进入20世纪后，世界出现了资本主义和社会主义两大社会形态"并立"及资本主义走向帝国主义的现象。在资本主义撬动全球化的同叫，社会主义也参与到全球化过程中。新全球化的过程就包含了"资本创新"和"人类命运"两种拓展逻辑、资本主义和共产主义双重前进路向以及资本主义和社会主义两股

---

* 钟明华，中山大学马克思主义学院教授，博士生导师；缪燚晶，中山大学马克思主义学院博士研究生。

发展力量。这种并立、斗争的模式为 21 世纪马克思主义奠定了实践前提。人类整体利益是 21 世纪马克思主义出场的价值语境。整体利益的凸显要求全球化在发展逻辑上实现统一并呼唤一种整体性、包容性、超国家性的理论出场,21 世纪马克思主义作为一种兼具三性的优势理论顺势登场。由"差异化"走向"普遍化"是 21 世纪马克思主义出场的理论语境。马克思主义要创新发展,就应该在原有与民族、国别结合的基础上进一步拓展与人类整体文明结合的模式,而 21 世纪马克思主义正是这一新模式的开启。

定位 21 世纪马克思主义,离不开一定的参照系。理论逻辑指事物发展的理论必然性,科学社会主义的理论逻辑建立在马克思恩格斯关于社会主义和资本主义的根本性质的区分以及对社会主义发展趋势的预测基础上,反映了社会主义的本质、规律和理想形态,为马克思主义的发展指明方向。由此,与19 世纪马克思主义和 20 世纪马克思主义一样,21 世纪马克思主义的时代主题仍聚焦资本主义批判和社会主义策略,理论宗旨仍是人类解放与自由发展。时代问题是一个时代中存在的问题,时代问题不等于时代主题。从根本上看,时代主题并未随世纪的更替而转换,但人类进入 21 世纪所面临的问题较之前两个世纪,无论在类别、规模、程度上都有深刻的变化,也正是这种深刻变化造就了马克思主义在不同世纪的问题之别,准确把握住不同世纪存在问题的一般规定性对于解决问题至关重要。

基于对理论主脉的继承和对时代新问题的解答,21 世纪马克思主义逐渐演变成区别于在结合论基础上产生的理论形态。21 世纪马克思主义既要进一步把握社会主义的形式和内容,又要加强研究当代资本主义危机的新特点、新变化,强化对资本逻辑的批判和研究。从已经发展出来的形态看,21 世纪马克思主义表现出了更大的张力,它不再单纯地从哲学、政治经济学和科学社会主义的范式和结构来发展其理论,而是主张以全新的视野深化对共产党执政规律、社会主义建设规律和人类社会发展规律的认识,并以此为基点来支撑21 世纪马克思主义的建构事业,从这一点看,21 世纪马克思主义更加强调问题导向性、理论整体性、价值协同性和文明包容性,是一种逐渐形成并日益完善的理论新形态。

人类命运共同体是 21 世纪马克思主义的重大命题

明确了"21 世纪马克思主义"的出场语境和基本特征后,对理论内核的把握就成为创新发展马克思主义任务的关键。从实质上看,"世界怎么了,我们怎么办?"与马克思主义的未来走向是同一个问题,二者都在追究一份人类如何摆脱新全球化时代的现代性困境的答案,只是前者从外部环境与主体行动的角度发问,后者从理论发展的角度发问。于是,作为对前一问题回答的"人类命运共同体"也构成了对后一问题的重要解答,换言之,人类命运共同体是21 世纪马克思主义的重要部分。作为一个核心范畴,人类命运共同体从三个方面型构了 21 世纪马克思主义。

马克思在研究剩余劳动过程中提出了"资本文明"的范畴,即便资本主义存在文明形态,但文明的限度与悖论才是其主要方面。于是,如何实现对资本主义文明的超越,如何发展出一种新型文明形态,就成为马克思理论创作与革命实践的根本问题,对资本主义文明的反思批判就成为贯穿马克思主义创始人一生的重要任务与使命。实现文明主体超越。资本开创世界历史以来,全球治理始终以全球化 1.0 版的形态存在,霸权主义和强权政治是其本质特征,单一全球治理主体是其主要表现。由资本逻辑主导的治理模式极易陷入资本逻辑预设的陷阱中。实现文明思维超越。传统霸权主义规则和赢家通吃的思维方式在现代社会引发了普遍的安全问题,世界已经融为不可分割的整体,放任资本肆意逐利和默认传统丛林法则必然会导致全盘皆输,人类命运共同体指向"共商、共建、共享、共赢",以合作共赢思维取代竞争博弈思维,是对马克思共产主义理念的推崇。实现文明目的超越。人类命运共同体指向"更现代化"的发展道路,坚守并践行"人类"整体逻辑,肯定人的主体性地位,主张"命运"由自己担当,发展需合作来解决,通过"以人类为本""解构"以物为本,发展了马克思主义对资本文明目的的超越。实现文明价值超越。人类命运共同体意指"共同价值",这种价值是对世界文明形态横向比较后形成的价值集合点,是人类价值的最大公约数。

马克思主义自诞生以来,始终聚焦人的自由解放和全面发展。可以说,关于人类命运的宏观叙事构成了马克思主义的基本内核。人类命运共同体集中体现了马克思主义对人类福祉的不懈追求和引领世界发展的责任担当。人类命运共同体传达了马克思主义的初心与使命。资本主义大工业的发展不仅开创了物质生产和消费的世界性，还开创了精神生产和社会交往的世界性，于是，以改造世界为目标的马克思主义学说势必关注到这一事实并在形成、传播和运用过程中将世界性内化为自身的重要特性。人类命运共同体展现了马克思主义的职责担当。

人类命运共同体作为马克思主义理论的新成果，突出了马克思主义理论的高级性和深远性，使马克思主义关于世界历史、国家和共同体的理论得到深化。人类命运共同体理念延续并发展了马克思的"世界历史"理论，丰富了马克思的国家理论，是马克思"真正共同体""自由人联合体"的当代呈现。

人类命运共同体思想与 21 世纪马克思主义构建

人类命运共同体思想是马克思主义与中国在 21 世纪科学、可持续、和平发展的实践深度结合的产物，使马克思主义既丰富了自身理论体系又回应了世界发展和人类文明进步的双重诉求，展现了马克思主义"从普遍到特殊再到普遍""从与各国实践相结合到与时代和世界发展与人类文明相结合"的内在规律和发展趋势。这意味着，作为 21 世纪马克思主义的重大命题，人类命运共同体思想对构建 21 世纪马克思主义提供了重要的启示。

第一，坚持马克思主义基本原理与各国具体的、历史的实践相结合。这既是理论自身发展的内在诉求，也是解决各国实际问题的普遍需要。21 世纪马克思主义要继续发展，认清各国的具体情况、解决各国的具体问题、形成各国具体的指导理论是必不可少的途径。一方面，要立足新时代中国实际，推进马克思主义中国化的新飞跃，同时，总结 20 世纪社会主义的历史经验，深入探索共产党执政规律、社会主义建设规律、人类社会发展规律，为 21 世纪社会主义的复兴和发展指引方向；另一方面，面对当今世界的深刻变化，对以资本主义生产方式为基础的现代文明形态进行总体批判，进而深刻理解资本主义社会出现的新变化、新情况、新问题，正确认识资本主义的危机形态、发展趋势及演进过程。

第二，把握经典马克思主义与西方马克思主义、当代中国马克思主义与21世纪马克思主义的关系。马克思主义是历史与现实、一源与多流的统一。因此构建21世纪的马克思主义需要把握两大关系。一是把握经典马克思主义与西方马克思主义的关系。发展21世纪马克思主义，需要在坚持经典马克思主义观点、方法的基础上，正确、合理地利用西方马克思主义的理论资源与批判维度，加强二者之间的对话、沟通、交流，以取其精华、去其糟粕。二是把握当代中国马克思主义与21世纪马克思主义的关系。当代中国马克思主义特别是习近平新时代中国特色社会主义思想，是马克思主义与当代中国社会主义现代化建设实践相结合的产物，同时也为马克思主义的世界性的发展提供了中国智慧、中国方案。21世纪马克思主义的发展既要借鉴当代人类进步的思想精华，更要坚持中国马克思主义的主体地位，发挥主体性作用。

第三，遵循马克思主义的基本逻辑。马克思主义始终强调保持历史与逻辑的一致性，历史逻辑、时代逻辑和理论逻辑就成为必须遵循的基本逻辑。人类命运共同体思想的丰富内涵蕴含了三者的统一。坚持马克思主义的历史逻辑，即铭记理论初心。马克思主义始终将人类的解放和自由发展作为其初心，要避免走向苏联、东欧社会主义国家那种改旗易帜的邪路，要将马克思主义在当代实现与时俱进的发展就须臾不能离开这个初心。观照马克思主义的时代逻辑，即解答时代问题。"世界怎么样，我们怎么办""人类向何处发展、怎样发展"等成为21世纪马克思主义亟须回答的重大问题。21世纪马克思主义需要比先前的马克思主义更注重实践维度，更鲜明地强调在回应时代发展所呈现的重大问题中调整自身、探索未来。遵循马克思主义的理论逻辑，即遵循马克思唯物史观和剩余价值理论的基本原则。要实现21世纪马克思主义理论视域、理论形态和理论话语的转换，进而探索发展21世纪马克思主义的新元素和新力量，必须以两大理论的基本精神和基本原则为遵循。

原载于《探索》2020年第2期

习近平关于共同体重要论述的哲学意蕴

袁吉富*

重视基础理论研究,是推进自然科学和哲学社会科学发展的重要方式,也是推进习近平新时代中国特色社会主义思想学科建设的基础性工作。习近平同志关于共同体的重要论述,是党的创新理论的前沿成果,体现着对马克思主义哲学的继承和发展,尤其体现着思维方式变革的时代召唤。深入研究习近平同志关于共同体的重要论述,是深化研究习近平新时代中国特色社会主义思想的一个重要课题。

习近平同志关于共同体的重要论述

在论述共同体时,习近平同志经常是在"共同体"前面加上一些限定词或修饰词,从而构成十分丰富的具体共同体概念。这些限定词或修饰词大致有三种类型:第一种类型是从对象的角度表达某种共同体,如亚太共同体、亚洲共同体;第二种类型是从属性的角度讲的共同体,如命运共同体、利益共同体;第三种类型是第一、二类的组合,如人类命运共同体、中华民族共同体。第三种类型是习近平同志使用最为频繁的一个类型。在这里,我们首先对习近平同志使用共同体这一概念的具体情况进行系统梳理。

* 袁吉富,中共北京市委党校副校长、教授。

习近平同志从指称对象的角度阐述过诸多共同体，这些共同体有大有小。其中，范围最大的应当是生命共同体，该共同体有狭义的和广义的两种用法。狭义的用法仅指相对于人来说自然界所形成的共同体。广义的用法包括人类在内，它包括狭义的用法。人类命运共同体是习近平同志使用最多的一种共同体。人类命运共同体包括全人类在内，是人类应当致力构建的一个共同体。习近平同志还提出了网络空间命运共同体这个概念，鉴于网络空间命运共同体讲的是人类在网络空间中活动的共同体，故实际上它是从属于人类命运共同体的一个概念。同样，习近平同志所提及的推动构建海洋命运共同体也是从属于人类命运共同体的一个概念。这里特别强调的是，为了做好抗击新冠肺炎疫情的国际合作工作，习近平同志近期向国际社会呼吁共同构建"人类卫生健康共同体"。我们认为，这个共同体也是从属于人类命运共同体的下位概念，是对人类命运共同体理念的进一步深化。第三层次指的是超国家的地区共同体。在这方面，习近平同志谈到的有两国之间的共同体。第四层次讲的是民族国家共同体。在这方面，习近平同志更多侧重讲中国。

习近平同志不仅描述了什么对象的共同体，而且也特别指出了是什么样的共同体，或者说是什么属性的共同体。根据笔者的梳理，主要涉及以下几个类型：一是命运共同体。命运共同体是一个综合性概念，指的是相互间存在紧密联系，从而形成你中有我、我中有你的具有共同命运的联合体。二是精神共同体。习近平同志多次指出，思想是行动的先导，要建设共同体，首先要有共同体意识。有此意识，未必意味着该共同体已经是实存的，但没有这种意识，该共同体的建设一定是盲目的。三是行动共同体。按照习近平同志人世间的一切幸福都需要靠辛勤的劳动来创造的思路，显然是把人活动的共同体归根到底理解为行动共同体。事实上习近平同志就致力于倡导行动共同体。四是发展共同体。在习近平同志看来，发展仍然是当今时代的主题，他进一步提出发展共同体这一概念，倡导建设"各国发展共同体、命运共同体"，认为中国所倡议的"'一带一路'建设承载着我们对共同发展的追求，将帮助各国打破发展瓶颈，缩小发展差距，共享发展成果，打造甘苦与共、命运相连的发展共同体"。五是利益共同体。在习近平同志的视野中，利益共同体的参与方追求利益的行为，绝对不同于零和博弈者的行为，前者强调共赢，主张在追求自己利益的过程中照顾他方的合理关切。六是责任共同体。责任共同体作为道义共同体，是对利益共同体的升华。在这个问题上，党的十九届四中全会提出的"社会治理共同体"概念，因其强调人人有责、人人尽责、人人享有，可以看作是责任共同体下的一个重要概念。

全面系统把握习近平同志关于共同体的重要论述

习近平同志关于诸多具体共同体的重要论述是相互联系的，形成了一个思想总体。对于这个总体，我们首先需要全面把握，做到既关注习近平同志关于人类命运共同体的重要论述，也关注他关于共同体的其他诸多重要论述；同时，我们还需要往深里走，努力揭示支撑这一总体的一般逻辑或思想框架。

按照从个别上升到一般的思路，从习近平同志关于诸多具体共同体的论述中，我们可以提炼出他视野中共同体的一般规定性或内涵。共同体得以构成的首要条件是各方形成相互影响、相互作用，甚至相互渗透的总体。但需要特别注意的是，在习近平同志那里，总体并不意味着共同体，共同体是在总体的基础上生长出来的。习近平同志把"一体化的世界"或人类总体与人类共同体看成两个有联系但也有区别的概念，也就是说，在人类世界中，某种总体或群体的客观存在成为构建共同体的前提条件，但还不是共同体本身。共同体得以存在的必要条件是伙伴关系在一切关系中的主导地位。伙伴关系是习近平同志高度重视的　种关系，伙伴关系就是朋友关系，用哲学的语言讲，就是不仅仅是主客关系，更是互为主体的关系，就是要把对方看成与我平等的主体并展开良性互动。共同体得以存在的第三个要件是尊重难以通约、不容消除的差异，特别是文明差异。习近平同志主张用文明交流互鉴论取代文明冲突论，主张要发展、培育一种博大胸怀和包容精神，强调要把文明交流和互鉴当做人类进步的动力、维护和平的纽带以及各个文明自身发展的重要方式，强调要在文明交流互鉴问题上必须要消除傲慢和偏见这一最大障碍。共同体得以存在的第四个要件是善待环境、呵护自然。习近平同志认为，在地球范围的自然与我们人类一道构成生命共同体，二者一荣俱荣、一损俱损。

共同体理论作为研究各种共同体的一般理论，为建设各种具体共同体提供了理论基础。这一理论之根本的正当性,在于它正确反映了人类历史的发展趋势。习近平同志的论述表明,人类走向共在,走向共同体,体现着历史的必然。构建共同体,关键的是用伙伴关系取代主客关系的主导地位。尽管伙伴关系已凸显为世界发展的潮流,但目前还不能说已经占据主导地位。构建共同体,要以发展为中心,既重视变革发展理念,更强调实践创造。发展作为当今时代面临的根本性问题,我们需要聚焦这一问题,并按照共同体的思路或者共同发展的思路来加以解决。习近平同志反复强调,实干是硬道理,一个行动胜过一打纲领。构建共同体要有顶层设计和路线图。习近平同志强调,要把握大局、成竹在胸,并多次引用清代陈澹然名言:"不谋全局者,不足谋一域"。构建共同体,要从实际出发,具体问题具体分析。针对不同阶段的共同体,根据从简单到复杂、从易到难的逻辑进程,习近平同志提出了从利益共同体到责任共同体再到命运共同体的建设思路,体现着对实践、认识、再实践的认识运动总规律的自觉运用。构建共同体,要以国家为重点,处理好国家与其内外共同体关系。在这个问题上,习近平同志指出:"中国坚定维护多边主义,坚定维护以联合国为核心的国际体系,坚定维护以国际法为基础的国际秩序,推动构建人类命运共同体。"①

习近平同志关于共同体重要论述的哲学价值

习近平同志关于共同体的重要论述可以有广义和狭义两种理解。广义的理解由关于共同体的一般理论和具体共同体理论两大部分组成。人类命运共同体的理论、生命共同体的理论、中华民族共同体的理论等就属于具体共同体的理论。狭义的理解仅指关于共同体的一般理论。如果我们从广义共同体理论角度把握其哲学价值,就会涉及相当多的内容。例如,关于人类命运共同体的理论是对马克思主义世界历史理论的发展,是21世纪马克思主义的世界历史理论;关于生命共同体的理论突出了历史唯物主义的生态维度,使历史唯物主义在新时代变成了追求人与自然和谐共生的大历史观,凸显了历史唯物主

---

① 《习近平会见联合国秘书长古特雷斯》,《人民日报》2020年9月24日。

义对建设清洁美丽世界的时代担当精神,等等。关于这些内容,学界已经探讨不少,这里我们主要从狭义的角度考察其哲学价值。

习近平同志关于共同体的重要论述,深化和拓展了马克思恩格斯的共同体思想,特别是深化了马克思恩格斯有关真正的共同体思想,在某种程度上是关于真正的共同体得以实现的阶段性理论,它推动了人们从共同体的视角更加全面地把握当代社会,推动人们从共同体的视域更深层次把握历史唯物主义,是对历史唯物主义共同体理论的当代发展。习近平同志关于共同体以伙伴关系为核心的思想,要求人们树立共同体意识,以此意识为指导处理彼此之间的关系,要求人们超越把纯粹的竞争关系看作凌驾于一切关系之上的狭隘意识和行为,倡导伙伴意识和合理竞争行为,这实际上为人类自身的发展指出了一条正道,对于促进人的素质的提高和人自身的解放,显然有重要意义,是对历史唯物主义关于人的发展和解放理论的丰富和提升。

习近平同志关于共同体的重要论述,其视野不仅关注到人类社会,而且还关注到自然界,其思想体现着对整个世界的普遍思考,这就要求我们从世界观的角度进一步学习和领会这些重要论述的哲学价值。

这里要特别强调习近平同志关于共同体的重要论述对唯物辩证法矛盾观点的重要发展。习近平同志关于共同体的重要论述,把推动构建共同体作为矛盾运动的目标,使得矛盾辩证法成为有明确目标、强调同一性的辩证法,这是对矛盾辩证法在新时代的重大发展,从而使矛盾辩证法成为构建共同体的辩证法,为增强共识、凝聚合力提供了世界观方法论支撑。他强调天下一家、反对单边思维,强调合作共赢、反对零和思维,强调弘义融利、反对自私自利,强调开放包容、反对孤立发展,强调生态友好、反对奴役自然等等,都体现着他注重共同体意识和强调同一性的格调。这绝不是说习近平同志不重视斗争性,他所倡导的斗争精神从根本上服务于构建共同体,特别是中华民族命运共同体和人类命运共同体这一伟大目标。

原载于《教学与研究》2020 年第 8 期

人类文明历史逻辑暨新时代世纪前瞻

谭培文*

文明是一种历史现象。文明不等同于历史，但文明史即历史。如温文尔雅、有教养懂礼貌是文明，而不是历史。历史是对文明现象发展过程的认识。历史离不开文明现象。历史把各种文明现象的产生、发展过程呈现出来，这即是文明史。文明进步是一个历史过程，它有其内在规律。一般文明史即是史的研究，历史逻辑并非以史为主题。历史逻辑势必有文明史的探索，但它并非其核心与实质。逻辑即规律。历史逻辑主题是历史内在的规则与规律。文明现象是外在的，历史逻辑是内在的。在全球化时代，尤其是世界疫情暴发的当下，根据文明进步历史逻辑，对于前瞻人类文明进步的基本趋势具有特殊的理论价值和现实意义。

文明进步的标准

文明是社会的进步过程。文明既然是一种历史现象，文明进步的根本标准即是历史标准。在学术思想史上，历史标准主要有两种：一是以黑格尔为典型的唯心主义，一是历史唯物主义。马克思批判了黑格尔的历史唯心论，从社会存在出发科学地揭示了人类历史的进程，从而创立了历史唯物主义。按历

---

* 谭培文，广西师范大学马克思主义研究所所长，教授、博士生导师。

史唯物主义,文明进步标准有五:

一是要以先进生产力为标准。按照马克思,先进生产力以生产工具为标志,工具的现代化是人类文明的突出特征。工具的现代化通过改造自然,使自然因果性转化为社会因果性,从而带来物质财富的增长。物质财富的丰富是文明进步的突出标志。此谓之物质文明。资本主义替代封建社会,开创了一个文明新时代,在这个意义上,资本主义的出现具有文明进步的历史意义。资本主义制度适应了资本主义生产方式,带来了物质财富快速增长。这是资本主义文明的标志。

二是要以先进生产关系为标准。一种文明是否具有先进性,物质财富的丰富是一个标志,但不是唯一标志。文明必须反映一种物质财富的分配。物质财富的丰富不是文明进步所特有的。物质财富的分配方式是否文明,其实质决定于一定的制度设计。好的制度设计即为制度文明,如资本主义制度文明与社会主义制度文明。制度文明不仅指涉经济制度,还应涉及政治制度,这里的制度文明涉及的是前一种意义的文明。

三是要以先进政治制度为标准。政治是适应经济基础产生并为经济基础服务的重要领域。政治的核心是国家,现代国家建构依据是法制。布罗代尔将文明划分为:作为地理区域的文明,作为社会的文明,作为经济的文明,作为集体心态的文明,但缺乏政治文明,显然是片面的。政治法治标准体现的政治文明,在现代世界文明秩序建构中具有极为重要的意义。是以,现代文明标准不可缺乏政治标准。

四是要以先进文化为标准。文明的标准不可缺少文化。所谓文化标准,是指以文字为符号,通过文学艺术、道德、哲学、宗教等表现的文明特征。宗教只是文化的一部分,而不等于全部。有文化但可能没有宗教,有宗教不等于就有文化和文明,没宗教同样有文化和文明。这里所讲的文化,就是科学技术、哲学、文学艺术等文化,而不是宗教。

五是以和谐社会秩序为标准。社会秩序是衡量文明的重要标准。它包括人与自然、人与人、人与社会的秩序。社会秩序文明的突出标志是和谐。人与自然的和谐谓之生态文明,人与人、人与社会之和谐是社会文明。

人类文明进步的历史逻辑

按照生产力、制度、政治、文化和社会秩序等五个标准,人类文明进步发展的历史逻辑可以归结为三个阶段:

第一,以人对人的依赖关系为基础的古代文明。文明的主体是人。以人的存在方式来理解文明,最初的文明即以人对人的依赖关系为基础的古代文明。古代文明是一个直接以物的形式占有人支配人的社会权力的社会。这种物即土地。人对人的依赖其根源在于人对土地的依赖。其一,生产力落后是其根本原因。在原始社会,物为公共所有,人皆为用,无私有概念,但在生产力水平极低的社会,资源的稀缺性日益突出。第一个以物的形式占有社会权力的阶级社会——奴隶社会就产生了。奴隶主不仅拥有占有物的社会权力,而且亦占有了作为生产工具的奴隶的权力。其次,制度设计是古代封建社会维持其统治的重要原因。由于铁器工具替代了青铜器工具,生产力的发展推动劳动者身份的解放。一部分劳动者不再是工具式的奴隶,而成为农民,但农民依赖于土地。最后,文化价值成了维持古代文明秩序稳定器的润滑剂。

第二,以物的依赖关系为基础的近代资本主义文明。近代资本主义文明是人类文明历史逻辑中十分重要的一环。资本主义用物的力量摧毁了封建社会的人的统治,以人的物的依赖性存在代替了封建的人的依赖性存在方式。以物的依赖性为基础的社会,呈现出资本主义文明的不同特征。其一,以金钱资本为上帝替代了精神上信仰的上帝。相对血缘宗法统治,每个人的人身获得了独立。但是,人类却再次堕入了另一种依赖,即金钱物的依赖。在物的统治下,资本主义获得了另一种特权,即金钱资本的特权。资本主义在实质上是以物、金钱、资本为特权的社会。这即是资本主义以金钱资本为标志的文明逻辑。其二,以金钱资本为上帝的私人所有制替代了封建的土地专制占有制。虽然资本主义所有制也是一种私有制,但它不再是古代封建的小块土地占有制,而是极少数人垄断的私人占有制。这即是资本主义的文明逻辑。其三,以金钱资本为上帝的金钱政治替代了封建的皇权专制。资本主义是极少数人垄断的私人占有制,适应这种占有制的就是极少数人以金钱资本为上帝的金钱政治替代了封建的皇权专制。其四,以金钱资本为上帝的文化道德价值替代了封建的人伦文化道德关系。资本主义在文化道德价值上发挥过非常革命的作用。它通过金钱资本斩断了以血缘宗法为基础的人的依赖关系之封建羁绊。资本主义把人的一切情感,淹没在利己主义打算的冰水之中,把人的尊严变成了交换价值,这就把刚刚摆脱血缘依赖的人类推进物的统治的深渊。其五,以物的依赖性为基础的社会,以金钱资本为上帝支配社会秩序替代了封建社会靠暴力维持的社会秩序。

第三,以摆脱人对人的依赖关系和物对人的统治为基础的现代社会主义文明。马克思指涉的是共产主义,中国特色社会主义是社会主义初级阶段,而社会主义初级阶段首先是社会主义。从社会主义初级阶段开创的社会主义文明为新世纪前瞻提供了依据。

新时代社会主义文明的世纪前瞻

文明是一种进步,进步意味社会主义文明与资本主义文明具有质的不同。这种质的不同主要表现在两个方面:一是社会主义文明不仅要摆脱人的依赖性关系,而且要摆脱物的依赖性关系;二是社会主义文明历史使命不同。资本主义只是为社会主义文明准备物质前提,而社会主义文明则要实现人的自由全面发展,为人类文明进入理想社会创造前提。

每个人全面发展的自由个性是共产主义文明的标志。而要实现每个人全面发展的自由个性需要两个基本条件:一是共同的、社会的生产能力,二是共同的、社会的生产能力成为从属于他们的社会财富。这即是社会主义文明的任务。所谓共同的社会生产能力,即以大工业生产为基础的全球联结为一体的生产链、供应链和价值链。资本主义大工业生产以上百倍的效率,超越封建社会文明,但是,私人资本的垄断性质,导致它必然反过来隔断全球的生产链、供应链、价值链和消费链。它不断强化金钱资本物的依赖性,为世界的普遍交往设置了巨大障碍,使人与人、国家与国家的关系异化为物的依赖关系。有鉴如斯,社会主义文明首要任务是扬弃物的依赖性。要扬弃物的依赖性,首先是要适应大工业发展,完善社会主义市场经济体制,建设以生产资料公有制为基础的共同的、社会的生产能力的产业链、供应链、价值链。其次，扬弃物的依赖性，就必须正确对待资本逻辑的正负效应。资本对于发展生产力，优化资源配置，提高经济效率，具有积极的文明意义。但资本的负面作用是，物的统治在实质上是资本、金钱统治。这就必须通过社会主义制度机制予以限制。社会主义文明的任务即是通过资本激发的活力而形成的社会生产能力提升为从属于社会主义每个人的共同社会财富。

自由个性是每个人作为独立个体的创造特性，而不是为所欲为或任性而为。社会主义文明的使命是培育与发展每个人的创造个性，它是人类文明历史逻辑的现代要求。首先，创造必须摆脱人的依赖性关系与物的依赖性基础。其次，创造必须正确处理自由个性与主客观因素的关系。人的依赖性关系与物的依赖性基础是古代与资本主义文明特征，与社会主义文明的共同协作的和谐关系具有本质不同。再次，创造作为自由个性的特性需要培养和教育。因此要坚持教育强国的国策，培养千千万万的创新人才，提高每个人的创新素质。通过每个人的自由个性创新，在生产力方面，创新新技术、新工艺、新的产业链、新的价值链；在生产关系上创新新的生产组织形式、新的协同方式、新的财富调节分配手段；在政治上，创新民主政治的新形式，实现政府治理能力、治理水平现代化等，从而塑造新时代中国特色社会主义人类文明新类型。

以世界疫情暴发为例前瞻社会主义文明世纪愿景。世界疫情暴发后，在应对全球性疫情面前，资本主义暴露出多重危机。相反，中华民族联合抗疫取得了阶段性成果。有国外政要、学者预言，世界疫情以后将改变未来世界。其实，并非是世界疫情暴发改变世界，而是人类文明进步的历史逻辑具有不可逆的必然性。资本主义文明时代正在成为过去时，社会主义文明才是进行时。

《社会科学家》2020 年第 3 期

中国马克思主义哲学的发展进程与思考

李俊文*

伴随新中国的成立与发展,马克思主义哲学在发挥"改变世界"的变革中国的实践中不断实现"中国化"的理论飞跃,中国的马克思主义哲学历经了理论确立、理论发展和理论创新的发展进程,这是一场理论层面和实践层面的双向推进的发展历程。如何揭示马克思主义哲学与中国现实之间的逻辑关系,如何认识和总结中国马克思主义哲学的发展进程,对于中国的现代化建设特别是新时代中国特色社会主义的发展无疑具有重要意义。近年来学界的研究表明,这些议题依然是构成当代马克思主义哲学中国化研究的重要问题。

马克思主义哲学确立指导地位与初步发展

建立新中国是马克思主义作为普遍真理的胜利,是对马克思主义哲学作为"认识世界和改变世界"的新世界观和方法论的科学证明,更是对中国化的马克思主义哲学理论成果——毛泽东哲学思想的运用。从新中国成立到改革开放之前的这一发展阶段,是中国面临着毛泽东哲学思想的发展与社会主义现代化艰难历程的双重考验时期。

一是马克思主义哲学指导地位的确立与社会发展主题的转变。新中国成

*　李俊文,中国社会科学院哲学研究所研究员。

立以后,中国面临着从新民主主义向社会主义过渡,意味着社会发展的主题由革命向建设的转变。这需要一方面,在现实层面进行社会主义变革,通过解放和发展生产力,建立社会主义制度和现代化经济体系。另一方面,在思想层面转变和改造人们旧的世界观,通过学习马克思主义哲学尤其是毛泽东哲学思想,武装国家公职人员、知识分子、青年学生乃至广大群众的头脑,确立马克思主义哲学在意识形态领域中的指导地位。

二是全面开展社会主义建设与中国马克思主义哲学的艰难探索。随着社会主义改造的基本完成,以及随之增多的矛盾和经验的积累,社会主义建设的道路问题摆在中国共产党人面前,必须作出抉择,是走苏联的老路,还是走中国自己的道路? 在这一艰难阶段,广大哲学工作者在对马克思主义哲学的研究、宣传和若干问题的讨论方面仍做了大量的工作。就马克思主义哲学发展而言,哲学要发挥自己的作用和保持强大的生命力,必须为广大群众所掌握。"理论在一个国家实现的程度,总是取决于理论满足这个国家的需要的程度。"①教科书的编写宣讲担负着对广大群众和高校学生的马克思主义哲学基本原理的教育任务。

三是社会主义现代化建设的破坏和文化大革命时期马克思主义哲学的命运。文化大革命作为历史,一方面要看得它对中国造成的巨大灾难,另一方面也要看得它给我们留下了很多历史教训,认真研究这些历史教训对于建设具有中国特色的社会主义来说是有益的。

社会主义建设的新时期和马克思主义哲学研究的新进展

以党的十一届三中全会为标志的伟大历史转折,确定了新时期建设社会主义的基本路线,要求马克思主义哲学由革命哲学向建设哲学作出调整和转变,开创有中国特色的建设社会主义的发展道路和构建有中国特色社会主义的理论体系的时代任务得以开启。

一是拨乱反正与真理标准大讨论。这场讨论一方面在哲学层面上,作为

① 《马克思恩格斯选集》第 1 卷,人民出版社 2012 年版,第 11 页。

学术启蒙运动,打破马克思主义哲学研究中的教条主义束缚,重新恢复实践的认识论权威地位,促成马克思主义哲学研究的解放,建构了马克思主义哲学问题的研究方式。另一方面在现实层面上,否定"两个凡是",批判个人崇拜和思想僵化,为人的自我发现提供了理性支撑,确立了"解放思想实事求是"的思想路线,为改革开放时代的到来和中国社会发展全局提供了学理依据。

二是中国社会主义现代化建设新时期和当代中国的马克思主义理论的形成。1978 年 12 月在十一届三中全会上确立了全党工作重心的转移,从"以阶级斗争为纲"转变为"以经济建设为中心",时代主题从"革命"转向"社会主义现代化建设",由此开启了改革开放和社会主义现代化建设的新时期。中国特色社会主义理论体系科学回答了重大理论问题,在"什么是社会主义、怎样建设社会主义","建设什么样的党、怎样建设党","实现什么样的发展、怎样发展"的问题回答中包含深刻的马克思主义哲学思想,创造了中国马克思主义哲学的理论新形态。

三是马克思主义哲学研究的理论问题与进展。经过 40 多年的改革开放的社会主义现代化建设和发展,学界对马克思主义哲学的研究,从对传统教科书的反思到文本研究和"问题意识"的转换,再到马克思主义哲学中国化研究的确立,不断探索建构马克思主义哲学的新形态。其一,传统教科书体系的改革及引发的哲学思考。其二,对马克思主义哲学文本研究与"问题意识"的转换。其三,马克思主义哲学中国化研究的出场与价值。

新时代中国特色社会主义和马克思主义哲学的创新

从改革开放到党的十八大召开前的这一社会主义现代化建设时期,实践证明,中国马克思主义哲学不仅在中华民族获得解放和独立的历史运动中承担着理论指引,而且在社会主义现代化所兑现的国富民安的伟大实践中依然保持主导地位,以自身不断发展的中国马克思主义哲学还将引领中国特色社会主义进入了新时代。

一是新时代的中国特色社会主义应实现整体转型发展。以习近平同志为核心的党中央指明中国进入新时代的历史方位,需要解决的新课题是新时代坚持和发展什么样的中国特色社会主义、怎样坚持和发展中国特色社会主义。中国在成为世界第二大经济体之后，为调整经济结构的稳增长，而不是经济总量的单方面增长，中央做出了"经济发展新常态""供给侧改革"等决策，以创新驱动发展的战略，推动社会生产力水平实现整体跃升，成为引领中国经济加速更换动力的顶层设计，标志着我国开始了由大国向强国迈进的发展时期，中国特色社会主义步入整体转型发展的新时代。

二是新时代中国马克思主义哲学的发展创新。马克思主义哲学在中国的传入是一场从"化中国"到"中国化"的理论发展与创新历程，理论发展与创新离不开社会实践的舞台，马克思主义哲学的实践本质是"改变世界"，"改变中国"则是马克思主义哲学实践本质的具体化和民族化的伟大胜利，在中国化的马克思主义哲学指引下新中国的建立、改革开放的启程和新时代的到来是这场胜利逐步取得的实践成果。实践创新为理论创新提供了现实土壤和检验标准，马克思主义哲学在中国的理论层面的创新则是形成了马克思主义哲学中国化的理论成果，即毛泽东思想和中国特色社会主义理论，以及习近平新时代中国特色社会主义思想。

关于中国马克思主义哲学发展的几点思考

当中国历经艰难奋斗以革命、建设和改革的方式走过风云变幻的 20 世纪，在相继获得了"站起来""富起来"和"强起来"的身份进入新时代之时，承担中华民族精神支柱和信念指引的马克思主义哲学如何应对当下百年未有之大变局，这是对中国马克思主义哲学提出的挑战与发展的机遇。

一是以马克思主义哲学中国化为研究范式促进中国马克思主义哲学的发展。研究中国马克思主义哲学的发展和创新，确立一种研究范式更为根本和重要。学界对此问题的关注经历了从"教科书研究范式"到"教科书改革范式"的转向，目前面对实践的发展和现实的变化，需要确立的则是"马克思主义哲学中国化"的研究范式。真理本性和实践本质决定了马克思主义哲学是"解释世界"和"改变世界"的统一，马克思主义哲学中国化的研究范式是对马克思主义哲学实现"解释中国"和"改变中国"的理论呈现。这样的研究范式可以从前提性上回答马克思主义哲学中国化何以必要和何以可能的问题,能够科学揭示马克思主义哲学与中国问题之间的逻辑关系。

二是在民族化和世界化相结合的思想逻辑中发展中国马克思主义哲学。民族的特殊性问题与世界的普遍性问题在马克思主义哲学视域中是统一的。基于中国社会发展的客观需要,主要是中华民族救亡图存和社会主义现代化建设需要,中国马克思主义者自觉把马克思主义哲学与时代主题结合起来,以中华民族特有的形式创造性地发展中国马克思主义哲学。可见,注重本民族的历史文化传统和现实实践,以真正哲学的方式来介入和研究这些思想资源和对象性基础,践行为社会发展做学问和为人民代言的理论使命,发挥中国马克思主义哲学的社会功能和进一步实现对新时代中国的改变。

三是在理论与实践相统一中发展中国马克思主义哲学。实践首先构成人类历史运动的基础和动力。马克思主义哲学把实践作为理论形成和发展的基础,理论和实践相统一的原则是马克思主义哲学的最根本原则。中国的近现代史证明,把理论和实践作为一个统一的总体来实现中国马克思主义哲学的发展,做到这种统一中国的现代化事业就能获得顺利发展。随着国际环境的巨大变化,当前中国最大的实践是全面实现小康社会和全面建设社会主义现代化,中国马克思主义哲学面对和回答的问题比以往任何时候都要复杂多样,提倡由理论指导的自觉的实践,反对脱离理论指导的盲目的实践。中国马克思主义哲学只有在实践中与时俱进、不断创新,才能始终站在时代的潮头正确解决问题,保持自己的主导地位。这关系到中国现代化的发展方向,同时决定着 21 世纪中国哲学的走向。

原载于《学习与探索》2020 年第 11 期

习近平关于"底线思维"重要论述的理论阐释

张　琳[*]

党的十八大以来,习近平总书记立足于党和国家事业全局,高度重视底线思维,并就此做过一系列重要论述。全面梳理和系统研究这些重要论述,揭示底线思维的思想意蕴,阐述坚持底线思维的实践价值和实践要求,对于我们深入学习和悉心研究习近平新时代中国特色社会主义思想,尤其是中国共产党治国理政的方法论智慧,更好地遵循和把握当前复杂形势下党中央的大政方针和决策部署,具有重要的理论意义和现实价值。

"底线思维"的提出过程

"底线"特别是"底线思维"是习近平经常使用的术语或词汇。自党的十八大以来,他在 100 多种场合反复强调这两个概念。正因如此,"底线"已成为当下流行的话语,而"底线思维"则成为学术界关注的重要概念。梳理和总结习近平提出、使用这两个概念的过程及基本情况,对于把握底线思维的思想意蕴和基本语境是非常必要的。

2013 年 7 月 25 日,习近平在主持中共中央党外人士座谈会上,强调要保持清醒头脑,深刻认识和高度重视经济运行中的突出矛盾和问题,深刻认识和

---

*　张琳,陕西师范大学马克思主义学院教授。

全面把握国际经济形势,坚持底线思维,切实做好工作。2014 年 4 月 25 日,习近平在中共中央政治局第十四次集体学习时强调,我们必须保持清醒头脑、强化底线思维,有效防范、管理、处理国家安全风险,有力应对、处置、化解社会安定挑战。6 月 30 日,在中共中央政治局第十六次集体学习时强调,要坚持底线思维,做到居安思危。2015 年 2 月 2 日,习近平在省部级主要领导干部学习贯彻十八届四中全会精神全面推进依法治国专题研讨班开班式上强调,领导干部要牢记法律红线不可逾越、法律底线不可触碰。

2018 年 4 月 2 日,习近平在中央经济工作会议指出,打好防范化解金融风险攻坚战,要坚持底线思维,坚持稳中求进,抓住主要矛盾。6 月 22 日,习近平在中央外事工作会议上强调,对外工作要坚持底线思维和风险意识。坚持以国家核心利益为底线维护国家主权、安全、发展利益。12 月 18 日,在庆祝改革开放 40 周年大会讲话时,他强调,要增强战略思维、辩证思维、创新思维、法治思维、底线思维。

2019 年 1 月 21 日,在省部级主要领导干部坚持底线思维着力防范化解重大风险专题研讨班开班式上,习近平发表重要讲话指出,提高战略思维、历史思维、辩证思维、创新思维、法治思维、底线思维能力,善于从纷繁复杂的矛盾中把握规律,不断积累经验、增长才干。3 月 19 日,在主持召开中央全面深化改革委员会第七次会议时,他指出,要强化底线思维、增强风险意识,把困难估计得更充分一些,把解决问题的措施想得更周全一些。

2020 年 1 月 8 日,习近平在"不忘初心、牢记使命"主题教育总结大会讲话指出,建章立制,要坚持系统思维、辩证思维、底线思维,体现指导性、针对性、操作性。2 月 23 日,在统筹推进新冠肺炎疫情防控和经济社会发展工作部署会上,他讲话强调,必须增强谨慎之心,对风险因素要有底线思维。4 月 8 日和 4 月 27 日,在中央政治局会议和中央全面深化改革委员会第十三次会议上,习近平两次重申,我们要坚持底线思维,做好较长时间应对外部环境变化的思想准备和工作准备。

上述"底线思维"的重要论述,是以习近平同志为核心的党中央科学研判国际国内形势作出的重大、权威、战略性判断,为我们应对复杂形势下的风险挑战指明了方向,为谋划推进改革、做好"六稳"工作、落实"六保"任务等提供了根本遵循。习近平多次、反复强调底线思维,特别是 2010 年已在十个重要场合提及底线思维,旨在提醒我们要提高疫情防控常态化的思想认识、做好较长时间疫情防控的工作准备。同时,意味着疫情防控由险重的阻击战转入艰苦的持久战。坚持底线思维,就是要在今后很长一段时间内保持如履薄冰的谨慎和见叶知秋的敏锐,将防风险与打基础、利长远、惠民生的改革有机结合起来。

"底线思维"的思想意蕴

"底线"是指人们可以承受或能够认可阈值的下限,或指设定的最低目标和基本要求。"底线思维"是一种以底线为导向的科学思维方法,它通常是以发现事物发生最坏结果为逻辑起点,以守住底线、防止最坏结果发生为着力点。它既是目标底线,也是行为底线,是目标底线和行为底线以因果律联结在一起而共同发力的有机统一体。底线思维具有丰富而深刻的思想内涵,它是一种防患未然、深谋远虑的战略思维,是遵循规律、精准谋划的科学思维,是化危为机、保稳求进的辩证思维。只有坚持底线思维,才能不断巩固疫情防控重大战略成果,为我国经济社会秩序全面恢复提供有力保障。

战略思维是实现长远性和全局性目标而制定前瞻性、科学性和创造性决策的思维,是一种"高瞻远瞩、统揽全局,善于把握事物发展总体趋势和方向"①的思维方法,是做好常态化疫情防控和加快生产生活正常秩序全面恢复的首要思维。底线思维就是这种具有前瞻性、导向性和全局性的战略思维,就是根据经济社会发展形势需要,前瞻性地预设目标底线或临界线,并将这种目标底线转化为针对性行动底线,争取在行动层面做到全面、准确、有力的思维。底线思维就是着眼整体利益和全局目标实现,拟定符合正确认识的目标和任务导向,"对于要实现的伟大目标要作深谋远虑的思考,以寻求长远发展和长治久安之策。"②

---

① 《习近平新时代中国特色社会主义思想学习纲要》,学习出版社、人民出版社 2019 年版,第244 页。

② 杨信礼:《深刻认识坚持底线思维》,《人民日报》2019 年 6 月 25 日。

科学思维也叫科学逻辑,是以客观事实和事物发展规律为依据,经过严密科学论证和精准谋划后最终能够达到正确认识结果的思维,具有客观性、精确性、可检验性等特点。科学思维决定常态化疫情防控的工作水平,能不能有效巩固疫情防控重大战略成果,能不能有针对性加强输入性风险防控工作,能不能提高外防输入、内防反弹的有效性和精准性。科学思维也叫科学逻辑,是以客观事实和事物发展规律为依据,经过严密科学论证和精准谋划后最终能够达到正确认识结果的思维,具有客观性、精确性、可检验性等特点。科学思维决定常态化疫情防控的工作水平,能不能有效巩固疫情防控重大战略成果,能不能有针对性加强输入性风险防控工作,能不能提高外防输入、内防反弹的有效性和精准性,最终取得常态化疫情防控和恢复生产生活秩序的双胜利。

辩证思维是以变化发展视角认识和观察事物的思维方式。根据唯物辩证法的观点,事物的量变和质变是辩证统一的,当事物量变积累到一定界线就会引起质的变化,底线就是事物发生变化的临界线或不可跨越分界线。事物发展过程中可能性和现实性是辩证转化的。底线思维是这种具有预见性、能动性和创造性的思维,分析预判事物质量变化的界限,及时预测最坏可能性,主动避免其改变性质、由可能性转变为现实性。在疫情防控中,微小的险情如果被忽视而得不到有效控制,就会积聚扩散、引起量到质的变化,并产生难以预料的后果。要抓紧抓实抓细常态化疫情防控,就必须坚持底线思维。

"底线思维"的实践意义与要求

"底线思维"是马克思主义的思想方法和工作方法,是中国共产党百年历史积淀而成的思想智慧,更是习近平治国理政的思想韬略。坚持底线思维体现着鲜明的实践意蕴。坚持底线思维,是常态化疫情防控中坚守人民利益至上价值取向的应有之义,是应对错综复杂疫情局势、保持战略定力的现实需要,是提升国家治理效能和党的执政能力的内在要求以及有针对性做好常态化疫情防控和全面恢复经济生活秩序的必然选择。在当前复杂形势下防范化解重大疫情风险具有明确的价值旨归。

树立和坚持什么样的思维方式,是与思维主体的价值取向相一致的,有什么样的价值取向，就会树立和坚持什么样的思维方式。底线思维的价值旨归，就是为了实现和维护人民根本利益，底线思维是保障人民利益至上的思想方法和工作方法。底线思维从根本上说，就是不能触碰、不能逾越、不能践踏的事关中国人民根本利益的原则界限。底线思维的总价值目标就是为了保障人民安全和身体健康，坚持和发展中国特色社会主义，全面建成社会主义现代化强国，最终实现中华民族伟大复兴的中国梦。任何影响最广大人民根本利益实现、影响中国特色社会主义发展、影响中华民族伟大复兴中国梦的风险都要坚决予以防范化解。新冠肺炎疫情发生以来，以习近平同志为核心的党中央始终秉持人民利益至上的价值取向，始终把人民生命安全和身体健康放在第一位，并落实在疫情防控的各个环节，千方百计地减少重症率和病亡率，尽最大努力挽救更多患者生命，尽最大可能满足群众的生活需要。疫情平稳后，想方设法复工复产，全面推进经济社会发展秩序恢复，强调落实"六保"政策和做好"六稳"工作，解决就业、收入、复学等实际困难，这都是人民利益至上价值取向的体现。坚持人民利益至上，保证人民生命安全和身体健康是"中国之治"的价值旨归。

从疫情防控已取得重大战果看，正是以习近平同志为核心的党中央始终坚持底线思维，悉心部署和精心谋划的结果。在党中央坚强领导和各方面大力支持下，全国一盘棋，集中力量办大事，始终坚持了未雨绸缪、防患于未然、防微杜渐、积极作为、掌握防控主动权，成功化解了突如其来的疫情危机，克服了重大风险和挑战。这成果确实来之不易，全国人民特别是湖北武汉人民作出了巨大牺牲，各方经历了艰苦卓绝的努力。为了巩固已有战果，不让这些战果前功尽弃，就需要坚持底线思维，在今后很长一段时间内仍时刻紧绷疫情防控这根弦，根据各地区各部门实际，有针对性地加强"外防输入、内防反弹"常态化疫情防控举措，为全面恢复经济社会秩序助力，为全面建成小康社会和确保顺利完成决战决胜脱贫攻坚目标任务助力。

原载于《思想理论教育导刊》2020 年第 11 期

全球化时代的资本逻辑批判：
一种可能的建构方案

孙乐强*

习近平总书记将全球化历程划分为三个阶段：殖民扩张和世界市场形成阶段、两个平行世界市场阶段和当代经济全球化阶段。我们今天所讲的经济全球化发端于 20 世纪 70 年代末，快速发展于冷战结束之后。可以说，经济"全球化 3.0"在某种程度上是西方发达资本主义国家主导下的全球化。置身新时代的历史方位，面对世界百年未有之大变局，从"后思索法"出发，基于当今世界潮流和时代发展大势，全面准确理解当代资本主义的新自由主义转向和发展历程、反思当代国外马克思主义思潮的理论得失、建构全球化时代的资本逻辑批判理论的时机已日趋成熟。

一

在马克思生活的时代，英国是当时世界上最发达的资本主义国家，而世界历史也正处于殖民扩张和世界市场形成阶段。因此，在创作《资本论》时，马克思以英国资本主义为理想模型，分析了资本主义生产方式的本质、运动规律及其发展趋势。这些分析，即使在今天看来，依然具有不可替代的当代价值。

* 孙乐强，南京大学哲学系教授、博士生导师，南京大学"仲英青年学者"。

今天,世界格局、世界历史所处的发展阶段和资本主义社会形态本身都发生了历史巨变,当代学者有责任有义务基于新的时代特征来发展马克思的资本逻辑批判理论。

面对今天各种眼花缭乱的理论学说,有些左翼学者也开始自我反思,并重新规划自己的理论任务。他们认为,只有通过各种"后—"学的中介和更新,才能胜任对当代资本主义的批判性研究。实际上,这是有问题的。当代西方左翼理论的发展困境恰恰证明,只有"回到政治经济学批判",以当代资本逻辑批判为硬核,才能真正践行共产主义的政治责任,实现左翼的自我救赎。问题的关键在于,如何沿着政治经济学批判范式前进? 当代左翼学者并没有给出具体解答。笔者认为,至少可以从以下几个方面入手:

第一,基于生产力和新的时代特征,实现对全球资本主义生产结构和生产过程的科学解剖。在《资本论》中,马克思从物质生产过程入手揭示了资本主义生产过程的内在本质,即剩余价值和资本关系的生产和再生产过程,并基于社会生产力的发展形式(协作、内部分工、机器大生产),探讨了工场手工业和现代工厂中剩余价值生产的具体形式。面对"全球化 3.0"时代,资本的逐利本性依然没有改变,但资本的积累模式和生产形式已经发生了重大变化。要建构全球化时代的资本逻辑批判理论,首先必须将知识生产、技术创新、知识产权垄断、生产的内部分工和国际分工等因素纳入考察范围,从生产逻辑与资本逻辑辩证统一的高度,实现对全球资本主义生产过程的政治经济学批判。

第二,要基于全球化和新自由主义实践,实现对以金融资本、生息资本、信用资本等为代表的虚拟资本和虚拟经济的政治经济学批判。1880 年,马克思在接受《太阳报》记者约翰·温斯顿采访时指出,他打算写一套"三部曲",即"土地论""资本论"和"信用论"。然而,令人遗憾的是,马克思生前并未完成这一宏愿。在马克思遗稿的基础上,恩格斯整理出版了《资本论》第 3 卷,从中可以窥探到马克思关于金融资本、生息资本和信用制度的过度膨胀之恶果的批判性分析,即使在今天看来,这些结论依然具有不可替代的当代价值,依然能够为我们认识当代资本主义金融危机提供根本指导。

第三,根据抽象上升到具体的方法,完成对全球生产、流通、分配、消费等总过程的批判性分析。马克思"六册计划"的最后两册分别是对外贸易、世界市场和危机。由于精力和社会条件限制,马克思当年也没有完成这一任务。面对"全球化3.0"时代,我们需要沿着马克思的计划继续前进,基于经济全球化和新自由主义实践,从全球生产结构和生产逻辑的转型入手,深入探讨当代资本主义和全球财富分配、国际贸易、社会消费的政治经济学批判意义,建构全球化时代的社会总资本再生产理论,实现对全球资本主义系统总矛盾的科学解剖。

二

经过几十年的发展,当代资本主义为什么会走到今天这步田地?西方主流经济学中的国家干预主义流派认为,这完全是新自由主义惹的祸,由此大声疾呼"凯恩斯主义的回归"。然而,大部分左翼学者则非常清楚地认识到,当代资本主义危机的根源并不在于新自由主义,而是根源于资本主义的固有矛盾,即使新凯恩斯主义代替新自由主义成为新的主流,那也只是资产阶级主流经济学内部的"改朝换代",是资本主义意识形态内部的"政党轮替",既不可能克服资本主义的固有矛盾,也不可能根治资本主义的顽疾。新自由主义转向并没有克服资本主义的内在矛盾,反而赋予了这些矛盾以新的表现形式,并反过来进一步加剧了资本主义结构性矛盾的爆发。此外,经济全球化不仅推动了资本主义生产方式的全球拓展,也推动了资本主义结构性矛盾的全球扩张,演化为资本主义世界体系的矛盾。

首先,知识产权私有化与生产社会化之间的矛盾。马克思当年已经看到了一般智力和科学知识在生产中发挥的重要作用,并预言发明将会成为一种专门的职业。但由于时代条件的限制,知识产权及其私有化问题并没有成为当时资本主义社会的突出问题。因此,马克思恩格斯当年所说的生产资料私有制更多地体现为物质生产资料的私人占有。马克思指出,私有制有两种形式:一是以生产资料个人所有和自我劳动所有为基础的私有制,一是以剥夺他人劳动成果为基础的私有制,后者是资本主义特有的私人占有形式。在当代资本主义社会,知识产权兼具这两种形式,但能够鲜明反映资本主义生产关系的则是后一形式。因此,要揭示当代资本主义生产过程的内在矛盾,不仅要考察物质生产资料私有制与生产社会化之间的矛盾，更要基于全球化，系统揭示资本主义知识产权私有化与生产社会化之间的内在矛盾。

其次，金融资本和产业资本、生产和消费之间的矛盾。新自由主义加速了发达资本主义国家经济的金融化、去工业化和空心化趋势。在"全球化 3.0"的早中期阶段，国际金融垄断资本、跨国企业、产业资本和发达资本主义国家等都能从全球化中获得巨额利益，因此，它们极力鼓吹新自由主义全球化，甚至加速推动经济、政治、文化的一体化。然而，发达资本主义国家最终玩火烧身，搬起石头砸了自己的脚，引发了严重的国际金融危机和经济危机。

再次，当代资本主义的社会矛盾和结构性矛盾。新自由主义极力打压进步左翼政党和工会组织，工人阶级力量受到严重削弱，被剥削程度进一步加重，受到产业资本和金融垄断资本的双重压迫，导致 1% 与 99% 的对立。2008年金融危机的爆发进一步激化了资本主义国家的社会矛盾和阶级矛盾，出现了大规模的抗议运动和罢工潮，进一步演化为治理赤字、民主赤字、信任赤字，政治孤立主义、民粹主义、种族主义、文明冲突论等不断抬头。当代资本主义的发展历程以铁一般的事实证明，新自由主义绝不可能给世界经济和资本主义体系带来预想的"福音"，只会导致更为严重的危机和困境。

最后，国家权力与资本利益、国家力量与国家力量之间的博弈。新自由主义一直鼓吹自由化，反对国家干预。一些左翼思想家以此为基础提出了民族国家权力退却的帝国和全球化理论。然而，当前资本主义国家权力的强势崛起则从根本上宣告了帝国理论的破产，证明去国家化的新自由主义不过是一种海市蜃楼和虚假幻象。如何深入理解新自由主义时代资本主义国家权力的运作机制，系统揭示国家和政府在发展中国家崛起过程中的历史作用，仍是一个重要的时代课题，这也在某种程度上为马克思主义国家理论的回归和复兴提供了实践基础。

三

阶级和阶级斗争不仅是马克思主义理论的核心组成部分，也是政治经济学批判的重要落脚点。回顾 20 世纪 70 年代以来的国外马克思主义发展史，可以发现，如何看待阶级问题、如何理解资本逻辑与阶级逻辑之间的关系，成为当代西方左翼深入探讨的重大问题之一。他们看到了新自由主义转向和当代资本主义新变化对阶级问题的重大影响，并从理论上对当代资本主义社会的阶级矛盾、斗争主体、斗争形式、斗争策略等系列问题展开了深入探讨。不过，结果并不令人满意。各种思潮相互指责，内部派系林立，路线分歧日益严重。因此，正确看待当代资本主义社会的阶级问题，客观评估当代西方左翼在这一问题上的理论得失，是建构和发展当代资本逻辑批判理论不可回避的重大问题之一。

首先，如何看待马克思的劳动力和工人阶级理论？新自由主义转向和当代资本主义产业结构的深度调整的确对阶级结构产生了重大影响。在此背景下，还有一些左翼学者宣告阶级逻辑过时了，呼吁跳出马克思的阶级逻辑，从非物质劳动、脑力劳动和认知劳动的角度来重新界定新的斗争主体，如此等等。这些主张表面上看似合理，实际上却包含着某种经验主义的错误。第一，体力劳动与脑力劳动并不是马克思恩格斯界定无产阶级和工人阶级的主导尺度。第二，当代资本主义产业结构的调整只是改变了劳动力的价值构成和工人阶级的内部结构，并没有改变阶级逻辑本身。第三，所谓大众、中间阶层或认知阶层等不过是一种折衷主义的范畴。

其次，如何看待资本逻辑与阶级逻辑之间的辩证关系？当代西方左翼学者所犯的另一个错误在于，不理解资本逻辑与阶级逻辑、自在阶级与自为阶级之间的内在关系。马克思认为，工人阶级的成长并不是一蹴而就的，他们只有在资本的矛盾运动中才能实现自我发展。这意味着，工人从自在阶级发展为自为阶级并不是一个自然而然的过程，而是资本矛盾运动的历史产物。这意味着，本质层面的阶级逻辑能否发展为现实的阶级斗争和革命运动，归根结底，取决于资本主义内在矛盾的成熟程度。

原载于《求是学刊》2020年第6期

再论科学对待马克思主义

张艳涛*

科学对待马克思主义和精准阐明马克思主义是发展 21 世纪马克思主义和当代中国马克思主义的重要方面,也是当代中国马克思主义研究者作出理论贡献的新契机。对于当代中国马克思主义研究者而言,关键是要"以哲学的方式"参与到中华民族伟大复兴的伟大事业中来,开创马克思主义中国化新境界,续写马克思主义中国化新篇章。如果要续写马克思主义中国化新篇章,那么无疑就要全面发展和创新 21 世纪马克思主义、当代中国马克思主义。

马克思和马克思主义:源与流的分合

马克思主义之所以产生历史性和世界性影响,一个重要方面是马克思主义的主要源头——马克思具有一种追求真理的科学精神,马克思主义是一种引领人类自由、解放和自我实现的科学理论。科学理论是时代精神的精华,是引领人类解放和社会前进的伟大旗帜。马克思主义是人类思想史上最伟大的科学理论之一,是推动社会文明进步、实现人类解放最锐利的思想武器。

马克思不仅是革命家和科学家,更是思想家和哲学家。作为思想家和哲学家的马克思是"用哲学的方式切中社会现实"的典范。如果说斗争是马克

* 张艳涛,厦门大学马克思主义学院暨厦门大学中国特色社会主义研究中心教授,博士生导师。

思的生命要素,那么批判则是马克思的理论风格。

马克思主义的优点不是要颁布适合任何世界与任何地点的永恒真理的教条,而是在"批判旧世界中去发现新世界",这也是马克思主义的根本精神。实际上,马克思主义并没有结束真理,而是开辟了通向真理的道路。人类无论在认识领域还是在实践领域,永远不会达到如下的一步,即除了望着已经发现的绝对真理发呆以外,再也无法前进了。面对世界处于百年未有之大变局,中国特色社会主义进入新时代,我们要善于运用马克思主义的矛盾分析方法,既看到众多矛盾相互交织的复杂局面,又能从中找出主要矛盾和矛盾的主要方面,掌握事物矛盾斗争转化的根本;要善于运用马克思主义关于利益分析的方法,从诸多说辞中看到各国、各阶级、各阶层间的利益博弈,坚持正确的义利观;要善于运用马克思主义以问题为导向的研究方法,从时代的重大现实问题中提炼科学研究的课题,进行精深的学理研究,找到破解问题之道。

历史地看,在人类思想史上,就科学性、真理性、影响力、传播面而言,没有一种思想理论能达到马克思主义的高度,也没有一种学说能像马克思主义那样对世界产生了如此巨大的影响。今天,尽管时代在变化、社会在发展、文明在转型,但从世界社会主义 500 年的大视野来看,我们依然处在马克思主义所指明的历史时代,马克思主义基本原理依然是科学真理。当今时代,所谓以真理的精神追求真理,就要以实践的、实事求是的和与时俱进的精神来理解把握马克思主义的真理性。第一,在 21 世纪,马克思主义的基本立场、基本观点和基本方法依然要坚持和发展,因为渗透在马克思主义理论中的基本立场、观点、方法具有穿越时空的永恒价值。第二,在 21 世纪,马克思主义理论体系依然要发展和创新,因为马克思主义是一个博大精深不断完善的理论体系。第三,在 21 世纪,马克思主义的理论价值依然要守正创新。

21 世纪马克思主义和当代中国马克思主义:普遍与特殊的张力

马克思主义极大推进了人类文明进程,不仅深刻改变了中国,而且深刻影响了世界。特殊与普遍具有复杂的关系。历史上很多所谓的普遍主义乃是自诩为普遍主义的特殊主义,本质上则是"虚假的普遍主义"。作为当代中国马克思主义哲学研究者,在 21 世纪的时代和实践的新高度,追问"改革开放实践与中国马克思主义哲学发展有何内在关系?"这既是学术使命,更是历史使命。

当前,中国马克思主义研究者的一项重要的历史使命就是如何科学阐明是历史和人民选择了中国共产党、选择了马克思主义、选择了社会主义、选择了改革开放。改革开放 40 多年,中国特色社会主义取得了举世瞩目的成就,生产力获得了巨大发展,人民生活水平大幅提高,综合国力明显增强,中国站在了新的历史起点上,中国特色社会主义进入新时代。在新时代,中国特色社会主义事业发展面临的机遇和挑战均前所未有,如何把握机遇,应对挑战,在危机中育新机,于变局中开新局,需要我们从马克思主义经典文本中汲取思想灵感,进行"伟大斗争"、建设"伟大工程"、推进"伟大事业"、实现"伟大梦想"。这对于马克思主义研究而言,无疑是进行认真回顾和总结的难得契机。

如今,马克思主义的命运早已同中国共产党的命运、中国人民的命运、中华民族的命运紧紧连在一起,马克思主义不仅推动了中国历史的发展进程,也为当代中国的发展提供了科学的行动指南。当今中国,我们比历史上任何时期都更接近中华民族伟大复兴的目标,这个时代不仅赋予哲学家参与推动民族复兴的机会,也赋予哲学家创造历史的使命和责任。如何把前无古人的"伟大时代"转化为前无古人的"伟大精神"和"伟大思想"? 哲学家应该深长思之! 当前中国特色社会主义进入新时代,国内外形势发生深刻而复杂的变化,我国改革发展稳定任务之重、矛盾风险挑战之多、治国理政考验之大,都是前所未有的。这一切都需要我们继续坚定地以马克思主义为行动指南,坚持马克思主义的指导地位,把马克思主义哲学作为自己的看家本领。

今天,马克思主义已深深扎根于中国,并形成了马克思主义中国化的最新成果——习近平新时代中国特色社会主义思想,这一思想从理论和实践结合上系统回答了"新时代坚持和发展什么样的中国特色社会主义、怎样坚持和发展中国特色社会主义"这个重大时代课题,并以一系列原创性、战略性的重大思想观点丰富和发展了马克思主义,是当代中国马克思主义的重大理论成果和突出理论贡献,它必将充分彰显马克思主义为当代中国发展提供行动指南的重大价值。

时代是思想之母，实践是理论之源。近年来我们用马克思主义中国化的最新成果——习近平新时代中国特色社会主义思想武装全党、教育人民、推进工作、指导中国实践，这使当今中国获得了强大的理论创造力、思想主动性和民族自信心。一个民族要伟大复兴、一个国家要强起来，离不开理论思维的引领和支撑。中国应当对人类有较大的贡献，而且这种贡献绝不仅仅是经济方面的，更要体现在思想理论创新创造方面。过去，我们在实践创新的基础上推进了理论创新。现在，我们依然要勇于推进实践基础上的理论创新，为建构"理论中的中国"和"思想中的中国"献计出力。发展和创新21世纪马克思主义、当代中国马克思主义，必须立足中国、放眼世界，保持解放思想、实事求是和与时俱进的理论品格。

马克思主义是科学和科学对待马克思主义：
认同与践行的统一

马克思主义是科学，科学性是马克思主义的重要属性。科学对待马克思主义不是外在的要求，而是内在的要求，更是必然要求。在中国共产党人对待马克思主义的态度方面，大体走过了学习马克思主义、认同马克思主义、践行马克思主义、发展马克思主义四个阶段。

在21世纪，随着中国逐渐走近世界舞台的中央，为了在全球视野中更好地阐明"中国道路"，为了更好地把握中国与世界的现实，为了更好地引领中国未来发展，需要深入研究"中国道路""中国理论""中国制度"和"中国话语"及其逻辑关系问题。如何把中国的制度优势和发展优势转化为"中国理论"优势和"中国话语"优势？此一问题需要进行深入细致的学理研究。改革开放是决定当代中国命运的关键一招，也是决定实现"两个一百年"奋斗目标、实现中华民族伟大复兴的关键一招。当代中国的改革开放，不仅深刻影响了中国，而且深刻影响了世界，让其他国家和民族有了西方现代化模式之外的另一种选择。党的十一届三中全会以来，中国进行了"伟大的变革"，中国社会发生了"翻天覆地的变化"，哲学和社会科学也空前繁荣，其中马克思主义哲学发展和创新尤为显著,研究了新问题,提出了新观点,开辟了新领域,贡献了新思想。中国人在21世纪不但要努力成为历史的同时代人,更要努力成为思想的同时代人。当前,中国人掌握马克思主义理论的精髓,主要是用哲学的方式切中社会现实,深入到中国社会现实中去,努力总结中国经验、解答中国问题、发展中国道路、建构中国理论、完善中国制度。

思想贫困是最致命的贫困,因循守旧只能更加落后,关起门来只能自绝于人类文明发展大道,崇洋媚外只会丧失中国主体性和民族尊严。在21世纪,我们要从"人类文明转型"和"中国发展命运"的高度提出并解答"四大问题":第一,什么是真正的马克思主义;第二,怎样对待马克思主义;第三,怎样运用马克思主义;第四,怎样发展马克思主义。这"四大问题"从历史、理论、现实三个维度来重新理解和把握马克思主义。

对于中国而言,马克思主义哲学不仅是一个普通的哲学流派,它深刻影响着当代中国人的文化命运。同样,在当代中国语境中,马克思主义哲学不仅是一种关于人的自由和人类解放的学说,也是学者安身立命的学术,更是启蒙民众的学养。因此,只有从学说、学术与学养的统一中,才可能阐明"当代中国需要什么样的马克思主义哲学"这一根本问题。当前,大量局限于"现象层面"的描述,而不能上升到"概念层面"和"思想层面"来理解与把握,这是当今中国思想界一个致命缺陷。这一现状既与中国思想界的风气和氛围有关,也与中国思想家的追求和能力有关。毫无疑问,新时代的思想家首先应该理解和把握自己所生活的时代。中国学者要处理好学术研究与意识形态之间的关系。马克思主义本质上是批判的和革命的。哲学与政治之间需要保持一定的张力,这既为哲学健康发展所必需,更为政治健康发展所必要。如果缺乏这种必要的张力,必然导致政治权力对哲学智慧的僭越,泯灭哲学的本性和功能,同时也使政治自身丧失自我理解和自我批判的能力,其结果既害了哲学,也害了政治。

原载于《宁夏党校学报》2020年第4期

七、国外马克思主义哲学研究

当代马克思主义政治哲学研究动态

魏小萍*

近年来,马克思主义政治哲学及其当代价值日益受到研究者的关注。为了实质性地推进该领域的相关研究,需要辨析和澄清某些理论前提问题。国外马克思主义的政治哲学转向与国内对马克思政治哲学思想的关注,两者之间存在着一定意义上的理论研究视域的相关性。问题在于,如果我们将这两个具有相关性的理论现象看作一个事件,那么其发生和发展的内在机理是什么? 回答这一问题的基本线索,存在于马克思哲学思想及其批判性研究思路的发展进程之中,或者说,我们只有通过对马克思哲学思想和批判思路的发展脉络进行梳理和分析,结合马克思之后所发生的历史进程与变迁,以及国外马克思主义哲学研究的相应变化,并从理论与现实的结合中,才能在一定程度上理解和把握这一理论动态的运行脉络。

当代国外马克思主义政治哲学的研究路径

马克思对资本主义的批判是从哲学、道德、宗教等领域逐渐向政治经济学领域深入的。在马克思看来,只有通过政治经济学的批判性研究才能够客观地论证资产阶级革命理念与现实之间发生的悖论。由于历史、现实与理论的

---

* 魏小萍,中国社会科学院哲学研究所研究员。

多重原因,当代国外马克思主义哲学研究沿着一个相反的路径前行,即由对经济基础的批判返回至对道德规范等思想观念领域的批判。

这一研究路径形成的历史背景可以从东西方世界两个方面来分析。一方面,从西方世界的角度来看,"二战"以后,资本主义经济在高速发展的同时,资本逻辑也在不断加剧着社会的贫富分化并且持续积累着社会矛盾被激化的可能性,与此同时,20世纪社会主义阵营的出现也在一定程度上对西方世界起着震慑作用。在这种情况下,资本主义国家通过税收政策等宏观调控手段加强社会的自我调节力度,通过以税收政策为手段的方式进行社会财富的再分配,同时构建各种社会福利、保险制度,以缓和资本主义的固有矛盾。另一方面,从东方世界的角度来看,传统社会主义经济运行缺乏持续的动力机制与活力,与此同时苏东式社会主义出现政治权力权贵化的现象,直至20世纪90年代的苏东剧变。这两个方面的原因都在一定程度上促使着西方马克思主义研究的政治哲学转向。

这一研究路径形成的学术背景在很大程度上源于康德哲学的思维方式。在深受康德哲学影响的法兰克福学派领军人物哈贝马斯那里,非历史的理性主义思维方式占据着主导地位,他的《交往行为理论》与《在事实与规范之间:关于法律和民主法治国的商谈理论》都体现了这样一种思维方式。这种思维方式更加侧重于从人们的道德行为规范,而不是从历史的、社会经济关系的制约性角度来理解人们的行为。在康德思维方式的影响下,哈贝马斯的研究重点从近代哲学的主客体关系转向主体间性,将理想社会的构筑路径诉诸人们的理性认识,将社会公正寄托于借助理性认识而构建起来的社会规范和道德准则,这使得他与自由主义左翼学者罗尔斯在对合理社会构筑路径的理解和认识上逐渐趋同。

无论是允许人们从自身可能陷入的最差处境出发构建社会的公正原则,还是将社会公正原则的形成寄托于不同处境人们之间的充分协商,这些理论都强调了人们的理性思维、认识活动在构筑合理社会关系中的重要性,似乎社会关系、经济关系的正义与否,取决于人们的理性认识。无独有偶,这样一种政治哲学的转向路径同样发生于分析的马克思主义学派之中。

与分析的马克思主义和当代批判理论的政治哲学转向有所不同,当代国外马克思主义研究的诸多流派都与后现代思潮有着千丝万缕的联系，形成了后马克思主义思潮。例如强调当代后工业社会特征的拉克劳、墨菲的后马克思主义，强调网络化、信息化、智能化以及非物质劳动特征的奈格里，等等。与当代国外马克思主义的政治哲学转向从经济领域返回政治领域的研究思路有所不同，他们对当代资本主义工业社会发展的新特征加以夸大并且对此进行细致解读，忽略了资本逻辑所固有的内在连贯性与内在矛盾性。

当代国外马克思主义政治哲学的批判思路

当代国外马克思主义一些流派的政治哲学转向表现在，对当代资本主义的批判不是指向其既有的经济关系，而是指向其道德伦理规范；强调理性认识在社会结构中的建构功能，甚至将经济关系本身也纳入这一建构的对象之中。与马克思的批判路径比较而言，这种批判思路恰恰朝向了一个相反的方向。

如果我们说根据马克思的基本理论，生产方式决定分配方式，那么随着生产关系的变化，在现实的社会主义实践中，人们所期待的分配方式是什么呢？这一分配方式所包含着的分配正义原则又是什么呢？为此，马克思提出了在社会主义物质产品极大丰富的条件下，按劳分配将由按需分配所取代。与按劳分配相比较而言，按需分配已经发生了分配原则的变化，即从按贡献分配到不计劳动付出的按照个人基本需要的分配。

按需分配的提出在理论逻辑上是为了克服按劳分配自身固有的局限性，然而按需分配的理念在现实中同样会带来相应的问题。从最基本的意义上来说，例如人的需要增长与地球资源有限性之间的矛盾，这是从客观角度讨论的局限性；从主观角度来看，还涉及更为复杂的情形，比如在生产劳动中与主客体正相关性密切联系的责任心、积极性等主体动力机制如何在变革了的生产关系中得到体现。这里涉及的似乎就是道德批判与道德构建问题。

这两个方面的问题，尽管马克思有所论及但并没有来得及重点关注，这与当时社会面临的更为迫切的革命任务有关。问题的第一个方面为当代生态学所讨论；而问题的第二个方面，在 20 世纪大规模的传统社会主义实践中在不同程度上从现实层面呈现出来。这在一定程度上也与当代国外马克思主义的政治哲学转向存在一定的关系。或许正是鉴于苏东传统社会主义的历史挫折和剧变,当代国外马克思主义政治哲学所关注的问题域,不再是生产关系能否以及如何发生变革,也不再是主客体关系的视域,而是从主体间性的视角,更加侧重从人们的认识、意识、道德、行为规范等视野来讨论分配正义,甚而将生产关系本身作为人们有意识活动的产物,纳入人们的理性构建领域。这主要体现在一部分当代法兰克福学派的学者那里,另外也体现在一部分分析的马克思主义学者那里。他们在从交往理性、道德、行为规范等视野对现实社会进行理论批判时,很大程度上依托于现有的资本主义经济关系和社会关系现状,甚而不再诉诸经济关系的变革。

当代国外马克思主义政治哲学的紧迫任务

正是从上述意义上来看,某些当代国外马克思主义学者与自由主义左翼在理论上日益靠拢。与马克思解决问题的思路不同,新自由主义理论家对资本逻辑的必然产物即社会的两极分化及其所带来的诸多社会矛盾,尝试着诉诸税收手段来调节收入分配差距,借助于社会福利政策和各种保险制度对底层群体的基本利益进行保障,并且通过国家对经济的宏观调控来克服其运行中固有的内在矛盾。然而21世纪初,由于资本逻辑的矛盾积累而发端于美国的金融危机,在某种程度上削弱了这种社会调节作用。例如,伴随着金融世界的剧烈动荡而来的是中小资本向大资本的日益集中;为了提升竞争实力而降低税收所导致的社会福利削减,加上危机所带来的就业市场萎缩,导致中间阶层不断缩小与底层群体逐渐扩大,由此在西方发达国家加剧了贫富分化的固有趋势。这种情形在北欧民主社会也不例外。北欧所构建起来的高福利社会模式,在一定的全球化环境下,同样难以抵御金融危机的影响及资本逻辑的侵蚀。

就哲学研究者而言,看不到现象背后的"故事",就很容易为表面现象所困惑。以道德规范为抓手的政治哲学批判和以资本逻辑为抓手的哲学——政治经济学批判,体现的是当代国外马克思主义批判性研究的两种路径:前者多半发生在哲学领域,后者多半发生在经济学领域。然而,问题在于,是学科的分野与视域导致了这样的区别,还是认识事物的基本方法本身就有所不同?对这一问题作一笼统的解答是不够的。

马克思和恩格斯在《德意志意识形态》的写作中,在清理自身与德国其他思想家、理论家、批判家的分歧时,就是从对政治与经济之间关系的析分与联系入手的。时至今日,这一理论上的分歧依然以不同方式在延续。这其中的原因很复杂,既有理论自身的原因,也源于在实践中呈现出来的现实问题。从理论自身来看,马克思的剩余价值理论在对劳动价值的本体论定位、生产剩余价值的体力劳动与脑力劳动的功能等问题上存在着可争议的地方,这或许成为一些思想家们放弃经济基础这一思考问题的前提条件的原因。从现实实践发展进程的角度来看,苏东社会主义在政治民主建设中的缺位及其相应后果,也成为一些西方马克思主义将关注重点转向政治哲学的一个重要原因。

当今社会无论从科学技术的发展还是从经济运行模式的规模上来看,与马克思那个时代都不可同日而语了,但是,资本逻辑的本质依旧。当人们幻想着互联网提供的网络平台、各种共享经济的运营,能够自然开辟出共产主义的蹊径时,网络大亨的悄然崛起、共享经济背后的资本运营模式,以实际行动对此作出了回答;同样,当人们幻想着非物质劳动能够避免剩余价值问题,并且使得共产主义自然替代资本主义经济运行模式时,答案恐怕也难有不同。尽管在新的历史条件下,资本逻辑的本质依旧坚挺,但是新兴的科学技术、经济管理方式、金融模式,以及网络技术所蕴含着的新的生产方式与交往方式,给马克思主义哲学研究带来了很多新的研究领域和研究课题,如何结合马克思主义经典理论与时代发展进程,跟上时代发展步伐,思考和回答时代发展中的重大问题,成为国内外马克思主义哲学研究者共同面临的紧迫任务。

原载于《哲学动态》2020 年第 1 期

鲍德里亚政治经济学批判思想初探

张　雄　李京京*

政治经济学批判是马克思哲学思想的轴心,20 世纪下半叶的后马克思主义者鲍德里亚继承了马克思的真精神,同样追求经济问题的政治和哲学的深刻追问。传统意义上的阶级斗争消失了,新的冲突、对立、矛盾形式化解在现代消费逻辑的框架系统中。在经济与政治追问的基础上上升为哲学思辨的存在论追问:传统意义上的存在的边界被销蚀,实体的存在变为抽象的符号、符码存在,存在变为纯粹的主观精神的意向性产物,世界进入存在和不存在、真与假的幻象之中。

后工业社会的历史直觉:鲍德里亚
政治经济学批判思想的缘起

从经济领域来看,20 世纪西方社会面临巨大的消费冲击,资本主义由生产型社会转向消费型社会。一方面,以下三大经济因素加速了消费社会的来临:一是"消费社会始于 1913 年福特汽车公司的流水线生产出第一辆汽车之时,它的整体性兴起与福特主义紧密相关"[1]。二是后福特主义使消费由单一

---

*　张雄,上海财经大学人文学院资深教授,博士生导师;李京京,上海财经大学人文学院博士研究生。

①　罗刚、王中忱主编:《消费文化读本》,中国社会科学出版社 2003 年版,前言。

的商品消费向服务消费扩延,消费形式多元化。三是科学技术及其成果的转换,时刻刺激着人们对变动不居的消费欲望的追逐。另一方面,西方经济学理论将消费作为维持社会再生产的动力。

消费至上经济界面的出现引来了政治界面发展的新形式、新样态,它使晚期资本主义的意识形态、阶级、国家权力组织形式发生了重大变化:其一,资本主义的统治意识通过意识形态表现出来,符号与媒介成为意识形态的承载者;其二,中产阶级的出现模糊了马克思时代的劳资关系的界限,国家的政治活动与事件超越了传统的阶级斗争的格局;其三,在以符号、仿真为社会组织原则的"超真实"的资本主义社会中,传统的国家的实体定位受到冲击,国家的政权组织形式呈现符号化、逻辑化、概念化、虚拟化特征。

从哲学领域来看,鲍德里亚所处的时代是西方后现代主义哲学兴起的时代,他从符号论哲学上升到形式化工具主义的追问有着从实体存在论走向主观化、意象化存在论的哲学指向。后现代主义思潮消解了永恒的意义、绝对的真理与不变的本体,解构了笛卡尔"我思故我在"所呈现的主—客二分的哲学程式,破除了主体对"理性""本真"的终极追问与反思,它使物自体消融于现象之中、存在消融于表象之中,一切存在物都被展现、挑动为碎片化的复制品、镜像、拟像。存在的主观性、意向性特征带来了鲍德里亚的符号政治经济学批判的形式化的哲学逻辑。

从经济界面的问题着手:需求—欲求

鲍德里亚政治经济学批判的前提与根据是对经济界面变化的深刻分析,这种变化鲜明地表现为从需求走向欲求的经济事实。从欲望经济学分析视角来看,鲍德里亚所面对的经济社会现实有着重要的变化。

在20世纪后期的西方社会中,物的丰裕使消费超出了市场经济的范围,扩展到艺术、审美、流行、时尚等大众文化的各个领域,一切事物都被展现、被编排为可消费的商品,大众消费成为振兴资本主义经济的一种生产力。在物的包围之下,后工业的消费具有以下三个特征:一是由物品所带来的快乐和愉悦的精神消费超越单一物的存在和物的实体性消费成为消费的主导形式;二是购买商品现在主要不是为了真的使用，而是一种符号性的凸状炫示；三是大众传媒借助广告、橱窗、电视等媒介所展示的符号、信息、画面来诱惑消费者，从而激发他们潜在的购物冲动。

鲍德里亚认为，消费新现象产生的根源在于：主体的消费动机已由工业社会的刚性需求走向后工业社会的冲动的欲求。在鲍德里亚看来，他所处的时代正是后资本主义消费至上的时代，这种特征在经济学家贝克尔的思想中被指定为是一种非理性充斥的消费世纪，消费欲望的冲动代替了传统的刚性需求。在市场行为中，非理性的繁荣导致人的欲望、本能、冲动等非理性情感获得进一步释放，它为刚性需求的消费向即时购买的欲求消费的转变提供了一些理论分析的前提与根据，与消费社会相适应的则是永不餍足且非理性的欲求逻辑。

鲍德里亚对经济界面的分析，不是就经济谈经济，而是要深入到政治经济学批判的资本概念的追问上。在他看来，符号逻辑决定了人们的冲动欲求，根本原因在于符号逻辑背后受资本逻辑的操控，这主要表现在：其一，资本的剥削机制由生产领域向消费领域扩延，消费者在享受丰盛与舒适的同时，也成为新的被剥削者，这种消费力量隐喻着对大众传媒工具的运用；其二，在消费社会中，商品符号实质上就是资本符号，资本的逻辑显现了资本的符号逻辑的存在，资本赋予了符号、符码的象征意义以及情节故事，产生了特有的好奇和愉悦，促使大众发出冲动购买行为；其三，资本与大众媒介，即与影像逻辑、情节逻辑、画面感效益相结合，从而引起了人们对某一符号、品牌的关注力、想象力、崇拜力，这成为后工业社会的资本逻辑的生产过程。这里资本的逻辑表现在：消费即生产，剩余价值不是来自劳资雇佣关系的生产性行为，而是来自个体欲求购买的消费性行为，它同时也是剩余价值的生产过程，被纳入资本生产的逻辑之中。不同的是，它不是工厂劳资雇佣关系的直接剥削的结果，而是个体的消费者自身通过特有的媒体中介形式而产生的多余消费、剩余价值的再生产过程来完成的。这正是晚期资本主义不间断地生产剩余价值的一个鲜明的特征，也是鲍德里亚对经济界面变化分析的动机所在。

深入透视现实经济问题的政治本质：
符号—意识形态—政治的仿真性

鲍德里亚透过对以欲求的消费为轴心的资本符号化逻辑的剖析,旨在从经济关系的分析上升到对当下资本主义社会新型政治本质的合理透视。在鲍德里亚的著作文献中似乎只字不提传统政治学讨论的核心问题:国家的本质、权力的构成、阶级压迫的工具、党派的划分等。这给我们一种幻觉:他似乎不理会政治,其实他对政治的重新解释有着深刻之意,他在《符号政治经济学批判》《象征交换与死亡》中明确地阐发了由现实经济界面所带来的新的政治本质的显现,新的政治寓意被它解读为符号统治、媒介的意识形态功能与政治的仿真性。

鲍德里亚通过对消费社会的商品世界的符号化、幻化的透视,彻底解构了传统政治学的话语体系。但他并非不讲政治,而是在意识形态的符号、符码的逻辑序列中将政治细化,深刻地说明了经济变化的现实导致当下资本主义社会政治的模糊性、隐蔽性和隐喻性。首先,政治的统治就是符号的统治,这种符号的统治实际上是政治权力与文化资本的结合。其次,在符号统治下,革命意味着模式的对立与矛盾关系的运作。最后,在模式的归置下,传统政治的内涵被消融在大众日常生活的各个领域。

商品的符号内涵通过大众传媒的中介形式加以显现,我们因而不是直接与现实的政治关系打交道,而是经过媒介意识形态的转换来学习和读写政治的内涵,大众传媒的运作使得人们不得不就范现实政治的一切要求。鲍德里亚的政治学解释文本重在讨论"超真实"世界中的国家本质如何显现的问题。

在广告、电视、影像等电子媒介的引领下当代社会最终走向以"超真实""超现实"为特征的仿真模式的政治经济学。"超真实"是指"没有原型和真实性的真实,由一种真实的模塑制造的真实",是一种由数字、代码、模式、信息、媒介制造的持续复制、永远再现的仿真秩序,在这里,政治不再表现为对峙力量间的暴力性冲突,而是通过民意调查、测试等极端戏拟的滑稽表演达到完美地操纵社会代表制的欲望的目的。

鲍德里亚政治经济学批判的哲学意蕴：
"形式化"人类境遇的查审

鲍德里亚的符号政治经济学批判宣布了以消费为社会存在的本体，以符号、媒介为政治统治载体的新资本主义时代的到来，它通过对当下资本主义社会经济现实与政治本质的透视，实质上想要在哲学上说明、显示当代人类的生存境遇，即"形式化人类"的异化存在的事实。

20 世纪鲍德里亚站在智能化社会存在的思辨平台看到了如此重要的事实：一是人类的对象化劳动越来越被凝结为符号价值及其仿真意义，物的概念、符号代替了物本身存在的意义和价值，这使得概念、范畴的能动性上升为脱离实体存在的范畴系列、体系及其运动的主观精神现象学的图式。二是"在消费的普遍化过程中，再也没有灵魂、影子、复制品、镜像。再也没有存在之矛盾，也没有存在和表象的或然判断。"①三是鲍德里亚在《符号政治经济学批判》一书中深刻地揭示了他与马克思的政治经济学批判的三点不同：首先，马克思所批判的时代是生产型、机器大工业和剩余价值论的自由资本主义生产方式，而鲍德里亚分析的是晚期资本主义经济界面的新变化、新样态、新趋势，特别是智能化劳动与生产和分工使得传统的机器工业的生产序列、商品序列及其消费序列显得十分粗糙、呆板和落后。其次，他也从现实经济问题分析着手，上升到对经济问题的政治本质领域的追问，由消费型社会追问到符号、媒介成为国家权力的核心及其意识形态的灵魂。再次，鲍德里亚对经济问题的政治本质的反思上升到形而上的哲学追问，实际上有着工具主义意义上的形式化的人类存在论的批判指向。

原载于《世界哲学》2020 年第 4 期

---

① 鲍德里亚：《消费社会》，刘成富、全志刚译，南京大学出版社 2014 年版，第 197 页。

国家批判与社会解放

王凤才　高红明*

　　马克思主义国家学说虽未得到系统化建构,但却是关于国家问题研究不可或缺的重要资源。德国政治学与历史学学者蔡勒在《唯物主义的国家批判》一书中,多次提醒人们注意,马克思原本打算在政治经济学批判框架内撰写一本关于国家的著作,以期通过揭露并瓦解资产阶级统治关系来实现无产阶级解放的目标。① 然而,这一写作规划未能完成。尽管如此,马克思的著作(例如《黑格尔法哲学批判》《德意志意识形态》《共产党宣言》《路易·波拿巴的雾月十八日》《哥达纲领批判》等)中仍然有不少关于国家问题的论述。这是马克思在深入考察资本主义社会现实的基础上对占主导地位的国家理论作出的积极回应。

马克思主义国家学说的发生学

　　通观马克思的思想历程及其理论形成发展史可以看出,马克思主义国家学说与其自身的社会现实经历密切相关。从最初因撰文批判普鲁士政府的专制统治遭驱逐,到后来流亡法国、比利时并加入激进的共产主义运动,再到现

＊　王凤才,复旦大学哲学学院教授,博士生导师;高红明,复旦大学哲学学院博士研究生。

①　Moritz Zeiler, Materialistische Staatskritik: Eine Einführung, Stuttgart: Schmetterling Verlag, 2017, S. 7, S. 17, S. 77, S. 159.

实革命失败后,将革命的重点转向更广阔的历史视野,以阐明人类社会和历史的发展规律,这些经历不禁让阅读马克思有关国家问题的论述和政治思想著作的人看到了某种情景的再现,即马克思对现存国家的批判性分析与颠覆性消解始终与马克思的现实遭遇有着某种呼应。

马克思不仅批判资本主义社会现实,还批判黑格尔的形而上学国家观。在《〈黑格尔法哲学批判〉导言》中,马克思指出,黑格尔关于国家与市民社会的分析存在"外在必然性"与"内在目的性"共存而无法解决的二律背反,即在黑格尔那里,国家作为外在必然性,一方面包含家庭与市民社会这两个有限性领域,同时又具有超越这两个有限性领域、成为无限的现实精神之内在目的性,从而导致(黑格尔意义上的)理念变成了独立的主体,而家庭与市民社会对国家的现实关系变成了理念具有的、想象的内部活动。在这里,马克思揭示了德国资产阶级国家哲学与法哲学维护现存制度的本质,论述了批判黑格尔法哲学与批判德国现实的关系;论述了革命理论与革命实践相统一的原则,以及"批判的武器"与"武器的批判"之间的关系;第一次提出无产阶级的历史使命在于推翻反动制度,论述了无产阶级与哲学的关系。

沿着这一路径,在《1844年经济学哲学手稿》第三章的最后部分,即"对黑格尔的辩证法和整个哲学的批判"中,马克思肯定了黑格尔哲学最伟大的成就在于否定的辩证法,但认为它是抽象的、逻辑的、思辨的表达。在这里,马克思不仅批判黑格尔辩证法,还批判当时受黑格尔影响的德国哲学。马克思和恩格斯共同撰写的《德意志意识形态》的副标题是"对费尔巴哈、布·鲍威尔和施蒂纳为代表的现代德国哲学以及各式各样先知所代表的德国社会主义的批判",意在清算黑格尔绝对精神辩证法对哲学的影响及其在现实中的危害,而该书也是历史唯物主义创立的重要标志。在《共产党宣言》中,马克思恩格斯提出了阶级斗争学说,指明了无产阶级作为资本主义掘墓人的历史使命,认为共产党人只有暴力推翻私有制才能实现共产主义。在《路易·波拿巴的雾月十八日》中,马克思分析了资产阶级国家的本质,阐明了马克思主义国家学说,提出无产阶级必须打碎旧的国家机器。在《哥达纲领批判》中,针对斐迪南·拉萨尔(Ferdinand Lassalle)关于"依靠国家帮助建立生产合作社""自由国家"等错误观点,马克思强调国家的阶级性,指出现代国家都建立在现代资产阶级社会的基础上,并提出,在资本主义社会与共产主义社会之间,有一个革命转变时期,相应地也有一个过渡时期——这个时期的国家只能是无产阶级的革命专政。

由此可见,历史唯物主义创立的意义不单单是创建一个有别于黑格尔哲学体系的新哲学派别,更为重要的是其开创了一种将现实批判与历史批判相结合的革命学说。马克思主义国家学说作为马克思理论展开的重要线索,是马克思历史唯物主义现实维度与历史维度得以联结的重要纽带,它不仅致力于国家批判,而且致力于社会革命与社会解放。

马克思主义国家学说的两条路径:
社会学路径与哲学人类学路径

众所周知,《共产党宣言》是马克思和恩格斯于 1848 年共同撰写的;但在马克思逝世后,在为《共产党宣言》多次再版而撰写的五篇序言(即 1883 年德文版、1888 年英文版、1890 年德文版、1892 年波兰文版、1893 年意大利文版)中,恩格斯在保持文本内容不变的基础上也做了一些适应于现实的"解释"和"纠正"。例如,在 1893 年意大利文版序言中,尽管恩格斯依然主张无产阶级的国际联合,但他也承认民族独立的重要性,并将民族独立视为无产阶级实现国际联合的重要基础。这一论断对当时此起彼伏的民族独立运动不啻为领航标,尤其是俄国十月革命的胜利对当时的左翼(包括社会主义、共产主义和无政府主义等)触动很大。他们认识到,尽管国家是历史发展的产物,必然会消亡,但国家的消亡不是一蹴而就的,而是需要经历不断的批判和革命的过程。然而,正如后来的历史发展现实所表明的那样,民族独立后出现的不是无产阶级的国际联合,而是相互竞争的民族国家。在《唯物主义的国家批判》一书中,蔡勒基于民族国家范畴,从社会学路径出发"综合"了唯物主义国家批判理论的不同流派,分析了唯物主义国家批判理论的发展在当前所遇到的挑战。

在蔡勒看来,列宁的国家理论受恩格斯革命策略的影响较大,即主张通过社会主义革命推翻资产阶级统治,并代之以无产阶级专政,将生产资料转变为国家财产,从而改变国家统治的性质。不过,蔡勒的思想中有一种错误倾向,即倾向于把列宁的国家理论视作一种历史决定论。蔡勒认为，早期西方马克思主义的霸权理论在很大程度上与苏维埃式"东方马克思主义"有意识地划界。出现这样的划界主要是出于现实原因，即社会主义革命在欧洲的失败使欧洲左翼知识分子逐渐认识到：不可能向工业发达的欧洲国家"输出"苏联革命模式。蔡勒指出，尽管葛兰西在理论上有创新，但他仍然处在列宁主义的影响下，即葛兰西以马克思—列宁主义的阶级理论和国家理论为基础，以自己的霸权理论作为列宁主义国家理论的补充。

以苏联时期的叶夫根尼·帕舒卡尼斯（Evgeny Pashukanis）为代表的左翼学者则侧重对资本主义关系中的国家进行形式分析。在蔡勒看来，这种对现存资本主义国家的任何形式上的或行动上的批判，往往不是否定统治，而是希望形成一种替代性统治，而且通常是更为专制的形式。其中持有反犹主义、种族主义、民族主义立场的法西斯主义统治是其典型例子。其中，马克斯·霍克海默（Max Horkheimer）领导的法兰克福大学社会研究所对极权统治的批判性分析最为突出。蔡勒指出，关于民族社会主义的极权统治，在法兰克福大学社会研究所内部存在两种不同的解释路径，一派以霍克海默、弗里德里希·波洛克（Friedlich Pollock）等人为代表，另一派以弗朗茨·诺伊曼（Franz Neumann）、奥托·基希海默（Otto Kirchheimer）等人为代表。蔡勒更认同后者对极权统治的批判性分析，即在对民族社会主义的内部结构与实践活动进行批判性考察的基础上，认为民族社会主义统治下的德国既不是波洛克意义上的"国家资本主义"，也不是恩斯特·弗兰克尔（Ernst Fraenkel）意义上的"双重国家"，而是一种以极权统治为基础的、有经济而没有经济学的"极权垄断经济"的私人资本主义，甚至不是严格意义上的现代国家组织。最后，蔡勒讨论了对国家和统治进行了最为彻底的否定性批判的无政府主义。

蔡勒基于马克思关于国家或统治的批判性观点，以马克思在规划其政治经济学批判框架时原本打算撰写、但最终没有完成的关于国家主题的著作为线索，梳理了马克思之后的马克思主义者的国家批判理论。然而，蔡勒只是看到了马克思主义国家学说的社会学路径即以分析、批判、颠覆为逻辑展开的路径。实际上，颠覆性本身并不构成马克思主义国家学说的价值终点，马克思主义要实现的最终的解放目标也不只是无产阶级的解放。马克思主义国家学说的另外一个路径是基于哲学人类学,以人类解放为最终价值取向。这一价值取向与解放无产阶级的取向是一致的,即人类解放只有通过无产阶级解放才能实现;无产阶级只有解放全人类才能最终解放自己。

马克思主义国家学说的双重价值取向:颠覆与解放

蔡勒在《唯物主义的国家批判》一书中认为,马克思以社会理论为基础的国家学说的核心要素是:分析、批判和颠覆,即对作为社会关系的统治结构进行批判性分析,研究社会如何产生与如何组织的问题。蔡勒通过与研究法西斯主义统治关系的历史特征的自由主义和保守主义进行对比,认为马克思主义国家学说不是对统治的合法性感兴趣,而是对瓦解当前统治的合法性感兴趣。在这个意义上,他认为在左翼马克思主义的国家批判中,无政府主义是最为激进的,尽管它存在着致命的理论缺陷。

马克思在分析社会组织形式的基础上,试图阐明社会发展的一般规律;通过考察作为特定历史阶段的资本主义社会的起点、局限性、发展趋势,为构建一个自由而全面发展的社会寻求现实推动力。尽管马克思未能完成关于国家问题的专门论述,但他的著作始终存在着两条逻辑线索,即批判现代资本主义统治关系和阐明人类社会发展的一般趋势。马克思的早期作品更多地将重点放在政治意识形态问题上,该时期的理论旨在揭露当时流行的、以抽象思辨为特征的、保守的、反动的理论及其在政治上的危害,在此基础上创立历史唯物主义;其后期的作品越来越多地关注政治与经济的关系问题,该时期的理论除了进一步批判资本主义的伪善和贪婪,更是基于唯物主义历史观阐述了人类历史发展的一般规律,阐明超越现存统治的人类解放和自由全面发展是社会发展的终极目标。

原载于《国外理论动态》2020 年第 3 期

卢卡奇对青年黑格尔主体哲学的再思考

刘卓红　魏德阳*

在《青年黑格尔》一书中,卢卡奇以黑格尔青年时代的思想发展为线索,指出青年时期的黑格尔虽然处在思想逻辑形成的初始阶段,但由于受到多维视域的影响,在主体与国家关系的问题上曾发生过前后明显的变化,即存在着伯尔尼与法兰克福两大时期主体哲学的根本分歧。因此,通过剖析黑格尔由伯尔尼时期对"复古"国家观和"集体主体"的认同,到法兰克福时期走向与资产阶级国家的"和解",以及转向对"个人主体"的赞许这一思想逻辑转变的过程,可以达到重新思考黑格尔哲学的目的。很明显,此时的卢卡奇利用马克思哲学的独特眼光,通过对青年黑格尔有关主体与国家关系思想的批判,不仅重新认识了黑格尔哲学,而且在某种程度上改写了自己早期黑格尔主义的马克思哲学观,为晚期建构马克思主义本体论的宏大理论工程奠定了思想基础。

重思黑格尔哲学及对早期黑格尔主义立场的批判

《青年黑格尔》一书是体现中期卢卡奇对黑格尔的认识发生明显变化的一部重要著作。在该书中,卢卡奇努力尝试克服早期《历史与阶级意识》中的

---

* 刘卓红,华南师范大学马克思主义学院教授、博士生导师;魏德阳,华南师范大学马克思主义学院博士研究生。

黑格尔主义特征,回到多学科的维度,尤其是站在马克思的立场审视青年黑格尔思想变化的历史。同时,他开始重新思考黑格尔同马克思的关系,改变了仅从黑格尔引入马克思的早期立场,纠正了早期缺乏现实感与历史感,仅仅从思辨角度认识黑格尔辩证法哲学的偏颇。

必须承认,作为"黑格尔主义的马克思主义者",卢卡奇的早期哲学具有鲜明的黑格尔主义特征。他从德国哲学的思辨角度揭露了黑格尔辩证法的本质,甚至把马克思思想的形成看作是对黑格尔主义的简单延续。正是出于对黑格尔主义的极度认同,早期的卢卡奇落入了以黑格尔主义哲学阐释马克思思想的思维框架,形成了"从黑格尔到马克思"的思想逻辑,使其早期的马克思主义观呈现出鲜明的黑格尔主义特征。必须承认,早期卢卡奇的黑格尔主义思想框架有着极大的局限性,他在晚期为《历史与阶级意识》所写的"再版序言"中对其中的错误做了自我批评。他认为,黑格尔哲学并不像他先前所想的是一种框架式的思想逻辑,而是与现实紧密联系的,是经济学与哲学辩证联系的产物。

20世纪30年代,卢卡奇开始写作《青年黑格尔》一书。该书的写作既不是卢卡奇内心一时冲动的产物,更不是对早期黑格尔哲学研究的延续,而是在新的思想发展阶段对马克思哲学、德国古典哲学,尤其对自己早期思想中对黑格尔哲学的片面化理解进行重新思考的结果。首先,马克思的《1844年经济学哲学手稿》以英文版公开问世,对卢卡奇的思想产生了重要影响。其次,受20世纪初哲学史上一场大辩论的影响,卢卡奇对当时的德国古典哲学研究进行了持续关注。再次,从马克思视域出发,卢卡奇以一种全新的经济学—哲学辩证方法,重新反思了黑格尔的主体哲学。

基于以上三点缘由,卢卡奇意识到早期的《历史与阶级意识》一书对黑格尔哲学存有认识偏见,因此需要转向研究黑格尔的辩证法思想史,着重揭示黑格尔哲学与经济学之间的关联,彰显黑格尔辩证法的社会历史性,即"一旦我对《历史与阶级意识》整个内容的错误之处获得了一种清晰的、根本的认识,这种寻找就变为一个具体的研究计划,即要对经济学与辩证法之间的哲学联系作出考察"①。《青年黑格尔》一书的写作正是根据这一根本目的而展开

---

① 卢卡奇:《历史与阶级意识》,杜章智译,商务印书馆2017年版,第41页。

的,并确立了与早期不同的解读黑格尔主体哲学的基本立场和方法。

对伯尔尼时期黑格尔集体主体思想及宗教性的批判

从哲学与经济学结合的角度重新认识黑格尔学说,是卢卡奇在《青年黑格尔》一书中重思主体并开展主体与国家关系批判的前提。他把黑格尔在伯尔尼时期的研究视为对主体与国家关系思想进行最初阐释的阶段,提出处在这一阶段的黑格尔由于受启蒙运动和康德哲学的双重影响,思想上带有明显的人道主义色彩,并且还看到了在现存国家统治下诸多非人性的不合理现象,以及集体主体在国家中非现实性存在的事实。

在卢卡奇看来,对当时德国封建专制政治的批评,构成了黑格尔在伯尔尼时期开展主体与国家关系批判的重要基础。黑格尔以启蒙运动为出发点,展开了对现实国家专制政治的不合理性的批判,因为在他眼中,作为应然存在的民主国家与实然存在的专制政体之间存在尖锐的矛盾。与此同时,卢卡奇重新审视了康德哲学对黑格尔的影响,指出从主体视角揭露现实国家与现实社会存在的问题,发现现实国家与作为专制政治附庸的宗教神学的"实证性"对主体产生严重束缚的分析。

卢卡奇对黑格尔的批评使我们看到,伯尔尼时期的黑格尔由于受德国启蒙运动的影响,尤其是受康德哲学的影响,将集体主体与国家关系合一,从而构成了关于主体与国家关系的逻辑体系。在剖析现实国家关系问题时,他发现了集体主体在现实国家中因宗教神学的"实证性"这一实然存在所产生的瓦解,这正是古希腊城邦解体和基督教诞生的开始。由此,卢卡奇把黑格尔在伯尔尼时期提出的主体问题视为讨论主体历史性的起点。在卢卡奇看来,黑格尔认为古希腊城邦代表着集体主体与国家关系的和谐状态,正是古希腊城邦的覆灭和基督教的出现打破了这一和谐状态。黑格尔正是企图通过批判现存国家的专制统治与宗教神学的"实证性"来澄清古希腊城邦的主体的社会历史性,证明主体的存在。然而,黑格尔不可能看清社会历史发展的真正本质。因为在他看来,社会历史的发展只不过是道德和宗教神学发展的依附品,社会只能借由二者来实现自身的被动发展。

卢卡奇还尝试对黑格尔试图消除专制统治下不合理国家的存在、实现集体主体与国家关系分离的观点进行分析。黑格尔看到,国家首先应是维护集体主体自由自主状态的应然存在,它与集体主体在现实国家中受到奴役和统治的实然存在之间发生冲突,国家的合理性就会因集体主体丧失自主性而深陷矛盾之中。要解救陷于矛盾之中的国家,使集体主体重新恢复自主性,首先必须对宗教神学的实证性展开批判,重新论证集体主体的自由自主与国家民主政体之间的关系。伯尔尼时期的黑格尔认为,集体主体是具有合理性的国家真实存在的主体,是主体与国家关系合一的体现,卢卡奇肯定了这一观点是对宗教神学的实证性与专制政体的扬弃。与此同时,卢卡奇还看到,黑格尔的批判存在着两个明显缺陷,即极端主观性和唯心主义的逻辑起点。从"复古"国家观出发,黑格尔关于集体主体与国家关系的思想带有明显的康德道德哲学的痕迹。在康德哲学中,社会问题仅是作为道德问题的衍生品而具有第二性,正因如此,卢卡奇认为,黑格尔是因为受到康德道德哲学的影响,颠倒了现实问题与道德问题的关系,带有极端主观性。

对法兰克福时期黑格尔的个人主体
思想及经济学方法的重析

在完成对伯尔尼时期黑格尔关于主体与国家关系思想的批判后,卢卡奇借用马克思《手稿》中的经济学—哲学方法,分析了黑格尔在法兰克福时期关于主体与国家关系的观点。他同时明确指出,法兰克福时期黑格尔的思想发生转变是由青年黑格尔对历史主义和英国古典经济学产生兴趣所致。

卢卡奇认为,在法兰克福时期,黑格尔对历史主义的研究集中表现在以动态的视角分析历史,将历史的发展看作是不断变化和推进的过程。他在剖析黑格尔法兰克福时期的思想时发现,由于社会历史的发展,特别是法国大革命的爆发,资产阶级在与封建主义的斗争中不仅彰显了自身的阶级力量,而且还产生了广泛的影响,甚至还获得了德国知识分子对资产阶级统治的广泛同情与好感。此时,黑格尔开始将资产阶级社会当作人类社会历史发展的必然形式,并以"个人主体"为着眼点,探寻资产阶级社会的发展规律以及"私人"在其中的存在状态与交互关系。这表明,黑格尔注重从历史的角度论证资产阶级国家存在的合理性,以及作为"资产者"的个人在资产阶级国家中存在的事实。在他看来,资产阶级国家能使主体与国家关系最终走向"和解",并依据这一"和解"实现主体对资产阶级国家的认同,使主体在资产阶级国家中找到真实存在的形式。

同时,卢卡奇还指出,虽然黑格尔的唯心主义立场在法兰克福时期没有变,但在主体与国家关系的问题上,他已经逐渐摆脱了康德哲学的影响,由原先单纯的道德主义和唯心主义转到了内含历史主义与经济学相结合的客观性上。很明显,此时的黑格尔已把目光转向关注资本主义社会中人的现实境遇,从历史性和客观性的角度探究现实个人在资产阶级国家中的存在,发现了个人主体是代表"私人"的真实性存在这一事实,转向了对现实存在的"个人"实际生活的关注。

对此,卢卡奇做出了全面的总结:在法兰克福时期,黑格尔一方面相信正是对个人主体与国家关系的客观思考和真实建构,实现了主体与国家关系的"和解";另一方面,黑格尔"在这种情况下仍然不失其为一个德国哲学家,德国的落后状态在他的基本观点上到处都产生着决定性的影响,那可以说是无需特别提出来分析讨论的"①问题。一方面,黑格尔在法兰克福时期提出的"和解"思想承认在主体概念上由集体主体转向个人主体,在国家观上由"复古"走向"和解",这是尝试探索主体与国家关系的真实性统一的结果,其意义在于致力于寻求思想与现实、主观与客观之间的和解和统一。另一方面,黑格尔在主体与国家关系问题上的探讨虽然未摆脱唯心主义立场,但在法兰克福时期借助对历史主义和英国古典经济学的研究,将主体与国家关系的思想推向了一个新的高度。

原载于《国外理论动态》2020 年第 1 期

---

① 卢卡奇:《青年黑格尔》(选译),王玖兴译,商务印书馆 1968 年版,第 85 页。

当代西方马克思主义思潮流变与新动向

冯颜利 *

当前,西方马克思主义的发展呈现出诸多新特点,当代左翼思想理论家对西方马克思主义的研究也展现出一系列新动向。西方马克思主义对马克思主义经典文本、对当代资本主义、对新冠肺炎疫情中的中国与世界、对马克思主义理论都有激烈的讨论和研究,这些探讨对于我们深入研判当今国际局势,分析西方资本主义新特征新问题、推动世界社会主义的繁荣发展具有重要的价值。系统梳理西方马克思主义思潮流变及其新动向新特征,不仅对深入把握当代中国马克思主义的最新成果,进一步深化中国发展道路理论和实践的研究,而且对创新发展马克思主义具有重要的理论与实践意义。

当代西方马克思主义思潮的历史回顾

20 世纪早期,西方马克思主义的主题核心词汇可以用"革命"一词概括。这一时期的西方马克思主义者致力于探索新的无产阶级革命策略,寻找欧洲革命出路,尤以卢卡奇和葛兰西的新革命观的探索最具影响。卢卡奇在《历史和阶级意识》一书中对阶级意识和意识革命进行了研究,将其作为无产阶级革命的中心要义,修正、补充了传统的无产阶级命运和革命策略。葛兰西从

---

* 冯颜利,中国社会科学院哲学研究所纪委书记、副所长,教授、博导,中国历史唯物主义学会副会长。

革命的首要任务的角度提出以意识形态领导权为核心的文化革命应是西方革命的首要任务。他们对意识革命和意识形态领导权的研究，给当时无产阶级研究带来了新观点新动向，使西方马克思主义的影响逐步扩大。

20世纪中期是西方马克思主义的鼎盛发展时期。这一时期人类面临的主题词汇是"生存"。各个学派的理论家面对文化危机和历史的困境，都积极探索摆脱异化、实现人的解放的途径。这一时期西方马克思主义开始形成独立的流派，尤以法兰克福学派最具代表性。他们致力于用西方哲学解释、重建马克思主义，集中对启蒙精神、工具理性、大众文化进行批判，对现代资本主义展开深入分析和激烈批判，对人类社会最终走向提出自己的见解。他们的研究揭开了资本主义的虚伪面纱，让世人对资本主义制度的本质有了新认识。他们的研究成果颇丰，有的学者研究持续深入，比如哈贝马斯，其对资本主义的批判在当今世界仍极具启示意义。

"二战"后西方马克思主义研究的核心主题为"现实"。这个阶段，对现代文化精神的提倡更具"理性"韵味，研究重点聚焦于对科学技术、生态环境、文化问题和妇女解放等现实问题，不断对传统内容进行反思、对时代问题进行深思、对科技发展进行研究等。各流派思想多呈现碎片化、不统一的分裂趋势，当代马克思主义也呈现多元发展。"多种马克思主义"（many Marxisms）近年来在西方马克思主义研究中越来越成为热点，2008年还成为英国《历史唯物主义》年会的主题。在这一时期，以西方科学主义马克思主义关注的实证主义、结构主义等为主要理论视域逐渐形成重要的流派，并在多样化格局中写下浓墨重彩的一笔。

当代西方马克思主义的新特征

受政治格局变化、经济发展、技术进步和经济全球化的影响，资本主义呈现出一系列新特征。2008年资本主义世界金融危机和经济危机爆发后，西方马克思主义原本逐渐低迷的研究又找到了新突破口。西方左翼学者对资本主义的实质、替代方式及自身发展的担忧不断跃然纸上，西方马克思主义研究也有了新表现新动向新特征。

第一,对马克思主义文本和经典理论的再关注与再解释。西方马克思主义学者对马克思主义文本和经典理论十分重视。当代资本主义层出不穷的现实问题使西方学者近年来更重视到马克思主义经典著作文本中寻求回答这些问题的启示。西方马克思主义研究者对共产主义、政治经济学、历史唯物主义、资本逻辑等问题都进行了再思考,尤其对政治经济学和《资本论》的科学性进行了再确认,掀起了《资本论》的研究潮流。此外,国外大量学者对马克思早期著作和概念也进行深入研究,例如对"异化""剥削""劳动"等概念的讨论等。法兰克福学派的学者们侧重于分析技术理性和启蒙的"异化",他们认为技术本身就是一种异化力量,人在技术理性统治的空间内并不像启蒙精神描述的那样自由,而是普遍异化的。

第二,在对当代资本主义的批判中融入新自由主义批判和帝国主义批判。一是金融危机和经济危机引发新一轮资本主义批判热潮。当今世界,资本主义的本质没有改变,其固有矛盾依然存在,所以对资本主义的批判仍然有意义。经济危机使原本就问题重重的资本主义国家面临全面崩溃,西方学者也对经济危机下的资本主义进行了讨论。二是对新自由主义本质及危害的新认识。以美国为代表的资本主义国家在全球范围内推行的新自由主义是导致全球金融危机的重要原因。新自由主义的本质和政策与世界金融资本有很强的关联性,要从根本上了解资本的运作和规律,对新自由主义有清晰的、批判性的认识很有必要。西方学者对西方资本主义国家以新自由主义为例进行了较全面的介绍和分析。三是将对新自由主义的批判作为资本主义批判的新起点。西方学者在分析新自由主义的特点、本质和危害的基础上,进一步分析和批判新自由主义的思维方式,并对当代资本主义进行了全方位的批判。

第三,加强对中国特色社会主义的关注与研究。西方学者在新自由主义虚假的外衣和伪装下看到了资本主义的实质,并积极寻找资本主义新的替代社会。他们重新掀起社会主义、共产主义和民主的研究热度。近年来,中国特色社会主义的发展、中国改革开放 40 多年经济成就、中国领导人提出的一系列创造性的全球性策略、中国新冠肺炎疫情防控所取得的成果,都引起了西方左翼学者的高度重视,西方左翼学界一次又一次对中国政策、中国模式和东方成就进行讨论和研究,对中国共产党的执政能力、反腐能力等方面给予肯定,对中国制度、中国领导人的理论和政策进行了深入探讨。

首先,重视中国制度,研究社会主义根本制度。当代西方左翼学者对社会主义的重视逐渐从多元化的研究复归制度本身。共产主义不断摆脱污名化境地,马克思主义的真理性得到再次展现。其次,关注中国模式,重视研究中国共产党的理论和政策。2008 年,金融危机席卷全球,英国《卫报》称当年为"中国模式年"。中国经济的飞速发展向世界证明了"社会主义+市场经济"的现代治理体系的优势。新中国成立 70 多年来,我国经济实力显著增强。经济保持中高速增长,在世界主要国家中名列前茅,经济体量稳居世界第二,对世界经济增长贡献率超过百分之三十。西方学者惊呼中国发展的速度,也逐渐转变了一些观点和态度,开始对"中国模式"给予高度的肯定和关注。最后,重视全球视野下的研究,主张在世界范围内研究社会主义。左翼学者十分重视"全球效应",主张"世界社会主义运动"。目前,全球视野下的社会主义研究形成了以下趋势和观点:一是世界社会主义前景光明。二是世界社会主义运动需要一致行动起来。

西方马克思主义思潮流变的影响和启示

面对中华民族伟大复兴的战略全局和世界正经历百年未有之大变局,深化西方马克思主义研究,既要牢固把握马克思主义基本原理,又要具有全球视野,加强西方马克思主义研究,还要注意避免"西化"现象。

第一,深化西方马克思主义研究必须牢固把握马克思主义基本原理。西方马克思主义研究以马克思的理论为原本,结合西方哲学,提出了自己的理论思考和政策主张。但是,西方马克思主义毕竟产生于西方,并且大多与西方哲学相结合,或多或少地具有唯心主义成分。因此,深化西方马克思主义研究一定要牢固把握马克思主义基本原理,深入理解马克思主义基本原理中的"本",以马克思主义基本立场观点方法来甄别其理论,有选择地吸收、借鉴西方马克思主义的精髓。另外,像西方马克思主义者提供的精神和经验一样,我们要严格对马克思原著文本进行深入细致的考究。西方马克思主义者对文本细致、深入的研究,是我们在深化西方马克思主义研究的过程中需要借鉴的。

第二，深化西方马克思主义研究要坚持全球视野。新冠肺炎疫情的暴发让经济全球化更加成为人类的共识，越来越多的困难是世界性、不分种族、不分国界的，也只有具备整体思维，整体把握国际大势，才能提出优良的方案。西方马克思主义立足全球视野对疫情进行了大量研究，深化西方马克思主义研究对创新发展当代中国马克思主义具有重要意义。中国马克思主义的创新发展已经从西方马克思主义研究中获取了很多可以借鉴吸收的宝贵理论资源，并在西方马克思主义研究过程中获得了正向的经验指导和反面的教训警戒，也见到了许多鲜活事例。中国特色社会主义是马克思主义中国化的核心部分，也是当今最具影响力的社会主义形式，但目前受到新自由主义思潮、民主主义思潮的排斥，无法在全球真正实现交流和交融。我们应深化对西方马克思主义研究，深化对理论研究的彻底性、对资本主义的批判性研究，重视文本研究、注重实践问题、不断反思现代性，重新认识资本主义的新动向新特征，不断发展中国马克思主义和21世纪马克思主义。

第三，加强西方马克思主义研究要避免"西化"现象。我国对西方马克思主义的研究一直在不断深入，但在近些年国内西方马克思主义研究中，有的未能辩证科学地对待西方马克思主义，有的对其弊端未予以足够重视。中国学界在少数领域甚至出现了"西化"倾向，这些都应引起我们的高度警惕。西方马克思主义的批判方法、研究内容和现实方法有一定的价值也有其局限性：一方面，西方马克思主义研究尽管很重视实践，但仍然没有在关键环节实现理论和实践相结合；另一方面，西方马克思主义理论表达呈现多元化倾向，对马克思主义基本原理也会否定和歪曲。改革开放初期，我们曾是西方马克思主义的仰望者，经历了40多年改革开放的现代化建设，随着马克思主义话语权的逐渐东移，中国马克思主义不断发展，理论体系不断完善。与之相适应，我们应在深化西方马克思主义研究的过程中摆脱学徒心态，这就要求中国马克思主义在与其他理论交流中，吸收其他理论优势的同时，保持理性判断能力，避免"西化"现象，主动承担世界马克思主义发展义务，共同推动世界马克思主义理论不断向前发展。

原载于《人民论坛》2020年第32期

《启蒙辩证法》的历史哲学观批判

王晓升*

霍耐特在分析阿多诺和霍克海默的《启蒙辩证法》等论著中的基本思想时指出,马克思的历史唯物主义是他们的"普遍的解释框架"①。当按照历史唯物主义的解释框架来批判当代资本主义社会中的问题时,他们提出了一些值得我们借鉴的内容,其中包含了一些与传统历史唯物主义不同的历史哲学思想,比如生产力发展对内在自然和外在自然的作用以及自然的反作用思想等。但是,它也暗藏着把历史唯物主义机械化的要素,容易让人误解。这就值得我们作一番仔细的批判性分析。

奥德修斯的神话与历史哲学的内涵

阿多诺和霍克海默在《启蒙辩证法》重要一章《启蒙概念》的第三部分,用一个极具隐喻意义的神话故事来表达他们的历史哲学观念。在这个神话故事中,奥德修斯(Odysseus)和他的勇士们要闯过 段危险的水路,危险就是如果听到海妖的美妙歌声,就会忘记划船而触礁。奥德修斯让人把自己捆绑在船上,而水手把耳朵堵上,终于安全离开。在阿多诺和霍克海默看来,这是启蒙

---

* 王晓升,华中科技大学哲学系教授。
① 霍耐特:《分裂的社会世界》,王晓升译,社会科学文献出版社2011年版,第22页。

的神话。该神话故事的这个部分表明，人们征服自然的过程就是人类不断走向文明和进步的过程。其实这还只是神话故事的部分隐喻，它还有这样一些隐喻。首先，人要对付外在的自然比如海妖，就要征服自己的内在自然。人或者要把自己捆绑起来，或者要把自己的耳朵堵上。其次，对付外在自然和对付内在自然的方法是一致的，或者说对付外在自然的技术方法，可以同样用来对付内在自然。不仅如此，为了征服自然，社会形成了两种人，一是指挥水手的奥德修斯，一是竭力劳动的水手。只要人类要征服自然，这两个分裂的社会阶层都会永远存在。只要人类想征服自然，而没有与自然取得和解，那么人对人的统治就是必需的。不仅这种人统治人的社会结构是必需的（社会组织管理的技术要求），而且人的自然也被改变了。

在征服自然中，不仅人性变了，社会的压制结构形成了，而且人类的整个文化也变了。按照阿多诺和霍克海默的理解，艺术作品本来是被压制了的自然的呐喊与呼唤，是人自身被压抑自然的痛苦的表达。只有基于这种自然的呼唤，艺术作品才有让人返回自然的诱惑力。但是征服外在自然的需要让人认为，压制内在自然是必需的，是理所当然的。于是，人不再把这种压抑当作痛苦，也不再表达这种痛苦。真正的艺术消失了。当人们由于长期的压抑不再有征服自然的痛苦的时候，文化工业就出现了。从这里可以看出，人类为了征服自然就会采取工具理性的方法，就会造成社会的分裂，就会导致人自身自然的扭曲，就会导致整个文化产品变成压抑人的自然的工具。当这一切在现代文明中极度扩张的时候，历史发展的过程就不是进步，而是倒退。

征服外在自然与自然的报复

阿多诺和霍克海默从人类学的基础上去理解文明。按照他们的看法，自我持存是整个西方文明的原则①，其实也是整个人类文明的原则。这个自我持存当然有两个意思，一个是自然意义上的，人作为一个自然存在的自我持存。一个是哲学意义上的自我持存，即人作为抽象自我的存在。当然，这两个

①　霍克海默、阿道尔诺：《启蒙辩证法》，曹卫东译，上海人民出版社 2006 年版，第 23 页。

意义上的自我持存是联系在一起的：为了能够在自然意义上自我持存，人就要征服内在自然，最终憎恨自然的自我，并使自己变成一个抽象的自我（笛卡尔的"我思"意义上的自我）。

由于恐惧自然，人才会有各种巫术、神灵等。从这个角度来说，启蒙和神话是一致的。神话产生于恐惧，正是由于这种恐惧，人构造了许多神话人物，构造了诸多神灵。启蒙也是如此，启蒙要通过各种知识来认识自然，它企图通过认识自然而摆脱对于自然的恐惧。阿多诺和霍克海默指出，整个现代文明都是建立在启蒙基础上的，也就是建立在恐惧自然的基础上的，在恐惧的基础上征服自然就会得到自然的报复。在他们看来，人应该和自然实现和解，而不是简单地征服自然。这就是说，自然发挥作用不一定就是自然的报复，人顺应自然不一定就是自然对人的报复。人必须服从自然规律，这是不可避免的。

人在认识自然、发现自然规律的时候，运用了一种技术的方法。这种技术方法最终发展成同一性逻辑。这样人用各种数学和逻辑方法等来认识自然，从而达到控制自然的目的。这就是人们认识到的自然的必然性。按照阿多诺和霍克海默的分析，控制自然的技术越发展，用技术的方法对人的控制就越发达。本来人是用技术和模仿自然的方式来控制自然的。现在这个被模仿的自然被加到人自身的头上了，这就是自然对人的报复。如果我们把这个思想用到他们对于历史唯物主义的理解中，那么这就意味着，人对自然的控制越成功，生产力越发展，那么人受到的控制也就越严酷，人就越容易失去自由。这也是一种"历史唯物主义"，即生产力的发展导致人的自由的丧失。这是现代社会制度上的缺陷。

内在自然的控制与自然的扭曲

对自然的恐惧不仅仅是对外部自然的恐惧，而且是对人的内在自然的恐惧。如果听任内部自然，那么人就会变成牲畜。人是通过模仿自然来控制自然的。对于外部自然，原始人通过巫术的方法，通过原始神话中的神话人物来模仿自然，而现代科学通过实验的方法来模仿自然。对于内在自然，人类是如何通过模仿自然的方法来控制自然的呢？阿多诺和霍克海默没有直接的理论解释,但我们从日常生活中还是能够看到这样的现象的。按照他们的看法,人类用来控制外在自然的方法也就必然被用来控制内在自然,对于内在自然的控制却会从根本上改变人的内在自然。如果人按照自然情感因素来做事,那么就会犯错误。任何的活动都要按照合理化的规则来做。对人的自然的这种约束导致人的自然的全面衰退。

对于阿多诺和霍克海默来说,这不是由资本主义经济制度造成的,而是人征服自然的必然要求所导致的。既然征服自然是必然的,那么与征服外在自然的必然性联系在一起的就是人自我的残缺不全,这也是必然的。在阿多诺和霍克海默看来,人的这种残缺不全的状况在启蒙运动以来的资本主义文化中得到了强化。这就是说,人就不再考虑肉体,而是按照理性的要求来行动。既然人的自然被改变了,人只按照合理性的要求来行动,那么这种行动会极端地表现为人被扭曲的状况。阿多诺和霍克海默在《启蒙辩证法》的《朱莉埃特或者启蒙与道德》一文中以萨德小说中人物的行动特点来说明,肉体和精神的二元对立对人的行动所产生的影响。在他们看来,现代人就是其自然被扭曲的人,是残缺不全的人。他们不再有正常的人类感情,也不知道如何来呵护和满足自己的自然情感。他们一方面要控制自己的自然:对于他们来说放任自然就是回到原始状态,就失去了文明的成就。在这样的背景下,人就要禁欲苦行。但是另一方面,人又要像朱莉埃特那样追求最大的快乐,甚至荒诞无度。这两种状况都是在扭曲自然的情况下出现的。它们都表明,人不知道如何正确地对待自己的自然。当征服自然的斗争也被用来征服人的内在自然时,人不可能全面自由地发展。人就成为残缺不全、自我憎恨的人,怎么能够建立健康的人际关系呢?就是由于这些自我憎恨的人的出现,法西斯主义才会产生,他们用自残的方式加入法西斯组织体系中。如果回到历史唯物主义的基本观点,那么我们可以看到,生产力的发展确实会改变人的社会关系,但是这不是人的自由发展的社会关系,不是自由人的联合体意义上的社会关系。

究竟如何对待这种神话

从阿多诺和霍克海默对于恐惧自然、征服自然的分析中我们看到,对于他们来说,在恐惧自然和征服自然的基础上产生的人类不会自发地走向文明,不会自发地达到人的自由全面发展。从这个角度来说,他们对极端乐观的机械的历史唯物主义的批评是正确的。这种决定论意义上的历史唯物主义与马克思无关。当然,如果我们不把历史唯物主义的思想推向极端,而是具体思考生产力的发展、人征服自然的活动对人的影响,那么这两种观点都给我们留下了许多有价值的东西。一方面,生产力发展是人类进步的基础。虽然生产力发展并不必然导致社会主义,但是没有生产力的发展,社会主义就绝对不可能实现。另一方面,仅仅有生产力的发展而没有人自身的全面发展,社会主义也是不可能的。人自身的全面发展不是生产力发展的必然结果。在一定程度上说,人自身的发展在很大程度上要摆脱改造自然的要求。在这里,人不是要征服自然,而是要呵护自然、与自然和解。

在这里人类始终面临着人和自然的关系问题。其实,这个问题的提法本身就是一个错误。因为,我们从一开始就把人排除在自然之外,这是我们根深蒂固的启蒙思想模式在作祟。如果人就是自然的一部分,是自然的存在物,那么人始终处在一个矛盾之中,即如何从精神上对付自然。其实,这个提法也是错误的,因为精神中如果没有自然,精神就毫无力量。正是由于我们有自然的冲动,我们才有意志力,才有想象力。我们的精神需要这种冲动,又要约束这种冲动。人虽然在征服自然的时候也要限制人自身的自然,但这不是要彻底否定自身的自然,而是要在限制自身的自然的时候与自身的自然和解。没有对自身自然的和解,没有对自身自然的合理性的承认,那么人就必然成为自我憎恨的人,就是残缺不全的人。自我憎恨和残缺不全的人是不可能真正关爱其他人的,是类似于朱莉埃特的人。以这样的人构成的社会是不可能实现社会主义的。

原载于《哲学动态》2020 年第 7 期

论生态学马克思主义的马克思主义哲学观

王雨辰*

哲学观是对"哲学是什么"这一根本问题的回答,它决定了对哲学所有其他问题的回答。生态学马克思主义始终坚持马克思主义哲学的当代性,始终坚持把马克思主义哲学作为分析当代生态问题和解决当代西方人实现自由和解放的理论工具,形成了他们独特的马克思主义哲学观。系统揭示和研究他们的马克思主义哲学观的理论特质和价值,对于我们深化理解和发展马克思主义哲学具有重要的理论和现实意义。

马克思主义哲学是分析和解决
当代生态危机的科学理论工具

生态中心论者和有机马克思主义等部分西方绿色思潮认为,马克思主义哲学秉承的是基于人类中心主义价值立场的经济决定论和技术决定论,不承认自然的限制问题,因而与生态思维是对立的,不能作为分析和解决当代生态问题的理论工具。生态学马克思主义理论家强调上述观点是对马克思主义哲学的误读,指出马克思主义哲学不仅能够作为分析和解决当代生态问题的理论工具,而且比西方绿色思潮解决生态问题更具优势。

---

* 王雨辰,中南财经政法大学哲学院教授,中华文化发展湖北省协同创新中心兼职研究员。

第一，生态学马克思主义理论家强调马克思主义哲学不仅与生态思维不矛盾，而且是分析和解决当代生态危机的科学理论工具。生态学马克思主义理论家指出，与马克思始终强调历史观与自然观的辩证统一不同，西方绿色思潮割裂了人类社会和自然的关系，必然会忽视社会思想与自然、物理环境之间的有机联系。生态学马克思主义理论家指出马克思主义哲学秉承的是一种辩证决定论，马克思的唯物主义始终反对在经济基础和上层建筑关系问题上的机械决定论观点，认为二者是一种相互依赖、相互作用的辩证关系，强调正是二者的辩证运动决定了人类社会发展的基本趋势。

第二，受马尔萨斯在《人口论》一书中关于人口增长呈几何级数增长和物质生活资料呈算术级数增长的矛盾，必然导致贫困的结局，进而提出"自然的限制"问题的观点的影响，西方绿色思潮强调自然资源的稀缺性和"自然的限制"的思想，并认为马克思的历史唯物主义秉承技术乐观主义思想，否定人类社会发展进程中"自然的限制"问题，因而与生态思维是相矛盾的。福斯特反复强调历史唯物主义关注和重视自然的限制问题；佩珀则强调不能像西方绿色思潮那样把马克思所说的"人类解放"理解为不受限制的随心所欲，因为马克思所说的人类解放是以承认自然的界限为基础和前提的，它不仅依赖于社会生产力发展的程度，而且也受制于外在的历史环境。

第三，对于西方绿色思潮认为马克思恩格斯的人类中心主义和支配自然的观念与生态思维是相对立的理论观点，生态学马克思主义一方面强调不能脱离人类的利益和人类中心主义价值立场谈论生态危机，另一方面阐释了马克思主义"支配自然"观念的内涵，并强调"支配自然"的观念并不一定与生态相矛盾。

生态学马克思主义对马克思主义
哲学的阐释与生态学重构

生态学马克思主义理论家是在他们建构生态批判理论过程中阐发马克思主义哲学的内涵的，他们主要是从两个维度建构其生态批判理论的。具体地说：一个维度以福斯特、佩珀、休斯、奥康纳和本顿等人为代表，他们比较重视通过对马克思主义哲学内涵的阐释或重构,在此基础上论述马克思主义哲学的批判功能,并展开对资本主义社会生态批判的;另一个维度以莱斯、本·阿格尔、高兹等人为代表,则是通过展开对技术理性批判和消费主义价值观批判来体现马克思主义哲学的批判价值功能,从而共同构成了生态学马克思主义的马克思主义哲学观的完整内容。

福斯特认为,马克思的生态唯物主义哲学的特质与西方绿色思潮的理论弱点,决定了在解决生态问题上它比西方绿色思潮更具有优势。佩珀认为马克思主义哲学的生态内涵主要体现在如下四个方面。具体地说:第一,马克思始终坚持社会物质生活是历史的逻辑起点和社会生产方式对于社会变革的决定作用,这就意味着探讨生态危机的根源及其解决途径应当立足于社会生产方式探讨人类与自然的关系的发展演变;第二,由于人类与自然的关系的性质取决于一定的社会生产方式,这就决定了不能像西方绿色思潮那样把生态危机的根源归结为人的贪婪个性和对自然的看法,而是认为资本主义制度和生产方式应当为生态危机负责;第三,在人类与自然的关系问题上,马克思主义哲学反对西方"深绿"和"浅绿"生态思潮各执一端的二元论观点,坚持人类与自然是以劳动实践为基础的有机一元论;第四,马克思主义哲学虽然坚持自然的工具价值论,但反对像"浅绿"生态思潮那样仅仅从实用主义的角度把人类与自然的关系看作是一种支配和被支配的工具性关系,强调自然还具有道德和审美价值,并且把共产主义社会中人的解放既包括物质上的自由和解放,也包括精神上的自由和解放,这意味着马克思主义哲学提出了以人类与自然和谐发展、人的身心和谐发展的生态自然观和生态道德观。

休斯认为,历史唯物主义反对机械论、还原论的方法,坚持整体性、有机论和相互联系的方法,与生态学方法论具有完全一致性。他进一步强调历史唯物主义理论完全符合生态学的生态依赖原则、生态影响原则和生态包含原则的"生态三原则",从而包含了丰富的生态思想。所谓"生态三原则"主要是在肯定人类属于自然一部分的基础上,认为人类和发展受制于自然,人类行为又能对自然产生重要的影响。与福斯特、佩珀和休斯直接阐发马克思主义哲学的生态内涵不同,奥康纳、本顿等人虽然认为马克思主义哲学与生态不相矛盾,但却缺乏明确的生态视域,只有通过对马克思主义哲学展开修正或重构,才能真正开启马克思主义哲学的生态视域。

生态学马克思主义对马克思主义哲学的批判价值功能的运用

生态学马克思主义理论家在阐发了马克思主义哲学的内涵和生态学重建后,注重发挥马克思主义哲学的批判价值功能,对资本主义社会、技术的资本主义使用、消费主义生存方式和消费主义文化价值观展开了系统的批判,并最终提出了生态社会主义的政治理想。

福斯特立足于"物质变换裂缝"概念,揭示资本的本性和资本的内在逻辑必然导致人类与自然之间物质变换关系的断裂和生态危机,进而提出资本主义制度在本性上是反生态的命题。高兹则主要从"经济理性"和"生态理性"的区分出发,揭示了资本主义制度的反生态本性。高兹把"经济理性"规定为生产应当建立在"计算和核算"为基础的工具理性上,其特点是信奉"越多越好"的价值观,认为它与资本主义现代化发展是同一历史过程。在前资本主义社会人们生产的目的不是为了通过交换实现对利润的追求,而是为了满足生活的基本需要。高兹把"生态理性"规定为遵循生态原则,通过耗费较少的自然资源,提高产品的使用价值和耐用性,是一种追求人类与生态和谐共同发展的价值理性。

生态学马克思主义不仅对资本主义社会展开生态批判,而且从哲学世界观和制度两个维度对技术的资本主义使用展开了系统的批判。从哲学世界观的维度看,他们主要通过对"控制自然"观念演变的考察,认为技术在资本主义社会下的运用,必然会异化为控制自然和控制人的工具。生态学马克思主义从生态批判的视角继承和深化了法兰克福学派从政治意识形态视角对消费主义文化的批判,他们的批判主要是从资本维系政治统治和资本追求利润这两个维度展开。通过以上分析,生态学马克思主义认为,只有实现资本主义制度和价值观的双重变革,建立生态社会主义社会,才能真正解决生态危机,实现人类与自然的共同和谐发展。

生态学马克思主义的马克思主义哲学观的理论特质与价值

重视对马克思主义哲学观问题的研究,是自卢卡奇到阿尔都塞的经典西方马克思主义的共同点。作为西方马克思主义最新流派的生态学马克思主义的马克思主义哲学观既具有经典西方马克思主义的理论共性,又具有自身的理论特质。分析和把握这种理论共性和理论特质的内容和形成的原因,对于我们实现中国马克思主义哲学的理论创新具有重要的价值。

首先,生态学马克思主义与经典西方马克思主义的马克思主义哲学观的理论共性主要体现在:第一,生态学马克思主义同样也反对那种对马克思哲学的经济决定论、机械决定论解释,认为这种解释必然会遮蔽马克思哲学的当代性。第二,生态学马克思主义同样注重对马克思主义哲学批判价值功能的发挥,他们正是以马克思主义哲学为理论武器,对资本主义社会展开生态批判、技术批判和文化价值批判。第三,与经典西方马克思主义一样,生态学马克思主义理论探索的目的是为了让作为整体的无产阶级摆脱自然的束缚和社会关系的束缚获得自由和解放。

其次,生态学马克思主义的理论特质与理论个性主要体现在:第一,以生态批判为切入点,对资本主义社会展开生态批判、技术批判和文化价值批判,通过探讨当代生态危机的根源与解决途径,寻找适合西方无产阶级摆脱自然的束缚和社会关系的束缚,实现自由和解放这一目的。第二,在把经典西方马克思主义的政治意识形态批判转换为生态批判的同时,从资本主义社会的第二重矛盾、资本的本性和资本主义生产方式的运行逻辑,揭示了资本主义制度的反生态本性,并提出了应当把资本主义制度批判、文化批判和价值观批判有机结合起来,建立克服人自身异化、人与人以及人与自然异化的生态社会主义社会,既丰富和发展了经典西方马克思主义的资本主义理论,也彰显了其理论个性。

原载于《北京大学学报(哲学社会科学版)》2020 年第 5 期

当代法国马克思主义哲学的黑格尔入径

夏 莹[*]

当代法国哲学始终包含着某种对于人的能动性的强烈关照,并实际上包含着对两位思想家——马克思与黑格尔的切近与反叛。无论法国学者如何看待黑格尔,他们对于马克思所主导的对于人的能动性的关注却从未改变。因此围绕主体性观念重构马克思抑或黑格尔,成为当代法国哲学的一个核心主题。就此,本文将以伊波利特为例,研究当代法国哲学通过黑格尔介入马克思思想的一个过程。

从历史的和解到异化的劳动:哲学人类学的解构

两次世界大战对法国思想界的冲击产生了两个后果:其一,战争创伤让青年一代学人关注肉体之人的现实生存境遇,而非单纯的主观意识,由此产生了对于人的生存论的切身关照,科耶夫的哲学人类学恰是迎合了这一点。其二,战争所带来的诸多非确定性的因素,让一贯封闭在自我意识之内来思考世界的法国思想家发现了客观世界对主观意志的反作用,现实的历史进展成为了这一客观世界的另一种表现形式。由此,个体与社会历史之间的对抗性关系被深切地体会到。让·瓦勒对于黑格尔的苦恼意识的研究,正因深切地反应

---

* 夏莹,清华大学人文学院哲学系长聘教授、博士生导师。

了主体对于这种对抗性关系的体悟,才获得了当时法国知识分子的普遍认可。

在某种意义上说,科耶夫与伊波利特的黑格尔研究都在试图以不同的方式解决让瓦勒有关苦恼意识的讨论。较之于科耶夫,伊波利特在其《黑格尔〈精神现象学〉的起源与结构》一书中"似乎"更为客观地讲述了黑格尔的《精神现象学》一书的基本架构。但即便如此,伊波利特仍然在引论中将他对于黑格尔的《精神现象学》的全部理解与当时法国思想界所急需解决的问题融合起来。在其讨论《精神现象学》的结构之前,他认为整个现象学的展开过程也就成为了一种有关人的生存发展的哲学,即一部有关人性之历史的哲学。相比于科耶夫而言,伊波利特更有耐心地将这一问题视为一个有待讨论的"问题",并从谢林开始入手,探寻一部人性的历史得以成立的前提条件,并也的确在谢林那里找到了讨论这一问题的切入点。因为谢林在他的先验观念论中试图探寻作为理论哲学的自然与作为实践哲学的历史之间的绝对同一。

伊波利特强调了费希特与谢林之间的区别,前者仅仅驻足于道德的应当,而不关注这种应当在历史中具有的必然性,黑格尔追随谢林同样关注个体的行为如何在历史的狡计中被实现出来。当然在这种继承性关系当中,谢林的局限性同样是显而易见的,谢林仅仅关注绝对的同一性的设定,而并不关心这种绝对的同一性是如何在现实的历史形式中展现自身。而这却是黑格尔在其"精神现象学"当中试图完成的一项工作。伊波利特对于这一历史的梳理是相对客观而准确的。但随后当触及黑格尔如何来完成这一工作的时候,伊波利特独特的解读路径随之展开。伊波利特将黑格尔与谢林区分开来的目的显然不仅仅是凸显黑格尔的现象学在德国古典哲学中的理论意义,其产生了不可避免的两个理论后果:其一,现象学成为主体意识的自我和修养;其二,现象学仅在具有历史性维度的意义上才是现象学,现象学的理论重心不仅仅是主体本质的外化、对象化,而更是在富有时间性的历史展开过程中与主体意志的和解。

泛悲剧主义的苦恼意识:真理与实存之间的非统一性

对于伊波利特来说,黑格尔虽然强调了历史是人的历史,却同时又为这种历史涂抹上了一层悲剧的底色。这一视角的形成显而易见是让·瓦勒所阐发的黑格尔的苦恼意识，给予伊波利特这一代黑格尔主义者无法逃避的理论路径。但当伊波利特在科耶夫研讨班的影响已深入整个法国思想界，进一步强化了这一维度之后，又进一步明晰了这一苦恼意识的来源，它并非仅仅是人特有的一种情绪表达，因此也绝非是一种带有强烈宗教色彩的克尔凯郭尔式的存在主义哲学所能平复的，相反，其彰显的是一个人与客观命运之间的冲突。

苦恼意识是这种悲剧意识的一种表现方式，但不同于瓦勒将黑格尔就此打扮成为一个基督教义上的神学家，伊波利特则立足于人类学的视角，将苦恼意识视为人的生命自身的自我分裂。正如我们已经指出的那样，当伊波利特将黑格尔《精神现象学》中的 Entfremdung 翻译为外化或者异化之后，他实际上将黑格尔哲学当中原本并不包含批判性的 Entfremdung 阐发一种人必然向对象的陌生化的转变。在这一转变当中，人在与自身的疏离的对象当中才能确证自身，对于黑格尔来说，这是自我意识的确定性，是积极的和肯定的。但对于伊波利特来说，这种对象化的过程却注定将人的自我确证付诸对他者的依赖。这是伊波利特结合科耶夫的黑格尔主义，试图用其所强调的精神即历史的维度整合被欲望所界定的人之本质，从而建构一个完整的哲学人类学的尝试。

其中，伊波利特也将自身的讨论限定在"自我意识"的分析当中，并同样着重于有关自我意识与欲望的等同。在伊波利特看来，正是通过自我意识，欲望和被欲望的对象连接了起来。在欲望的诠释下，自我意识具有一种生命的内涵。但富有生命的自我却只能在外部世界当中获得生命的确证。通过外部世界，黑格尔发现了欲望，但自我意识的欲望却不仅仅在于自我将自身外化到外部世界之中，而同时更意味着自我意识将自我外化到另一个自我意识之上，这是一个属人的欲望的形成。如果伊波利特依据黑格尔的《精神现象学》只是提出了以上这些观念，那么他不过是科耶夫思想的传声筒。但实际上，伊波利特却在此基础上做了一种可能的推进。

首先，伊波利特通过欲望的本质性规定凸显了他者的介入，这个他者与自我的关系不仅局限于两个人（即主人与奴隶）之间的对抗性关系，而且表现在了一种富有普遍的生命与自我意识的生命之间的对抗，即所谓黑格尔的"精神"对于自我意识的限定。其次,这种真理与实存之间的非统一性,对于伊波利特来说,一方面诠释了黑格尔的现象学的本质,另一方面诠释了欲望之人作为行动之主体的本质规定。当然这还只是问题的一个方面。另一方面,或者更为重要的一个方面,则是这种真理与实存之间的张力在黑格尔这里,作为一个人的实存的前提究竟意味着什么? 或者更进一步地追问人的苦恼意识的悲剧所给予人的实存以怎样的一种存在样态? 基于对这一问题的深入探寻,伊波利特进一步给出他所理解的黑格尔哲学的基本主题。

面对着主奴辩证法所呈现出的斗争哲学,伊波利特这样去概括作为斗争的人的实存样态,最终表明的其实是自我意识的行动本身,并实际上将自我意识在外化的历史过程中理解自身的过程视为一种行动的理性化。换言之,行动总是需要行动的条件。黑格尔所构筑的真理与实存在每一个阶段上的非统一性,所彰显的正是自我意识的行动之可能的条件。行动不是盲动。行动的有效性恰恰在于自我意识的行动自身与历史理性(即精神)的契合。

由此,伊波利特对于黑格尔的人本化改造是彻底的,黑格尔的现象学由此成为了人的本质的动态生成过程的一种表达,他对于这种动态生成性的强调本身注定会让他的自我意识在本质上成为一个行动的载体(agent)。自此,法国黑格尔的解读框架相对完整了。

黑格尔与马克思:一对思想的双胞胎

作为科耶夫黑格尔主义的后继者,伊波利特对于马克思的研究则更为直接而详尽。其中原因或许应归结为一个重要的理论契机,即在"二战"以后,法国思想界开始了对马克思的《1844 年经济学哲学手稿》的关注。法国思想界之所以对这一文本格外钟情,与这一文本中所透露出的存在主义倾向不无关系。黑格尔研究专家伊波利特正是在这样一个背景之下开始关注马克思及其哲学的。抑或正是由于科耶夫与伊波利特所共同构筑的一个黑格尔、马克思与海德格尔水乳交融的思考方式,才塑造了这样一种接受马克思的思想环境。这两者之间的相互作用已经无法在时间上确定谁为优先,但不管怎样,用"异化"概念在马克思与黑格尔之间搭建起一个思想的桥梁,成为了伊波利特这一代法国黑格尔主义者所完成的一项主要工作。

伊波利特眼中,如果说马克思拥有一种哲学的话,那也只能是黑格尔哲学的一种延续。只是马克思"似乎"是在一个颠倒的意义上来完成这种延续的。伊波利特不仅把马克思的哲学从观念的颠倒到现实,同时更坚持着法国人接受马克思哲学的基本路向,即将一种理论哲学颠倒为一种实践(行动)哲学。只是对于伊波利特来说,马克思用以完成这一任务所需要的工具以及其所涉及的话题,其实在黑格尔的文献当中几乎全部涵盖了。

首先,马克思运用了黑格尔哲学展开自身的核心方法。马克思虽然一方面凸显了观念与现实之间的对立,但却同时运用了黑格尔的辩证法思想,用"历史"的辩证展开来阐发两者之间的关系,以便构建起马克思的历史唯物主义。对于伊波利特来说,黑格尔与马克思,在辩证法问题上并没有根本区别。他们所表达的都不是如数学方法一般的,关于外在客观世界的知识,而是一个有关内在的,有关于主体自我发展的过程的思考。

其次,马克思几乎全盘接受了黑格尔展开论证所运用的基本术语。当伊波利特以人的存在的敞开来解读黑格尔的时候,马克思从黑格尔那里能够被继承的基本术语只能是"异化"。在此,伊波利特强行让马克思与黑格尔的异化在形式和内容两个方面等同起来。伊波利特截断了黑格尔哲学中对象化的复归之路,让对象化成为对象化之过程的终点,从而使得对象化成为了一种"异化"。不仅如此,从内容上说,伊波利特还强行将黑格尔哲学中对象化之物,直接转变为马克思直至政治经济学批判才可能涉及的货币对人的异化。

在此,伊波利特显然并不是在用黑格尔去言说马克思,而是在用他所理解的马克思来重新讨论黑格尔。因此,伊波利特对于黑格尔相关主题的讨论所显现的更多的是当时法国马克思主义者们所热衷讨论的话题。黑格尔不仅是关注资本主义社会的理论家,甚至于对于异化劳动都已批判。青年黑格尔近乎拥有了与青年马克思一样对社会现实的关照和批判。

原载于《求索》2020 年第 5 期

21 世纪国外马克思主义研究中心的转换

隽鸿飞　张海成[*]

马克思主义作为改变世界的学说,始终将时代问题作为其思考的中心。20 世纪的国外马克思主义研究是以西方为中心的,因为是西方发达资本主义国家主导了 20 世纪的世界历史。但是,中国在 20 世纪末的发展成就及其带来的世界历史性变化,使 21 世纪国外马克思主义研究必须将中国及其与世界的关系作为一个重要的维度纳入理论视域,并在中国与世界的互动关系中寻求人类性问题的解决方案。因而,21 世纪国外马克思主义研究需要走出传统的以西方为中心的研究范式。

以西方为中心的 20 世纪国外马克思主义研究及其问题

20 世纪的国外马克思主义研究无论是对于西方、还是对于中国来说,都具有重要的理论价值和现实意义。对于西方社会的发展来说,国外马克思主义研究作为现代人类社会发展过程中一个重要的思想力量,始终将自己的研究对象指向西方发达国家面临的根本问题,并以反思和批判的态度进行理论建构,以期在解答人类面临的共通问题的同时,指向马克思主义理论的终极目

---

[*]　隽鸿飞,黑龙江大学马克思主义学院教授、博士生导师;张海成,黑龙江大学马克思主义学院博士研究生。

标——人的解放何以可能的问题。尽管不同的思想家和思想流派关注的问题域及其提出的解决问题的路径不同，但其对问题的探讨始终是以西方为中心的。之所以如此，就在于 20 世纪的世界历史是由西方发达资本主义国家主导的，而且在 20 世纪，西方发达资本主义国家自身发展也进入到一个转折期。

一方面，为了直面当代资本主义自身的变化，国外马克思主义思想家力图重新回到马克思，通过对马克思思想的重新解读，以获取解答资本主义自身变化的理论资源，从而为无产阶级革命探寻新的道路。这种对马克思思想的重新阐释，主要表现在三个方面：其一，是早期西方马克思主义思想家对马克思思想的重新阐释。其二，是通过重新阐释马克思思想，或者说将马克思思想与各种不同的现代西方哲学思潮相结合，从而形成了多种不同的国外马克思主义流派。其三，是东欧社会主义国家的马克思主义者在面临如何建设社会主义问题时，通过批判苏联马克思主义理论和苏联模式社会主义，从解读马克思早期文本入手形成了东欧新马克思主义。

另一方面，是在反思和批判现代西方文明的过程中，对资本主义的全面批判，深化和发展了马克思的资本主义批判理论。具体体现在：其一，以现代性的反思和批判为核心的对资本主义文化的批判。其二，面对资本主义的新变化，国外马克思主义理论家从技术理性、大众文化、社会心理、政治结构等不同的领域入手，结合 20 世纪西方社会思潮展开对资本主义的全方位的批判，形成了诸多重要的问题领域。其三，是随着日益深入的经济全球化进程，资本主义社会发展出现了新变化，资本主义危机日益呈现出全球化特征。在理解和阐释资本主义新变化、直面 20 世纪人类共通问题的过程中，形成了一系列新的马克思主义流派.

与国外的研究状况不同，20 世纪中国的国外马克思主义研究具有双重的指向，既与 20 世纪国外马克思主义研究面临着共通的问题，同时具有中国的特殊性。中国的国外马克思主义研究开始于 20 世纪 80 年代，正是由于改革开放带来的思想解放，才推动了国内学者对国外马克思主义思潮的关注，并逐步展开深入的研究。因此，中国的国外马克思主义研究始终是与中国现实社会的发展密切相关的。

随着中国特色社会主义的深入发展，中国问题越来越呈现出与西方不同的特征,而我国的一部分国外马克思主义的研究并没有真正注意到这种差别,仍然以西方问题为中心,甚至使中国的国外马克思主义研究脱离了中国的现实。而西方的国外马克思主义研究则依循原有的思路,主要面对的是资本主义的危机及其全球性影响而展开的,中国的发展成就及其带来的世界性影响始终没有进入其研究的视野。经过改革开放 40 多年的发展,中国已经日益深入参与到世界历史进程之中,并逐渐成为 21 世纪世界历史进程变革中的重要因素。因此,21 世纪国外马克思主义研究就需要将其关注的目光转向东方,将中国及其与世界的关系作为一个重要的问题域纳入其理论视域。

21 世纪世界变革中的中国因素

在某种意义上可以说,21 世纪将会是中国对世界带来历史性影响的世纪。经历了 40 多年的改革开放,不仅中国社会自身发生了根本性变革,实现了从传统的农业社会向现代工业社会的转型,而且已经深度参与到世界历史进程中,成为世界历史进程中重要的变革因素。同时,由于日益深入的经济全球化进程,世界各国之间在经济、政治、文化、社会等各个领域的联系越来越密切,逐步构成一个有机的命运共同体。这一方面使资本主义自身的问题成为全球性的人类问题,另一方面使中国的发展具有了世界历史意义。

第一,中国特色社会主义的建构及其带来的社会变革,影响和改变着 21 世纪的世界历史进程,必将带来世界政治、经济格局的重大变革。随着中国在世界政治、经济格局中地位的变化带来的世界历史性的影响,资本主义自身的矛盾、社会主义的发展,以及资本主义与社会主义的矛盾必将成为 21 世纪世界历史进程中必须面对的重要问题。因为这一系列问题的解决,已经不再是某一地域、某一国家自身的问题,而是全球性问题。因此,中国问题的解决依赖于全球性问题的解决,只有在世界历史进程中才能真正看清楚中国问题的根本,并在全球性变革中获得解决的可能性,而中国问题的解决同样有利于全球性问题的解决。另一方面,中国的发展会进一步加剧对全球性问题的思考,特别是资本主义自身发展的问题。从某种意义上可以说,中国改革开放以来40 多年的快速发展及其开创的全新的发展模式对传统的经济发展模式带来了巨大的冲击,为广大发展中国家提供了一条非资本主义的走向现代化的道路,必将带来全球政治经济格局的重构。

第二,中国特色社会主义的发展模式为广大的发展中国家提供了一条不同于资本主义的走向现代社会的发展道路,从而打破了 20 世纪世界历史进程中资本主义发展模式一统天下的格局。而且这种新的发展模式不仅意味着经济的发展模式,更为重要的是预示了一种新的文明类型的开启,意味着彻底解决资本主义开辟的现代性文明的问题。

第三,新的世界政治经济格局的形成,不可能是一个一帆风顺的过程,必然包含着激烈的矛盾、冲突和斗争,甚至可能再现东西方"冷战"的格局,只是这种冷战不再仅仅是军事、政治和意识形态的对立,而必然是以经济为核心的文化的对立——两种生存方式的对立。但在经济全球化的世界历史前提下,发达资本主义国家的发展又不能离开中国。同样,中国也不可能通过重走发达资本主义国家发展的旧路——通过世界性的资源掠夺——实现自身的发展,尽管中国在经济、政治、甚至军事上已经具备了一定的实力。这不仅仅是推动经济发展的战略,更是变革现代世界政治经济格局、推动新的全球治理体系建构的重要手段和方式,而且也正在带来这种世界历史性的变革。

21 世纪国外马克思主义研究的中国视域

基于对 21 世纪世界历史变革中中国因素的考虑,我们认为 21 世纪国外马克思主义研究需要改变传统的以西方为中心的研究方式,将中国的发展及其带来的世界历史性变革纳入其理论的视域,并在世界历史的总体进程中去思考资本主义与社会主义的关系及人类未来的问题.

首先,必须明确 21 世纪的马克思主义研究已经不可能再局限于某一国家、某一地区,而是必须从世界历史的整体视野去考虑。一方面,整个 20 世纪特别是 20 世纪后半叶,随着经济的全球化而来的资本全球性扩张,使资本主义所开创的现代性社会面临的根本问题已经不再局限于发达资本主义国家,而是具有了全球性质,成为人类必须面临的共同问题。另一方面,当发达资本主义国家仍然试图以霸权的逻辑来维护其自身利益时却发现,这同样会损害其自身的利益。在这种情况下,对资本主义的批判需要将其置于世界历史进程的总体背景之中、在东西方社会发展的比较中才能真正说明资本主义自身的问题,才能为解决现代性的人类问题提供可能。

其次,是如何理解中国模式的问题,特别是如何理解由传统的苏联模式社会主义转向中国特色社会主义的过程中,中国是如何充分而有效地利用了这两种不同的发展模式实现自身发展的问题。尽管中国的发展模式、中国社会的现实发展还存在着一些问题,但这已经是传统的现代性批判理论所能容纳的问题。因此,国外马克思主义研究只有将关注的目光转向中国、将中国的发展作为其研究的重要理论视域,才有可能对当代资本主义、社会主义及人类的未来发展问题进行真正的解答;而中国的国外马克思主义研究,在借助国外马克思主义对现代性的反思和批判来面对中国问题的过程中,也必须注意到中国的现代化进程与西方现代化进程的本质差别,才不至于将自己迷失于西方的理论之中。

第三,是如何理解中国特色社会主义发展的世界历史意义问题,特别是由此而带来的资本主义与社会主义的关系的变化问题。对于人类的未来发展来说,无论是从理论上还是实践上说并不仅仅只有资本主义一种发展方式,因为中国特色社会主义从理论和实践两个方面都提供了新的可能性。这也就是中国特色社会主义的世界历史意义问题。这些问题的解决,只有超越资本主义与社会主义的简单对立,在社会主义与资本主义关系及其在现实社会历史的进程的变化中才可能得到答案。因此,将中国的发展及其可能带来的世界历史性变革作为研究的重要对象、将未来世界的发展与中国的发展结合起来、在中国与世界的互动中探寻全球性问题的解决方案、为未来人类的发展拓展空间,理应成为当前国外马克思主义研究必须重视的问题域。

原载于《马克思主义理论学科研究》2020 年第 1 期

附　　录

中国马克思主义哲学的历史发展与当代构建："中国马克思主义哲学史学会 2020 年年会"综述

陈 漠 马 涛[*]

2020 年是伟大的无产阶级革命导师恩格斯诞辰 200 周年、列宁诞辰 150 周年的重要年份,也是中国在马克思主义指导下开启的一个全新历史起点。2020 年 10 月 16—18 日,"中国马克思主义哲学的历史发展与当代构建"学术研讨会暨中国马克思主义哲学史学会 2020 年年会在贵阳孔学堂召开。来自中国社会科学院、北京大学、中共中央党校、中国人民大学、复旦大学等众多国内高校和科研机构的专家、学者参与此次论坛。与会专家、学者围绕当代中国马克思主义哲学的构建,马克思主义理论及其现实意义,恩格斯、列宁思想研究等议题展开了热烈讨论。

当代中国马克思主义哲学的构建

马克思主义经过百年的中国化历程已经形成了鲜明的中国特色,当代中国在马克思主义理论的指导下也取得了非凡的建设成就,实践的积累亟需形

---

* 陈漠,贵州大学哲学与社会发展学院博士研究生;马涛,贵州师范大学哲学与社会发展学院讲师。

成新的理论总结。时代的主题从战争、革命和对抗演变为今天的和平发展,人类社会面临的问题和矛盾已经发生了深刻的改变,历史的发展必定要催生新的哲学理论。因此,构建新时代的中国马克思主义哲学来总结实践经验、回应时代关切正是我国理论界、学术界目前的当务之急。

中共中央党校韩庆祥教授讨论了 21 世纪马克思主义的立论基础问题。首先,马克思主义的兴起和发展与特定的时间、空间有密切的联系。如今,世界局势的转变和中国和平崛起的道路设计都要求我们在新的时代条件、历史使命背景下构建属于 21 世纪的马克思主义理论。其次,中国共产党用实际行动提供了践行马克思主义的典范。在马克思主义的指导下,中国共产党带领全国人民在落后国家建立起了社会主义,并实现了对发达国家的后发赶超。总结中国经验是构建 21 世纪马克思主义理论的题中应有之义。最后,新的时代需要新的评价逻辑,这个新逻辑就是用"强不强"解决"好不好",它必然要求和呼唤一种新的理论形态,这种理论形态就是习近平新时代中国特色社会主义思想,也是 21 世纪马克思主义理论。

黑龙江大学丁立群教授以"文化与实践的沟通"为主题探讨了 21 世纪马克思主义理论发展的新方向。他指出,传统文化视域下的文化实践问题正在学界引起广泛讨论,并且文化交流在当代全球化浪潮中占据非常重要的地位,此外,西方马克思主义理论也把对资本主义的文化批判作为主要的理论任务,这都说明了提出文化实践理论的现实意义。丁立群教授还对文化实践的科学的和规范的两种含义进行了区分,认为科学的文化实践旨在对文化结构进行证实,而规范的文化实践则是从应然的角度来理解文化。马克思主义的文化实践使科学的和规范的要素相结合,是一种新的文化实践理论。最后,文化实践的目标是实现一种新的伦理体系,是实现文化维度向文明维度的上升。

中国社会科学院单继刚研究员对中国马克思主义哲学主要的知识体系进行了勾勒,并就唯物史观提出了独到见解。他梳理、概述并评价了中国马克思主义哲学的五种知识体系:社会进化论知识体系、唯物史观知识体系、辩证唯物主义与历史唯物主义知识体系、人道主义知识体系和实践唯物主义知识体系。关于唯物史观,单继刚研究员认为,中国马克思主义哲学如果要接着唯物史观讲,重点是要理清它与中国道路的探索之间的关系:一方面以中国的道路探索为背景,返本开新,重新理解唯物史观;另一方面则要回应在中国道路的探索过程中出现的重大理论问题,守正创新,发展唯物史观。

中央民族大学王海锋教授基于新中国成立以来的学术史,对如何打造当代中国马克思主义哲学的标识性概念进行了思考。当前构建中国特色哲学最为紧迫的任务之一在于打破"概念短缺"的困局,提升概念供给能力,打造标识性的哲学概念。华东师范大学陈立新教授从学理上总结了中国特色社会主义成功实践所形成的中国经验并将其提炼为一般性的理论成果。他认为中国共产党紧密结合新时代条件和实践要求,以全新的视野深化了对共产党执政规律、社会主义建设规律和人类社会发展规律的认识。西南大学倪志安教授则对习近平"坚持和发展中国特色社会主义论"中的"两个不能否定"和"理论逻辑与历史逻辑统一"的方法问题进行了系统分析。

马克思主义理论及其现实意义

马克思主义理论是人类思想史上的一座宝库,它能够给我们提供的思想和理论资源直到今天也仍然没有穷尽。因此,继续深入挖掘和阐释马克思主义理论的基本思想是研究中国马克思主义哲学的应有之义。这一方面是为了深化对马克思主义哲学的理解,总结马克思主义哲学研究的经验和方法;另一方面则是为了立足于现实,更好地将马克思主义哲学与现实结合,从而解决现实问题。

上海财经大学张雄教授以"追求经济的政治和哲学实现"为主题对马克思《资本论》中的政治经济学思想进行了阐释。马克思的政治经济学批判之所以具有强大的思想穿透力和实践变革力,其独特优势在于:他的政治经济学批判始终坚持哲学、政治学与经济学三者之间的互动,偏重考察经济活动所关涉的思想维度、政治维度和历史价值维度,以哲学社会科学的综合系统分析取代单一的经济学分析,从而使思想家、理论家、政治家、经济学家在考虑物质生产力发展和社会财富运动的同时,对追求历史进步和人类解放亦给予高度关注。

海南大学隽鸿飞教授从世界历史进程的角度分析了马克思主义发展的历

史逻辑,认为马克思主义既是资本批判理论,同时也是世界历史理论,其形成、发展和传播始终是与世界历史的形成和发展密切地联系在一起的。资本主义的形成和发展开创的世界历史构成了马克思主义发展的外部条件,对资本主义的批判和引发的无产阶级革命又成为推动马克思主义发展的内在动力,正是在世界历史进程中马克思主义理论不断地拓展其发展的空间,而马克思主义理论自身的发展带来的社会变革同时也成为推动世界历史发展的内在动力。

复旦大学张双利教授以"黑格尔—马克思问题"为线索诠释了马克思的市民社会理论。这一问题的核心是黑格尔所谓的市民社会的非伦理性问题,即市民社会的反伦理倾向。马克思首先通过分析国家与市民社会之间的关系而明确断定市民社会并不同时具有伦理功能,随后又通过对市民社会内部权力关系的分析,在阶级统治的理论框架之下对市民社会和国家之间的关系进行了重新阐释。在将市民社会概念转化为现代资产阶级社会概念之后,马克思明确指出"资本主义经济+自由主义政治"的发展模式注定无法持存。

中共中央党校孙要良教授以《资本论》及其手稿为对象考察了马克思的自然力异化与批判资本逻辑的理论。从生产逻辑与自然力、资本逻辑与自然力利用、自然力异化三个角度论述了资本主义的内部矛盾:资本主义借助科学技术和机器生产开启了对自然力的大规模应用,但也导致了自然力的普遍异化。分析资本对自然力的利用和异化,对于深刻认识和解决当代中国的生态环境问题具有的重要理论意义和现实意义。

西南大学胡刘教授认为我们可以从政治哲学的角度来理解马克思在《资本论》中展现出来的问题意识、哲学观及其独特的理论道路。他认为《资本论》实现了对政治哲学"问题"的倒转,完成了对政治哲学形态的重构。中国人民大学罗骞教授从研究对象、实践性、历史性和批判性几个方面阐释了马克思主义作为批判理论的基本特征,并在社会历史存在论的意义上阐释了马克思主义批判理论的基本内涵。马克思主义批判理论从构成社会历史现实、倒逼资本主义的自我改革、影响当代国外左翼思潮和塑造当代世界观四个方面对当代社会历史产生了深刻影响。黑龙江大学李昕桐副教授对马克思主义的"现实性"思想原则进行了深刻解析。通过考察"现实性"思想包含的三个原则(辩证总体性原则、经济本质性原则和劳动实践性原则),理清了它们在逻辑上彼此关联、相互隐含的内在关系,从不同侧面阐释了马克思主义"现实性"思想的内涵。

恩格斯、列宁思想研究

2020 年也是伟大的无产阶级革命导师恩格斯诞辰 200 周年、列宁诞辰 150 周年的重要年份。恩格斯作为马克思主义的创始人之一,对马克思主义理论贡献了许多重要的原创思想。列宁则是马克思主义最伟大的继承者之一,正是他领导的俄国十月革命使得马克思主义从理论变为了现实。梳理和研究他们二人的思想既是理解马克思主义哲学的内在环节,也是发展中国马克思主义哲学的必然要求。

中国人民大学侯衍社教授总结了青年恩格斯对创立唯物史观的贡献。青年恩格斯对资本主义生产活动中工人的生活条件、健康状况和精神状态的细致考察为唯物史观的创立奠定了基础;恩格斯对经济活动与社会关系的研究为唯物史观中的经济基础理论提供了宝贵思想;恩格斯在《国民经济学批判大纲》中从学科的角度探讨经济活动的重要性则为马克思思考现实的生产方式提供了重要思想资源;恩格斯还论证了社会革命的必然性,从而对唯物史观的形成提供了重要依据。

中国人民大学张新教授指出,恩格斯与马克思　道创立了唯物史观并使之系统化和体系化,这是恩格斯对唯物史观作出杰出贡献的主要表现。在唯物史观的创立中,恩格斯在《德法年鉴》上发表的四篇文章对唯物史观的形成具有重大影响,《反杜林论》和《自然辩证法》等著作则体现了他对唯物史观的进一步系统化和完善,恩格斯晚年更是通过阐述两种生产理论,揭示了史前社会的发展规律,深刻阐释了上层建筑对经济基础的反作用,最终揭示了历史发展的根本动力。

河北大学宫敬才教授从问题出发,对恩格斯唯物主义体系的形成、基本内容和思想资源进行了考察,从哲学分析框架、哲学本体及其辩证性质、知识分类与哲学定义等五个维度对恩格斯的辩证唯物主义体系核心进行了归纳。把恩格斯自己的哲学体系命名为辩证唯物主义符合恩格斯哲学思想实际,恩格斯辩证唯物主义哲学体系中存在诸多理论问题需要研究,这是完善恩格斯哲学体系的必由之路。

北京大学聂锦芳教授考察了恩格斯的资本主义批判理论及其当代价值,认为马克思主义哲学的诞生和发展是与资本主义批判和对人的解放之路的探索紧密联系的。恩格斯亲身感受过资本主义时代广大人民的疾苦,在对资本主义形成的历史过程和现实运动的研究中清理了资本主义制度形成的历史环节和现实效应,并通过整理《资本论》手稿完成了对资本主义的逻辑和结构的体系化建构,更借助工人运动有效地探索了超越资本主义的实践方式。

云南大学蒋红教授考察了晚年恩格斯对民主社会主义的批判,认为恩格斯从哲学和政治学层面对民主社会主义进行了批判,从而捍卫了科学社会主义理论。首都师范大学黄志军教授通过对《大陆上社会改革的进展》和三篇《英国状况》的深入研究发现,恩格斯对法国通过政治革命、德国通过哲学革命和英国通过社会革命走向共产主义的必然性做了深刻的分析,认为这三场革命根本旨趣在于真正按照人的方式来安排世界,而这恰恰是他早期共产主义思想的基本主题。安徽大学吴家华教授对恩格斯发展马克思主义的逻辑路径进行了梳理,指出当前学界低估了恩格斯思想的独创性和科学性,也低估了恩格斯对马克思主义的贡献。

中国社会科学院魏小萍研究员通过对列宁新经济政策和邓小平经济改革的具体比较,论述了从资本主义经济到社会主义经济的历史转型问题。这两种经济政策都发生在从资本主义经济形式向社会主义经济形式的历史性转变之后,并且都面临着由此带来的经济停滞问题。当代中国所面对的新问题是马克思恩格斯和列宁都没遇到或思考过的,因此面对新的历史境况和问题,更需要对马克思主义理论进行思考和创新。广西师范大学廖和平教授从列宁党建制度理论的主要构成、理论变迁、具体作用和当代价值四个方面对列宁的党建制度理论进行了梳理和评价。党的建设问题是国家、社会发展进程中需要充分关注与重视的关乎生死存亡的重要问题,列宁在党建方面取得的成效是有目共睹的,因此列宁的党建理论对我们有重大的理论参考价值。

此次中国马克思主义哲学史学会年会围绕"中国马克思主义哲学的历史

发展与当代构建"这一主题,既关注了马克思主义哲学的重要理论,又探讨了重大现实问题,彰显了中国马克思主义研究理论与实际相结合的优秀品质,反映了中国马克思主义哲学研究的最新动态和最新成果,展现了中国马克思主义学人的深厚学养和时代担当。本次会议主题明确,讨论热烈,取得了丰硕的理论成果,有力地推进了中国马克思主义哲学的新发展。

原载于《教学与研究》2021 年第 2 期

责任编辑:毕于慧
封面设计:石笑梦
版式设计:王燕琴

图书在版编目(CIP)数据

马克思主义哲学史研究.2020/中国马克思主义哲学史学会编.—北京:
　人民出版社,2021.12
ISBN 978－7－01－023817－3

Ⅰ.①马…　Ⅱ.①中…　Ⅲ.①马克思主义哲学-哲学史-研究　Ⅳ.①B15

中国版本图书馆 CIP 数据核字(2021)第 197318 号

马克思主义哲学史研究(2020)
MAKESI ZHUYI ZHEXUESHI YANJIU (2020)

中国马克思主义哲学史学会　编

郝立新　魏小萍　主编

人民出版社 出版发行
(100706　北京市东城区隆福寺街 99 号)

环球东方(北京)印务有限公司印刷　新华书店经销

2021 年 12 月第 1 版　2021 年 12 月北京第 1 次印刷
开本:710 毫米×1000 毫米 1/16　印张:33.5
字数:529 千字

ISBN 978－7－01－023817－3　定价:108.00 元

邮购地址 100706　北京市东城区隆福寺街 99 号
人民东方图书销售中心　电话 (010)65250042　65289539